LES
Prêtres de la Haute-Marne

DÉPORTÉS

SOUS LA CONVENTION ET LE DIRECTOIRE

NOTES ET DOCUMENTS

PAR

L'ABBÉ A. BRESSON

CHANOINE DE LA CATHÉDRALE DE LANGRES

LANGRES

IMPRIMERIE CHAMPENOISE

1 ET 3, RUE CLAUDE-GILLOT

—

1913

LES

PRÊTRES DE LA HAUTE-MARNE

DÉPORTÉS

SOUS LA CONVENTION & LE DIRECTOIRE

LES
Prêtres de la Haute-Marne

DÉPORTÉS

SOUS LA CONVENTION ET LE DIRECTOIRE

NOTES ET DOCUMENTS

PAR

L'ABBÉ A. BRESSON

CHANOINE DE LA CATHÉDRALE DE LANGRES

LANGRES

IMPRIMERIE CHAMPENOISE

1 ET 3, RUE CLAUDE-GILLOT

1913

Ce livre paraît sous les auspices de la Société historique et archéologique de Langres.

AVANT-PROPOS

Le titre de cet ouvrage en indique à la fois l'objet et le caractère.

Ce n'est pas toute l'histoire du clergé haut-marnais pendant la Révolution française ; ce n'en est qu'un chapitre.

Géographiquement, il est limité par les frontières de notre département ; il embrasse les prêtres qui y sont nés où qui y ont alors exercé le saint ministère, et il n'embrasse que ceux-là. Peut-être eut-il été plus logique et plus conforme à la vérité historique, de prendre pour assiette de notre travail, non pas la Haute-Marne, mais le diocèse de Langres tel qu'il était en 1789 (1).

Plusieurs raisons nous ont déterminé à agir autrement.

La première est la difficulté, pour ne pas dire l'impossibilité, où nous étions de ne pas tenir compte des circonscriptions actuelles. L'ancien diocèse de Langres n'est plus qu'une expression géographique ; le département de la Haute-Marne est un fait. Or, que nous le voulions ou non, les faits s'imposent à nous, et il serait bien téméraire de vouloir leur échapper.

La deuxième, c'est la marche généralement suivie par les auteurs qui ont composé des ouvrages semblables à celui-ci : la plupart d'entre eux ont donné comme base

(1) L'ancien diocèse de Langres avait pour limites extrêmes au Nord, Vendeuvre, Bar-sur-Aube, Cirey-le-Château, Doulaincourt, Rimaucourt, et au Sud-Ouest, il s'étendait jusqu'à Montbard, Epoisse, Noyers, Tonnerre et Chablis.

à leurs recherches le département, et non le diocèse (1).
Il nous a paru que leur exemple méritait d'être imité.

Enfin, personne n'ignore qu'au moment de la Révolution les archives des Evêchés, des Chapitres, des Communautés religieuses, aussi bien que celles des diverses administrations civiles, ont été distribuées entre les départements d'après la topographie, et non point d'après l'histoire. C'est encore là un fait, devant lequel nous devons nous incliner, car il simplifie le travail et rend les investigations plus faciles.

Notre ouvrage, encore une fois, sera donc départemental. Il s'étendra aux ecclésiastiques qui ont habité, par exemple, les territoires des diocèses de Châlons et de Toul, aujourd'hui réunis à la Haute-Marne. Mais il n'y sera pas question des prêtres des régions qui ont été distraites de notre diocèse au moment de la formation des nouvelles divisions ecclésiastiques de la France : c'est à d'autres qu'à nous qu'il appartient d'en écrire l'histoire. (2).

Limitée quant à la géographie, la présente étude l'est davantage encore, si possible, quant à l'histoire.

On se tromperait si l'on y cherchait un tableau d'ensemble de l'histoire du clergé haut-marnais durant la période révolutionnaire. On n'y trouvera aucun renseignement sur ceux de nos prêtres qui ont été immolés en haine de la foi (3). Il n'y sera question que des déportés, et encore d'une seule catégorie de déportés.

Parmi les ecclésiastiques auxquels nos historiens locaux donnent ce nom, il en est, en effet, de trois espèces. Les uns, spontanément ou après dénonciation, demandèrent des passe-ports pour l'étranger. Les autres,

(1) Voir, par exemple, les travaux de MM. Sauzay, sur la persécution religieuse dans le Doubs (1867 seq.) ; Bauzon, etc., sur la persécution en Saône-et-Loire (1903 seq.) ; Chamouton, sur la persécution révolutionnaire dans le Jura (1894) ; Millard, pour le département de la Marne (1908) ; Bonneau, pour l'Yonne (1900) ; Prévost, pour l'Aube (1908) ; Mangenot, pour la Meurthe (1895), etc.

(2) On en trouvera les éléments épars dans les auteurs que nous venons de citer, et dans les monographies spéciales.

(3) Cf. *Liste des ecclésiastiques haut-marnais, mis à mort, traduits au tribunal révolutionnaire et déportés sous la Révolution*, Langres, Martin-Berret, 1911.

sexagénaires ou infirmes, furent reclus dans la « maison
commune » de Chaumont. Un certain nombre d'entre eux,
enfin, trouvés sur le territoire français après les délais
fixés par la loi, furent traduits devant les tribunaux et
condamnés à la déportation, en vertu des lois du 26
août 1792 et du 19 fructidor an V (5 septembre 1797).
C'est de ces derniers seulement que s'occupera ce travail.

Mais, ajoutons-le tout de suite, afin d'éviter toute surprise aux lecteurs, c'est moins leur histoire que des
notes et des documents, qu'il fera passer sous leurs yeux.

Nous avons donné à nos biographies un caractère de
rigoureuse objectivité, et les renseignements qu'elles
contiennent ont toute la froideur des pièces d'un dossier. Notre livre, en effet, s'adresse au public, tout
d'abord, mais il s'adresse aussi au tribunal ecclésiastique qui a été chargé d'instruire la cause de nos déportés.
Et c'est pour cela que nous avons visé surtout à la
richesse de l'information, et dans la richesse de l'information, à la précision et à la netteté.

Les pièces que nous leur mettons sous les yeux, méritent, nous osons le dire, toute leur confiance ; elles sont
puisées à bonnes sources : les sources originales. Entendez non-seulement les Archives nationales et départementales, mais encore les Archives municipales, qui ont
été assez peu explorées jusqu'ici, et qui cependant méritent de l'être.

Nos longues et laborieuses stations dans ces divers
dépôts nous ont mis en possession d'une masse considérable de documents, dont une petite partie seulement
a trouvé place dans cet ouvrage. Le reste servira un
jour, nous voudrions du moins l'espérer, à écrire l'histoire complète du clergé de la Haute-Marne pendant la
Révolution.

Toutes nos recherches n'ont pas été couronnées d'un
égal succès. Souvent nous n'avons trouvé que des renseignements sommaires, obscurs et insuffisants à notre
gré. Parfois, en revanche, nous avons mis la main sur
des dossiers complets, et alors, pour donner au lecteur
une idée de la procédure et du style révolutionnaires,

nous en avons reproduit plusieurs pièces dans leur forme originale, souvent bien incorrecte. Un instant nous avions songé à les réunir toutes à la fin de ce volume sous le titre de *Pièces justificatives* : si nous ne l'avons pas fait, c'est par crainte de grossir démesurément les pages de ce travail.

Nos biographies s'élèvent au nombre de trente-neuf. Les prêtres dont elles esquissent la vie et les épreuves, sont, au point de vue ecclésiastique, de conditions différentes. Il y a, parmi eux, des chanoines, des prébendiers, des curés et des vicaires ; des religieux, des chanoines réguliers et de simples frères lais. Tous n'ont pas eu le même sort : les uns, treize exactement, sont morts en déportation ou sur le chemin de la déportation ; les autres ont survécu aux souffrances qu'ils avaient endurées pour Dieu et pour l'Eglise. Tous, surtout, n'ont pas eu la même attitude en face de la persécution : la plupart d'entre eux ont constamment refusé le serment schismatique qui leur était demandé au nom de la Constitution civile du clergé ; un certain nombre, une douzaine environ, moins éclairés ou plus faibles, ont juré dans les termes prescrits par la loi.

Malgré cette défaillance initiale, nous n'avons pas cru devoir refuser aux prêtres assermentés, une place dans notre galerie des prêtres déportés, à côté de ceux dont le courage n'a point subi d'éclipse, et cela pour plusieurs raisons. Et tout d'abord nous avons là preuve certaine que le plus grand nombre d'entre eux ont rétracté leur serment, et il y a tout lieu de croire que les autre ont fait eux aussi, amende honorable pour leur faute ; dès lors, sans oublier qu'ils avaient mal commencé, nous avons voulu surtout nous souvenir qu'ils avaient bien fini. Nous n'avions pas, d'un autre côté, à nous établir le juge de leur conscience : c'est à l'Eglise seule qu'il appartient de prononcer sur le cas théologique et canonique des prêtres dont nous parlons ; or, les passer sous silence dans un ouvrage comme celui-ci, eut équivalu, semble-t-il, à une condamnation pour le moins implicite. Enfin, l'histoire des prêtres assermentés, et malgré cela déportés, n'est pas sans intérêt au point de vue strictement local, et nous avons pensé qu'elle serait lue avec plaisir dans notre département.

Voilà, très exactement, quels sont l'objet, le but, le caractère et l'esprit de ce travail.

Et maintenant, avant de donner les références bibliographiques, qui en sont comme les fondations, nous voulons, sans plus tarder, payer la dette de reconnaissance que nous avons contractée envers les nombreuses personnes, ecclésiastiques et laïques, qui nous ont prêté leur aide, soit en nous facilitant les recherches dans les dépôts d'archives, soit en nous communiquant les renseignements que nous avons sollicités de leur bienveillance. Nous les prions de vouloir bien agréer, ici, l'expression de notre vive et cordiale gratitude. Nous devons une mention spéciale à M. le chanoine Marcel, qui nous a rendu le service très-apprécié de revoir le texte de notre manuscrit et de l'améliorer sur un grand nombre de points.

BIBLIOGRAPHIE

Sources manuscrites

Archives Nationales :
Série D XIX, Comité ecclésiastique : 8 et 22.
Séries F^{1b} 11, Personnel administratif ; — F^{1c} 111, Esprit public ; — F^7 Police générale : Détenus, 3291 ; Statistique, 3682 ; Arrêtés du Directoire, 4371-4374 ; Emigrés, 5795 et 5811 ; Affaires diverses, 7291, 7300, 7304, 7431, 7478, 7494 et 7537.
Série W 36, Parquet révolutionnaire.
Série AF 111, Archives du Directoire exécutif.

Archives de la Haute-Marne :

Série G, Clergé séculier : Délibérations du Chapitre de la Cathédrale ; Registres des insinuations ; Papiers de l'Officialité.

Série L, Révolution : Délibérations des administrations du département et des districts (1) ; de l'administration centrale du département et des administrations municipales de cantons (2) ; des comités de surveillance et des comités révolutionnaires des diverses communes.

Série Q, Biens nationaux.

Série V, Cultes.

Archives des départements voisins, et particulièrement de l'Yonne (série L surtout).

Archives communales (Etat civil et délibérations des administrations municipales) *et paroissiales.*

Archives du Greffe du Tribunal criminel de Chaumont (liasses non classées).

Catalogue des ecclésiastiques qui ont fait leur séminaire à Langres, et *Registre des ordinations.*

N. M. Baudot (3), *Liste des ecclésiastiques insermentés, rétractés, assermentés ; Liste des prêtres de la réclusion de 1797 ; Notes sur le Clergé de la Haute-Marne.*

C.-C. Daguin (4), *Mémoires pour servir à l'histoire de Langres,* 33 vol.

---

(1) En 1790, le département de la Haute-Marne fut divisé en six districts, dont les chefs-lieux étaient : St-Dizier, avec 10 cantons ; Joinville, avec 9 cantons ; Bourmont, avec 10 cantons ; Chaumont, avec 13 cantons ; Bourbonne, avec 11 cantons ; Langres avec 18 cantons.

(2) La Constitution de l'an III (22 août 1795) supprima les districts, et conserva les cantons avec leurs circonscriptions ; mais il n'y avait plus qu'une seule administration municipale par canton, sauf dans les communes dont la population s'élevait au-dessus de 5,000 habitants. Cf. H. Mettrier : *La formation du département de la Haute-Marne,* Chaumont, 1911, p. 204.

(3) Nicolas-Mammès Baudot, né à Langres le 22 novembre 1738, chanoine et vicaire général avant la Révolution, mourut curé de Langres le 9 mars 1821.

(4) Claude-Charles Daguin, né à Langres le 11 mai 1810, curé de Mardor en 1834, puis de Perrancey en 1837, mourut le 24 décembre 1870.

Imprimés

Barruel (l'abbé), *Histoire du clergé pendant la Révolution française*, Londres 1774, in-8°; 1800, 2 in-12.

Bottin (l'abbé M. P. B.), *Récit abrégé des souffrances de près de 800 ecclésiastiques français, condamnés à la déportation et détenus à bord des vaisseaux le Washington et les Deux-associés*, Paris 1796; et dans Delarc, l'*Eglise de Paris pendant la Révolution*, Paris, 1897, t. III., p. 34-52.

La Biche de Reignefort (l'abbé P. G.), *Relation très-détaillée de ce qu'ont souffert pour la religion les prêtres français insermentés déportés à l'île d'Aix*. Paris, 1796 et 1801. Extraits dans les *Mémoires* de Mgr Jauffret, Paris 1803, t. II, p. 465-518.

Michel (l'abbé), *Journal de la déportation des ecclésiastiques du département de la Meurthe dans la rade de l'île d'Aix*, Bruyères, 1796; Nancy, 1840.

J.-J. Aymé, *Déportation et naufrage*, Paris, 1800, in-8°.

Rousseau (l'abbé), *Le martyre des prêtres français déportés dans la rade de l'île d'Aix* (dans les *Mémoires* de Mgr Jauffret, t. I, p. 309-464).

L.-A. Pitou, *Voyage à Cayenne*, Paris, 1805, 2 vol. in-8°.

Guilloreau (l'abbé), Lettre écrite en 1817 à l'abbé d'Auribeau sur *Les prêtres déportés dans la rade de Rochefort en 1793 et 1794*, Mamers, 1876.

Chaffoy (Mgr Petit-Benoit de), *Notices historiques sur les prêtres du diocèse de Besançon, condamnés à mort ou déportés*, Besançon, 2e éd. 1821.

Guillon (l'abbé), *Les martyrs de la foi pendant la Révolution française*, Paris 1821, 4 vol. in-8°.

Brumault de Beauregard (Mgr), *Vie et Mémoires*, publiés par Parent de Curzon, Poitiers 1842, 2 vol. in-8.

Notice biographique renfermant quelques traits de la vie du vénérable abbé Maugras, de Saulxures, pendant la tourmente révolutionnaire, et consignés par lui-même, Langres, Laurent fils, in-24 de 106 p.

Mémoires de l'abbé Soudais (Semaine religieuse de Sens, 1866), et *Michel Soudais*, par CUENOT, Paris 1865, in-12.

SAUVÉ (l'abbé), *Voyage de cinq prêtres de Meaux à à l'île d'Oléron*, Semaine religieuse de Meaux, 1868-1869.

AUBERT (l'abbé), *Histoire de la déportation à Cayenne*, Chalons-sur-Marne, 1868.

JULES SAUZAY, *Histoire de la persécution révolutionnaire dans le Doubs*, Besançon 1867-1873, 10 vol.

ROUSSEL (l'abbé), *Le Diocèse de Langres*, Langres 1873-1879, 4 vol. in-4°.

VICTOR PIERRE, *Revue des Questions historiques*, 1882 et 1883; *La Terreur sous le Directoire*, Paris, Retaux, 1887; *La déportation ecclésiastique sous le Directoire*, Paris, Picard, 1896.

Lettres de l'abbé Rollet (Semaine religieuse de Saint-Dié, 1882-1883), et *Claude Rollet, confesseur de la foi*, par Vincent-Dubé, Bar-le-Duc, 1907, in-8°.

MANSEAU (l'abbé), *Les prêtres et les religieux déportés sur les côtes et dans les îles de la Charente-Inférieure*, Paris 1866, 2 vol.; et son abrégé par L.-M. DUBOIS, *Rochefort et les pontons de l'île d'Aix*, Nantes, 1890, in-12.

MANGENOT (l'abbé), *Les ecclésiastiques de la Meurthe, martyrs et confesseurs de la foi pendant la Révolution*, Nancy, 1895.

BONNEAU (l'abbé), *Notes pour servir à l'histoire du clergé de l'Yonne pendant la Révolution*, Sens, 1900.

LEMONNIER (l'abbé), *Rochefort-sur-mer, 1789-1802*, La Rochelle, 1901.

THOMASSIN (l'abbé), *Essai sur la persécution révolutionnaire dans le district de La Marche*, Saint-Dié, 1908.

PRÉVOST (l'abbé), *Histoire du diocèse de Troyes pendant la Révolution*, Troyes, 1908, 3 vol.

G. AUBRAY, *Les six cents prêtres martyrs des îles de la Charente 1793-1795*, Paris 1912, in-16.

DIVISION DE L'OUVRAGE

Il y eut deux déportations : l'une, sous la Convention, fut l'effet de la loi votée, le 26 août 1792, par la Législative : l'autre, sous le Directoire, fut décrétée par la loi du 19 fructidor an V (5 septembre 1797). Ce travail se divisera donc, tout naturellement, en deux parties : les déportés de la Terreur, et les déportés de la Convention.

Mais, pour fixer le caractère juridique de chacune des déportations, d'une part, et d'autre part, pour éviter les redites fastidieuses auxquelles semblait nous condamner l'exposé de situations et de souffrances communes aux déportés de la même catégorie, nous avons cru devoir faire précéder chaque partie de ce livre, d'une courte introduction dans laquelle seront traitées ce qu'on pourrait appeler les généralités du sujet.

Sèvre R.
CHARENTE
INFÉRIEURE
PERTUIS BRETON
St MARTIN
La Flotte
ILE DE RÉ
SABLANCEAUX
Canal de la Rochelle
LA ROCHELLE
LA PALLICE
SURGÈRES
PERTUIS D'ANTIOCHE
Canal de Charras
ILE D'AIX
FORT BAYARD
FOURAS
ROCHEFORT
St PIERRE
ILE MADAME
FORT DES BARQUES
TONNAY-CHARENTE
Boutonne R.
ILE D'OLÉRON
OLÉRON
St NAZAIRE
SOUBIZE
St SAVINIEN
LE CHATEAU
Seugne R.
BROUAGE
St AGNAN
St HILAIRE
MARENNES
St PORCHAIRE
SAINTES
OCÉAN
ATLANTIQUE
La Tremblade
SAUJON
Seudre R.
ROYAN
GEMONZAC
ÉCHELLE _ 1:565.000
0   5   10   20 km
GIRONDE
R F
F. G.

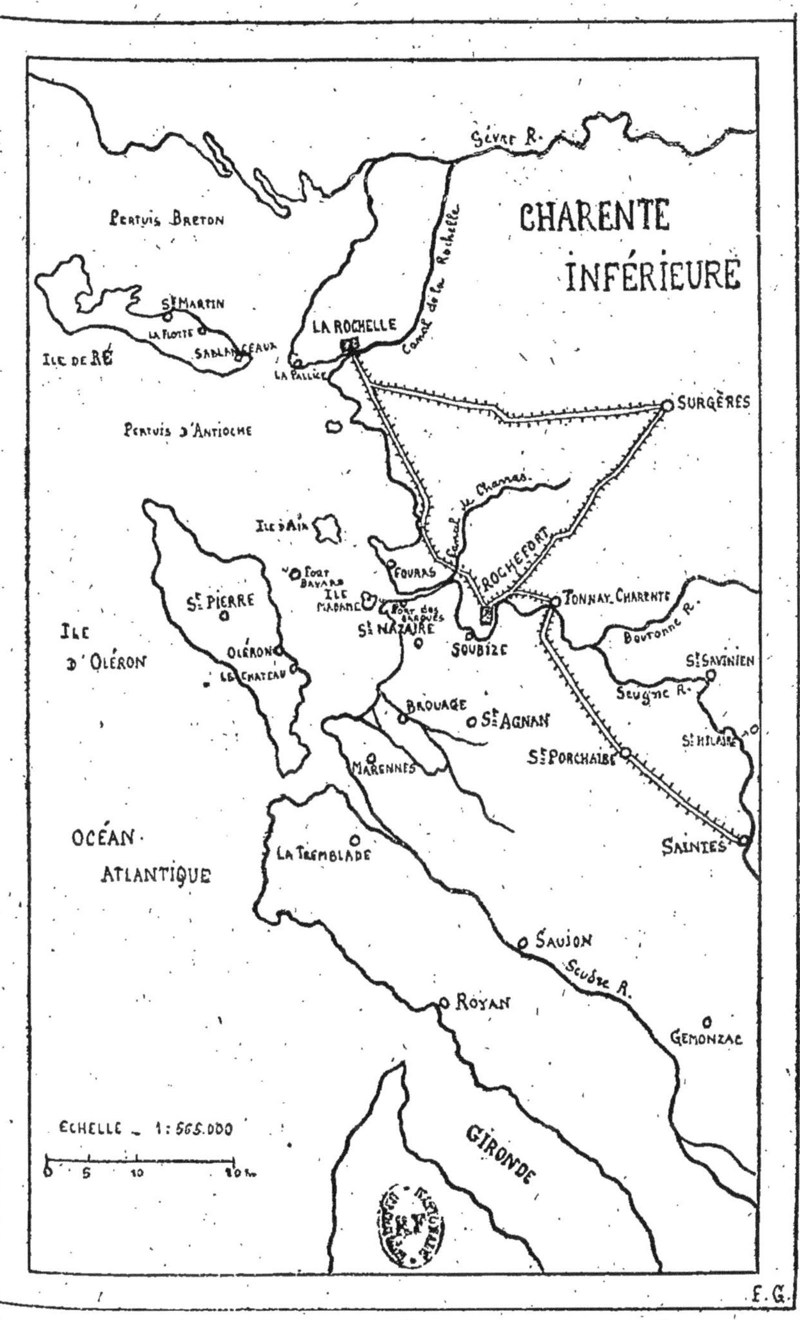

PLANCHE 1.

PREMIÈRE PARTIE

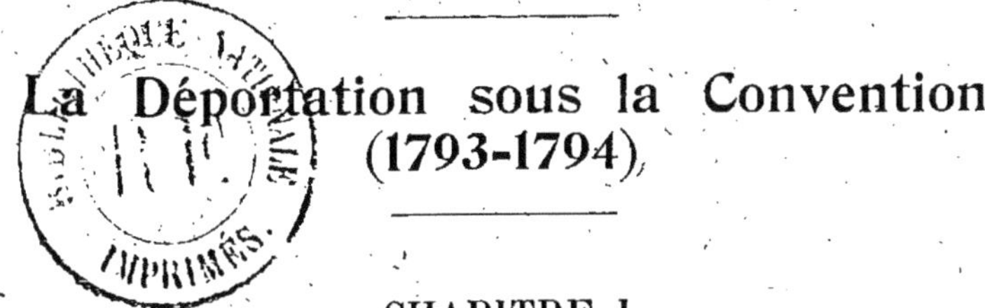

La Déportation sous la Convention (1793-1794)

CHAPITRE I

Coup d'œil général sur la première déportation

LA CONSTITUTION CIVILE DU CLERGÉ ET LE SERMENT. — La cause première de tous les maux qui désolèrent l'Eglise de France à la fin du XVIII° siècle, doit être cherchée dans la Constitution civile du clergé, votée par l'Assemblée nationale le 12 juillet 1790, et sanctionnée par Louis XVI le 24 août suivant. Schismatique dans son esprit, puisqu'elle tendait à séparer l'Eglise gallicane du centre de l'unité catholique, elle contenait, en outre, sur la nomination aux bénéfices et l'origine de la juridiction ecclésiastique, des règlements qui n'étaient point conformes à la foi.

Tout de suite les évêques membres de l'Assemblée aperçurent le péril, et, dans l'*Exposition des principes sur la Constitution civile du clergé* datée du 30 octobre 1790, ils élevèrent la voix pour rappeler la vraie doctrine sur le gouvernement de l'Eglise, et réfuter la loi du 12 juillet.

Mais l'Assemblée s'obstina dans son erreur et, le 27 novembre 1790, elle vota un décret qui imposait à tous les fonctionnaires publics (1) l'obligation de prêter serment à la

(1) Par fonctionnaires publics on entendait les archevêques, les évêques et leurs vicaires ; les curés et leurs vicaires ; les supérieurs, directeurs, professeurs des séminaires et collèges. Le 5 février 1791, l'Assemblée déclara que les prédicateurs étaient compris dans les fonctionnaires publics tenus au serment ; et le 15 avril elle y ajouta toutes les personnes chargées de l'instruction publique, et les chapelains desservant les hôpitaux et les prisons.

Constitution. D'après les articles 1 et 2 de cette loi, ils devaient jurer de « veiller avec soin sur les fidèles du diocèse ou de la paroisse qui leur était confié (ou de remplir leurs fonctions avec exactitude), d'être fidèles à la nation, à la loi et au roi, et de maintenir de tout leur pouvoir la Constitution décrétée par l'Assemblée nationale et acceptée par le roi ». Les contrevenants étaient réputés avoir renoncé à leur office, et il devait être pourvu à leur remplacement (1). Enfin le serment devait être prêté purement et simplement, dans les termes du décret, sans préambule, explication ou restriction (2). Quant aux curés remplacés par d'autres fonctionnaires publics, ils devaient recevoir un secours annuel de cinq cents livres (3). Telles étaient les principales dispositions de l'Assemblée, relatives au serment constitutionnel (4).

On sait que les évêques et les prêtres députés à l'Assemblée repoussèrent, en très-grande majorité, le serment qui leur fut demandé le 4 janvier 1791, et que la partie la plus éclairée et la plus saine du clergé français imita cet exemple. Cette noble attitude fut, du reste, confirmée et encouragée par le Souverain Pontife, Pie VI, qui, dans ses brefs du 10 mars et du 13 avril 1791, condamna définitivement la loi du 12 juillet 1790.

Mgr de La Luzerne, évêque de Langres (5), se rangea,

(1) Article 5 de la loi du 12 juillet.
(2) Décret du 4 janvier 1791.
(3) Décret du 8 février 1791.
(4) Outre ce premier serment, qui n'était demandé qu'aux fonctionnaires publics, la Révolution en exigea plusieurs autres sur la légitimité desquels on a beaucoup discuté, mais que l'Eglise n'a jamais condamnés : aussi furent-ils prêtés par la presque unanimité des prêtres, du moins dans le diocèse de Langres. Ces serments étaient : 1° le serment de maintenir la liberté et l'égalité (14 août 1792) ; 2° la promesse de soumission aux lois de la République (11 prairial an III, 30 mai 1795) ; 3° la reconnaissance de la souveraineté des citoyens français, et la promesse de soumission et d'obéissance aux lois de la République (7 vendémiaire an IV, 29 septembre 1795) ; 4° le serment de haine à la royauté et à l'anarchie, et d'attachement et de fidélité à la République et à la Constitution de l'an III (19 fructidor an V, 5 septembre 1797) ; 5° enfin la promesse de fidélité à la Constitution de l'an VIII (7 nivôse an VIII, 28 décembre 1799). Cfr Meilloc : *Les serments pendant la Révolution*, publié par Uzureau, Paris 1904.
(5) César-Guillaume de La Luzerne était né à Paris le 7 juillet 1738 : agent général du clergé en 1765, il devint évêque de Langres en 1770. Il

dès le premier moment, parmi les adversaires les plus résolus de la Constitution civile. Non content d'adhérer publiquement à l'*Exposition des principes*, il refusa d'organiser son église cathédrale conformément aux décrets constitutionnels, et il engagea avec les théologiens gallicans et jansénistes de l'Administration départementale et de l'Assemblée nationale elle-même, une lutte doctrinale qui révéla en lui un tel savoir et une telle sagesse, qu'il devint dès lors l'un des oracles les plus écoutés de l'Eglise de France, et le principal guide du clergé fidèle (1). Aussi, le Chapitre, les ecclésiastiques de la ville, et un nombre considérable de prêtres du diocèse, se rangèrent-ils avec empressement autour de leur illustre évêque, prêts à tout souffrir plutôt que de renoncer à leur foi et de trahir leur conscience (2).

Cette attitude du clergé déconcerta l'Assemblée nationale qui avait tout prévu, sauf la résistance à cette loi qui devait, soi-disant, reformer l'Eglise en la ramenant à sa pureté primitive. Désarmée en face des prêtres non assermentés, elle se contenta de les menacer de poursuites criminelles, et de priver de traitement ceux qui auraient rétracté leur serment (3).

La Législative fit un pas en avant, et après avoir imposé le serment constitutionnel aux prêtres qui ne l'avaient point encore prêté, elle les classa au rang des suspects, autorisa

quitta l'Assemblée nationale, à laquelle il avait été député, après les tumultueuses journées des 5 et 6 octobre 1789, et il partit pour l'exil le 23 mars 1791. Réfugié en Suisse, puis en Autriche et en Italie, il ne rentra en France qu'en 1814, et il se fixa à Paris. Pair de France, puis cardinal en 1817, il mourut le 21 juin 1821, et fut inhumé dans l'église des Carmes.

(1) Nous faisons ici allusion aux écrits de Mgr de La Luzerne contre le procureur-syndic du département, et surtout à l'*Examen de l'Instruction de l'Assemblée nationale sur l'organisation prétendue civile du clergé*, et à l'*Instruction aux curés, vicaires et autres ecclésiastiques du diocèse de Langres qui n'ont pas prêté le serment*. (Cf. Godard : *Notice critique sur la personne et les écrits du cardinal de La Luzerne*, p. xxxiii et seq.).

(2) Les études de détail que nous avons faites sur chacun des prêtres du département, nous permettent d'affirmer que, *parmi les ecclésiastiques astreints au serment*, la moitié, au moins, se soumirent à la loi. Les districts de Langres et de Bourbonne fournirent, à la vérité, une grande majorité de prêtres fidèles : mais la proportion inverse s'établit dans le district de Chaumont, et surtout dans les trois autres qui, ne l'oublions pas, ne relevaient qu'en très-petite partie de l'ancien diocèse de Langres.

(3) Décrets des 9 et 19 juin 1791.

les directoires des départements à les éloigner de leur domicile en cas de troubles pour opinions religieuses, et menaça d'emprisonnement tous les réfractaires (1). Enfin, en 1792, elle entra définitivement dans la voie de la persécution, en votant des lois d'exception que la Convention devait encore aggraver en 1793.

LA LÉGISLATION. — La législation contre les prêtres qui avaient refusé le serment prescrit par les lois du 27 novembre 1790 et du 29 nombre 1791, fut fixée par les décrets des 27 mai et 26 août 1792, et par ceux des 18 mars, 21 avril, 17 septembre et 21 octobre 1793 (2).

Dès le 27 mai 1792, l'Assemblé législative avait voté un décret de déportation contre les prêtres insermentés qui seraient dénoncés comme suspects par vingt citoyens. Mais ce décret, auquel le roi avait opposé son *veto*, fut surpassé en rigueur par celui du 26 août suivant, que la Commune de Paris dicta à l'Assemblée, et dont il est nécesaire de citer les principaux articles.

« Article 1er. — Tous les ecclésiastiques qui, étant assujettis au serment, ne l'ont pas prêté, ou qui, après l'avoir prêté, l'ont retracté et ont persisté dans leur rétractation, seront tenus de sortir sous huit jours hors des limites du district et du département de leur résidence, et, dans la quinzaine, hors du royaume.

« Art. 2. — En conséquence, chacun d'eux se présentera devant le directoire du district ou la municipalité de sa résidence, pour y déclarer le pays étranger dans lequel il entend se retirer, et il lui sera expédié sur-le-champ un passe-port qui contiendra sa déclaration, son signalement, la route qu'il doit tenir, et le délai dans lequel il doit être hors du royaume.

« Art. 3. — Passé le délai de quinze jours, les ecclésiastiques non assermentés qui n'auraient pas obéi aux dispositions précédentes, seront déportés à la Guyane française. Les

____

(1) Loi du 29 novembre 1791.
(2) Voir le texte de ces lois dans Rondonneau : *Collection des lois, décrets, etc.*, publiés depuis 1789 jusqu'en 1814, Paris, 1817, 16 vol. in-8 ; Picot : *Mémoires pour servir à l'histoire ecclésiastique pendant le XVIIIe siècle*, 3e éd., Paris, 1853, t. VI.

directoires de district les feront arrêter et conduire, de brigade en brigade, aux ports de mer les plus voisins.

« Art. 5. — Tout ecclésiastique qui serait resté dans le royaume après avoir fait sa déclaration de sortie et obtenu passe-port, ou qui rentrerait après être sorti, sera condamné à la peine de détention pendant dix ans.

« Art. 6. — Tous autres ecclésiastiques non assermentés, séculiers et réguliers, prêtres, simples clercs, minorés ou frères lais, sans exception ni distinction, quoique n'étant point assujettis au serment, seront soumis à toutes les dispositions précédentes, lorsque par quelques actes extérieurs ils auront occasionné des troubles venus à la connaissance des corps administratifs, ou lorsque leur éloignement sera demandé par six citoyens domiciliés dans le même département.

« Art. 7. — Les directoires de district seront tenus de notifier aux ecclésiastiques non sermentés qui se trouveront dans l'un ou l'autre des deux cas prévus par le précédent article, copie collationnée du présent décret, avec sommation d'y obéir et de s'y conformer.

« Art. 8. — Sont exceptés des dispositions précédentes les infirmes, dont les infirmités seront constatées par un officier de santé, qui sera nommé par le Conseil général de la commune. Sont pareillement exceptés les séxagénaires dont l'âge sera aussi dûment constaté.

« Art. 9. — Tous les ecclésiastiques qui se trouveront dans le cas des exceptions portées par l'article précédent, seront réunis au chef-lieu du département, dans une maison commune, dont la municipalité aura l'inspection et la police ».

Les massacres de septembre furent, on le sait, la première conséquence de la loi du 26 août, et bientôt, la Législative ayant cédé la place à la Convention, celle-ci inaugura sans retard son œuvre de sang.

Le 18 mars 1793 elle porta un décret qui obligeait tout citoyen à arrêter les prêtres dans l'état de déportation, et punissait de mort dans les vingt-quatre heures ceux qui auraient été trouvés sur le territoire de la République.

Le 21 avril suivant, un nouveau décret étendait la loi de

déportation à la Guyane aux ecclésiastiques qui n'auraient pas prêté le serment de liberté et d'égalité, et à ceux qui seraient dénoncés pour cause d'incivisme par six citoyens dans le canton.

Enfin cette loi, déjà si cruelle, fut aggravée par celle du 17 septembre 1793, qui déclarait les décrets relatifs aux émigrés, de tout point applicables aux déportés; et surtout par celle du 30 vendémiaire (21 octobre 1793), loi de sang, qui ne parle que de mort, de réclusion et de déportation, qui récompense la dénonciation et condamne l'hospitalité même comme un crime. De cette dernière loi, nous ne citerons que l'article 10.

« Sont déclarés sujets à la déportation, jugés et punis comme tels : les évêques, les curés conservés en fonctions; les vicaires de ces évêques, les supérieurs et directeurs de séminaires, les vicaires des curés, les professeurs des séminaires et de collèges, les instituteurs publics, et ceux qui ont prêché dans quelques églises que ce soit depuis le décret du 5 février 1791, qui n'auront pas prêté le serment prescrit par les décrets du 24 juillet et du 27 novembre 1790, ou qui l'ont rétracté, quand bien même ils l'auraient prêté depuis leur rétractation ; tous les ecclésiastiques séculiers et réguliers, frères convers et lais, qui n'ont pas satisfait aux décrets des 14 août 1792 et 21 avril dernier, ou qui ont rétracté leur serment (de liberté-égalité) ; et enfin tous ceux qui ont été dénoncés pour cause d'incivisme, lorsque la dénonciation aura été jugée valable (par les directoires des départements, sur l'avis du district), conformément au décret dudit jour 21 avril. »

Exécution de la loi. — Ces terribles lois furent appliquées en Haute-Marne comme dans tout le reste de la France.

Les directoires de district notifièrent aux ecclésiastiques insermentés copie collationnée du décret du 24 août, avec sommation d'y obéir et de s'y conformer. Alors, ceux qui étaient encore jeunes et bien portants, se présentèrent devant la municipalité de leur résidence, et reçurent des passe-ports pour l'étranger (1). Les infirmes et les sexagé-

(1) Voir l'état des prêtres déportés en exécution de la loi du 26 août, aux Arch. de la Haute-Marne, L. 22.

naires, munis de certificats bien authentiques, se rendirent à Chaumont, où le couvent des Capucins leur fut d'abord assigné pour maison commune.

Bientôt les dénonciations affluèrent de toutes parts contre les ecclésiastiques qui, n'étant point fonctionnaires publics, avaient pu rester en France sans prêter le serment à la Constitution civile. On les accusait d'être des séditieux, des perturbateurs publics, et on demandait contre eux l'application de l'article 6 de la loi du 26 août. Ainsi, le 16 janvier 1793, quarante-deux citoyens de Châteauvillain sollicitèrent la déportation des chanoines et des Récollets domiciliés dans cette ville (1). Mais les républicains langrois se distinguèrent particulièrement par leur zèle contre les prêtres, et, à plusieurs reprises, les 3, 7 et 16 mars, le 13 avril et le 23 mai 1793, ils dénoncèrent plusieurs groupes de prêtres non-seulement de Langres mais encore de Chaumont (2). Les autorités administratives, mises ainsi en demeure de se prononcer, durent sévir, quelquefois bien à contre-cœur, contre des prêtres qu'elles savaient innocents, et les bannir du territoire de la République.

Enfin, restaient les prêtres qui, sujets à la déportation, avaient préféré les périls de la patrie à la sécurité de l'exil, et qui étaient demeurés en France en dépit de la loi (3). Après l'arrêté du directoire du département en date du 22 avril 1793 (4), une chasse très-active leur fut donnée. Un certain nombre d'entre eux réussirent à se cacher, et échappèrent ainsi à la peine de la déportation. On en arrêta plusieurs autres, et on les jeta en prison dans la maison des ci-devant Ursulines, où ils languirent pendant de longs mois (5.

Le sort des prêtres condamnés à la déportation fut définitivement réglé par l'arrêté du Comité de salut public en date du 25 janvier 1794. et dont voici les principales dispo-

---

(1) Arch. de la Haute-Marne, L. 114, f° 11.
(2) Arch. nat., F19 1012, et F1c III, 4, 5, 7 ; Arch. de la Haute-Marne, L. 127, f° 106 ; L. 185, f° 22, 70, L. 194, L. 200, f° 50 ; V, 60.
(3) Pierre de La Gorce : *Histoire religieuse de la Révolution*, t. II, p. 319.
(4) Arch. de la Haute-Marne, L. 19, f° 91 ; 63, f° 194 ; 232, f° 146.
(5) Voir les listes des prêtres reclus à Chaumont en 1793, aux Arch. de la Haute-Marne, L., 119 et 129.

sitions : « 1° Les ecclésiastiques sujets à la déportation seront conduits de brigade en brigade, par la gendarmerie nationale, dans les ports de Bordeaux et de Rochefort, en calculant les distances du lieu de leur départ, à celui de l'un de ces deux ports, pour les envoyer au plus voisin ; 2° Ils seront enfermés à leur arrivée dans une maison d'arrêt, que le ministre de la marine est autorisé à faire préparer pour les recevoir ; 3° Le ministre fera affecter des bâtiments de commerce pour les conduire à leur destination, conformément au décret du 30 vendémiaire (21 octobre 1793) ; 4° Ils seront embarqués au fur et à mesure que les bâtiments pourront les recevoir. »

En transmettant cet arrêté aux administrateurs des directoires de département, le ministre de l'intérieur leur rappelait que la loi du 26 août n'accordait à ces prêtres, pour leurs frais de route, que 3 livres pour 10 lieues.

C'est la Guyane française qui fut définitivement choisie pour lieu de déportation. Lorient, Nantes, Bordeaux, Rochefort furent désignés pour recevoir les condamnés ; et c'est à ce dernier port, comme plus voisin, que furent généralement conduits les prêtres de l'Est, et spécialement de la Haute-Marne. Ce que les prisonniers eurent à souffrir durant le trajet, qui s'effectuait ordinairement par Troyes, Sens, Orléans, Blois, Tours, Poitiers, Niort, et enfin Rochefort, nous l'apprendrons de l'abbé Maugras lui-même, à l'article qui lui est consacré.

Rochefort. — La ville de Rochefort est située au milieu d'une plaine marécageuse. Elle est enveloppée presque totament par la Charente qui la longe dans sa partie Est, et qui bientôt s'en éloigne en des contours sinueux pour se jeter dans la mer à 15 kilomètres de la place (1).

C'est à Rochefort qu'aboutissaient chaque jour, à partir de mars 1794, les groupes nombreux de déportés qui venaient de tous les points de la France, les uns à pied, les autres entassés sur de misérables charrettes Les convois s'arrêtaient à la porte Charente, attendant que l'autorité maritime leur eût indiqué une prison. Les premiers arrivés furent

(1) Voir plus loin, planche II.

parqués dans l'ancien couvent des Capucins, situé sur l'emplacement du Lycée actuel, et enfermés avec les forçats ; les autres furent enfermés à la prison Saint-Maurice, bâtiment aujourd'hui vide, près de la porte Martrou (1).

Bientôt, le défaut d'air et d'espace, la malpropreté, l'insuffisance de l'alimentation, engendrèrent des maladies ; et alors les plus souffrants furent transportés à l'hôpital Charente. Là du moins ils eurent le précieux avantage d'être soignés par les religieuses de Saint-Vincent de Paul, qui avaient à leur tête l'héroïque sœur Elisabeth Fournier (2).

Lorsque les deux prisons furent remplies, le Comité de salut public choisit, pour y déposer les déportés, deux vaisseaux hors d'usage : le *bonhomme Richard* qui était amarré dans la rivière, près du faubourg de la Cabane-Carrée ; et le *Borée* qui était sur quille en face de l'arsenal. Là, ils furent indignement fouillés, et on leur enleva jusqu'à leurs rasoirs, leurs couteaux, ciseaux et fourchettes (3).

Enfin, l'administration du port, s'apercevant qu'il était absolument impossible de donner asile à un plus grand nombre de déportés, obtint du ministre que l'on procédât au plus vite à leur embarquement. A cet effet, on affecta à la déportation des malheureux prêtres, deux vaisseaux qui avaient fait autrefois la traite des nègres, les *Deux-Associés* et le *Washington*. Les prisonniers furent donc extraits des prisons de la ville, et conduits, à travers une grande partie des rues, jusqu'à l'avant-port : puis, on les entassa sur des chaloupes qui les transportèrent, par toutes les sinuosités de la Charente, dans la rade où les deux vaisseaux étaient mouillés.

L'embarquement fut particulièrement pénible. Près de cinq cents montèrent sur les *Deux-Associés* (avril-mai 1794), puis, en juin, trois cents sur le *Washington*. Le premier vaisseau avait pour commandant le citoyen Réné Laly, et le deuxième, Louis Gibert. L'équipage de chacun d'eux com-

---

(1) Lemonnier, p. 87-88.
(2) Manseau, t. I., p. 142 ; Dubois, p. 53, 56 seq.
(3) L'avidité de ces impudents spoliateurs, dit l'abbé Michel, ne respectait rien : *naturalia, anum et os perscrutabantur*, p. 27-28.
(4) Bottin (dans Delarc, t. III, p. 37) ; Guillon, t. I, p. 356-359 ; Rollet, p. 70 ; Soudais, p. 104 ; Manseau, t. I, p. 155 seq. ; Dubois, p. 67.

prenait, en outre, plusieurs officiers et une centaine de matelots et de soldats (4).

Les pontons. — Semblables à des prisons flottantes, ces deux bâtiments, dont l'emplacement exact se trouvait à égale distance entre l'île d'Aix et le fort Boyard, devinrent donc le théâtre du martyre des prêtres déportés. MM. Labiche, Michel et Maugras ont raconté les souffrances qu'ils eurent à endurer sur les *Deux-Associés* ; et MM. Bottin, Guilloreau, Sourdais et Rollet, montés sur le *Washington*, nous ont laissé le récit détaillé des tortures qu'ils essuyèrent sur ce bâtiment.

La nuit, on les entassait dans l'entre-pont, où ils n'avaient pour se reposer que le plancher nu ou des lits de camp superposés. Le défaut d'espace ne leur permettait pas de faire le moindre mouvement, et l'odeur infecte qui se dégageait des baquets à immondices, ou que provoquaient les fumigations de goudron, leur causait toutes sortes de malaises. Le jour, les geôliers imposaient aux déportés les corvées et les exercices les plus pénibles ; et la nourriture grossière et souvent avariée qui leur était servie, loin de réparer leurs forces, était plutôt de nature à engendrer des maladies. Enfin une consigne sévère régnait sur les vaisseaux : le moindre soupçon de complot était puni de mort, et la contravention la plus légère au règlement exposait son auteur aux plus durs châtiments.

Ajoutez à cela les souffrances morales, qui résultaient pour les prêtres, de la grossièreté des soldats, des railleries amères et impies des capitaines, de la privation de leurs livres, de la prohibition absolue de tout acte de religion, de l'absence de toutes relations et de toutes nouvelles de France, enfin de la perspective d'une mort prochaine loin du pays natal et sans consolations humaines : et alors vous aurez une faible idée de l'horrible situation de ces malheureux, en même temps que de leurs vertus.

Et, en effet, pendant les longs mois qu'ils passèrent sur les pontons de Rochefort, les déportés, soumis à des adversités imméritées et sans précédent, ne laissèrent échapper aucune plainte : ils priaient en secret, observaient les lois de l'Eglise sur le jeûne et l'abstinence, et, loin de maudire leurs persécuteurs, ils leur témoignèrent une bonté et une complaisance qui touchèrent un grand nombre d'entre eux (1).

MALADIES, HOPITAUX, MORTALITÉ. — Bientôt les chaleurs de l'été, la malpropreté, la vermine et les privations de toutes sortes provoquèrent une épidémie qui, après avoir décimé les déportés, commença à gagner l'équipage. Alors un chirurgien, délégué pour visiter les deux vaisseaux, constata que l'état sanitaire du personnel était on ne peut plus mauvais, particulièrement sur les *Deux-Associés*, et il conclut qu'il était urgent d'établir des hôpitaux pour les malades.

On envoya alors de Rochefort deux petites barques à pont, sur chacune desquelles on plaça une cinquantaine de malades tirés des deux vaisseaux, et on les baptisa du nom de grand et de petit hôpital. Mais tout manquait dans ces établissements improvisés, et les pauvres malades n'y trouvèrent guère d'autre consolation que celle d'y être soignés par de charitables infirmiers, qui n'étaient autres que leurs confrères.

Enfin, au mois d'août 1794, on supprima les hôpitaux flottants, pour en établir un autre dans la petite île Madame, autrement « île citoyenne ». Cet hôpital, auquel les prêtres donnèrent le nom de Sainte-Marie, consistait en plusieurs tentes pouvant contenir chacune une vingtaine de malades. Mais, à l'approche de l'hiver, c'est-à-dire dès la fin d'octobre, les vents et les pluies obligèrent les survivants à quitter la place et à regagner leurs vaisseaux. Alors les prêtres furent partagés entre trois bâtiments : l'*Indien*, les *Deux-Associés* et le *Washington*. Un peu plus tard, quand les bâtiments vinrent hiverner au Port-des-Barques, on y transféra aussi l'hôpital.

Mais, pendant ces longs mois, la mort avait fait son œuvre, et plus de cinq cents déportés avaient succombé. Tout d'abord les prêtres décédés n'eurent que la mer pour sépulture, et leurs cadavres jetés à l'eau venaient souvent échouer sur le rivage. Les habitants du littoral ayant fait des plaintes à ce sujet, le préfet maritime ordonna que les morts fussent désormais

(1) Outre les auteurs cités, cf. Michel, p. 32, seq. ; Guilloreau, p. 13, seq. ; Lemercier, p. 91. Cfr. L. Audiat : *Les Pontons de Rochefort*, Paris, in-8°, s. d.

transportés à l'île d'Aix, qui devint ainsi le cimetière des confesseurs de la foi. C'est là que repose la dépouille mortelle de 203 prêtres, parmi lesquels M. Chevresson, décédé le 17 août 1794. Dans la crypte de l'unique village de cette île, on a réuni, il y a une vingtaine d'années, les crânes et les ossements trouvés dans les terrassements des nouvelles batteries du fort.

A partir du 18 août 1794, l'île Madame elle-même, située à quatre kilomètres au Sud-Est de l'île d'Aix, lui fut substituée pour l'inhumation des prêtres déportés. Un étroit sentier, battu par les flots du reflux et connu sous le nom de la *Passe-aux-bœufs* relie cette petite île déserte au Port-des-Barques. C'est là que MM. Andoir, Duvaux et Michel furent inhumés avec 272 de leurs collègues (1).

Dans le pèlerinage que nous fîmes en septembre 1911 vers ces lieux bénis, nous cherchâmes en vain la trace de nos glorieux martyrs : leurs restes reposent dans un champ inculte et pierreux que baignent les flots de la mer, mais aucun signe extérieur ne révèle leur présence.

Après un siècle d'abandon, l'heure de la solennelle réparation a sonné. Grâce au zèle de M. l'abbé Bret, curé de Saint-Nazaire et du Port-des-Barques, une grande croix, entourée des statues de Saint-Pierre et de Saint-Paul, s'élève sur la ruine d'un vieux bastion qui est à l'entrée de la Passe-aux-bœufs, et domine toute la rade où stationnèrent les pontons du martyre. Une petite chapelle a été, en outre, ménagée dans le fortin situé en arrière du Calvaire, et c'est là, sur ce terre-plein en saillie sur la mer, et en face de l'île Madame, que se déroulent les cérémonies des pèlerinages organisés depuis 1910 (2). On sait, d'ailleurs, qu'une Commission, nommée par Mgr l'évêque de La Rochelle, a été chargée de recueillir tous les renseignements pouvant intéresser le procès canonique des confesseurs de la foi (3).

------

(1) Bottin (dans Delarc, t. III, p. 43) ; Michel, p. 48, 67 seq. ; Guillon, t. I, p. 362 ; Soudais, p. 135, 149, seq. ; Rollet, p. 105, seq. ; Manseau, t. I, p. 211, 225, 243 ; Dubois, p. 86, 163, 181, 217 ; Aubray, p. 5, 7, 25.
(2) Voir, plus loin, planche III.
(3) *Bulletin cantonal de Saint-Agnan*, Charente-Inférieure, 1909, seq. ; G. Aubray, *passim*.

Le Port-des-Barques. — Cependant, après la mort de Robespierre, une réaction s'était opérée dans l'opinion publique en faveur des malheureux condamnés à la déportation. Le 1er novembre 1794, l'*Indien*, les *Deux Associés* et le *Washington*, qui, dès le mois d'août, s'étaient déjà rapprochés de l'île Madame, reçurent l'ordre de se rendre à l'embouchure même de la Charente, et d'hiverner près du village du Port-des-Barques. Les trois navires se placèrent à quelque distance l'un de l'autre, à l'endroit indiqué, et la dernière station du douloureux martyre commença : elle devait durer jusqu'au mois de février 1795.

Pendant ces trois mois d'hiver, les déportés eurent beaucoup à souffrir du froid qui engourdissait leurs membres endoloris, et la pauvre pitance qu'on leur servait ne suffisait pas toujours pour apaiser leur faim aiguisée par la température. Pâles, exténués, desséchés, couverts de plaies saignantes, les malheureux attendaient la mort, plutôt que la délivrance, qui cependant leur avait été plusieurs fois promise. Mais bientôt la discipline devint moins sévère, la surveillance moins active, et le sort des captifs fut un peu adouci : l'équipage leur montra beaucoup plus d'humanité, et s'étudia même à conquérir leur bienveillance.

Le 22 décembre 1794, le *Jeanty*, le *Dunkerque* et le *Républicain*, montés par 600 prêtres soumis à la déportation et précédemment détenus dans les prisons de la Gironde, vinrent jeter l'ancre dans la rade d'Aix à côté de ceux qui y étaient déjà mouillés. Parmi les passagers se trouvait l'abbé d'Orcet, nommé évêque de Langres en 1824. Bientôt les nouveaux venus purent voir leurs compagnons d'infortune, communiquer avec eux, et leur faire visite. On devine facilement quelle fut la nature de leurs entretiens : ils roulèrent sur les calamités qu'ils avaient essuyées, sur la perte de leurs malheureux confrères, et sans doute aussi sur leurs espérances communes.

En effet, le proconsul de Rochefort avait favorablement accueilli la demande que les déportés lui avaient faite le 20 décembre, et il leur avait promis de leur rendre la liberté. C'est vers cette époque que les prêtres reconnaissants adoptèrent, d'abord sur les *Deux-Associés*, puis sur le *Washington*, un corps de *Résolutions* en huit articles, qui révèlent dans ces âmes privilégiées un grand amour de la mortifi-cation et une charité héroïque. Ils s'engagèrent, en par-ticulier, à ne point satisfaire les curieux qui leur poseraient de vaines questions sur leur état passé, et à n'en jamais parler en public. Les confesseurs de la foi furent fidèles à cet engagement, car les vénérables prêtres qui ont vécu avec eux, ont raconté qu'ils ne parlaient pas volontiers des souf-frances qu'ils avaient endurées, et qu'ils n'entraient jamais dans aucun détail à ce sujet (1).

SAINTES ET LA DÉLIVRANCE. — Sur la fin de janvier 1795, il fut enfin décidé que les vaisseaux remonteraient la Cha-rente jusqu'au port de Rochefort, et que de là les détenus seraient dirigés sur Saintes. En conséquence, le 2 février, les déportés de Rochefort, réduits au nombre de 368, quit-tèrent la rade du Port-des-Barques, avec le regret d'y laisser leurs confrères de la Gironde, et trois jours après arrivèrent à Rochefort. Le lendemain, 6 février, on les fit sortir des vaisseaux sur lesquels ils avaient gémi si longtemps : les plus malades furent déposés à l'hôpital ; les autres furent con-duits, sur de petites barques, à Tonnay-Charente. Le len-demain matin, quinze charrettes attelées de bœufs se char-gèrent des malades et des infirmes. Les plus vaillants se mirent à la suite, escortés par les gendarmes, et continuant leur route par Saint-Porchaire, arrivèrent le 8 à Saintes, lieu de leur réclusion.

On les y accueillit avec la plus exquise charité, et, après le décret du 21 février relatif à la liberté des cultes, il leur fut même permis de célébrer les offices et de chanter la messe. Toutefois, malgré les soins qui leur furent prodigués, plusieurs prêtres moururent à Saintes, victimes des priva-tions qu'ils avaient subies précédemment : c'est là que M. Brûlé trouva, le 7 mars 1795, la fin d'une vie courte à la vérité, mais pleine de mérites devant Dieu. MM. Maugras et Sébastien Garnier obtinrent leur liberté à Saintes au mois de février et de mars. Quant à M. Carbillet, il avait été, paraît-il, libéré à Rochefort même.

(1) Bottin (dans Delarc, t. III, p. 44) ; Michel, p. 74, seq. ; Soudais, p. 183, seq. ; Rollet, p. 115, seq. ; Manseau, t. I, p. 275,302 ; Dubois, p. 39, seq.

Pendant ce temps les malheureux déportés de la Gironde se trouvaient encore sur leurs vaisseaux, en face du Port-des-Barques : la clémence révolutionnaire semblait les oublier. Les plus malades furent conduits à l'hôpital de Rochefort. On interna les autres à Brouage (1), où ils passèrent l'hiver de 1795-1796, en proie à toutes sortes de privations et de souffrances. Enfin, au mois d'avril 1796, ils furent transportés à Saintes, et ce n'est qu'au mois de décembre suivant qu'ils obtinrent leur liberté définitive (2).

PRÊTRES SOUMIS A LA PREMIÈRE DÉPORTATION. — Il est temps de nommer enfin les ecclésiastiques de la Haute-Marne qui furent soumis à la première déportation. Or, huit prêtres, appartenant de quelque façon à ce département, furent déportés, en vertu de la loi du 26 août 1792, à Rochefort et dans la rade de l'île d'Aix.

Quatre montèrent sur les *Deux-Associés* : Jacques Maugras, de Saulxures ; Nicolas Carbillet, d'Orbigny-au-Val ; Jean-Baptiste Chevresson, d'Illoud, mort le 17 août 1794, et François Andoir, d'Orquevaux, qui le suivit dans la tombe quatre jours plus tard.

Les autres furent embarqués sur le *Washington*, à savoir : Henri Duvaux, de Joinville, décédé le 2 octobre 1794 ; Jean Michel, de Chaumont, qui mourut le 12 octobre suivant ; Philippe Brûlé, décédé le 7 mars 1795, et enfin Sébastien Garnier, de Changey.

A ces huit prêtres, dont trois seulement survécurent, nous avons ajouté Gilbert-Paul-Aragonnès d'Orcet, déporté à Bordeaux, et plus tard évêque de Langres ; et Remy Badoinot, de Nijon, déporté à Nantes, et mort à l'hôpital de Brest le 26 juin 1794.

(1) Cette curieuse petite ville, aujourd'hui encore entourée de ses remparts et de ses portes en ruine, est la patrie de Champlain, le fondateur de Québec.

(2) Cf. Guilloreau, p. 21 ; Dubois, p. 253 ; G. Aubray, p. 29, et les auteurs cités plus haut.

CHAPITRE II
Prêtres déportés sur les " Deux Associés "

I

MAUGRAS (Jacques) (1)

Jacques Maugras était né à Saulxures le 9 février 1756, de Jacques Maugras et de Barthelmine Thévenin, laboureurs. Il eut pour parrain Jacques Thévenin (2), fils de Gabriel Thévenin, laboureur, et pour marraine Anne Maugras, fille de Claude Maugras, manouvrier (3).

Sa famille était donc de condition modeste, mais, en revanche, elle était foncièrement chrétienne : c'est dire que l'enfant ne reçut au foyer paternel que des exemples et des leçons propres à faire éclore en lui la vocation ecclésiastique.

Il fit toutes ses études à Langres. Admis aux ordres mineurs le 31 mars 1781, il fut promu au sous-diaconat, *sub titulo patrimonii*, le 22 décembre de la même année. Au mois de mars 1782 on lui délivra des lettres dimissoriales pour se faire ordonner diacre par l'évêque de Dijon. Enfin, il reçut l'onction sacerdotale à Langres, le 22 décembre 1782, dans la chapelle du séminaire (4).

Après son ordination, le jeune prêtre fut nommé vicaire de Chessy, village de 800 habitants environ, dans l'arron-

(1) L'autobiographie de M. Maugras a été publiée, vers 1845, par ses trois neveux: François Génuel, curé de Chamouilley, Nicolas Maugras, vicaire de Joinville, et M. Maugras, ancien notaire à Montigny. Ceux-ci déclarent, à la fin de cet opuscule, que le récit est exactement conforme au manuscrit qu'ils avaient entre les mains. Aussi bien, la Notice que nous consacrons à ce confesseur de la foi, sera presque exclusivement empruntée à cette source authentique. Cf. *Semaine religieuse de Langres*, 1875, p. 11, seq. ; Caillet, *Vie des Saints du diocèse de Langres*, 1873, p. 459 seq. ; Prévost, t. II, p. 341 seq.

(2) Saulxures a pour patron saint Jacques-le-Majeur : c'est pourquoi ce nom était si commun dans la paroisse.

(3) Etat civil de Saulxures.

(4) Registre des ordinations.

dissement de Tonnerre. Son curé, J.-B. Collinot (1), lui donnait 240 l. par an, plus le logement, la nourriture et l'éclairage. De son côté le vicaire devait acquitter six messes basses par semaine pour le curé (2).

Celui-ci prêta le serment à la Constitution civile du clergé, et M. Prévost (3) affirme que l'abbé Maugras, imitant son exemple, jura, lui aussi, le 6 février 1791, et qu'il se rétracta le 11 mars suivant. La vérité est que le vicaire de Chessy prêta le serment : mais les explications qu'il en a données, les restrictions dont il l'a entouré ont pu lui permettre de dire en toute vérité qu'il le refusa (4). Voici de quels commentaires il accompagna son serment, que du reste il rétracta un mois après :

« Comme chrétien et comme français, bien loin de vouloir me soustraire à l'obéissance que je dois à l'autorité légitime, je me ferai toujours un vrai plaisir de lui obéir en toutes choses justes ; le sang qui coule dans mes veines le demande, et ma religion me l'ordonne. C'est pour vous en donner une preuve bien sincère, que je vais donc jurer d'obéir à la loi, d'aimer, de chérir ma patrie et mon roi... Sitôt que ma raison a commencé à se développer, mes premiers maîtres m'ont enseigné que les devoirs principaux d'un chrétien, après celui de son salut, étaient d'obéir aux lois, d'aimer, de chérir sa patrie et son roi, et qu'agir autrement. c'était manquer aux lois de Dieu et de l'Eglise.., L'Eglise toute sainte a toujours recommandé aux fidèles l'obéissance aux lois, à la nation et au roi ; elle a toujours regardé l'autorité temporelle nécessaire à la tranquillité de la religion, et c'est, en conséquence, qu'elle a toujours regardé comme mauvais chrétiens, tous ceux qui ne voudraient pas obéir à l'autorité temporelle, *pour ce qui regarde le civil*. Oui, je vais vous le répéter encore une fois ; être bon chrétien, c'est par là même être bon citoyen ; c'est être prêt à verser son sang pour défendre sa religion, sa patrie, son roi ; c'est toujours être disposé à obéir aux lois ; et c'est pour vous

(1) Jean-Baptiste Collinot, né à Dijon en 1735, était curé de Chessy depuis 1785. Il mourut vers 1795 (Roussel, t. III, p. 266).
(2) Prévost, t. I, Introduction, p. XXXVI.
(3) *Notice biographique*, p. 4.
(4) Prévost, *loc. cit.*, t. I, p. 535, 538, et t. II, p. 341, Note.

donner une preuve de cette obéissance, que je vais jurer et que je jure effectivement *d'être fidèle à la nation, au roi et à la loi, et de maintenir de tout mon pouvoir la Constitution purement civile du royaume, décrétée par l'Assemblée nationale et sanctionnée par le roi* : je jure de la faire respecter et de l'enseigner aux fidèles que l'Eglise voudra bien me confier un jour. Voilà ma profession de citoyen ; mais, comme je suis chrétien et qu'un bon chrétien doit faire plusieurs fois dans sa vie sa profession de foi, principalement à la mort et dans les choses importantes de la vie, regardant celle-ci comme très-importante, surtout pour un ministre qui doit l'exemple, je jure en conséquence, devant mon Dieu, que je veux vivre et mourir dans la foi de l'Eglise catholique, apostolique et romaine, dans laquelle je suis né et pour laquelle je verserais mon sang, plutôt que de lui être infidèle, *voulant ne jamais me séparer de la communion et de l'autorité de mes supérieurs légitimes, principalement du chef visible de l'Eglise.* Voilà mon serment, je vous prie de l'inscrire sur vos registres, il est chrétien, il est citoyen ; je ne puis y ajouter, ni y rien diminuer » (1).

En désaccord irréductible avec son curé sur la question essentielle du serment, l'abbé Maugras ne pouvait plus rester au presbytère. Il le quitta, et se retira, sans domestique, dans une modeste chaumière du village, d'où il continua à exercer les fonctions du ministère. La population, dont il avait gagné la confiance, lui était, du reste, très-dévouée.

Mais bientôt les temps devenus plus mauvais l'obligèrent à quitter sa pauvre cabane : et c'est alors que commença pour lui une vie errante et pleine d'inquiétudes. Il parcourait, la nuit, les paroisses voisines de Chessy pour porter, où besoin était, les secours de son ministère. Un jour, dans une de ses courses matinales, il aperçut deux gendarmes à cheval, qui allaient à sa recherche : bravement, il s'avança à leur rencontre, et les força de lui céder le milieu du chemin. L'abbé tenait sur son épaule, au bout d'un bâton, un ornement enveloppé d'une serviette : et les gendarmes le prirent pour un tisserand portant sur son dos un ballot de toile.

(1) Prévost, t. I, p. 538-540.

Malgré les dangers de plus en plus grands que couraient ceux qui donnaient l'hospitalité aux prêtres insermentés, Maugras rencontrait encore à Chessy et dans les environs bien des familles qui ne craignaient pas de partager avec lui leur pain et leur demeure. Mais la pensée qu'en cherchant à éviter la mort, il pouvait l'occasionner à ces généreux chrétiens, le tourmentait sans cesse. Dans une telle position, il préféra se livrer lui-même, et il alla se rendre à la prison de la ville de Troyes (1).

M. Prévost nous apprend (2) qu'avant d'être écroué au chef-lieu du département, Maugras dut subir, à Ervy, un premier interrogatoire, dans lequel il avoua qu'il avait rétracté son serment. Transféré à la maison de réclusion le 14 novembre, il en fut extrait le 2 février 1794 pour être écroué aux Cordeliers, et le lendemain il fut condamné à la déportation (3).

En attendant le jour fixé pour le départ, il accomplit, en sauvant un ivrogne qui était tombé dans la rivière, un acte de courage qui excita l'admiration de toute la ville, et qui fut sur le point de lui faire rendre la liberté. Mais sa qualité de prêtre insermenté ayant été alléguée par un membre du club, qui n'était autre qu'un prêtre apostat, Maugras fut reconduit en prison (4).

Au commencement de mars 1794, le vicaire de Chessy fut dirigé sur Rochefort avec d'autres prêtres des départements voisins, au nombre de plus de quarante. Dans cette route, les prisonniers eurent à essuyer les huées, les cris, les insultes de la multitude, non seulement dans les villes, mais même dans certains villages qu'il fallait traverser. « Qu'on imagine, dit M. Maugras, tout ce qu'il y a de plus grossier dans les mots et dans le ton, de plus impie et quelquefois de plus obscène dans les propos, de plus effrayant dans les cris et les menaces, dans les figures, les gestes et les mouvements d'une populace furieuse : on n'a point à craindre d'exagération dans l'idée qui en résultera. Jamais les sombres couleurs qui formeront le tableau, ne surpasse-

(1) *Notice*, p. 4-7.
(2) Prévost, t. II, p. 342-343.
(3) Les biens de M. Maugras furent vendus le 20 juin 1794.
(4) *Notice*, p. 7-10.

ront, n'égaleront même l'affreuse et inexprimable réalité ».

Quelques patriotes nommés par les clubs, « précédaient les voitures dans chaque localité, animaient par leurs calomnies, et soudoyaient la populace ignorante et grossière, cédant toujours aux mauvaises impulsions qu'on lui donne. » D'autres fois « ils avaient recours à un autre stratagème : c'était de faire stationner (les prêtres) pendant des heures entières, sur les places publiques, comme pour inviter la foule à les insulter sans crainte (1). »

Mais ils n'atteignaient pas toujours le but qu'ils se proposaient : la vue de tant de prêtres qui se dévouaient si généreusement pour la foi catholique, ouvrait presque toujours les cœurs des plus prévenus aux sentiments de la compassion et de la pitié. L'abbé Maugras raconte, par exemple, qu'étant entré à Orléans dans la boutique d'une marchande, celle-ci le reconnut sous ses habits noirs : elle le fit entrer dans l'arrière-boutique, et lui présenta ses deux petites filles à genoux, en implorant pour elles sa bénédiction. Puis il continue en ces termes :

« Arrivés à Poitiers, mes confrères et moi, nous fûmes dépouillés du peu que nous possédions : on ne laissa à chacun de nous que deux chemises, deux paires de bas, quelques mouchoirs de poche et trente francs en assignats, pour les frais de route de trente lieues qui restaient encore à faire jusqu'à Rochefort.

« En passant à Niort, nous crûmes que notre dernier moment était arrivé. On nous fit ranger sur une grande place où la guillotine était en permanence. Cette place était remplie de monde qui criait : A bas les prêtres ! A la guillotine les Vendéens... Grâce aux hussards qui nous escortaient, nous échappâmes aux fureurs de la populace. On nous déposa dans des prisons où venaient de périr plus de trois cents Vendéens, et où l'on ne pouvait respirer qu'un air contagieux et pestilentiel.

« Le lendemain nous nous remîmes en route, et les hussards nous donnèrent de grandes preuves de leur humanité : ils descendaient de cheval et y faisaient monter les déportés ;

______

(1) *Notice,* p. 11-13.

souvent même ils les laissaient aller plus d'une demi-lieue en avant.

« Nous arrivâmes à Saintes, d'où nous partîmes le 28 mars 1794, pour nous rendre à Rochefort. On nous mit sur une *gabare* : nous employâmes six jours pour faire sept lieues. Le second jour, nous arrivâmes à une lieue de Saint-Savinien, où la marée nous manqua. Comme il pleuvait beaucoup, et que nous aurions été exposés, pendant toute la nuit, à l'intempérie de l'air, le patron nous conseilla de faire cette lieue à pied, en suivant le bord de la Charente.

« Il nous débarqua tous sur la prairie, par une grande pluie et pendant une nuit très-obscure. Aussi, ne sachant où mettre le pied, les uns tombaient d'un côté, les autres d'un autre. Les vieillards eurent fort à souffrir : les uns se trouvaient quelquefois dans l'eau jusqu'à mi-jambes, les autres croyant marcher sur le solide, se précipitaient dans des fossés d'où nous les retirions glacés de peur et de froid. Enfin, après deux heures de la plus pénible marche, nous arrivâmes à Saint-Savinien mouillés jusqu'aux os ». Là, du moins, les prisonniers furent bien traités.

« Nous débarquâmes le sixième jour (à Rochefort) devant ce vaisseau qu'on nommait le *Borée* ou le *Bonhomme-Richard*, et qui servait d'hôpital aux galeux. Après quelques heures d'attente, on nous fit monter dans ce bâtiment, à travers les baïonnettes et les sabres, et, quand on nous eut comptés et recomptés, on nous précipita dans une soute (espèce de magasin) sur du mauvais foin et de la paille hachée, où nous trouvâmes une trentaine de nos confrères qui nous avaient précédés. Je ne parlerai pas des quatre nuits que nous avons passées en cet endroit : ce n'étaient encore que des roses » (1).

Le lendemain les prisonniers eurent la visite d'un général patriote envoyé contre la Vendée : il les traita de coquins, d'infâmes brigands, de race de Beelzébuth, et les menaça de mort si ses troupes éprouvaient quelque échec.

« Deux jours après, on procéda à la (deuxième) fouille. On nous fit monter dix par dix dans la chambre du capitaine où étaient deux commissaires qui, après nous avoir

_____
(1) *Notice*, p. 14-18.

menacés de nous faire guillotiner si nous cachions quelque chose, procédèrent à la fouille de nos effets, et nous firent remettre tout l'argent et les assignats que nous possédions. Ils se montrèrent surtout inexorables pour nos bréviaires et les autres objets de religion que nous pouvions avoir. Ils mirent aux fers un de nos confrères qui avait caché un chapelet.

« Mais quelle fut notre peine, lorsque nous ne vîmes plus revenir ceux qui les premiers étaient montés pour être fouillés ! Nous crûmes qu'on les faisait mourir, et chacun de nous s'attendait au même sort.

« Nous ne fûmes désabusés que quand notre tour arriva ; car, au lieu de nous jeter dans la mer, on nous fit descendre, au milieu des hallebardes, à la lueur d'un fanal, dans un autre endroit qu'ils appellent aussi soute, et que nous avons nommé purgatoire, à cause de l'épouvantable chaleur qu'il y faisait. Je n'y restai que cinq heures, et quand, je sortis, je trouvai fondu comme de l'huile, un petit pot de beurre que je portais dans ma poche. Qu'on juge d'après cela de ce qu'ont souffert ceux qui y restèrent deux fois vingt-quatre heures, entassés les uns sur les autres ». (1).

Après cette opération, on arracha aux prêtres leurs cocardes, et on les entassa précipitamment sur une goëlette, où ils passèrent une nuit terrible. De là, ils furent, le lendemain, transportés à bord du navire les *Deux-Associés*, destiné à les conduire à la Guyane.

*
* *

Lorsque les déportés furent montés sur le vaisseau, à travers les sabres et les pistolets, on inscrivit leurs noms sur un registre, puis on procéda à une troisième fouille : on ne laissa à chacun d'eux que quelques petits effets et l'habit qu'il avait sur le corps. Le capitaine, qui s'appelait Laly, leur lut alors une consigne des plus sévères, dont chaque article portait peine des fers ou de la mort contre tout contrevenant. On les fit ensuite descendre dans l'entrepont du vaisseau, lieu destiné à leur servir de prison, et où ils restèrent

(1) *Notice*, p. 18-19.

plus de six mois, quatorze heures par jour. C'était le 3 mai
1794.

Une demi-heure après, branle-bas général. Un chanoine
de Limoges, nommé Antoine Roulhac, était accusé d'avoir
proféré des menaces contre les matelots : malgré ses déné-
gations, il fut condamné à mort et fusillé à l'instant.
Un peu plus tard, un prisonnier que la fièvre avait jeté
dans le délire, fut mis aux fers, et expira peu d'heures
après. A cette occasion il fut question, dans le conseil des
officiers, de fusiller les prisonniers, cinquante par cinquante. Enfin on leur donnait souvent l'alerte, et on les
menaçait de les faire *boire dans la grande tasse*. Contre
de pareils « brigands » tout n'était-il pas permis ? (1).

Voici, toujours d'après l'abbé Maugras, quelle était la
situation faite aux déportés sur les vaisseaux.

Le pont était barré par une cloison de grosses planches
de chêne, haute de sept à huit pieds, garnie en haut de
grosses pointes de fer longues d'un demi-pied et très près
l'une de l'autre. Cette cloison, qui s'appelait *rembarde*, se
continuait dans les étages inférieurs, et servait à isoler
entièrement les déportés de la partie occupée par les officiers et les matelots. On avait pratiqué à cette rembarde
quatre ouvertures où passait l'embouchure d'autant de
canons braqués sur eux ; outre cela, elle était percée de distance en distance, pour y ajuster des fusils et des pierriers.

Quant à l'entrepont, il serait difficile de peindre tout ce
que les déportés eurent à souffrir dans cette horrible retraite
pendant les quatre premiers mois. Ce vaste cachot n'avait
que cinq pieds de haut, et les 414 hommes y étaient
si serrés qu'il était impossible de se coucher sur le
dos : ils devaient se tenir étendus sur le côté pendant les
treize ou quatorze heures de la nuit. Privés de linge et
couverts de haillons, ils étaient dévorés par la vermine et
ne respiraient qu'un air corrompu. Les fumigations par le
goudron, que l'on pratiquait chaque matin, toutes portes
closes, répandaient une fumée âcre et épaisse qui leur
dévorait le gosier et provoquait les toux les plus violentes.
La fumigation terminée, les déportés étaient admis sur le

(1) *Ibid.*, p. 24, seq.

pont pour respirer la fraîcheur de l'air extérieur : mais le spectacle que leur offrait la figure pâle et cadavérique de leurs confrères, avec leur longue barbe et leur aspect miséreux, ajoutait encore à leurs maux.

Sur la nouvelle que les déportés mouraient en grand nombre sur les *Deux-Associés*, le district de Rochefort envoya un chirurgien-major pour visiter le vaisseau. Ce médecin demandait déjà les échelles pour gagner le fond de cale : mais à peine avait-il fait quelques pas qu'il fut suffoqué par la chaleur et les exhalations fétides. Il remonta bien vite et fit la déclaration suivante ; « Si l'on eut mis quatre cents chiens dans cet endroit-là, ils seraient tous enragés ou crevés dès le lendemain ; ce n'est pas ainsi qu'on traite des hommes ».

L'état-major et l'équipage s'étant aperçus qu'il restait encore quelques effets à certains déportés, ils ordonnèrent de tout remettre sous peine d'être fusillé. Ainsi, montres, boutons de manche, argent monnayé, assignats, tout fut enlevé. C'était la quatrième fois qu'on les dépouillait ainsi. Mais, malgré la rigueur des différentes fouilles, on ne découvrit jamais ni le Saint-Sacrement que plusieurs prêtres avaient apporté, ni les saintes huiles dont on se servait pour administrer les mourants, ni un morceau de la vraie croix de N. S. J. C. (1).

Les déportés devaient être nourris comme l'équipage. Mais les rapines des officiers et de l'équipage réduisaient leur ration à presque rien.

« Nous n'avions, ajoute M. Maugras, que les restes de l'équipage. Le pain que l'on nous donnait était toujours corrompu. Recevions-nous du biscuit, il ne valait pas mieux : il était également moisi et rempli de vers qui tombaient lorsque nous le rompions. La viande n'était que des os, et elle n'était jamais cuite : pour la rendre plus ragoûtante, on la traînait dans la boue ou la poussière, et, sans l'avoir lavée, on la jetait dans la marmite. Les gourganes se donnaient avec de l'eau mêlée d'un peu de graisse ou d'huile : elles étaient toutes remplies de petits insectes noirs ou charançons qui couvraient, de l'épaisseur d'un demi-

---

(1) *Notice*, p. 41-42.

doigt, le peu de bouillon dans lequel on nous les donnait. Mais la faim nous rendait indifférents pour tout, et nous faisait manger, même avec appétit, ce qui autrefois n'aurait pas manqué de nous faire soulever le cœur ».

Le plus souvent, les prisonniers n'avaient pas de quoi apaiser la faim qui les dévorait, et M. Maugras raconte qu'il a vu de ses confrères ramasser avec avidité les restes qui se trouvaient à terre après le repas, ou qui étaient destinés aux pourceaux.

Il était défendu aux matelots de donner quoi que ce soit aux déportés. Mais plusieurs se privèrent d'une partie de leurs aliments pour les donner à ceux de leurs confrères qui avaient besoin de plus de nourriture.

« Le plancher couvert d'ordures nous servait de table... Une gamelle de bois semblable pour la forme et la propreté, à celles où l'on donne à manger aux cochons, et une cuiller de bois que nous portions attachée à notre boutonnière, étaient tous nos meubles de table, avec un seul couteau cassé au bout, pour dix, que nous étions obligés de remettre tous les soirs, et un petit gobelet de fer blanc, qui servait également aux dix, pour manger, boire et faire la barbe.

« Pour nous désaltérer, nous n'avions presque toujours que l'eau des fonds de tonneaux, qu'une eau de cale corrompue et remplie de petits vers, qui exhalait une odeur insupportable et laissait dans la bouche un goût de pourriture que rien ne pouvait détruire. Il arrivait de temps en temps qu'on nous en donnait de la fraîche. L'eau qui nous était destinée se trouvait dans une barrique ouverte par le haut, et placée sur le pont : nous y en puisions avec une corne de bœuf ». (1).

Quelles étaient les occupations des déportés pendant la journée ? « Le matin, après avoir porté tour à tour les baquets destinés aux besoins naturels et les avoir vidés dans la mer, nous raclions le plancher de notre entrepont avec des instruments appelés grattes, qu'on nous donnait pour ce moment ; nous le balayions ensuite fort exactement.

« Après cela notre unique occupation, pendant les huit

(2) *Notice*, p. 43-47.

ou neuf heures que nous passions sur le pont, était de tuer nos poux et de laver nos chemises.

« Il est impossible de se représenter la quantité de ces insectes qui nous rongeaient. Tout notre corps en était couvert, nos habillements en étaient remplis. Partout on ne voyait que vermine : le plancher du pont et les cordages de la partie que nous occupions, en étaient tout garnis. Le mauvais air et la malpropreté, aliments naturels de cette vermine, l'entretenaient et la propageaient.

« Nous n'avions pour la plupart que deux chemises. Lorsqu'une était sur notre corps, nous ne négligions pas de laver l'autre, c'est-à dire que nous la trempions dans l'eau de la mer, et, après l'avoir un peu frottée, nous la suspendions aux cordages pour la faire sécher. » (1).

On leur avait pris leurs bréviaires, et presque tous les jours on en déchirait les feuillets en petits morceaux qu'on se faisait un jeu de jeter dans leur entrepont pour les insulter. Il était défendu de prier : malheur à celui qu'on aurait vu remuer les lèvres ou qui aurait laissé échapper un seul mot de latin ! Quant aux matelots, la seule prière qu'ils faisaient entendre était la *Marseillaise*, qu'ils chantaient deux fois par jour. Enfin les prêtres étaient privés de toutes espèces de livres mêmes profanes, et on ne leur avait laissé ni plumes ni papier.

Cette pénible inaction de l'esprit, jointe à l'affaiblissement du corps, engourdissait toutes les facultés de l'âme, et la faisant retomber douloureusement sur elle-même et sur ses souffrances. Sans aucune relation avec le reste des hommes, ils ignoraient absolument tout ce qui se passait en France : souvent même ils se trouvèrent fort embarrassés de connaître les mois et les jours. A la vérité, lorsqu'ils étaient sur le pont, les prêtres pouvaient converser entre eux pendant quelques instants : mais il leur fallait se tenir constamment sur leurs gardes, pour ne laisser échapper aucun mot que la méchanceté aurait pu interprêter en mal. (2).

Bientôt la maladie et le scorbut firent leur apparition

(1) *Notice*, p. 47-49.
(2) *Notice*, p. 50-54.

sur le vaisseau. Les officiers, craignant que la contagion gagnât l'équipage, demandèrent à Rochefort qu'on leur envoyât deux bricks pour servir d'hôpitaux. On y entassa les malades, à demi-nus, couchés sur le plancher ; quand il faisait du roulis, ils étaient jetés les uns contre les autres ; et on ne craignait pas de leur faire subir le supplice des fumigations.

M. Maugras demanda à aller à l'hôpital comme infirmier. « Après y avoir travaillé du matin au soir, nous dit-il, je me jetais, vers les dix heures, dans une espèce de trou, au milieu des cordages, pour prendre quelques instants un repos qui était interrompu, à tout moment, par les gémissements des malades et des mourants...

« Pour donner une idée de ces hôpitaux, représentez-vous trois cachots faits en gondoles, pénétrés d'humidité où, dans les temps de pluie, l'eau tombait de tous côtés ; et, dans ces demeures infectes, figurez-vous une cinquantaine de prêtres les uns sur les autres, couchés sur les planches nues, presque nus eux-mêmes, manquant de tout, couverts d'ulcères, rongés par la vermine, dans l'ordure jusqu'au cou, le plus souvent sans pain, sans eau, n'ayant et encore assez rarement, que du bouillon aussi peu nourrissant que l'eau, une petite quantité de riz et de pruneaux sauvages.

« Pour juger combien l'air était pestilentiel et funeste, c'est que, de vingt-quatre infirmiers que nous étions dans ces hôpitaux, et tous du tempérament le plus fort, il en est mort dix-neuf. et des cinq autres nous avons été quatre à toute extrémité. Tant que je vivrai, je regretterai de n'avoir pas été trouvé digne de donner ma vie pour Jésus-Christ, ainsi que mes courageux et saints confrères...

« Le jour de mon entrée à l'hôpital comme infirmier, il est mort huit malades en moins de vingt-quatre heures. Nous étions jour et nuit au milieu des morts et des mourants, sans pouvoir procurer à ceux-ci les secours que nous jugions nécessaires. Mais, si cette impossibilité de les soulager était un supplice pour notre sensibilité, nous en étions en quelque sorte bien dédommagés, en voyant la constance et la résignation avec lesquelles ils supportaient leurs maux... A la vérité, disait l'un d'eux, nous sommes les plus malheureux des hommes ; mais, aussi, nous sommes les plus heureux des chrétiens. Prions, s'écriait celui-là, prions pour ceux qui nous persécutent, ils sont plus malheureux que nous. Tels sont les sentiments dans lesquels ils quittaient la vie. » (1).

« Dès qu'un ou plusieurs malades mouraient, le patron de l'hôpital arborait le drapeau tricolore, pour avertir le grand vaisseau, qui aussitôt envoyait un officier marinier pour prendre les noms des morts et emporter leurs petits paquets, sur lesquels les gens de l'équipage se jetaient comme des vautours sur une proie...

« Lorsque les noms des morts étaient enregistrés, on faisait descendre dans une chaloupe quatre ou huit d'entre nous, suivant le nombre des cadavres, pour aller les enterrer à l'île d'Aix : dans cette opération, nous étions escortés par un caporal et des soldats du bord, baïonnettes au bout du fusil.

« Arrivés au bord de l'île, nous placions le cadavre sur une civière que nous portions ; ou, s'il y avait plusieurs morts, nous les mettions sur une charrette à laquelle nous nous attelions, pour les traîner à plus d'un quart de lieue, dans un champ de l'île, destiné à la sépulture.

« Là, nous creusions, dans les sables, des fosses où l'on nous forçait d'enterrer les morts tout à nu. Je faillis me faire fusiller, pour avoir seulement montré de la répugnance à en dépouiller un... Plus de trois cents ont été ainsi enterrés dans l'île d'Aix...

« A ce lieu de sépulture, on en substitua un autre. Le nombre des morts augmentant tous les jours, on résolut à Rochefort de transporter les malades à l'île Madame, sous des tentes où ils ont été un peu moins mal, pendant plus d'un mois. Mais ce transport devint funeste à plusieurs : le changement d'air et les secousses en firent périr plus de soixante, en moins de huit jours ». (2).

L'intrépide abbé Maugras, à peine sorti de la grave maladie qu'il avait essuyée, demanda à quitter le vaisseau pour aller à l'île Madame comme infirmier. Il fut donc

(1) *Notice*, p. 54-61.
(2) *Ibid.*, p. 62-65.

embarqué avec trois autres infirmiers et treize malades, dont plusieurs étaient presque agonisants. Mais la marée étant trop basse pour pouvoir aborder au Port-des-Barques, situé en face de l'île Madame, ils furent obligés de se mettre dans la boue jusqu'à mi-jambes pour atteindre le bord ; puis ils gagnèrent l'île à pied, au milieu de l'obscurité la plus profonde et escortés de six fusiliers.

« Notre séjour dans l'île Madame diminua beaucoup l'horreur de notre état : nous jouissions de quelque liberté ; on nous permettait de nous promener à des distances limitées. Les malades étaient un peu mieux soignés ; leur nourriture, quoiqu'aussi peu abondante, était moins malsaine. Les champs offraient aux plus forts, dans l'oseille sauvage et les pissenlits dont ils étaient pleins, de quoi suppléer à la modicité de leur ration, et fournissaient aux plus malades des herbes et des racines pour préparer de la tisane. L'exercice de la promenade rendait aux convalescents une partie de leurs forces : les cancres, les moules et d'autres coquillages qui se trouvaient en abondance sur les bords de la mer, servaient encore à apaiser la faim excessive dont plusieurs étaient tourmentés. » (1).

Malheureusement les déportés eurent presque toujours à souffrir de l'intempérie de l'air : le vent, le froid, la pluie, ajoutés à l'insuffisance de nourriture et de secours pour les malades, rendirent le séjour de l'île tout à fait intenable, et M. Maugras tomba malade une seconde fois.

Un mois après l'arrivée dans l'île, on donna des ordres pour faire rentrer les prêtres sur les vaisseaux, où ils passèrent l'hiver le plus rigoureux. Les plus malades furent placés sur l'*Indien* qui servit d'hôpital jusqu'à leur départ ; les convalescents, au nombre desquels était M. Maugras, sur les *Deux-Associés* ; et ceux qu'on croyait tout-à-fait hors de danger, sur le *Washington*, où ils furent fouillés une cinquième fois avec la plus grande indécence, et traités jusqu'à la fin avec une extrême rigueur (2).

Cependant, après la mort de Robespierre, le capitaine des *Deux-Associés* montra beaucoup plus d'humanité aux

(1) *Notice*, p. 66-67.
(2) *Ibid.*, p. 68-69.

convalescents, pendant les deux mois qu'ils restèrent encore sur son bord. Du reste il venait d'être hué dans une assemblée populaire de Rochefort, où on l'avait appelé *tueur de prêtres*, et il commençait à craindre pour sa place. Laly osa même demander aux prêtres déportés un certificat, que ceux-ci voulurent bien lui donner, mais ils le rédigèrent en termes vagues et généraux, attribuant aux circonstances impérieuses du temps la sévérité des mauvais traitements qu'ils avaient essuyés sur les *Deux-Associés*. Ils donnèrent aussi quelques certificats aux officiers et aux matelots; mais ils le refusèrent au *major* qui, au lieu de soigner les malades, pillait leurs rations et s'emparait de leurs dépouilles.

* *
*

Enfin, le 6 février 1795, M. Maugras et ses compagnons quittèrent la flûte des *Deux-Associés,* où ils étaient entrés au mois d'avril de l'année précédente. Sur 760 passagers qui avaient pris place sur ce bâtiment, il en était mort 537; conséquemment 223 seulement survécurent.

« Je ne parlerai pas, dit-il, du gros hiver que j'ai passé à bord et sans feu (1), parce que j'ai moins souffert que pendant l'été. Je dirai seulement que beaucoup de malades sont morts glacés.

« Le jour du débarquement, nous montâmes à Rochefort où deux goëlettes nous reçurent pour nous conduire à (Tonnay) Charente. Nous y sommes arrivés le soir, mais nous ne pûmes débarquer que le lendemain. On plaça les malades sur des charrettes; les autres allèrent à pieds, la pluie sur le corps pendant deux lieues jusqu'à Saintes, où ils arrivèrent mouillés jusqu'aux os.

« Mes confrères et moi arrivâmes donc à Saintes, manquant de tout et dans le plus grand dénuement. Mais la charité nous y attendait : l'accueil que nous reçûmes dans cette ville nous fit bientôt oublier tous nos maux. Les larmes des habitants se confondaient avec les nôtres, et ce n'étaient point des larmes stériles, car, pendant deux mois que nous y restâmes encore en réclusion, dans le couvent

(1) Au Port-des-Barques.

de Notre-Dame, des secours de toute espèce nous arrivaient en abondance, au point que nous fûmes obligés de dire que nous n'avions plus besoin de rien.

« Des dames de qualité nous apportaient du linge et des vêtements, et ramassaient, avec une sorte de respect, les habits dégoûtants que déposaient les confesseurs de la foi. Des personnes charitables se répandaient dans les campagnes, pour y quêter des fruits qu'elles venaient nous offrir. Les indigents même voulaient nous faire partager avec eux leur modique subsistance ! » (1).

Bientôt arrivèrent plusieurs décrets de mise en liberté. M. Maugras obtint la sienne par l'entremise d'un ami d'enfance, l'abbé Boucheron (2) qui, sous un nom emprunté, était devenu le secrétaire d'un représentant de Paris. Le décret du Comité de sûreté générale concernant M. Maugras est daté du 28 pluviôse an III (16 février 1795), et il y est dit qu'il fut rendu sur la demande du citoyen Guillerault, représentant du peuple (3).

Une fois libre, l'ancien curé de Saulxures s'empressa de prendre le chemin de la capitale pour remercier son ami. A Saint-Jean-d'Angély, il fut régalé, avec quatre de ses confrères, dans un hôtel de la ville, par une troupe de comédiens qui se rendaient à Bordeaux. A Poitiers, ils présentèrent une pétition au district pour réclamer les effets qu'on leur avait pris dans cette ville lors de leur premier passage : mais Maugras ne put retrouver la malle dans laquelle il avait caché quelques pièces d'or. A partir de Poitiers, il voyagea tout seul, et, après avoir passé quelques jours très-agréables avec son ami de Paris, il rentra dans sa famille à Saulxures. (4).

Les supérieurs ecclésiastiques du diocèse de Langres lui confièrent, alors, la délicate mission de faire rentrer dans le sein de l'Eglise catholique, les prêtres du diocèse, et surtout ceux de l'arrondisssement de Tonnerre, qui lui

(1) *Notice*, p. 72-75.
(2) Jacques Boucheron, né à Saulxures en 1749, curé de Gland (Yonne) en 1790, insermenté, et condamné à la déportation en décembre 1798, mourut dans cette paroisse vers 1829.
(3) Arch. de Saulxures.
(4) *Notice*, p. 77-87. Cf. Michel Soudais, p. 213-217.

étaient connus pour la plupart, et qui avaient eu le malheur de prêter le serment. Cette mission l'effraya tout d'abord ; mais, après avoir invoqué les lumières de l'Esprit-Saint, il s'aboucha avec ses confrères égarés, pleura avec eux, et eut la consolation de voir le plus grand nombre revenir sincèrement aux principes catholiques (1).

Le 25 juillet 1795, il se présenta au greffe de la municipalité de Saulxures, déclara qu'il se proposait d'exercer le ministère du culte catholique, apostolique et romain dans l'étendue de la commune, et requit qu'il lui fût donné acte de sa soumission aux lois de la République, prescrite par la loi du 30 mai. Un peu plus tard, le 14 août, il demanda l'enregistrement, sur les registres de la municipalité, du décret du Comité de sureté générale, qui avait prononcé sa mise en liberté. Enfin, le 20 décembre suivant, il déclara qu'en exécution de la loi du 7 vendémiaire précédent (29 septembre 1795), il entendait professer son culte dans l'enceinte de l'église de Saulxures (2). Et, de fait, à partir de 1796 il rédige régulièrement les actes de baptême de la paroisse, et il signe : *prêtre-missionnaire du diocèse de Langres.* (3)

Après le coup d'Etat du 18 fructidor an V (4 septembre 1797), les lois de 1792 et 1793 contre les prêtres réfractaires furent remises en vigueur. Alors, pour se soustraire aux fureurs révolutionnaires, Maugras dut se condamner de nouveau à toutes sortes de peines et de privations. Mais il n'en continua pas moins à parcourir, sous un déguisement, le diocèse de Langres, et, grâce à sa confiance en Dieu et aussi à sa hardiesse, il échappa à bien des dangers. Partout il trouvait des asiles ; mais il n'y avait déjà plus la foi et le dévouement d'autrefois, et lui-même en fit l'expérience. Une nuit, c'était celle de Noël, il sortit de l'asile qu'il avait trouvé chez un prêtre assermenté, pour aller, à trois lieues de là, dire la messe à une famille qu'il affectionnait particulièrement. Mais le mari lui ayant exprimé ses craintes, il renonça à célébrer les saints mystères et

(1) *Notice*, p. 87-88.
(2) Arch. de Saulxures.
(3) Arch. paroissiales de Saulxures.

regagna promptement, à travers une pluie torrentielle, l'asile qu'il avait quitté quelques heures auparavant.

Dans une de ses courses, il rencontra à Bar-sur-Aube, un prêtre de sa connaissance qui désirait aller à Langres. Comme M. Maugras se rendait lui-même dans cette ville, il engagea son confrère à l'accompagner, et il lui fabriqua un passe-port, car il portait toujours des blancs-seings dans sa poche. Arrivés à Chaumont, ils eurent la hardiesse de se présenter à la prison pour y voir quelques amis communs. Une pièce de 3o s. triompha des hésitations du geôlier, et les deux voyageurs purent non-seulement voir les prêtres reclus, mais encore passer avec eux la fête de l'Assomption, et célébrer le saint sacrifice de la messe.

Le lendemain ils se dirigèrent sur Langres, où la surveillance était beaucoup plus stricte qu'à Chaumont. Arrivés à la porte, et non loin de la sentinelle qui la gardait, ils feignirent de discuter avec chaleur sur un prétendu procès qu'ils avaient, et sur les différents avis qu'on venait de leur donner. Alors Maugras proposa à son compagnon de rentrer de suite en ville, pour aller consulter un autre procureur, et la sentinelle, qui avait tout entendu, les laissa pénétrer dans la ville sans difficulté. Ils arrivèrent enfin chez M. Leclerc (1).

M. Leclerc, grand vicaire de Mgr de La Luzerne, et administrateur secret de tout le diocèse, avait été laissé dans sa maison à cause de son grand âge, et plusieurs fois déjà il avait reçu M. Maugras chez lui, pour converser sur l'administration de certaines parties du diocèse qu'il venait de parcourir et de visiter par ses ordres.

Un jour que M. Maugras se trouvait chez M. Leclerc, deux commissaires vinrent perquisitionner chez lui à propos d'un *Ordo* imprimé à Chaumont (2) et dont ils recher-

(1) Le chanoine Antoine Leclerc, dit l'ancien, était mort dès 1791, à l'âge de 75 ans. Il s'agit donc, vraisemblablement, de M. Edme Leclerc, né à Bricon en 1730, et chanoine en 1781 : nous devons cependant faire remarquer qu'il mourut dès le 26 septembre 1797. dans sa maison sise rue Saint-Pierre, n° 963 (Etat civil de Langres). Quant à M. Edme Leclerc, futur fondateur de la Congrégation de la Providence, né lui aussi à Bricon en 1751, et ancien professeur du Séminaire, il était, croyons-nous, encore en exil en 1797.

(2) Il s'agit de l'*Ordo divini officii juxta ritum Breviarii et Missalis Lingonensis pro anno Domini 1797* (s. d. n. l.). Nous n'en connais-

chaient l'original. Maugras fut reconnu par l'un des deux commissaires, qui était un ancien condisciple et un ami de collège : celui-ci lui indiqua la maison d'une tante où il serait en sûreté, et l'engagea à partir de suite. Maugras prit aussitôt congé de M. Leclerc dont il avait l'air, avec son costume de paysan, d'être le fermier : puis, sans profiter de l'asile offert par son ami, il s'en alla passer une grande partie de son temps à travers les chemins et dans les bois.

Il aidait quelquefois son frère de Saulxures dans la culture des terres. Un jour les gendarmes, qui avaient ordre de l'arrêter, le rencontrèrent dans les champs entre Saulxures et Dammartin. Pour détourner leurs soupçons, il ordonna à la domestique qui conduisait les chevaux, de sortir la charrue de la raie ; alors, il s'emporta contre elle, en l'apostrophant par des paroles grossières, à la façon des paysans, et cette fois encore, il fut sauvé (1).

Enfin, la tourmente révolutionnaire cessa, le calme se rétablit insensiblement, et la religion reparut. Le 27 septembre 1800, M. Maugras fit, à Saulxures, la promesse pure et simple de fidélité, de soumission et obéissance à la Constitution de la République (2), et il reprit les fonctions du culte pour répondre aux vœux des habitants (3). Il n'avait pas alors l'intention de rester à Saulxures.

Cependant, il refusa les postes importants qui lui furent offerts dans le diocèse de Troyes, où il avait autrefois exercé le ministère, et finalement il prit la résolution de se consacrer pour toujours au salut de ses concitoyens, et de travailler à détruire, à Saulxures même, les impressions funestes laissées par la Révolution.

Le Seigneur bénit les efforts de son zèle, de sa piété et de sa mortification : il prit, par sa bonté et sa charité, un ascendant irrésistible sur sa paroisse, et il trouva encore le moyen d'évangéliser de temps en temps les pays voisins.

sons qu'un exemplaire : c'est celui qui se trouve aux Archives nationales, F⁷ 7234. Il fut dénoncé parce qu'il contenait, p. 10 et 82, des prières pour le roi : mais les poursuites n'amenèrent aucun résultat.

(1) *Notice biographique* p. 88-98.
(2) Arch. de la Haute-Marne, V. 60.
(3) État nominatif du mois d'août 1802.

Ses confrères recouraient à lui dans leurs difficultés comme à un conseiller sage et éclairé. Cependant ses forces finirent par s'épuiser, et, en 1840, on lui donna pour vicaire M. Cornu (1), avec lequel il partagea le morceau de la vraie croix qu'il avait porté sur lui dans tous les périls de la Révolution.

Un soir, après que M. Maugras eut soupé avec M. Génuel, son neveu, devenu peu après curé de Chamouilley, il tomba dans l'eau du réservoir du jardin ; la fièvre le prit, et il mourut le 4 novembre 1840 (2). Sur sa tombe, placée à gauche du portail de l'église, et qui depuis 1901 renferme les restes de M. Génuel, on grava l'inscription suivante aujourd'hui effacée :

ICI REPOSE

LE CORPS DE JACQUES MAUGRAS

MORT CURÉ DE SAULXURES

A L'AGE DE 85 ANS

CONFESSEUR DE LA FOI

PENDANT LA RÉVOLUTION DE 1793

PASTEUR ZÉLÉ ET CHARITABLE

AMI FIDÈLE, CONSEILLER PRUDENT

DE TOUS SES CONFRÈRES.

ON PEUT DIRE DE LUI :

Per fidem defunctus adhuc loquitur

(Hebr. xi. 4)

II

CHEVRESSON (Jean-Baptiste) (3)

C'est à Illoud, alors du diocèse de Toul, aujourd'hui diocèse de Langres, que vit le jour, le 30 septembre 1740,

---

(1) Hyacinthe Cornu, né à Nogent en 1815, curé de Saudron, Frampas et Bienville, mourut, retiré à Wassy, le 13 février 1903.

(2) *Notice biographique*, p. 99, seq. — Cf. Caillet, *Vie des Saints*, p. 475-477 ; Fèvre : *Biographie des prêtres du diocèse*, Saint-Dizier, 1903, p. 67 ; Roussel, t. II et III.

(3) Cette biographie est empruntée, pour la plus grande part, à l'ouvrage de M. l'abbé Mangenot, p. 246-248. L'auteur a utilisé, entre autres sources, les archives des Vosges (L, 115, 465, 466, 1701, 1720, 3301, 3311-3313, 3331).

Jean-Baptiste Chevresson : son père, qui était fondeur de cloches (1), s'appelait Nicolas Chevresson ; sa mère, Anne Henryot. L'un et l'autre étaient chrétiens.

Leur fils aîné, Nicolas Joseph, avait embrassé la carrière ecclésiastique : curé de Mirecourt au moment de la Révolution, il mourut à Nancy le 31 décembre 1791, dépossédé injustement de sa cure, et par conséquent, d'une certaine manière, confesseur de la foi.

Entraîné par l'exemple fraternel, Jean-Baptiste Chevresson résolut, lui aussi, de se faire prêtre : il se décida à plus et à mieux encore, il prit la détermination de se faire religieux. Il entra, tout jeune, dans la Congrégation des clercs réguliers de l'Ordre de Saint-Augustin de la réforme de saint Pierre Fourrier. On ne sait pas, au juste, où il prononça ses vœux : on pense que ce fut au couvent d'Autrey (Vosges). La date de sa profession, tout au moins, est certaine : c'était le 11 novembre 1759.

Le programme de vie d'un fils de saint Pierre Fourrier, personne ne l'ignore, est extrêmement large : il embrasse tous les genres d'apostolat. Rien de divers, aussi bien, comme les ministères auxquels fut appliqué dom Chevresson, après son ordination.

D'abord vicaire à Lunéville, puis à Marainviller (Meurthe-et-Moselle), il fut en 1770 nommé directeur des religieuses de Notre-Dame, à Châtel-sur-Moselle. Il paraît qu'il y fut en butte à d'assez vives contradictions. Les religieuses se divisèrent à son sujet. Ce fut au point qu'en septembre 1773, l'évêque de Toul dut leur envoyer une lettre pour leur reprocher leur conduite. En 1776, dom Chevresson fut obligé de se retirer.

Ses supérieurs l'envoyèrent alors de nouveau à Lunéville avec le titre de second vicaire. Il y resta sept ans, menant de front à la fois la vie pastorale au dedans, et la vie apostolique au dehors.

Depuis l'expulsion des Jésuites, en effet, c'était la Congrégation du « Bon Père » qui avait la charge des missions

---

(1) Au xviiie siècle, il y avait plusieurs fondeurs de cloches appartenant à la famille Chevresson : les uns exerçaient à Illoud, les autres à Naives-en-Blois (Meuse). Cf. J. Berthelé, *Enquêtes campanaires*, Montpellier, 1903, p. 403, 579.

fondées en Lorraine par le roi Stanislas. Dom Chevresson se donna à ce genre de ministère, et dès 1777 nous le voyons cumuler les fonctions de vicaire avec celles de missionnaire. En 1779, il évangélisa les paroisses de Voinécourt-sur-Madon et de Borville (Meurthe-et-Moselle) ; en 1781, celle de Saint-Mihiel ; en 1788 enfin, celles de Rambervillers et de Valfroicourt (Vosges).

C'est au mois de septembre de cette dernière année, qu'il quitta le vicariat de Lunéville pour la cure de Chaumousey (Vosges). En juin 1784, nouveau changement dans son existence : on l'investit de la charge de supérieur des missionnaires de sa Congrégation à Saint-Mihiel. Au mois de septembre suivant, enfin, il alla exercer l'office de prieur à Dommartin-les-Ville (Vosges).

Il y était encore quand éclata la Révolution.

Comme bien on pense, il refusa le serment schismatique prescrit par la loi du 29 novembre 1791. Obligé de quitter le séminaire et, ce qui lui coûta plus encore, de renoncer à la vie religieuse, il mena, durant trois ans, une existence errante et précaire.

Il fixa d'abord sa résidence dans le district de Mirecourt, probablement chez son frère, qui demeura dans sa paroisse jusqu'en juin 1791. Mais le 2 février 1792, il déclara à l'administration son intention de s'établir définitivement à Nancy. C'est alors que lui fut allouée une pension de 1.000 livres.

Au commencement du mois d'août suivant, sans qu'on sache pourquoi, il quitta la capitale de la Lorraine pour une destination inconnue. Mais il ne tarda pas à y revenir, et cette fois avec la résolution bien ferme de ne plus en sortir.

D'abord assez heureux pour tromper la surveillance de la police, il fut enfin surpris par les gardes nationaux chez une dame Sauvet, rue de la Salpétrière. C'était le 1ᵉʳ novembre 1793. Le district le fit enfermer aux Carmélites. Mais comme il n'était pas sexagénaire, et que, d'autre part, il n'avait pas d'infirmités, on le condamna à la déportation. Cette peine entraînait de droit, pour lui, la perte de ses biens.

Sa fortune, on le devine, n'était pas très-considérable :

elle consistait en une somme de 7 livres 15 sous en assignats, qui lui furent enlevés à son arrivée à Rochefort ; en quelques volumes qui, dès le 6 août, allèrent grossir le dépôt des bibliothèques confisquées ; en un lit, enfin, et quelques objets que lui avait prêtés une demoiselle Marie-Rose Girard, et qui devaient être restitués à cette dernière en 1795.

Embarqué tout d'abord sur le *Bonhomme-Richard*, M. Chevresson finit par être interné sur les *Deux-Associés*. C'est là qu'il mourut, le 17 août 1794, à l'âge de 53 ans.

Le corps de ce bon soldat du Christ, honneur à la fois de deux Eglises, repose à l'île d'Aix, dans le cimetière des *Sables du Moulin* (1).

III

CARBILLET (Nicolas)

Né à Orbigny-au-Val le 28 octobre 1754, de Didier Carbillet, marchand, et de Geneviève Rousselot, Nicolas Carbillet eut pour parrain Nicolas Girault, son cousin, et pour marraine Reine Carbillet.

Maître ès-arts de l'Université de Paris, il fut ordonné diacre, à Langres, par Mgr de La Luzerne le 18 décembre 1779. Le 20 mars 1780, on lui donna des lettres dimissoriales, pour se faire ordonner prêtre à Dijon (2).

Gradué insinué sur Mgr l'Evêque (3), il fut d'abord directeur et professeur au séminaire de Langres (1780-1784), puis

---

(1) Cf. Guillon, t. iii, p. 428 ; Guillaume, *Histoire du diocèse de Toul*, Nancy, 1866, t. v, p 201-203 ; Lhote : *Vie des Saints du diocèse de Saint-Dié*, Saint-Dié, 1897, t. II, p. 552 ; Chapelier : *Le Séminaire de Dommartin-les-Ville*, Saint-Dié, 1890, p. 39 et seq. M. l'abbé Olivier, dans son *Châtel pendant la Révolution*, 1898, p. 339, a reproduit intégralement le récit de M. Mangenot.

(2) Etat civil d'Orbigny ; Registre des ordinations.

(3) Le Concordat de 1516 affectait aux gradués le tiers des bénéfices qui étaient en patronage ecclésiastique, c'est-à-dire ceux qui viendraient à vaquer pendant les mois de janvier, avril, juillet et octobre. Aussi quand le recteur de l'Université avait donné un grade à un ecclésiastique, il lui désignait, dans ce qu'on appelait lettres de nomination, les patrons auxquels il devait s'adresser et notifier ses grades, pour réclamer les bénéfices que ces titres lui permettaient d'obtenir.

vicaire de Laferté-sur-Amance (1784-1788). Gradué nommé par l'Université de Paris, dùment qualifié, insinué et notifié sur la cure et les neuf chapelles érigées en l'église Saint-Martin de Langres, il réitéra par procuration, dans le saint temps de Carême, le 2 mars 1787, les précédentes notifications, significations et réitérations de ses grades. Enfin le 9 mars suivant, il réitéra ses grades sur le prieuré de Varennes (1).

Nommé curé de Signéville en 1788, il y rédigea son premier acte le 1er août de cette année. Il n'y resta que deux ans, car la première signature de Martin, son successeur (2), est du 29 août 1790. Encore, pendant cet intervalle de temps, on trouve au moins trois desservants de la paroisse.

En 1790, Carbillet devint curé de Damblain. Il jura, le 30 janvier 1791, de maintenir de tout son pouvoir toutes les lois et toute la Constitution « dans tout ce qui regardait le civil et le politique ». Ce serment, qui tout d'abord avait été reçu, fut rejeté, quinze jours plus tard, par le département (3).

Dans de telles conditions, Carbillet ne pouvait plus rester à la tête de la paroisse. Le 3 avril 1791, aussi bien, le corps électoral lui donna pour successeur un certain François Mongin, qui bientôt après donna sa démission. Alors Carbillet demeura quelque temps encore à son poste, en attendant une nouvelle élection (4). Mais il resta fidèle à son devoir : il refusa de lire le Mandement de Maudru, l'évêque constitutionnel des Vosges, et il répondit qu'il laissait ce soin à celui qui habiterait la maison de cure après lui.

L'élection attendue eut lieu le 18 septembre ; celui qui fut désigné pour curé de Damblain, était un ancien cordelier, né à Saulxures-les-Bulgnéville en 1747, et nommé Jacques Pételot.

(1) Arch. de la Haute-Marne (Registres des insinuations).
(2) Nicolas Martin, né en 1728, rétracta bien vite le serment qu'il avait d'abord prêté ; curé de Giey-sur-Aujon en 1804, il mourut à Nogent le 31 août 1805.
(3) Arch. de Signéville et de Damblain. C'est donc à tort que Manseau (t. II, p. 347) le range parmi les jureurs rétractés.
(4) Thomassin, p. 172.

Mais déjà, à ce moment, Carbillet avait quitté la place. Son dernier acte dans la paroisse, en effet, est du 25 juillet 1791. L'*intérim* fut fait par Nicolas Rosier, un enfant du pays, ancien chanoine de Chablis. Le 9 octobre 1791, le curé constitutionnel demanda à être mis en possession de la cure et de l'église de Damblain : mais la population, soulevée par Rosier, s'y opposa énergiquement, en disant qu'ils n'en voulaient point pour curé. Le procureur syndic de Damblain intervint, et ordonna à la municipalité de procéder à l'installation de M. Pételot. La cérémonie eut lieu le 18 octobre, malgré le maire, Royer, qui refusa de se présenter (1).

Pendant ce temps, qu'était devenu M. Carbillet ? Retiré dans son pays natal, il réclama ce qui lui était dû pour le temps qu'il avait exercé les fonctions curiales à Signéville en l'année 1790. Le 22 août 1791, le directoire du district, vu l'arrêté du directoire du département, en date du 9 août 1791, qui n'accordait à Nicolas Martin, successeur de Carbillet à Signéville, son traitement qu'à partir du 24 mai seulement ; émit l'avis que le traitement annuel de Carbillet fût fixé à 1200 livres, et qu'en conséquence, il recevrait 1200 l. pour le quartier de janvier, et 175 l. 18 s. pour le temps qu'il avait desservi Signéville dans le quartier d'avril jusqu'au 24 mai 1791, jour à partir duquel commencerait le traitement de Martin (2).

Sujet à la déportation, en vertu de la loi du 26 août 1792, M. Carbillet resta sans doute dans le pays : ce qui le fit déporter de suite, suivant la loi, par le département de la Haute-Marne. Son nom figure, en effet, en cette qualité, sur la liste des émigrés (3).

Le 15 avril 1794, Nicolas Geoffroy, juge de paix de Neuilly-l'Evêque, procéda à Orbigny au-Val à l'inventaire des meubles, effets, titres et papiers appartenant à Carbillet,

---

(1) Pételot abdiqua ses fonctions le 7 août 1794, puis les reprit en 1795. Il mourut à Pierrefitte le 24 juillet 1820. Cf. Arch. de Damblain, et M. Thomassin, p. 171-174.

(2) Arch. de la Haute-Marne (Registre de la liquidation des ecclésiastiques restrictionnaires ou insermentés).

(3) Thomassin, p. 172 ; *Liste des prêtres inscrits sur la liste des émigrés*, Chaumont, Bouchard, an VI.

et y apposa les scellés. La vente, qui eut lieu le 4 juin, donna 315 l. 17 sous (1).

Déporté à Rochefort, Carbillet fut, à la fin de mars et au commencement d'avril, interné sur les *Deux-Associés*, vaisseau mouillé dans la rade d'Aix, à l'embouchure de la Charente. On a dit, ailleurs, les mauvais traitements et les privations de toutes sortes que les prisonniers eurent à subir sur ces prisons flottantes, et qui conduisirent au tombeau un grand nombre d'entre eux (2).

Après la chute de Robespierre, les déportés commencèrent à espérer. En janvier 1795, un ordre du Comité de sûreté générale prescrivit que les prêtres détenus à bord des *Deux-Associés* et des autres vaisseaux, fussent dirigés sur Brouage. Ils ne quittèrent la rade que le 2 février. Mais l'itinéraire fut changé, et ils furent conduits vers Rochefort. Puis, au lieu de descendre dans une des maisons de détention de cette ville, ils durent aller jusqu'à Saintes, où ils arrivèrent le 8 février. C'est là, sinon à Rochefort, que Carbillet reçut avis de sa libération (3).

Manseau affirme qu'une fois en liberté, il exerça le saint ministère à Dijon (4). Ce qui est sûr, c'est qu'il était à Langres au commencement de 1797. Vers cette époque, en effet, Carbillet, « curé, demeurant à Langres », demanda la restitution d'un quintal d'avoine qu'il avait versé à compte de son emprunt forcé, attendu qu'il n'y était point compris. Mais le 7 janvier 1797, le directoire du département décida qu'il n'y avait pas lieu à délibérer (5).

Carbillet habitait Orbigny-au-Val au moment de la loi du 19 fructidor an V. Comme il était, en vertu de cette loi, passible de la déportation, le 22 octobre 1797, il sollicita de la municipalité de Neuilly, la nomination d'un officier de santé pour constater son état. Simon Béguinot, médecin à Orbigny-au-Val, déclara que Carbillet était attaqué d'un asthme avec oppression de poitrine et faiblesse d'estomac.

(1) Arch. de la Haute-Marne, Q, 342.
(2) Cfr. Manseau, t. I, p. 155 seq.
(3) *Ibid.* t. II, p. 352 seq. ; Thomassin, p. 172.
(4) C'est-à-dire, sans doute, dans le diocèse de Dijon, auquel Langres était alors rattaché (Manseau, t. II, p. 347).
(5) Arch. de la Haute-Marne, L. 46, f° 149.

L'administration centrale appela l'affaire à son tribunal.
« Considérant, dit son arrêté du 5 décembre, que Carbillet,
atteint par la loi du 19 fructidor dernier, s'est soustrait
sciemment à son exécution depuis le 24 fructidor dernier
jusqu'au 1er brumaire suivant ; qu'à cette époque il s'est
prétendu malade, et s'est fait visiter par un officier de santé,
mais ne s'est point rendu dans la maison de réclusion consacrée à recevoir les vieillards et les infirmes ; que cependant quelques infirmités lui sont survenues, qui ont nécessité jusqu'à présent la prolongation de son séjour dans la
République ; que la municipalité de Neuilly s'est rendue
coupable en souffrant dans son canton un tel individu ;
arrête : 1° De moment à autre, Nicolas Carbillet, demeurant à Orbigny-au-Val, quittera le territoire de la République, muni d'un passe-port de la municipalité de Neuilly ;
2° La conduite de la dite municipalité est improuvée (1).

Que se passa-t-il après cet arrêté ? Nous l'ignorons. Tout
ce que nous savons, c'est que le nom de Carbillet ne figure
pas sur la liste des prêtres de la réclusion de 1797, dressée
par M. Baudot.

En 1802, M. Carbillet était domicilié à Orbigny-au-Val,
« il n'exerce pas, dit l'état nominatif : il serait peut-être agréable, s'il exerçait ». (2)

A cette même époque, il reparut à Damblain. Quoique
désiré par le maire et la plus saine partie de la paroisse,
vivement sollicité par M. Georgel, provicaire général des
Vosges, il ne put se résoudre à reprendre son ancien poste :
il retourna à Langres, où il fut d'abord professeur au
Collège, puis vicaire à Saint-Mammès. Ces détails nous sont
fournis par la lettre suivante, que Carbillet écrivit au Préfet
de Chaumont le 26 janvier 1803.

« Appelé depuis sept mois par la ville de Langres à la
place de professeur de géographie et d'histoire, et y faisant
lad. fonction au collège, Nicolas Carbillet, cidevant curé de
Damblain, *s'est fait inscrire dans le temps sur le tableau
des ecclésiastiques du diocèse de Dijon*, décidé à consacrer les restes de sa santé au service de votre département.

(1) Arch. de la Haute-Marne, V, 60 ; L, 30, f° 110.
(2) État nominatif (août 1802).

Depuis l'époque de son retour des pays étrangers, il a écrit d'abord à l'évêque de Nancy, puis au préfet des Vosges, que son intention était de rester à Langres et de renoncer à la paroisse de Damblain. Néanmoins il vient de recevoir officiellement sa nomination à Damblain, et par cette nomination, à laquelle il ne peut consentir, il voit péricliter ses droits à la pension destinée aux ecclésiastiques cid. titulaires de bénéfices. Il prie le préfet de lui indiquer les moyens pour la conservation de ses droits, en répudiant sa nomination à la desserte de Damblain ». (1).

Le 5 juin 1803, Carbillet, « prêtre de l'église Saint-Mammès », y baptisa un nègre âgé de 18 ans. A partir du 18 juillet, il se dit « prêtre-vicaire » de la paroisse.

Après avoir ainsi exercé les fonctions de vicaire de Saint-Mammès pendant une dizaine d'années, M. Carbillet mourut à Langres, dans son domicile, rue du Repos, le 23 avril 1812, à l'âge de 57 ans. Son corps fut conduit par M. Baudot jusqu'aux portes de la ville, et inhumé à Orbigny-au-Val, dans le cimetière de ses ancêtres, conformément au désir qu'il avait exprimé dans son testament (2).

IV

ANDOIR (François) (3)

François Andoir était fils de Claude Andoir, originaire de Froncles, et d'Anne Voillot, d'Orquevaux. Il naquit dans cette dernière paroisse le 17 novembre 1756. Baptisé le lendemain, il eut pour parrain François Dumont d'Orquevaux, et pour marraine sa grand-mère Christine Godechal, de Froncles.

Sa mère mourut le 4 décembre 1759, à Echenay, où

(1) Arch. de la Haute-Marne, V, 47.
(2) Etat civil de Langres et d'Orbigny-au-Val. — Cf. Roussel, t II, p. 26, 285, 333 ; t. III, p. 381 ; t. IV, p. 10.
(3) Dans cette notice, nous avons mis principalement à contribution le travail de M. l'abbé Gillant, le regretté curé d'Auzéville (*Semaine religieuse de Verdun*, du 26 août 1911). M. Ragot, curé de Fronville, nous a aussi très-obligeamment communiqué les notes recueillies par lui sur l'origine et les membres des familles Andoir et Voillot.

François Voillot, son frère, était curé, laissant, en dehors
de celui qui va nous occuper, deux enfants encore en bas-
âge : Anne, née le 26 juillet 1755, et Pierre, né à Echenay,
le 26 novembre 1759. Ce dernier devint, dans la suite,
greffier en chef du grenier à sel de Joinville, et il y mourut
le 8 octobre 1804. On verra plus loin quel rôle il joua près
de son frère François.

Celui-ci fut élevé et fit ses études de latin chez son oncle,
le curé d'Echenay. On l'y trouve, le 22 janvier 1766, parrain de Marie Louviot. Il fut ordonné prêtre à Toul le 18
septembre 1779. Le Registre des insinuations de Châlons-
sur-Marne nous apprend, en outre, qu'il était bachelier en
théologie de la Faculté de Paris, et qu'il fut nommé sur
l'abbaye de Saint-Urbain.

Les dix premières années de sa vie sacerdotale furent
assez mouvementées. Il fut d'abord vicaire de Gondreville
(Meurthe-et-Moselle), où il renouvela la notification de ses
grades sur l'abbaye de Saint-Urbain, le 10 mars 1785 (1).
De 1787 à 1789, il remplit l'office de vicaire d'Houdelain-
court (Meuse), dont il desservait l'annexe, Baudignécourt.

Mais le 25 juin 1787, un événement se produisit, à Montiers-sur-Saulx, qui fixa ses destinées. L'évêque de Toul
étant venu donner la confirmation en ce pays, l'oncle de
François Andoir, M. Voillot, qui était devenu curé de cette
paroisse sur la fin de 1769, résigna son bénéfice en faveur
de son neveu, et se retira d'abord à Cirfontaines-en-Ornois,
puis à Montiers où il mourut, à l'âge de 91 ans, le 4 novembre 1803 (1). Le premier acte signé par M. Andoir, comme
curé de Montiers, est un baptême daté du 30 août 1789.

En 1791, l'abbé Andoir prêta le serment constitutionnel ;
mais nous ne saurions dire en quels termes il le fit, les
registres de Montiers étant perdus. Il prêta également,
en 1792, le serment de liberté et d'égalité (2). Puis, comme à
cette époque, c'est-à-dire après l'expulsion des prêtres
fidèles, les assermentés n'étaient pas en nombre suffisant
pour desservir toutes les paroisses, M. Andoir fut chargé
d'administrer Paroy ; et, le 28 février 1792, le département

---

(1) Robinet et Gillant, *Pouillé du diocèse de Verdun*, Verdun, 1888
seq., t. II p. 528.
(2) Guillon, t. II, p. 80-81.

de la Haute-Marne fixa à 35o livres son indemnité de traitement pour la desserte de cette commune (1).

Le dernier acte religieux signé par Andoir sur les registres de Montiers est un enterrement en date du 23 octobre 1792. Cinq jours après, les actes religieux furent clos et enlevés par le maire, et désormais l'officier public fut chargé de la rédaction.

L'abbé Andoir continua néanmoins, jusqu'au 14 décembre 1793, de tenir une espèce de registre ; mais il a soin de faire observer qu'il est à son usage personnel, et sur papier libre. Cette remarque, dans sa pensée, avait une grande importance : elle avait pour but de le garantir, en cas de besoin, de l'accusation d'avoir violé la loi du 20 septembre 1792, qui défendait à toutes personnes de s'immiscer dans la tenue des registres et dans la réception des actes (2). A la vérité, le registre de M. Andoir contient plus d'une lacune : mais, pour y suppléer, on a heureusement celui de M. Demandre, curé de Montiers, à partir de 1812 (3).

A la fin de septembre 1793, M. Andoir donna sa démission de curé, ou plutôt renonça à ses fonctions, pour marquer sa désapprobation des dévalisements d'église effectués par les révolutionnaires. Il déposa une partie de ses meubles chez son oncle, l'abbé Voillot, qui alors habitait Montiers : il envoya l'autre chez son frère, à Joinville. Après avoir séjourné quelque temps dans cette dernière ville, il revint à Montiers, et y exerça en secret ses fonctions pastorales.

C'est alors que parut le fameux arrêté de François Mallarmé, député de la Meurthe à la Convention, et alors représentant du peuple dans les départements de la Meuse et de la Moselle, pour l'organisation du gouvernement révolutionnaire. Par cet arrêté, daté de Thionville le 14 germinal an II (3 avril 1794), le proconsul condamnait l'exercice du culte, ordonnait le dépouillement des églises, et frappait les ministres de la religion de la peine suivante : « Tous les ministres d'un culte, quel qu'il soit, qui n'auraient pas

(1) Arch. de la Haute-Marne, L. 328.
(2) Titre VI, article 5 de la loi citée.
(3) Archives paroissiales de Montiers.

prêté serment, ou qui l'auraient rétracté, seront déportés et envoyés par convois dans les ports de mer les plus voisins. »

Cette proclamation eut pour résultat, l'envoi, en 1794, de 121 prêtres de la Meuse sur les pontons de Rochefort. D'abord internés dans les prisons de Bar-sur-Ornain (1), ces malheureux furent jetés ensuite sur de mauvais chariots chargés de paille, et, en douze convois successifs, qui s'échelonnèrent du 8 avril au 25 août 1794, expédiés sur Rochefort, où ils devaient être embarqués par la Guyane. C'était un trajet de 190 lieues de poste, qu'ils devaient parcourir en seize longues étapes, à savoir : Saint-Dizier, Vitry, Châlons, Epernay, Château-Thierry, Meaux, Paris, Etampes, Orléans, Blois, Tours, Chatellerault, Poitiers, Saint-Maixent, Niort, et enfin Rochefort (2).

L'abbé Andoir fut donc accusé d'avoir repris ses fonctions après les avoir abdiquées, et d'avoir ainsi contrevenu à l'arrêté de Mallarmé : saisi pour ce motif et incarcéré à Bar (mai 1794), il fut condamné à la déportation le 14 prairial an II (2 juin 1794), et inscrit sur la liste du huitième convoi des prêtres meusiens, qui devait partir le même jour ou le lendemain (3).

Pendant ce temps, que faisait le district de Joinville ? Dès le 8 prairial an II (27 mai 1794), considérant que François Andoir avait résidé quelques jours dans cette ville chez son frère Pierre Andoir, il arrêta que les scellés seraient mis sur les effets appartenant au curé de Montiers, qu'on en dresserait l'inventaire, et que l'on constaterait s'il n'y avait pas de papiers suspects (4). Le même jour, les scellés furent aussi apposés sur ceux de ses meubles qui étaient déposés à Montiers, chez son oncle l'abbé Voillot. L'estimation en fut faite, le 8 avril 1794, en vue d'une vente publique : elle monta à 533 livres 11 sous. La bibliothèque comprenait 220 volumes.

Le 15 prairial an II (3 juin 1794) au matin, le com-

<hr>

(1) C'était le nom républicain de Bar-le-Duc.

(2) Gillant : *Recherches biographiques sur le clergé de la Meuse*, Verdun, 1905, p. 116, 149, 191, 279.

(3) Arch. de la Meuse, Q, Liste des convois ; *Pouillé de Verdun*, t. II, p. 528.

(4) Arch. de la Haute-Marne, L. 152.

missaire-administrateur et deux officiers municipaux se rendirent à la prison des Carmes, et firent comparaître devant eux les détenus qui allaient partir, avec sommation de présenter leurs effets et papiers. On constata que M. Andoir, comme beaucoup d'autres, du reste, n'avait que le simple nécessaire de route.

Dès qu'il apprit sa condamnation, son frère, Pierre Andoir, se hâta d'écrire, le 4 juin, aux administrateurs du département de la Meuse, une lettre dans laquelle il les priait, au nom de toute la famille, de vouloir bien surseoir au départ de François Andoir, jusqu'à ce que le Comité de salut public ait pu être informé de sa conduite.

Huit jours après, le 12 juin 1794, les administrateurs répondirent : « Nous t'informons que ton frère, François Andoir, ci-devant curé de Montiers-sur-Saulx, est parti de Bar pour Rochefort dès le 15 du courant (3 juin), et que, quand bien même, au moment de la réception de ta lettre, son départ n'eût pas été effectué, nous n'aurions pu déférer à l'invitation que tu nous as faite de différer » (1).

Pendant que son frère réclamait ainsi inutilement un sursis à sa déportation, l'abbé Andoir était conduit d'étape en étape à Rochefort. Il y arriva sur la fin de juin, et fut embarqué sur les *Deux-Associés*. Après ce que nous avons dit, on devine toutes les souffrances qu'il dut y endurer. Nous savons, de plus, que l'administration lui confia le soin d'ensevelir les corps de ses confrères à l'île d'Aix (2). Mais, quoique jeune encore, il ne put résister à tant de privations et de labeurs : il finit par tomber malade, et mourut dans la nuit du 20 au 21 août 1794 (le 4 fructidor an II), à l'âge de 37 ans. On l'enterra dans l'île Madame (3).

Et maintenant, il y a lieu de se demander : dans quelles dispositions M. Andoir quitta-t-il la vie ? Avant de mourir, il rétracta les deux serments qu'il avait prêtés, c'est-à-dire non-seulement le serment constitutionnel, mais encore le serment de liberté et d'égalité, que la plupart cependan-

(1) Arch. de la Meuse, Q, dossier Andoir.
(2) Manseau, t. I, p. 125 et seq., 223 ; Dubois, p. 210.
(3) *Pouillé de Verdun*, loc. cit. ; Manseau, t. I, p. 243, et t. II, p. 338.

dant, regardaient comme licite. A propos de rétractations ainsi formulées *in extremis*, l'abbé Guillon rapporte et fait sienne la remarque suivante, exprimée dès 1800 par un confesseur de la foi. « Quand j'observe, disait-il, que tel et tel a rétracté son coupable serment avant la mort, je n'entends pas dire pour cela qu'il ait attendu aux derniers moments de sa vie pour faire sa rétractation : mais seulement que, certain qu'il l'a faite, je n'ai pu m'assurer si c'était avant la déportation ou sur les vaisseaux, soit en santé, soit en maladie, soit à l'article de la mort. » En tout cas, « la charité doit nous faire présumer que le plus grand nombre de ces rétractations tardives ont été sincères, et que la bonté de Dieu y aura eu égard » (1).

C'est par ces consolantes paroles que nous voulons terminer la biographie de M. Andoir.

-----

(1) Guillon, t. II, p. 80.

CHAPITRE III
Prêtres déportés sur le " Washington "

I

BRULÉ (Philippe)

Né à Culmont le 12 décembre 1753, de Pierre Brulé, laboureur, et de Marguerite Belin, Philippe Brulé fut baptisé le même jour. Il eut pour parrain Philippe Claudon, du Pailly, et pour marraine, Marguerite Brulé, sa sœur. Il était le plus jeune des cinq enfants que Dieu donna à cette chrétienne famille (1).

Ses parents ayant remarqué en lui des signes de vocation ecclésiastique, l'envoyèrent à Langres pour y faire ses humanités et sa théologie. Il reçut la tonsure le 3 avril 1779, et les ordres mineurs le 22 décembre 1781. Avant le sous-diaconat, qui lui fut conféré le 15 mars 1783, son père lui constitua, pour lui tenir lieu de titre ecclésiastique, une pension de 100 livres de rentes viagères, à prélever sur les biens de sa mère. Mais ceux-ci se trouvant être insuffisants, il dut prendre sur son propre bien pour parfaire la somme promise. Enfin, ordonné diacre le 5 avril 1783, Philippe Brulé fut élevé à la prêtrise le 20 décembre de la même année (3).

La première desserte dont il fut chargé après son ordination, fut celle de Foulain, dont il signe les actes du 5 avril 1784 au 24 février 1785. Il devint ensuite vicaire de Sarry, Sancy et Jouancy (Yonne) (4).

Il avait tout d'abord prêté le serment schismatique. Mais, mieux éclairé, il ne tarda pas à réparer cette faute. Choisi par l'assemblée électorale de Langres, le 11 juin 1791, pour

(1) Etat civil de Chalindrey.
(2) Arch. de la Haute-Marne, Q. 342.
(3) Registre des ordinations.
(4) Bonneau, p. 118 ; Roussel, t. II, p. 163 ; t, III, p. 320.

la cure d'Orbigny-au-Mont, non seulement il déclina l'offre, mais il rétracta formellement son serment. Il resta à Sancy jusqu'en 1792 : mais la persécution ne tarda pas à l'y atteindre.

Dès la fin de septembre 1791, il fut dénoncé au directoire du district de Tonnerre par plusieurs habitants de Sarry, pour avoir prêché le 25 décembre, à la messe paroissiale, contre l'Assemblée nationale, la Constitution civile du clergé et les prêtres assermentés. On l'accusait, entre autres choses, d'avoir dit « que les curés nommés par les électeurs étaient des intrus, des loups ravissants, des loups-garoux et n'avaient plus de pouvoir ; que l'Assemblée nationale n'avait pas le droit de faire nommer aux cures par les électeurs, qu'elle avait touché à la foi et à la religion, et qu'elle n'avait pu exiger le serment des fonctionnaires ecclésiastiques ; que dans le principe il l'avait prêté lui-même, mais que sa conscience lui reprochait d'avoir obéi à une puissance qui n'était point légale, et que pour la tranquilliser, il se rétractait ». Il est allé chez divers individus, ajoutait-on, et a répété les mêmes propos : il a profité de la confession pour tenir à des filles et à des femmes des propos inconstitutionnels et même incendiaires, leur disant que tous les prêtres qui reconnaissaient l'évêque du département étaient damnés.

Il n'en fallait pas tant pour le perdre. Le directoire du district arrêta que Brulé serait dénoncé au juge de paix du canton de Châtel-Gérard ; et dès lors son procès fut mené vivement. Une enquête fut aussitôt ordonnée contre lui, et elle eut lieu deux jours après. Sept témoins furent entendus par le juge Leloup. Après quoi le tribunal ordonna que Brulé serait appréhendé au corps, et conduit en la maison de justice pour y subir un interrogatoire.

Muni de ce mandat, l'huissier se transporta le 6 janvier suivant (1792) à Sarry, afin de se saisir de sa personne. Mais il trouva la maison vide, et dut se contenter de procéder à la saisie et notation des meubles et effets de Philippe Brulé (1).

La contumace fut alors prononcée contre le vicaire de

(1) Arch. de l'Yonne, L. 930, fº 183 et 184, et L. 1338.

Sarry, et, le 30 mars 1792, l'accusateur public le déclara convaincu d'avoir, abusant de ses fonctions, provoqué la la désobéissance à la Constitution et aux autorités légitimes ; d'avoir cherché à alarmer les consciences, en prêchant que ceux qui se laissaient diriger par les prêtres constitutionnels seraient damnés. En réparation de ces soi-disant crimes, Brulé fut condamné à la peine de la gêne pendant six années consécutives, dans une maison de force qui devait être ultérieurement indiquée par l'Administration supérieure (1).

Pendant qu'on instrumentait ainsi contre lui, M. Brulé avait regagné son pays natal, imitant en cela la conduite de son confrère et voisin, Nicolas Blanchard (2).

Il demeura quelques mois à Culmont. Mais après le vote la loi du 26 août 1792, il demanda à la municipalité un passe-port pour la Suisse. Ce passe-port, qui était daté du 3 septembre 1792, contenait son signalement : taille, 5 pieds, 3 pouces ; cheveux, châtains ; sourcils et yeux, gris ; nez, ordinaire ; bouche, commune ; menton et front, ronds ; visage sec et allongé (3).

Muni de ce précieux papier, Brulé prit le chemin de la Suisse par Vesoul ; mais arrivé à Fayl-Billot, il rencontra d'autres prêtres qui lui affirmèrent qu'il était impossible de passer. Momentanément, il revint donc à Culmont. Quelque temps après, il essaya de nouveau d'émigrer. Arrivé à Arc (les-Gray), il apprit qu'il ne pouvait aller plus loin sans s'exposer à être arrêté et enfermé. Force lui fut alors de rentrer dans son pays.

Il se cacha d'abord à Culmont chez son frère, Pierre Brulé, qui était maire de la commune, puis au Pailly, chez son parent Laurent Belin ; enfin chez Jean Varney, également son parent, à Chalindrey. C'est là qu'il fut découvert.

Le 19 mai 1793, la garde nationale de Chalindrey surprit, dans la chambre à four de Claude Varney, cultivateur,

(1) Arch. de l'Yonne, L, 1314.
(2) On sait que M. Blanchard, né à la ferme de Cordamble, près de Peigney, était vicaire à Vireaux, paroisse de Lézinnes (Yonne). Il fut guillotiné à Langres le 13 juin 1793.
(3) Greffe du tribunal criminel de Chaumont, liasse non classée.

un homme portant une *blaude* de toile blanche, et un bonnet de coton blanc, avec des guêtres grises. On le conduisit à la maison commune, et là il déclara se nommer Philippe Brulé. On trouva sur lui un bréviaire, une bible, quelques livres et autres objets. Le citoyen Varney était absent. Interrogée en son lieu et place, sa femme déclara que c'était sur les prières du prêtre que l'on venait de découvrir, qu'elle avait consenti à le loger, mais qu'elle l'avait fait à l'insu de son mari.

Le lendemain, celui-ci comparut en personne devant la municipalité de Chalindrey, et il confirma les dires de sa femme. On entendit aussi Nouvellier, curé constitutionnel de Corgirnon (1), qui crut reconnaître en Brulé « le prêtre insermenté qui était à la tête des fuyards de Corgirnon » (2).

Ce même jour, 20 mai, Brulé fut interrogé par l'administration du district de Langres à laquelle la municipalité de Chalindrey l'avait renvoyé. Voici quelle fut la substance de son récit :

« Obligé de quitter Sarry pour avoir prêté le serment sous condition, je me rendis directement à Culmont. J'y fis ma déclaration pour sortir du territoire de la République, et j'y obtins, la première fois, un passe-port pour me rendre en Suisse par Fayl-Billot : car j'en ai fait une seconde, en demandant à passer par Besançon, parce que, pendant la route, j'avais rencontré des prêtres qui revenaient, et qui m'avaient engagé à retourner en arrière, parce qu'on s'opposait à leur passage. Alors, je suis allé jusqu'auprès de Gray. Là j'ai reçu avis de deux voituriers, qui venaient de conduire deux prêtres, qu'on les avait arrêtés, ce qui les

---

(1) François Nouvellier, élu curé de Corgirnon le 12 septembre 1791, était chaud partisan du schisme : il suscita toutes sortes de difficultés à Nicolas Hugot, l'ancien pasteur. Ses insolences le mirent aux prises avec la municipalité, et il fut pendant quelque temps, en 1794, détenu à la maison commune de Chaumont.

(2) En mars 1793, après une discussion sur la manière de désigner le contingent fixé par le district de Langres, vingt-sept jeunes gens de Corgirnon s'étaient retirés dans les bois, pour échapper à la loi du recrutement. Plusieurs furent arrêtés, le 3 juin au matin, en même temps que M. Blanchard, à la ferme de la Tuilerie, territoire de Neuilly-l'Evêque.

avait intimidés et fait rétrograder. Car il y avait avec
moi plusieurs prêtres, parmi lesquels MM. les curés de
Montlandon (1) et d'Orbigny-au-Mont (2). Nous fimes
route ensemble jusqu'à Chassigny : là je pris le chemin de
Culmont, et les autres celui de Langres. Retiré à Culmont
dans le temps que la loi m'obligeait à sortir du royaume,
j'ai reçu aussi asile au Pailly et à Chalindrey, et non ailleurs. Je n'ai pas dit la messe ni confessé. J'ai quitté Culmont il y a trois jours pour venir à Chalindrey. A Culmont,
je logeais chez mon frère ; et, à Chalindrey, j'ai été trois
jours chez Claude Varney. J'ai quitté Culmont dans l'intention d'éxécuter la loi qui m'obligeait de sortir de la
République. Je me suis retiré pareillement au Pailly pour
me cacher, et je me suis réfugié chez Laurent Belin. Je ne
suis pas allé à Corgirnon, et personne de ce pays n'est
venu me voir. Je ne suis pas non plus allé à Fayl-Billot.
Je n'ai pas vu les garçons de Corgirnon, mais j'en ai entendu
parler par le bruit commun. Je n'ai jamais été précédemment emprisonné. Avant Sarry, je n'ai desservi que la
paroisse de Foulain. On m'a intenté un procès criminel à
Sarry, mais je ne sais pour quelle cause. Instruit par la
voix publique qu'on avait l'intention de me faire un procès,
j'ai quitté le pays, sans en connaître les motifs, et j'ignore
quel en a été le résultat. — C'est à cette époque, c'est-à-
dire à la fin de l'hiver dernier, que j'ai quitté ma desserte
de Sarry pour venir à Culmont. J'ai perdu les passe-ports
qui m'avaient été délivrés : mais ils doivent être inscrits
sur les registres de Culmont, à l'exception de l'addition,
« pour prolongation », à moi accordée pour sortir de la
République (3).

M. Brulé avait, dans son portefeuille, cinq assignats de
5 livres, et deux de chacun 10 sous, qui lui furent
remis. Dans le sac de toile blanche qu'il portait, il ne se

(1) Joseph Proquot, né à Autricourt (Côte-d'Or) en 1742, curé de
Montlandon en 1776, refusa le serment et dut prendre le chemin de
l'exil. Il fut de nouveau arrêté, en avril 1798, comme prêtre réfractaire
rentré en France.
(2) Il s'agit de François Robin, né à Beauchemin en 1737, et mort
curé de Perrancey le 22 juin 1823 : il avait été nommé curé d'Orbigny
en 1781.
(3) Arch. de l'Yonne, L. 934.

trouva que des sermons manuscrits, des livres de prières et d'office, des mouchoirs, une écritoire, et un petit pot de tabac.

Le 21 mai, les membres de la municipalité de Culmont, mandés à leur tour devant l'administration du district de Langres, pour y rendre compte de leur conduite relativement au séjour de Brulé dans cette commune, furent interrogés séparément, puis introduits en corps et de nouveau interrogés. On entendit ensuite les personnes arrêtées par la gendarmerie : Laurent Belin, vigneron au Pailly, Pierre Brulé, de Culmont, Claude Varney, de Chalindrey, et Marie Belin, domestique de l'abbé Brulé depuis huit ans. Ces divers témoins confirmèrent les réponses de Brulé, particulièrement sur le point relatif aux relations, ou plutôt au défaut de relations entre Brulé et les garçons de Corgirnon.

Poursuivant son enquête, le district fit comparaître trois jeunes gens de Corgirnon : Philippe Chevalier, Jean Chiffaut et Nicolas Chevalier, précédemment arrêtés. Ils ne fournirent aucunes précisions nouvelles : ils se bornèrent à déclarer qu'ils avaient vu un prêtre avec eux dans les bois de Corgirnon, à l'époque du recrutement. Mais, mis en présence de M. Brulé, ils ne le reconnurent point.

Le même jour enfin, 21 mars, et le lendemain 22, les officiers municipaux de Culmont reçurent les déclarations d'une trentaine d'habitants de leur village, cités par le procureur de la commune à comparaître devant eux, suivant l'ordre du district de Langres. Ceux-ci répondirent qu'ils ne savaient rien, qu'ils ne s'embarrassaient point des querelles de religion, ou qu'ils avaient simplement entendu dire que Brulé était resté au Pailly chez Laurent Belin.

Anne Brulé, femme de Claude Varney, fut entendue la dernière : c'était à Langres, le 23 mai. Elle déclara avoir donné asile à M. Brulé, son parent, pendant deux ou trois jours à l'insu de tous ; elle ajouta que, durant ce temps, il n'avait pas dit la messe ni administré les sacrements (1).

(1) La minute de toutes ces pièces se trouve au greffe du tribunal criminel de Chaumont.

*
* *

Cette minutieuse instruction terminée, la procédure resta, on ne sait pourquoi, en suspens, et Brulé demeura enfermé pendant de longs mois dans la maison de réclusion de Langres (1) où il était, croyons-nous, le voisin de cellule de M. Blanchard (2). Dans le commencement de septembre 1793, sur l'avis des médecins, il adressa aux officiers municipaux de Langres une lettre dans laquelle il faisait la peinture de sa position qui, de fait, était plus que triste, et il les conjurait de vouloir bien du moins le changer de prison. Le papier grossier et les caractères à peine formés de cette lettre sont une preuve de la misère à laquelle il se trouvait réduit (3).

Il fallait en finir.

Le 9 octobre 1793, le directoire du département prit un arrêté qui dénonçait Brulé à l'accusateur public. Le 17 décembre, Nicolas Laurent, juge de paix de Chalindrey, ordonna de conduire par devant lui le sieur Brulé, alors détenu dans les prisons de Langres, pour y subir un interrogatoire. La comparution eut lieu le 22 décembre. M. Brulé renouvela ses précédentes déclarations. Cet interrogatoire achevé, le juge décida que Brulé serait réintégré dans la maison de réclusion de Langres, et que son affaire serait renvoyée par devant le tribunal du district de cette ville.

Il était écrit que, comme Jésus son maître, M. Brulé serait traîné de Pilate chez Hérode.

Après avoir vu toutes les pièces de la procédure commencée par la municipalité de Chalindrey, continuée par le directoire du district de Langres, et par le juge de paix du canton de Chalindrey, le tribunal du district de Langres recueillit, le 5 janvier 1794, la déclaration du jury ; puis, le 21 février du même mois, ordonna que le sieur Brulé serait pris et appréhendé au corps, et, au moyen de ce qu'il était détenu en la maison d'arrêt du district de Langres, qu'il

(1) Arch. de la Haute-Marne L. 193.
(2) Cf. Gaillet, *Vie et mort de M. Blanchard*, Langres, 1861, p. 46.
(3) *Semaine religieuse de Langres*, année 1880, p. 171.

serait transféré et conduit de la dite maison en celle de justice du tribunal criminel de Chaumont. (1)

Brulé entra en la maison de justice du département le 29 janvier, et, dès le lendemain, subit son interrogatoire par devant F.-L. Bertrand, juge du tribunal criminel, délégué à cet effet par le président. Aux questions qui lui furent alors posées, il répondit comme il l'avait déja fait précédemment.

Le 7 avril, le jury de jugement déclara : « 1° Que Brulé était assujetti à la loi du 26 mars 1792 sur la déportation des prêtres ; 2° que l'accusé était convaincu d'avoir été trouvé sur le territoire de la République après l'expiration du délai fixé pour en sortir ; 3° qu'il n'avait pas été dans l'impossibilité de satisfaire à la loi. » — En conséquence, le tribunal criminel, après avoir entendu l'accusateur public et le défenseur de l'accusé, condamna le dit Brulé à la peine de la déportation, et ordonna que ses biens seraient acquis et confisqués au profit de la République, conformément à l'art. 3 de la loi du 26 août 1792, et aux art. 12 et 16 de celle des 29 et 20 vendémiaire de l'an II de la République (2).

Le jour même de sa condamnation, M. Brulé écrivit à ses frères la lettre suivante :

« J'ai subi aujourd'hui (7 avril) mon jugement. Je suis condamné à la déportation sur les côtes d'Afrique, et mes biens vont être confisqués au profit de la République. J'ignore quand je partirai de la maison d'arrêt de Chaumont. Le citoyen Normant, ancien curé de Brennes (3), m'a précédé dans ce voyage, quatre mois après sa condamnation, ainsi que trois laïques. J'irai probablement les rejoindre, comme je les ai rejoints à la prison de Chaumont. J'ai appris sans aucune émotion la sentence prononcée contre moi : je pense que vous en recevrez de même la nouvelle. Ne vous inquiétez pas sur mon compte. Je vous ferai part de mon départ, s'il est possible. Tout mon crime est d'être prêtre et de n'avoir pas exécuté la loi. Je suis

----

(1) Greffe de Langres et de Chaumont.
(2) Greffe de Chaumont.
(3) Voir, plus loin, l'article consacré à Bénigne Normant.

dans une pleine sécurité, et tranquillité d'âme et d'esprit. J'espère que Dieu, qui nous éprouve, ne nous abandonnera pas : c'est lui qui est ma confiance, ma force et mon soutien. Je vous salue affectueusement, et je serai toujours votre frère et ami. » (1)

Un mois après, M. Brulé fut tiré de la prison de Chaumont, et dirigé vers Rochefort. A Troyes, il fut, le 19 mai, écroué dans l'ancien couvent des Cordeliers, pour y attendre un convoi de déportés partis de Nancy et d'ailleurs. Ils étaient au nombre de cinquante environ : et parmi eux on voyait MM. Sébastien Garnier et Maugras. Ils sortirent de Troyes le 24 mai, et continuèrent leur route par Orléans, Blois, Tours, Poitiers et Niort (2).

Arrivé au port de Rochefort, Brulé monta d'abord, croit-on, sur le *Bonhomme-Richard*, puis sur le *Washington*, qui devait transporter les prisonniers au-delà des mers, mais qui, en réalité, ne quitta pas la rade d'Aix. Tout ce qui a été dit à propos des prêtres montés sur les *Deux-Associés*, on doit l'appliquer à ceux qui furent enfermés sur le *Washington* : même consigne, même entassement dans l'entrepont, même nourriture, mêmes avanies de la part de l'équipage. Mais le martyre de M. Brulé se prolongea plus longtemps que celui de ses confrères.

En effet, il était du nombre des survivants qui, en janvier 1795, remontèrent la Charente jusqu'au port de Rochefort, puis jusqu'à Tonnay-Charente où eut lieu le débarquement. Il était souffrant et malade. On le plaça sur une charrette traînée par des bœufs, et après deux longs jours d'un voyage que contraria un temps affreux, il arriva à Saintes le 6 février, vers le milieu du jour, et reçut l'hospitalité chez les Bénédictines de Notre-Dame.

Dans ce couvent, M. Brulé trouva, pour seconder le dévouement des religieuses, un médecin habile et plein d'aménité, qui portait le même nom que lui. Mais les longues privations que le vicaire de Sarry avait eu à subir dans les prisons de Langres et de Chaumont, les fatigues d'un pénible voyage à travers la France, les mauvais traitements

<hr>

(1) *Semaine religieuse de Langres*, loc. cit., p. 172.
(2) Prévost, t. II, p. 357.

qu'il avait essuyés sur les pontons, avaient épuisé ses forces. Aussi les soins qu'on lui prodigua ne servirent qu'à prolonger sa vie pendant un mois. Il expira pieusement le 7 mars 1795, à trois heures et demie du soir, à l'âge de 42 ans (1).

Quinze jours après sa mort, le 22 mars, le Comité de salut public, ayant examiné les pièces du procès, arrêta que le citoyen Brulé, détenu à *Nantes*, ou partout ailleurs, serait sur-le-champ mis en liberté (2). Cette sentence d'acquittement arrivait trop tard ; le « détenu » avait brisé ses chaînes : il était parti pour le ciel.

II

DUVAUX (Henry)

Originaire de Joinville — et non pas de Wassy, comme l'ont écrit Guillon et Manseau — Henry Duvaux était né le 24 mars 1742, de Henry Duvaux et de Marie-Jeanne Gallois. Il fut baptisé le lendemain de sa naissance, et eut pour parrain et marraine Henry Mahon et Louise-Valentine Duvaux.

Il était le huitième enfant d'une patriarcale famille, qui devait en compter une vingtaine, et où Dieu se choisit encore trois autres prêtres. Nicolas-Henry, né en 1733, maître-ès-arts de l'Université de Paris, et curé de Maizières-les-Joinville en 1758, mourut en 1812. Nicolas-Antoine, né en 1741, était curé d'Annonville à l'époque de la Révolution : il mourut curé de Bettoncourt, le 19 décembre 1812. Enfin Pierre Duvaux, né en 1749, curé de Rangecourt-sur-Meuse en 1782, y mourut en 1814 (3). Nous devons ajouter que tous les trois prêtèrent le serment constitutionnel.

Henry Duvaux fit ses études au séminaire diocésain de

(1) Guillon, t. II, p. 341-343 ; Manseau, t. II, p. 344 ; Maugras, p. 10 et seq.
(2) *Semaine religieuse de Langres*, loc. cit.
(3) État civil de Joinville.

Châlons-sur-Marne. Déjà lecteur, il fut ordonné acolyte le 2 avril 1763 ; sous-diacre le 22 septembre 1764, *sub titulo capellæ seu capellaniæ sub invocatione sancti Lactis in Ecclesia cathedrali Catalaunensis sitæ* ; et diacre le 23 mars 1765 (1) Nous ignorons la date de son ordination à la prêtrise.

Ce que nous savons, c'est qu'en janvier 1767, il fut nommé vicaire-chapelain de l'église de Wassy, et qu'il fut, en même temps, professeur au collège. Il resta en cette ville jusqu'en juillet 1770, époque où il fut remplacé par l'abbé Raulet (2).

Le 1ᵉʳ avril 1769, le sieur Simon Laurent, laboureur à Maizières, le présenta à Mgr de Juigné, pour être pourvu de la chapelle Saint-Nicolas, fondée et desservie en l'église paroissiale de Notre-Dame de Joinville. L'évêque de Châlons accueillit favorablement cette requête, et, le 21 avril 1769, il accorda les lettres de collation demandées. Henry Duvaux prit possession de sa chapellenie le 24 avril suivant (3).

En 1780, il fut nommé curé de Neuville-les-Vaucouleurs (diocèse de Toul), paroisse vacante par suite de la résignation de Jean-Charles Blaise. Il y rédigea les actes du 8 janvier 1780 au 22 octobre 1792.

Quelle fut l'attitude de M. Duvaux au début de la Révolution? Il est plus que probable que, comme ses trois frères, il prêta serment à la Constitution civile, car, comme nous le lisons en marge d'un acte daté du 14 juin 1792, il n'aurait pu continuer l'exercice de ses fonctions jusqu'à cette époque sans avoir donné satisfaction à la loi. Cependant, dans plusieurs actes de mariage postérieurs, on trouve ces mots : *suivant la formule usitée et prescrite par notre sainte mère l'Eglise*, qui semblent indiquer le contraire d'une âme schismatique (4).

La persécution à laquelle il fut soumis, prouve, en tout cas, qu'il eut toujours une conduite vraiment sacerdotale,

(1) Arch. de la Marne, G, 82, fº 23, 135 et 169.
(2) Jean-Baptiste Raulet, né en 1745, curé de Chançenay en 1784, mourut dans cette paroisse le 17 janvier 1820.
(3) Arch. de la Marne, G, 83, fº 167.
(4) Etat civil de Neuville.

et qu'il manifesta hautement sa foi. En 1793, de fait, il fut accusé d'avoir dit que tout chrétien devait verser son sang pour la religion (1).

Arrêté pour ce prétendu crime, probablement en vertu d'un arrêté de Mallarmé (2), il fut d'abord interné dans la maison de sûreté de Vaucouleurs, puis transféré, le 15 avril 1794, à la maison d'arrêt de Bar-sur-Ornain.

Le même jour, le juge de paix vint à Neuville apposer les scellés sur le mobilier du curé et en dresser l'inventaire. Ce mobilier était assez important. On en dressa la description, et on en fit l'estimation, le 7 mai et jours suivants. La vente, qui dura du 1er au 7 juin, comprenait 394 articles (3).

Le 1er floréal (20 avril), Duvaux fut condamné à la déportation. Les administrateurs du département décidèrent qu'il serait compris dans la liste du sixième convoi des prêtres meusiens condamnés à partir le lendemain pour Rochefort. Dès le lendemain, à six heures du matin, les commissaires du département se présentèrent, en effet, à la maison d'arrêt des Carmes, firent comparaître devant eux les détenus qui allaient partir, leur demandèrent leurs effets et papiers, et constatèrent que Henry Duvaux n'avait d'autres effets que le nécessaire pour la route. Ce bagage comprenait ses vêtements, quelques menus objets, et un peu d'argent.

Le curé de Neuville partit de Bar dans la matinée du 29 avril avec neuf de ses confrères. Ce sixième convoi parcourut, à travers la France, au milieu des huées de la populace, les seize étapes de l'itinéraire que connaissent nos lecteurs. A Poitiers, il fut, comme beaucoup de ses confrères, dépouillé d'une partie des valeurs ou objets qu'il avait en sa possession.

Arrivé à Rochefort dans le courant de mai 1794, il fut embarqué sur le *Washington*, et de nouveau fouillé et spolié. Le 19 juin 1794 enfin, les officiers de marine lui prirent 8 livres 5 sols (4).

(1) Guillon, t. III, p. 66 ; *Pouillé de Verdun*, t. III, p. 633 ; Arch. de la Meuse, Q, 6e convoi.

(2) Gillant, *Recherches biographiques*, p. 116.

(3) Arch. de la Meuse : Q, dossier H. Duvaux.

(4) Manseau, t. I, p. 118 seq. ; Michel, *Journal de la déportation*, p. 46-47 ; Gillant : *Recherches*, p. 192-194.

Quoique moins âgé que la plupart des déportés, l'abbé Duvaux ne put supporter les privations et les souffrances de l'entre-pont. Il rendit son âme à Dieu le 11 vendémiaire an III (2 octobre 1794), et ses confrères l'inhumèrent à l'île Madame (1).

III

GARNIER (Sébastien)

Au début de la Révolution il y avait, dans le diocèse de Langres, une douzaine de prêtres, au moins, du nom de Garnier : l'un d'eux même, né à Pouilly en 1745, et curé de Dancevoir depuis 1780, avait pour prénom Sébastien.

Sébastien Garnier, qui fait l'objet de cette notice, naquit à Changey, le 5 janvier 1740, au sein d'une famille nombreuse qui ne comptait pas moins de dix enfants. Son père, Pierre Garnier, était procureur fiscal en la justice du village ; sa mère s'appelait Geneviève Collin. Il eut pour parrain Sébastien Menne, et pour marraine Claire Bouguerel. Il était le frère puîné d'Etienne Garnier, né le 5 juillet 1733, et successivement curé de Germainvilliers (1770) et de Reynel (1778) (2).

Tonsuré à Langres le 19 décembre 1762, il entra au séminaire en 1766 et fut ordonné sous-diacre, à titre de patrimoine, le 20 décembre suivant ; enfin il reçut le diaconat le 18 avril 1767, et le sacerdoce le 2 avril 1768 (3).

Après un an de vicariat à Frécourt, il fut nommé curé de Reynel en septembre 1770, et passa, en 1778, à la cure de Germainvilliers, où il succédait à son frère Etienne (4).

---

(1) Guillon, t. I, p. 359, t. III, p. 66 ; Roussel, *Histoire de Verdun*, édit. 1863, t. II, p. 104 ; Manseau, t. I, p. 243.

(2) Etat civil de Changey.

(3) Registre du Séminaire et des ordinations.

(4) L'abbé Roussel (t. II, p. 437) dit qu'à partir de 1789, Sébastien Garnier desservit, comme vicaire, l'église de Plesnoy, succursale de Marcilly : et, en effet, de juillet 1789 à septembre 1791, et pendant les années 1796 et 1797, les actes de cette paroisse sont signés Garnier, prêtre catholique, vicaire ou desservant de Plesnoy. Mais est-ce bien de notre Garnier qu'il s'agit ? La distance de 30 kilomètres qui sépare

Le 3o janvier 1791, à l'issue de la messe paroissiale, le curé de Germainvilliers prêta serment en présence de la municipalité. En quels termes précis le fit-il, on ne le sait pas, car la municipalité n'en a pas consigné le téxte dans le registre de ses délibérations. Mais le tableau dressé à Bourmont, le 26 mars 1791, le range parmi les prêtres qui ont juré avec restriction.

Son traitement fut fixé à 1200 livres, et on lui paya 5oo livres pour compléter celui de 1790 (31 mars 1791).

Mais, l'administration du département ayant conçu des doutes sur la légitimité du serment prêté par M. Garnier, les officiers municipaux affirmèrent qu'il avait juré « d'être fidèle à la nation, à la loi et au roi, au désir des décrets de l'Assemblée, et que de plus, il avait affirmé qu'il maintiendrait de tout son pouvoir la Constitution civile du clergé décrétée par l'Assemblée nationale ».

Ainsi, M. Garnier, qui, nous le verrons, avait prêté le serment avec restriction, passa pour l'avoir prêté purement et simplement. Grâce à cette équivoque, il put rester curé de Germainvilliers. Mais cette situation difficile ne pouvait pas durer longtemps, et la conscience du curé était perplexe, car il ne pouvait guère concilier sa foi avec ses devoirs de fonctionnaire public. En conséquence, le 9 mai 1792, il envoya une rétractation à Bourmont, et, deux jours après, le syndic de ce district en référa au commissaire faisant fonctions de procureur général.

Non content de cela, M. Garnier se présenta, le 23 mai, devant la municipalité de Germainvilliers, et la requit d'enregistrer, pour la tranquillité de sa conscience et la paix de ses paroissiens, l'explication de son serment touchant la Constitution civile du clergé, serment envoyé le 9 mai 1792. Voici les termes de ce document : « La seule confiance en l'explication de l'Assemblée nationale m'a déterminé à souscrire au témoignage de la municipalité touchant

---

Plesnoy de Germainvilliers, ne permet guère de croire que le même prêtre ait pu desservir ces deux paroisses en même temps. Du reste, une note trouvée sur le registre de Plesnoy semble indiquer que les actes en question ont été rédigés par Jean-Baptiste Garnier, né à Audeloncourt en 1761 et curé d'Arc en 1817. Quoi qu'il en soit, il est certain que Sébastien Garnier se fixa à Plesnoy vers 18oo, et en fut ensuite curé.

le serment, que je n'ai accordé que *sous la réserve réelle et formelle de la loi de Dieu et de son Eglise*. Je déclare que j'en fais maintenant une exception authentique devant le département et le district, prenant l'univers à témoin que j'ai conservé l'obéissance à Dieu, sans m'écarter jamais des devoirs d'un citoyen irréprochable. En foi de quoi j'ai signé à Germainvilliers, le 23 mai 1792. »

Le 18 juillet suivant, à la réquisition du procureur syndic de Bourmont, les officiers municipaux de Germainvilliers prièrent M. Garnier de répéter le serment déjà prêté, sous prétexte que la formule du premier pouvait être mal interprétée. Voici le nouveau serment : « Je jure d'être fidèle à la loi, la nation et au roi, et à la Constitution *civile* du clergé, et de veiller à la conservation des âmes qui me sont confiées, *la loi de Dieu et de l'Eglise catholique et romaine réellement et formellement réservée* » (1).

La réponse ne se fit pas attendre. Le 2 août 1792, le directoire du département prit l'arrêté suivant : « Garnier, curé de Germainvilliers, ayant rétracté, le 9 mai 1792, le serment pur et simple prêté par lui le 30 janvier 1791, cette cure est réputée vacante ; on écrira à Wandelaincourt (3) pour le prier d'envoyer un desservant, jusqu'à ce que l'assemblée électorale ait nommé un curé (2) ».

M. Garnier prêta, en temps utile, le serment de liberté et d'égalité. Puis, le 15 septembre 1792, il se présenta devant les officiers municipaux. Il déclara n'avoir d'autre bénéfice que la cure de Germainvilliers, et leur remit les papiers de la fabrique et les registres de l'état civil, avec les clefs de la sacristie et de l'église : il ajouta « que pour satisfaire à la loi de l'Assemblée nationale concernant l'exportation des prêtres fonctionnaires publics, que leur conscience empêche de prêter le serment, il entendait se retirer en Suisse, prenant la poste à Langres pour s'abandonner à sa direction. »

Les officiers municipaux lui donnèrent acte de cette déclaration, et lui délivrèrent un laissez-passer dans lequel nous relevons ce signalement : « Taille, approchant cinq

(1) Arch. municipales de Germainvilliers.
(2) Arch. de la Haute-Marne, L. 89.
(3) Antoine-Hubert Wandelaincourt, né à Rupt-en-Woëvre (Meuse), en 1731, était curé de Planrupt, quand il fut, en mars 1791, élu évêque constitutionnel de la Haute-Marne.

pieds ; cheveux et sourcils, châtains ; yeux gris, nez aquilin, menton fourchu, bouche passable (1) ».

Mais au lieu de se mettre en route pour la Suisse, Garnier, une fois à Langres, demanda, à raison de sa santé et de ses infirmités, l'autorisation d'entrer dans la maison commune de Chaumont, destinée à recevoir les prêtres infirmes ou sexagénaires (2).

Un instant, il put croire que sa demande serait rejetée. Le 3 mars 1793, en effet, il fut dénoncé, avec plusieurs autres ecclésiastiques insermentés, par 76 citoyens de Langres qui demandaient leur exportation (3). Mais, le 11 mars, l'autorisation demandée lui fut accordée, vu son état d'infirmité constaté par le certificat du médecin. Le département confirma cet avis du district de Langres, le 16 mars suivant (4).

Garnier n'usa pas de cette permission dans les délais voulus, et, le 29 mars 1793, il obtint du district de Langres un passe-port pour Bâle et la Suisse (5).

Quelques jours plus tard, le 31 mars, à l'occasion du désarmement ordonné chez les personnes suspectes, une perquisition eut lieu à Langres chez M. Joseph Pistollet. On y découvrit un oratoire desservi par Garnier. Celui-ci fut même surpris en habits sacerdotaux, au moment où il se disposait à dire la messe à plusieurs personnes étrangères à la maison du sieur Pistollet, et même à des personnes étrangères à la ville, à savoir de Germainvilliers et de Changey. Ces ornements, provnant de la Confrérie Saint-Didier, avaient été déposés chez M. Pistollet par le sieur Martelaud, sacristain de cette chapelle.

Le Conseil général de Langres, incompétent pour prendre une décision sur la destination définitive du curé de Germainvilliers, décida, le jour même, comme mesure de sûreté, que « Garnier serait arrêté et conduit à la maison d'arrêt de la ville, et qu'au surplus, il en serait référé, dans le jour, aux corps administratifs ». Garnier fut donc

(1) Arch. de Germainvilliers.
(2) Archives du Greffe de Chaumont.
(3) Arch. de la Haute-Marne, L. 193.
(4) *Ibid.*, L. 89.
(5) *Ibid.*, L. 202, f° 59.

mis en prison à Langres ; il devait y rester près d'un an avant d'être transféré à Chaumont (1).

Le jour même de cette incarcération, Martelaud et Joseph Pistollet comparurent devant le Conseil général de Langres. Leur procès étant connexe à celui de Sébastien Garnier, nous croyons utile d'en mettre ici le compte-rendu sous les yeux du lecteur :

Martelaud, interrogé, répondit que, lors de l'établissement d'un oratoire public en la ci-devant église des Capucins, la garde des ustensiles et ornements employés au dit oratoire lui avait été confiée ; que ces ornements provenaient de la ci-devant Confrérie de Saint-Didier ; mais que cet oratoire ayant été détruit (2), il avait remis aussitôt les dits ustensiles et ornements, ainsi que les vases sacrés, au citoyen Joseph Pistollet, l'un des directeurs du dit établissement, et qu'il était faux qu'il en eût remis depuis quelques jours au citoyen Pistollet. Il déclara en outre qu'il ne croyait pas avoir chez lui d'images dites du Sacré-Cœur (3) proscrites par le Conseil général ; qu'il ne pensait pas que sa femme en eût, et que, s'il l'eût su, il les aurait jetées au feu.

Le Maire représenta au dit Pistollet, que la loi ne lui permettait pas l'établissement d'une chapelle sans l'agrément des corps administratifs, et sans qu'une inscription consentie par les dits corps fît connaître au public l'objet de cet établissement. En outre, il lui fit observer que les ornements employés à la desserte dud. oratoire secret appartenant à la nation, puisqu'ils provenaient de l'église Saint-Didier, il était bien surprenant qu'il les fît servir à un culte particulier, pour continuer à entretenir le fanatisme. Enfin il fut observé aud. Pistollet que son culte particulier portait l'enseigne de la contre-révolution par le Sacré-Cœur, objet de ce culte, et tracé sur un instrument employé par son ministre.

(1) Arch. de la Haute-Marne (Registre du Comité de surveillance de Langres).

(2) C'est en septembre 1791 que les volontaires de la Côte-d'Or, de passage à Langres, avaient dévasté l'oratoire des Capucins.

(3) Les SS. Cœurs, trouvés chez Martelaud, étaient peints et brodés, avec une petite tête de mort en émail.

Pistollet répondit par des tergiversations, et il fut démenti par Martelaud, qui prétendit lui avoir remis, depuis dix-huit mois, tous les ornements de l'église Saint-Didier.

En conséquence, le Conseil général de la commune de Langres, présidé par Varaigne (1), arrêta que les sieurs Pistollet et Martelaud seraient congédiés, que le procès-verbal les concernant serait inscrit sur le registre des délibérations, et les pièces originales envoyées aux citoyens administrateurs du directoire du district (2).

Mais revenons à Garnier, que nous avons laissé dans la prison de Langres. Le directoire du département, instruit qu'il jouissait de la santé la plus florissante, et que l'administration avait été induite en erreur par les certificats des médecins, non-seulement rapporta l'arrêté qui l'avait autorisé à se rendre dans la maison de réclusion, mais ordonna qu'il serait tenu de sortir sur-le-champ du territoire de la République, sous peine de déportation à la Guyane française. Toutefois, comme Garnier était dans la maison d'arrêt de Langres, cette décision ne lui fut point notifiée : ce qui donna lieu au jugement du tribunal criminel de Chaumont, en date du 12 pluviose (31 janvier 1794), qui renvoyait les pièces de la procédure au directeur du jury du tribunal du district de Langres, pour entendre le prévenu, dresser l'acte d'accusation et procéder conformément à la loi.

Les membres du jury de Langres ayant déclaré, le 10 février, qu'il y avait lieu à accusation, le tribunal ordonna que Garnier serait pris et appréhendé au corps, et qu'au moyen de ce qu'il était détenu en la maison d'arrêt du district de Langres, il serait transféré et conduit en celle de justice près le tribunal criminel de Chaumont (13 février 1794 (3).

En exécution de ce jugement, Sébastien Garnier fut conduit de Langres à Chaumont, et jugé par le tribunal

<hr>

(1) Pierre-Joseph-Bernard Varaigne, né à Strasbourg en 1751, capitaine-ingénieur des Ponts-et-chaussées à Langres, député à la Législative, puis maire de Langres (1792 1794), mourut à Corbeil le 26 juillet 1807.

(2) Arch. de la Haute-Marne (Comité de surveillance de Langres).

(3) Ces pièces se trouvent au greffe de Langres, dans un volume à part.

criminel du département. La sentence pouvait se deviner d'avance. Condamné à la déportation, il fut dirigé sur Rochefort par la voie ordinaire. Ecroué aux Cordeliers de Troyes, le 19 mai 1794, avec Philippe Brulé, ils en repartirent le 24 (1). Trois jours après, on apprit à Germainvilliers, par le président du tribunal, que le curé avait été jugé et condamné (2).

Dès le 4 avril 1794, le département avait réglé, comme il suit ce qui regardait les biens de M. Garnier : « 1° Il sera procédé sans délai à la vente de tous les objets mobiliers possédés en commun entre ledit Garnier et Marie Garnier, sa sœur, pour moitié du prix en être versé à la caisse du receveur du droit d'enregistrement, et l'autre moitié remise à lad. Garnier, mais à charge par elle de donner caution ; 2° les billets, cédules, obligations et autres créances dud. Garnier et de lad. Garnier seront remis au receveur pour en poursuivre le recouvrement, sauf à remettre la moitié à lad. Garnier ; 3° les immeubles qui peuvent appartenir au dit Garnier et dont il s'est réservé l'usufruit, seront dès à présent affermés ; 4° à l'égard des immeubles appartenant à lad. Garnier, ils seront administrés par elle, jusqu'à ce qu'il en soit autrement ordonné » (3).

Enfin, le 18 juin 1794, Sébastien Garnier fut inscrit sur la liste des émigrés, avec la qualification de déporté.

Arrivé à Rochefort, en compagnie de Brulé, il monta avec lui sur le *Washington*, et partagea toutes ses souffrances dans la rade de l'île d'Aix et au Port-des-Barques ; comme lui, il fut ramené à Saintes au commencement de 1795. Mais, bien qu'il fut plus âgé que Brulé, sa santé triompha de toutes les épreuves. Le décret du 3 ventôse an III (21 février 1795) qui reconnaissait la liberté des cultes, fut suivi de décrets partiels de mise en liberté : et c'est vers la fin de mars ou au commencement d'avril 1795, que Sébastien Garnier fut définitivement élargi (4).

Le 4 avril 1795, le Comité du district de Bourmont annonça à la municipalité de Germainvilliers que Garnier

(1) Prévost, t. II, p. 357.
(2) Arch. municipales de Germainvilliers.
(3) Arch. de la Haute-Marne, L. 90.
(4) Arch. de Germainvilliers.

serait mis en liberté, et que les scellés, mis sur ses meubles, seraient levés. Garnier revint, en effet, à Germainvilliers, mais il n'y trouva pas la paix.

*
* *

Dès le 26 mai suivant, J.-B. Mercier, l'ancien curé assermenté (1), l'accusa de fanatisme : il troublait, ajoutait-il, la tranquillité publique. Mais cette accusation ne paraît pas avoir eu de suite.

M. Garnier, désirant reprendre l'exercice du saint ministère, se présenta à la municipalité le 24 juin 1795, comme prêtre ministre du culte catholique, apostolique et romain, résidant dans la commune : il déclara, en conformité avec l'art. 5 de la loi du 11 prairial, qu'il était soumis (comme il l'avait toujours été) aux lois politiques, civiles et de police de la République française (2). C'est lui, croyons-nous, qui fit également, à Choiseul, le 18 juillet 1795, une déclation d'exercice de culte. Enfin, le 14 septembre suivant, il déclara expressément, à la municipalité de Germainvilliers, qu'il se proposait d'exercer dans l'étendue de la commune « le ministère d'un culte connu sous la dénomination de culte catholique, apostolique et romain », et il requit qu'il lui fût donné acte de sa soumission aux lois de la République (3).

Survint la loi du 3 brumaire an IV (25 octobre 1795), qui remettait en vigueur les lois de 1792 et 1793 contre les prêtres sujets à la déportation et à la réclusion (4). Dès le 2 novembre, le procureur syndic du district de Bourmont requit, contre plusieurs prêtres, l'exécution immédiate de la loi. Sur quoi le district arrêta : « Dans les 24 heures de la notification du présent arrêté, Sébastien Garnier, ex-curé de Germainvilliers, et tous autres prêtres insermentés demeurant dans l'étendue de ce district, seront

---

(1) J.-B. Mercier, né à Graffigny en 1763, vicaire à Vaudrecourt, avait succédé à Sébastien Garnier le 18 septembre 1792. En juillet 1795, il se retira dans son pays natal, et, après la Révolution, fut nommé à Saint-Thiébaut.

(2) Arch. de Germainvilliers.

(3) *Ibid.*

(4) Art. 10 de la dite loi.

tenus de satisfaire aux lois de 1792 et 1793, et aux dispositions de l'article 10 de la loi du présent mois » (1).

De fait, les décrets de 1792 et de 1793 furent notifiés aux intéressés, par le district de Bourmont, le 9 novembre : et la municipalité de Germainvilliers les signifia, à son tour, à Sébastien Garnier, un jour après (2). Enfin, le 26 décembre, l'administration municipale du canton de Breuvannes arrêta que Garnier, curé de Germainvilliers, et Jolly (3), curé de Colombey-les-Choiseul, se rendraient dans les vingt-quatre heures, à la maison de réclusion de Chaumont, et cela en vertu du dit article 10. Mais cette mesure n'eut pas d'effet : on en donna cette raison, que les agents municipaux de ces communes, et la municipalité de Breuvannes elle-même, favorisaient les prêtres (4).

Quoi qu'il en soit, les tracasseries suscitées au curé de Germainvilliers ne parvinrent pas à lui ravir la confiance de ses paroissiens. Le 9 janvier 1796, la commune, désirant exercer un culte du choix de tous ses membres, désigna, pour ministre de ce culte, le citoyen Sébastien Garnier, « notre prêtre, âgé de 60 ans, mis en liberté par l'Assemblée nationale (sic), lequel a toujours donné des preuves manifestes de son dévouement pour l'utilité de sa patrie, tant par sa conduite que par ses exhortations à la soumission aux autorités constituées ».

Enfin l'autorité supérieure intervint. Le 3 février 1796, le ministre de la police générale chargea le commissaire du département de prendre contre les dits Garnier et Jolly, ainsi que contre leurs partisans, les mesures qu'exigeaient les circonstances : « L'audace des conspirateurs, disait-il en terminant, indique toujours le degré de faiblesse ou de complicité des administrateurs » (5).

Inutile menace : malgré le réquisitoire, en date du 8 février, du commissaire du directoire exécutif près de

(1) Arch. de la Haute-Marne, L. 98, f° 132.
(2) Arch. de Germainvilliers.
(3) Alexis-Nicolas Jolly, né à Breuvannes en 1734, curé de Colombey-les-Choiseul depuis 1766, refusa, lui aussi, le serment pur et simple, et fut mis en réclusion à Chaumont.
(4) Arch. de la Haute-Marne.
(5) *Ibid.*, liasse non classée.

l'administration municipale de Breuvannes, qui demandait l'application à Garnier et à Jolly, de la loi du 3 brumaire, cette mesure ne fut pas votée.

Le commissaire, s'appuyant sur trois délibérations de la municipalité prises en faveur de ces deux prêtres, dénonça alors les agents municipaux du canton, comme étant les protecteurs, les soutiens et les partisans de ces réfractaires. Et, le jour susdit, l'administration centrale prit l'arrêté suivant : « 1° Dans trois jours, l'administration du canton de Breuvannes est tenue de rendre à l'administration départementale, un compte exact des mesures qu'elle a prises pour l'exécution de la loi du 3 brumaire, contre les prêtres sujets à la déportation ou à la reclusion ; 2° Dans le cas où elle aurait eu la coupable mollesse d'en différer l'exécution jusqu'à ce jour, il lui est enjoint de s'en occuper sur-le-champ, et d'en rendre compte dans le délai de trois jours » (1).

Pendant ce temps, Garnier avait quitté Germainvilliers, et s'était réfugié dans les environs de Reynel, son ancienne paroisse, où son frère lui avait succédé. Nous en trouvons la preuve dans la lettre suivante, que le commissaire près l'administration municipale du canton de Reynel écrivait, le 22 septembre 1796, au commissaire du Directoire exécutif près l'administration centrale du département : « Sébastien Garnier est un prêtre réfractaire, d'abord déporté, ensuite rentré en France : il a fait à Reynel un séjour de deux jours, et y a dit la messe, mais sans sonner. Actuellement Garnier est de retour à Germisey » (2).

En 1797, l'ex-curé de Germainvilliers, titulaire d'une pension de 1000 l., se trouvait à Chaumont : il demanda donc son inscription sur le tableau des pensionnaires ecclésiastiques. Sa pétition fut d'abord favorablement accueillie (12 mars 1797) ; mais, un mois après (14 avril) elle fut rejetée, sous ce prétexte qu'il n'avait pas prouvé avoir prêté le serment de liberté-égalité (3).

(1) Arch. de la Haute-Marne, L, Délibérations de l'administration centrale.

(2) *Ibid.*, liasse non classée.

(3) *Ibid.* V. 43. — Le 12 avril 1797, le vicaire de Plesnoy, désirant exercer son culte, se présenta à Neuilly-l'Evêque et fit sa soumission au bureau.

Un mois après la loi du 19 fructidor, c'est-le-dire le 4 octobre 1797, l'administration du canton de Breuvannes prit un arrêté qui enjoignait à la municipalité de Germainvilliers d'envoyer, dans les vingt-quatre heures, à Sébastien Garnier, ex-curé inconstitutionnel de la commune et sujet à la déportation, l'ordre de se rendre par devant Ferry, officier de santé nommé à cet effet par l'administration du canton, pour constater si M. Garnier était en état de voyager, par suite d'infirmité prétendue; sinon, de se rendre de suite à la maison de réclusion de Chaumont, après en avoir reçu l'ordre de l'administration centrale du département, soit pour la réclusion ou la déportation.

M. Garnier, curé de Germainvilliers, figure, en effet, sur la liste, dressée par M. l'abbé Baudot, des prêtres de la réclusion de 1797: mais nous n'avons aucun détail sur cette période de sa vie. (1).

Quelques années plus tard, le 28 septembre 1800, M. Garnier, demeurant alors à Plesnoy, se présenta à Germainvilliers, et déclara que voulant exercer son culte dans cette commune, il faisait, pour se conformer à la loi, promesse de fidélité à la Constitution de l'an VIII (2).

M. Garnier fut, en effet, curé de Plesnoy de juillet 1800 à mars 1808. Alors il se retira à Reynel, qu'il desservit jusqu'en mai 1821. Agé et malade, il demeurait chez un de ses parents, et ne pouvait plus exercer aucune fonction. On lui donna pour successeur M. Séclier, ordonné le 23 septembre de l'année précédente (3).

Dans ses notes sur le clergé de l'époque, M. Baudot dit de M. Garnier qu'il avait des mœurs simples et bon cœur. Après une vie si pleine d'agitation et d'épreuves, ce bon serviteur alla enfin jouir du repos éternel. Il mourut à Reynel, le 29 juin 1823, à l'âge de 83 ans (4).

(1) A la fin d'août 1799, un Sébastien Garnier, demeurant à Pouilly, fut arrêté, avec plusieurs de ses confrères et mis en réclusion à Chaumont (Arch. de la Haute-Marne, L. Administration centrale). Mais, très probablement, il s'agit du curé de Dancevoir.

(2) Arch. de Germainvilliers.

(3) Claude-Joseph Séclier, né à Froncles en 1796, mourut curé d'Arc en 1842.

(4) Actes civils et religieux de Reynel.

IV

MICHEL (Jean)

Jean Michel naquit à Chaumont, le 18 mai 1730, de François Michel et de Françoise Voillemin : il fut baptisé le jour même, et eut pour parrain Messire Jean de Poiresson, chevalier seigneur de Rouvre, procureur du roi, et pour marraine demoiselle Marie de Gondrecourt (1).

Tonsuré à Langres le 21 juillet 1750, il entra au séminaire de cette ville en 1753 ; minoré et sous diacre le 13 avril 1754, il reçut le diaconat le 8 juin 1754, et fut promu au sacerdoce le 22 février 1755. Un de ses frères, plus jeune que lui, du nom de Jacques, ne devait pas tarder à le suivre dans la carrière ecclésiastique (2).

D'abord vicaire à Thorey (Yonne) en 1755, puis à Roôcourt-la-Côte (30 mai 1758), il devint, le 20 août 1761, curé de Viéville, par suite de la résignation de M. Etienne Nicolin, moyennant une pension annuelle et viagère de 500 livres. Lui-même résigna, le 27 juin 1783, la cure de Viéville en même temps que Roôcourt, sa succursale, à son frère Jacques, précédemment curé de Baroville (Aube), sous réserve d'une pension de 800 livres (3).

Celui-ci ayant refusé de payer les deux derniers quartiers de la pension échus en 1790, Jean Michel demanda à l'administration un mandat de 200 livres pour le premier quartier de 1791 ; et, le 17 mars 1791, le département ordonna que sa pension lui serait continuée (4).

(1) Etat civil de Chaumont.
(2) Registre des ordinations.
(3) Roussel : *Le diocèse de Langres*, t. II, p. 205, et t. III, p. 199. C'est bien Jean Michel, croyons-nous, qui fut, le 28 décembre 1784, l'objet d'une sentence de l'officialité : il fut condamné à passer trois mois dans une maison religieuse, et à s'abstenir de toutes fonctions pendant ce temps. La culpabilité du curé de Viéville parut-elle insuffisamment établie, ou la peine trop sévère ? On pourrait le penser, car, le 6 janvier 1785, Mgr l'évêque commua cette retraite de trois mois en celle de huit jours, qu'il fit chez les Carmes, à Langres (Arch. de la Haute Marne, Officialité).
(4) Arch. de la Haute-Marne, L., liasse non classée.

Mais déjà il n'était plus à Viéville : il était à Metz. A quelle date avait-il quitté son ancienne paroisse? L'abbé Guillon (1) suppose que ce fut au moment où éclata la Révolution, et afin d'éviter la persécution. C'est là une erreur. Il est certain que Jean Michel habitait Metz plusieurs années avant 1789 : nous savons, par exemple, qu'en 1788, il habitait au n° 2.150 la maison formant le coin de rue neuve Saint-Louis et de la rue de la Chèvre (2). Très-probablement il y avait été attiré par des relations de famille et d'amitié. Quoi qu'il en soit, après son départ de Viéville, il ne remit plus les pieds dans cette commune, et jamais son frère cadet, Jacques, ne sut ce qu'était devenu son aîné. (3).

Le 29 avril 1791, le département accorda à Jean Michel, 200 livres comme premier quartier de sa pension, et, le 17 mai suivant, 200 autres livres pour le second quartier. Le 1er trimestre de 1792 lui fut également payé.

Par quel acte suspect attira-t-il sur lui l'attention de la police? Nous l'ignorons. Toujours est-il, qu'en septembre 1793 il se trouvait être en réclusion à Metz. Sur sa demande, deux certificats lui furent alors délivrés : l'un, le 24 septembre, par la municipalité de Chaumont, affirmant qu'il ne possédait aucuns biens-fonds en cette ville (4) ; l'autre, le 27 novembre, par la municipalité de Viéville, déclarant qu'il avait résidé vingt-deux ans dans la commune comme curé, qu'il n'avait d'autres moyens de subsistance que la pension qu'il s'était réservée en résignant son bénéfice, et que d'après la loi, la Nation devait lui payer depuis 1791 (5).

Fut-il relaxé après sa première incarcération? On pourrait le supposer : car il fut compris parmi les prêtres que le département condamna à la réclusion le 28 prairial an II (16 juin 1794), à raison de leur âge ou de leurs infirmités. L'arrêt le concernant est ainsi motivé : « Jean Michel, ex-curé de Viéville, âgé de 64 ans, résidant à Metz,

(1) Guillon, t. IV, p. 76-77.
(2) Recensement de 1788.
(3) Archives paroissiales de Viéville.
(4) Délibérations du Conseil municipal de Chaumont.
(5) Arch. de la Haute-Marne.

n'a prêté ni le serment du 26 décembre 1790, ni celui du 14 août 1792. »

La réclusion entraînant la confiscation des biens, le département de la Moselle écrivit, le 8 floréal an II (27 avril 1794) à celui de la Haute-Marne, pour lui demander de mettre le séquestre sur les biens de l'ancien curé de Viéville.

Enfin, par arrêté du 22 floréal (11 mai 1794), ce dernier fut condamné à la déportation, toujours « pour n'avoir prêté aucun des serments prescrits par la loi. » .

Il dut quitter Metz le soir du vendredi suivant (16 mai). Le groupe dont il faisait partie comprenait trente-trois prêtres, tirés la plupart, comme lui, de la prison qui avait été établie dans l'ancien couvent de la doctrine chrétienne (1).

Dans la pensée de ses juges, Jean Michel aurait dû, à son arrivée à Rochefort, être transporté au-delà des mers. On se contenta de l'enfermer sur le *Washington*. Mais son âge déjà avancé ne lui permit pas de supporter longtemps les maux auxquels les déportés étaient en proie sur ce vaisseau, et il mourut le 12 octobre 1794. Son corps fut inhumé à l'île Madame (2). C'est là qu'il attend la résurrection glorieuse.

---

(1) Tous ces détails nous ont été gracieusement communiqués par M. l'abbé Dorvaux, directeur au grand Séminaire de Metz. .
(2) Manseau, t. II, p. 380.

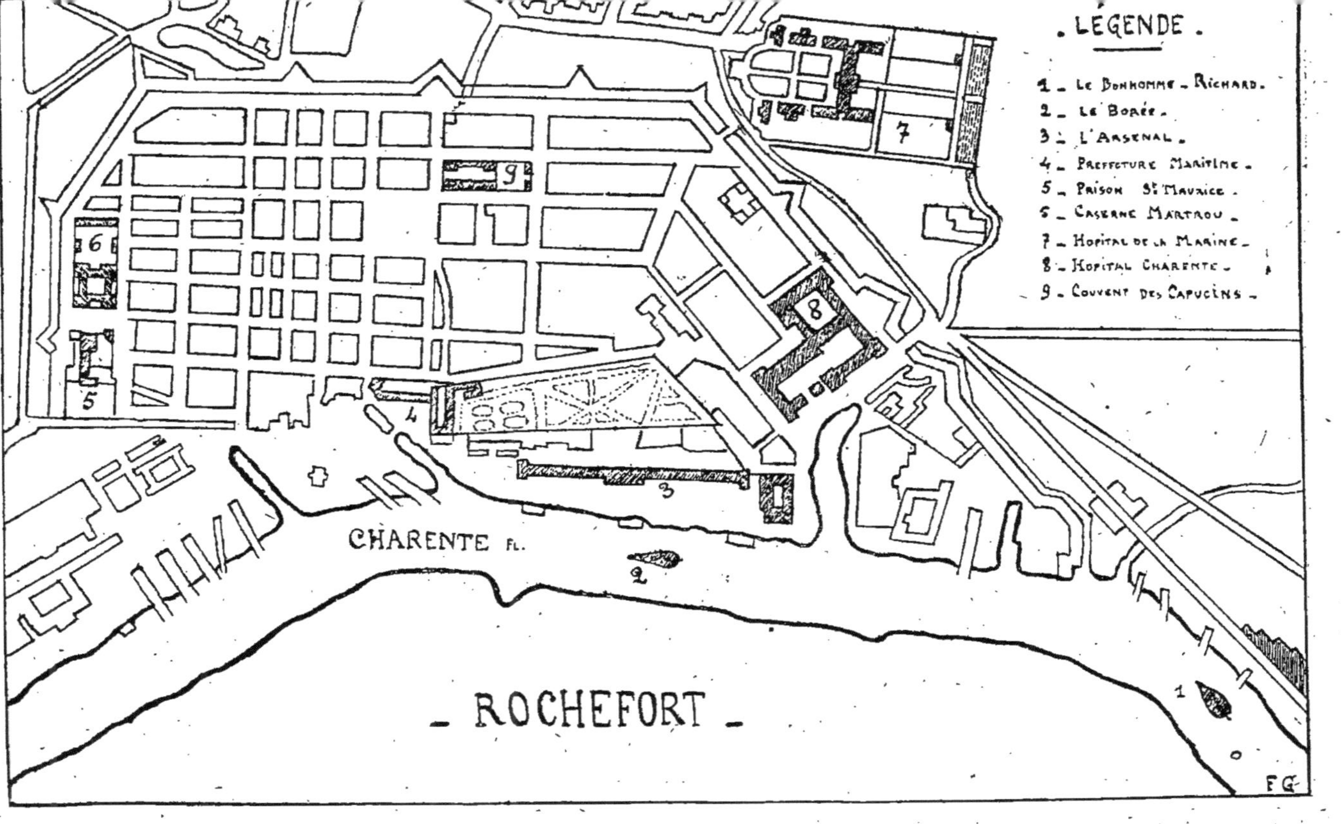
PLANCHE II.
. LÉGENDE .
1 _ Le Bonhomme - Richard.
2 _ Le Borée.
3 _ L'Arsenal.
4 _ Préfecture Maritime.
5 _ Prison St Maurice.
6 _ Caserne Martrou.
7 _ Hôpital de la Marine.
8 _ Hôpital Charente.
9 _ Couvent des Capucins.
CHARENTE Fl.
_ ROCHEFORT _
(Voir page 8.)

CHAPITRE IV
Prêtres déportés à Bordeaux et à Nantes

I

ARAGONNES D'ORCET (Mgr GILBERT-PAUL)

Septième fils d'Antoine-Xavier-Durand Aragonnès de Laval, baron d'Orcet, seigneur de Laval, Orcet et Durtol, capitaine des galères du roi, chevalier de Saint-Louis, et de Madeleine de Ribeyre, de l'illustre maison de ce nom, Gilbert-Paul naquit à Clermont-Ferrand, paroisse Notre-Dame-du-Port, le 13 octobre 1762.

Il appartenait à une famille où, très volontiers, on était d'Eglise. Un de ses oncles, Paul de Ribeyre, fut évêque de Saint-Flour avant la Révolution ; un autre, Gilbert d'Orcet, avait été chanoine et dignitaire du Chapitre de Clermont.

Quant à ses frères, l'aîné, Antoine-Xavier-Claude, baron d'Orcet, fut mousquetaire du roi, lieutenant-colonel et chevalier de Saint-Louis ; il épousa Mlle Rochette de Maulezat. Le second, Paul-Gilbert, chevalier d'Orcet, fut lieutenant de vaisseau, et chevalier des Ordres de Saint-Louis et de Cincinnatus. Le troisième, Paul, devint chanoine de Clermont et grand vicaire de Mgr de Bonal. Le quatrième, Gabriel, capitaine au régiment de Beaujolais, mourut en émigration. Le cinquième, Antoine-Xavier, chanoine de Clermont, mourut en 1812. Le sixième enfant issu de ce mariage fut une fille, Françoise-Ursule : elle épousa J.-B. de Parades du Saulzet, garde du corps. Le dernier, Antoine-Xavier, vicomte d'Orcet, capitaine de vaisseau, épousa Clotilde de Ligondes et mourut en 1832. Ajoutons enfin qu'un des cousins germains de Gilbert-Paul, Martin-Stanislas Aragonnès de Laval, se préparait, lui aussi, à la prêtrise (1).

(1) Communication de M. le baron de L'Horme. — Cf. Tardieu, *Dictionnaire des anciennes familles de l'Auvergne*, Moulins 1884 ; Crégut,

Doué d'une grande piété et d'une rare innocence, Gilbert-Paul montra de bonne heure un penchant marqué pour la carrière ecclésiastique. Après avoir fait sa première communion et reçu la confirmation, des mains de Mgr de Bonal, dans l'église Notre-Dame-du-Port, il continua ses études à la maison, sous les yeux de sa mère, et sous la direction de deux excellents précepteurs, les abbés Delarbre et Mathivon. Le premier, médecin et naturaliste, fut une des illustrations scientifiques de son pays ; on dit qu'il admit son jeune élève à travailler avec lui à son grand ouvrage sur la *Flore de la cidevant Auvergne* (1796) (1). Le second mourut chanoine de Paris.

Séminariste à Issy, puis à Saint-Sulpice de Paris, le jeune abbé était élève de licence à la Sorbonne, quand il reçut la tonsure à Clermont, le 13 juin 1778. Minoré en 1787, prêtre en 1788 ou 1789, il fut, après son ordination, admis dans la petite communauté qui administrait la paroisse de Saint-Sulpice, sous la direction de M. Mayneaud de Pancemont, curé, et c'est à ce poste de vicaire — poste d'humilité et d'honneur tout à fois — que la Révolution vint le trouver.

Le 9 janvier 1791, le curé de Saint-Sulpice, monta dans la grande chaire de son église, et environné de son clergé, il prononça un éloquent sermon sur le devoir. Quand il eut fini, des voix s'élevèrent, réclamant la prestation du serment. Alors M. de Pancemont exposa que ni lui, ni aucun de ceux qui l'entouraient, ne consentirait à un acte contraire à leur conscience. Pendant ce temps, l'abbé d'Orcet était à ses côtés. Il y eut alors un tumulte effroyable. Les prêtres fidèles furent obligés de se retirer, et de laisser la place à ceux qui s'étaient résolus à prêter le serment (2).

La belle conduite de l'abbé de Durtol (c'est le nom qu'on

Mgr Aragonnès d'Orcet, Notes recueillies par M. le vicomte Xavier d'Orcet, Riom, 1911 ; Roussel, t. I, p. 415 ; Mgr Fèvre, *Biographie contemporaine des évêques de Langres*, Saint-Dizier, 1903, p. 58 ; *L'Episcopat français depuis le Concordat*, Paris 1907, p. 280.

(1) Sur l'abbé Antoine Delarbre et ses ouvrages, voir Quérard, *La France littéraire*, Paris, 1828, t. II, p. 439 ; *Nouvelle biographie générale*, Paris, 1863, t. XIII, p. 418.

(2) Bossard, *Histoire du serment à Paris*, 1791 ; Delarc, *L'Eglise de Paris pendant la Révolution*, Paris, 1893, t. I, p. 363 et seq. ; Pisani, *L'Eglise de Paris et la Révolution*, Paris, 1908, t. I., p. 179.

lui donnait pour le distinguer de ses frères), l'avait mis en vue, et par conséquent en danger. Pour se dérober à la persécution, il se retira dans sa famille, au château de de Durtol, dans le voisinage de Clermont.

Bientôt l'émigration dispersa tous les membres de cette famille ; et pendant que plusieurs d'entre eux combattaient dans les chasseurs nobles et dans l'artillerie de Condé, lui et son frère, l'abbé d'Orcet, cherchèrent un asile dans une de ces grottes que l'on rencontre au pied des couches volcaniques de l'Auvergne. Ils y passaient leurs journées, et n'osaient en sortir que la nuit. Un serviteur fidèle leur apportait la nourriture en secret.

Ils tombaient sous l'article 3 de la loi du 26 août 1792. Aussi, leur retraite ayant été découverte, ils furent arrêtés le 12 septembre 1793, enfermés au Petit-Séminaire transformé en prison, et condamnés à la déportation par le directoire du département. Il n'y eut pas de jugement. On s'assura de l'identité, et ce fut tout. Le départ pour Bordeaux eut lieu le 22 février 1794. Le voyage s'effectua dans des conditions particulièrement pénibles : la fatigue de marches longues et épuisantes, la parcimonie d'une nourriture grossière, les durs procédés des geôliers conducteurs, les insultes de toute nature de la part des populations qu'ils eurent à traverser dans la route, tout cela n'était que la préface du martyre qui attendait les prêtres fidèles dans la prison de Bordeaux et sur les pontons (1).

L'abbé de Durtol, séparé de son frère, fut conduit à l'hôpital de Bordeaux (2). Il eut du moins la joie d'y trouver son cousin, l'abbé de Laval, avec lequel il partagea les souffrances imposées aux détenus. Lui-même a souvent raconté dans quelles circonstances ils se rencontrèrent.

« Les lits manquaient dans les hôpitaux pour la foule de malades qui y étaient déversés. On apporta à la hâte des matelas qui, posés sur le pavé, devaient leur servir de lits en même temps que de sièges. Je m'assis sur le bord d'une de

---

(1) Roussel, t. I, p. 415-416 ; Fèvre, p. 59-60 ; Crégut, p. 3.
(2) Manseau (t. II, p. 405) dit que Gilbert-Paul fut détenu au Petit-Séminaire de Bordeaux : c'était une ancienne caserne, dite de Saint-Raphaël, et située en face de Sainte-Eulalie. Cf. Lelièvre, *Une nouvelle page au Martyrologe de 1793*, Bordeaux 1886, p. 187, 227.

ces maigres couches, et là, abîmé de fatigue, je m'y affaissai sur moi-même, la figure dans les mains, la tête appuyée sur les genoux. Après être resté un certain temps dans cet état d'abattement, je relevai la tête et vis, tout près de moi, assis sur le même matelas, un compagnon d'infortune qui observait avec attention les traits de mon visage. Après quelques instants d'un examen réciproque, un même cri s'échappa de nos poitrines, et nous nous précipitâmes dans les bras l'un de l'autre. C'était mon cousin, l'abbé de Laval, que je venais de retrouver. » Dès lors les deux prêtres ne se séparèrent plus, jusqu'au jour où ils furent enfin rendus à la liberté et à leurs familles (1).

Au commencement de novembre 1794, Isabeau, ancien membre de l'Oratoire et représentant du peuple, donna ordre d'embarquer les prisonniers et de les conduire sur les côtes d'Afrique : il violait ainsi le texte de la loi conventionnelle, qui avait fixé la Guyane comme lieu de déportation. Les deux frères montèrent sur le *Dunkerque*, qui avait été armé au port de Rochefort, et dont le capitaine était Georges Caillaux, de Bordeaux. L'embarquement des prêtres des prisons se fit au milieu des sarcasmes et des huées de la populace (2).

Le vaisseau demeura en rade de Blaye jusqu'au 6 décembre 1794, jour où on lui fit descendre la Gironde jusqu'à Royan. Le *Dunkerque* et les deux autres navires, le *Jeanty* et le *Républicain*, chargés des prêtres prisonniers à Bordeaux et à Blaye, prirent le large le 17. La tempête et le bruit du canon ennemi les obligèrent à rebrousser chemin vers l'embouchure de la Charente. Enfin, le 27 décembre, les trois navires vinrent se placer, dans le Port-des-Barques, à côté des vaisseaux de l'embarquement de Rochefort (3).

Nous avons dit que les prêtres détenus sur ces divers vaisseaux, purent correspondre entre eux et même se visi-

(1) Roussel, *loc. cit.* ; Fèvre, *loc. cit.* ; Crégut, p. 4.

(2) C'était, exactement, le 2 décembre 1794. Cf. Lelièvre, *loc. cit.*, p. 340.

(3) Manseau, t. I, p. 302, 340-243 ; Guillon, t. I, p. 381. — Avec les Relations de MM. Rousseau et de La Biche, il faut lire celle qu'a imprimée M. l'abbé Leclerc, *Martyrs et Confesseurs de la foi du diocèse de Limoges pendant la Révolution française*, Limoges, 1892-1904, t. IV, p. 469 seq.

ter. On sait aussi que les prêtres enfermés pendant la Terreur sur les pontons de Rochefort, furent mis en liberté le 8 février 1795. Quant à ceux qui du département de la Gironde étaient venus se fixer au Port-des-Barques, on les avait oubliés.

Le 9 mars 1795, l'agent national du district de Rochefort, écrivit à Paris pour demander, au nom de l'humanité, et dans la crainte d'une épidémie, qu'on les retirât des vaisseaux : « Il existe encore, disait-il, en rade du Port-des-Barques, à bord des vaisseaux le *Jeanty*, le *Républicain* et le *Dunkerque*, environ 600 prêtres dont la position est actuellement extrêmement dure. Le peu de hauteur de l'entre-pont, où ils se tiennent habituellement, les soumet à une attitude gênante, et leur grand nombre dans un lieu extrêmement resserré, les expose à une incommodité permanente et leur présage une épidémie mortelle, que la saison du printemps qui va s'ouvrir, ne fera qu'avancer. L'humanité réclame qu'ils soient promptement retirés de ces vaisseaux. » (1).

Le salut vint d'ailleurs. Un fervent catholique de Rochefort, M. de la Mermillière, avait des relations avec un soi-disant jacobin de Paris, M. Guyot, dont le boucher Legendre, enragé conventionnel, avait épousé la fille. M. Guyot écrivit à son ami qu'il obtiendrait finalement, par son gendre qui venait d'être nommé membre du Comité de salut public, la liberté des prêtres détenus à bords des trois vaisseaux négriers, pourvu qu'ils la demandassent collectivement ou individuellement, en lui donnant leurs noms et surnoms, l'époque de leur arrestation et le nom de leur district. Ce procédé réussit.

Le 3 avril, Bessières, agent national du district de Rochefort, demanda au Comité de sûreté la mise en liberté de deux prêtres, et une décision sur les autres détenus atteints d'affections scorbutiques : « Le seul moyen de les sauver, concluait-il, était de les renvoyer dans leur domicile, pour être surveillés par les autorités ».

Le jour de Pâques, 5 avril, 58 prêtres furent délivrés.

Le dimanche suivant, de nombreux décrets libérateurs arrivèrent de Paris, non seulement à Saintes, mais encore

(1) Manseau, t. 1, p. 343, 364, 383.

à Rochefort. Aucun des prisonniers de Saintes n'avait été oublié. Mais, parmi les autres, 160 continuèrent à gémir sur leurs vaisseaux, en attendant qu'on les transportât à Brouage.

Les deux abbés d'Orcet eurent la bonne fortune de se trouver au nombre de ceux qui furent libérés en rade du Port-des-Barques, et ils se hâtèrent d'aller retrouver leur mère (1).

Mme d'Orcet, veuve depuis quinze ans, venait, elle aussi, de sortir de captivité. Elle était dans l'ignorance complète du sort de ses autres enfants, et elle vivait péniblement des secours mensuels que lui accordait le bureau du district. Une maladie, qu'elle avait contractée dans la maison de réclusion au contact d'une autre prisonnière, la conduisit au tombeau. Elle fut assistée dans ses derniers moments par l'abbé de Durtol, et elle eut la consolation de recevoir de sa main les derniers sacrements.

L'abbé échappa, en se cachant, aux conséquences de la loi du 3 brumaire ; on avait ménagé une chapelle furtive dans un endroit secret du château, et les deux frères purent y exercer dans l'ombre leur saint ministère. Mais, après le 19 fructidor, M. d'Orcet fut recherché par la gendarmerie comme ancien vicaire de Paris. On le découvrit à Durtol, et ordre lui fut intimé, le 15 octobre 1797, de prendre un passe-port pour l'étranger. Il réussit à se dissimuler à Clermont, jusqu'au jour où la liberté fut enfin rendue au culte catholique.

Pendant ce temps, les frères émigrés revenaient de l'exil pleurer sur la tombe de leur mère. Mais ils ne revinrent pas tous : le chevalier d'Orcet, l'aîné des lieutenants de vaisseaux, avait été emporté par un boulet de canon à l'attaque de Quiberon ; le chevalier d'Aragonnès avait succombé, lui, dans l'armée de Condé (2).

Après le Concordat, l'abbé Gilbert-Paul fut nommé desservant de la petite paroisse de Durtol, et son frère aîné fut appelé à la cure d'Orcet. Durtol n'était tout d'abord qu'une simple annexe d'une des paroissses de Clermont ; mais

(1) Manseau, t. I, p. 383 seq. ; t. II, p. 405. La libération fut signée en rade du Port-des-Barques, le 12 avril 1795.
(2) Roussel, *loc. cit.*, p. 416.

bientôt, grâce à l'influence d'un ami de la famille, elle fut érigée en paroisse, et l'abbé Gilbert-Paul en fut le premier curé. Cette création, qui émanait directement de l'administration civile, indisposa quelque peu le nouvel évêque, Mgr de Dampierre. Il était convaincu que l'abbé n'avait désiré ce poste que pour y mener une existence douce et facile. Mais Gilbert-Paul, qui, après la mort de son frère, avait repris son nom patronymique d'Orcet, prouva bientôt que ce n'était point l'amour du repos qui l'avait conduit à Durtol. En effet, il offrit le concours de son ministère à deux de ses confrères, MM. les curés de Nohannent et d'Orcines, et, sans oublier les soins qu'il devait à sa paroisse, il se voua à l'apostolat des nombreux écarts qui étaient dispersés au pied du Puy-de-Dôme (1).

Il vivait donc ignoré dans son modeste presbytère, quand un événement imprévu vint le tirer de l'obscurité. En 1821, la duchesse de Berry, se rendant aux eaux du Mont-Dore, passa par Durtol. Le curé, qui était allé à sa rencontre à la tête de sa petite population, lui fit un compliment si plein de délicatesse et de tact, qu'elle voulut connaître le nom et la famille de ce prêtre. Très-peu de temps après, un canonicat à la nomination du roi étant venu à vaquer au Chapitre de Clermont, le curé de Durtol y fut nommé à son insu, et Mgr de Dampierre y ajouta la dignité de grand vicaire honoraire. Dans une lettre datée du 31 décembre 1821, et qui nous a été conservée (2), l'abbé d'Orcet pria Monseigneur d'agréer son refus, alléguant son insuffisance et son incapacité. L'humble curé ne prévoyait guère, alors, qu'il était destiné à l'épiscopat !

Les honneurs, contrairement à un dicton bien connu, ne changèrent pas les mœurs de l'abbé d'Orcet, et il continua, autant que ses nouvelles fonctions le lui permettaient, de porter aux pauvres habitants des campagnes, les consolations de son ministère. Un jour, une pauvre mère désolée arriva d'Orcines pour le prier de venir confesser son fils, un enfant de douze ans qui se mourait et qui ne voulait que lui pour confesseur, attendu qu'il lui avait fait faire sa première communion. Le jour était avancé, la terre était

(1) Roussel, *loc. cit.*
(2) Crégut, *loc. cit.* Introduction.

couverte de neige, et il fallait faire deux lieues à pied dans la montagne. N'importe, l'abbé d'Orcet n'hésita pas un seul instant : il partit pour Orcines, et, son ministère accompli, il revint pendant la nuit, fatigué, mais heureux d'avoir assisté le mourant et d'avoir fait plaisir à sa famille.

Après la restauration de l'évêché de Langres, le grand aumônier proposa l'abbé d'Orcet pour ce siège, et son nom fut agréé par le roi. Mgr de Dampierre, qui n'était pas étranger à cette nomination, surmonta les hésitations de l'élu, et celui-ci plia les épaules sous le fardeau. La nomination est datée du 29 juillet 1823. Préconisé le 17 novembre par SS. Léon XII, sacré à Paris par Mgr de Quélen le 25 janvier 1824, en la fête de la conversion de saint Paul, son patron, le nouvel évêque prêta serment de fidélité entre les mains du roi le 2 février, prit possession le 15 février par M. l'abbé Petit, vicaire général (1), et fit son entrée à Langres le 28 mars suivant (2).

*
* *

Nous n'avons pas l'intention d'écrire ici l'histoire de Mgr d'Orcet : il nous suffira de signaler les principaux événements qui caractérisèrent son épiscopat.

Le mandement d'intronisation commençait par ces mots : *Pax vobis.* La paix, le bon pasteur en apportait l'augure à son troupeau : mais il ne la trouva pas pour lui-même, car dans ce nouveau diocèse, il y avait beaucoup à faire ; et dès son arrivée, il se trouva en butte à toutes sortes de difficultés.

Le premier de ses actes fut une circulaire en date du 24 avril 1824, par laquelle il enjoignait à tous les prêtres du diocèse qui, durant la Révolution, avait prêté serment à

(1) Jean-Baptiste Petit, né le 13 mars 1741, fut, avant la Révolution, secrétaire de Mgr de La Luzerne, puis, en 1776, chanoine et vicaire général, enfin trésorier du Chapitre en 1787. Il passa en Angleterre dès 1791, avec le titre d'aumônier de l'ambassade de France, et ne revint d'exil qu'en 1800. Vicaire général et doyen du nouveau Chapitre, il mourut à Langres le 21 juillet 1826, et fut inhumé à Heuilley-Cotton.

(2) Outre les auteurs déjà cités, cf. Maugère, *Vie de M. Barrillot*, Langres 1874, p. 210 seq.

la Constitution civile du clergé, d'envoyer par écrit une rétractation formelle de leur conduite passée, sous peine de suspense *ipso facto*, à dater du lendemain de la Pentecôte de la même année. Voici la formule de rétractation qu'ils devaient signer : « J'adhère sincèrement aux jugements de l'Eglise, et notamment au bref du 13 avril 1791 concernant la Constitution civile du clergé. Je me repens d'avoir prêté le serment à cette Constitution, et d'avoir agi d'après les principes et les règles qu'elle établissait, et je promets à Mgr l'Evêque de ne rien faire, de ne rien dire, qui soit contraire aux principes et aux règles énoncés dans les jugements apostoliques concernant la dite Constitution. »

Cet ordre était accompagné de considérations solides et d'avis tout à fait paternels. Aussi ne pouvait-il blesser que de malheureux prêtres obstinés et sans repentir, dont il était urgent de délivrer les paroisses. Nous avons les réponses de plusieurs prêtres assermentés à cette Ordonnance de Mgr l'évêque de Langres (1).

Mgr d'Orcet se préoccupa ensuite d'établir le nouveau Chapitre de la Cathédrale, et de faire le partage entre sa juridiction, et celle du curé de Saint-Mammès. L'installation du nouveau Chapitre eut lieu le 23 mai 1824. M. Pahin, curé de Langres (2), étant mort le 1er juin 1828, Mgr l'évêque, par ordonnance du 5 juillet suivant, réunit la cure au Chapitre, et présenta, pour occuper cette place, M. Dubreuil de Mazière (3), qui prit possession de son canonicat-archiprêtré le 14 septembre 1828. Celui-ci résigna ses fonctions le 14 juin 1830, et fut remplacé par M. Hudelet (4).

(1) Daguin, *Mss.*, t. VII, p. 488 ; Roussel, t. I, p. 126 ; Fèvre, *loc. cit.*, p. 63-65.

(2) Etienne-Marie Pahin, frère ainé du littérateur Pahin de La Blancherie, était né à Langres le 2 février 1750 ; chanoine, curé de Saint-Pierre de Langres, prieur de Silvarouvres avant la Révolution, il fut dénoncé en avril 1793 et émigra en Turgovie. Après le Concordat, il devint curé de Dommarien, puis, en 1811, de Notre-Dame de Tonnerre.

(3) M. Dubreuil de Mazière, né le 9 février 1774 au diocèse de Versailles, était curé de Moret, quand il fut nommé à la cure de Saint-Mammès. Il mourut, simple chanoine honoraire, le 17 février 1855, à l'âge de 80 ans.

(4) François-Xavier Hudelet, né à Piépape le 13 mars 1776, prêtre en 1807, vicaire de la Cathédrale et aumônier des hospices, mourut le 21 mai 1837.

Alors seulement furent apaisées les difficultés occasionnées par le curé qui, malgré les statuts, avait voulu disputer au Chapitre et à l'évêque la jouissance exclusive du chœur et l'ordonnance du service divin dans la Cathédrale (1).

Une affaire d'un autre genre vint solliciter le zèle pastoral de Mgr d'Orcet, nous voulons dire le schisme de la *Petite Eglise*, qui éclata à Grenant et à Saulles, en 1810, après qu'on eut eu connaissance de la bulle d'excommunication lancée par le Pape contre Napoléon Ier. M. Thenard, curé de Saulles, et M. Guenièvre, curé de Grenant, refusèrent de prier publiquement pour l'Empereur, et entraînèrent dans leur erreur un très-grand nombre de leurs paroissiens. Mgr l'Evêque jeta sur eux l'interdit : alors M. Thenard se retira dans sa maison de Saulles, et M. Guenièvre à Frettes, son pays natal. Ils moururent tous les dans leur obstination, le premier en 1820, le deuxième en 1827. Or, quand Mgr d'Orcet arriva à Langres, la plus vive agitation régnait encore dans ces deux paroisses, surtout à Saulles. Le bon pasteur s'y rendit en personne, et par son langage simple et plein d'onction, il parvint à calmer les esprits égarés, sinon à éteindre complètement le schisme (2).

Une des mesures les plus urgentes pour la régénération du diocèse était, sans aucun doute, l'établissement des séminaires. Mgr d'Orcet y songea. Après le Concordat de 1817, on avait formé, dans les bâtiments de l'Evêché, le noyau d'un grand séminaire ; c'est là que, dès 1809, était établi le Petit-Séminaire lui-même, dont les élèves suivaient les cours du collège de la ville. Cette installation insuffisante et incommode ne pouvait être tolérée qu'à titre provisoire, et dans l'attente prochaine d'un évêque. En effet, Mgr d'Orcet ne trouvant dans la ville aucun bâtiment qu'il fût possible d'approprier à la destination d'un grand séminaire, résolut d'y affecter l'Evêché et il déclara qu'il entendait finir ses jours dans la maison curiale (3). Cette réso-

(1) Délibérations du Chapitre de la Cathédrale ; Roussel, t. I, p. 417 ; Crégut, p. 10-12.

(2) Roussel, t. I, p. 418, t. II, p. 271-279 ; Crégut, p. 8-9 ; Drochon, *La petite Eglise*, Paris, 1894, p. 379 ; Gallissot, *Histoire de Grenant*, Ms., chap. VII.

(3) Rue de l'Homme-Sauvage, aujourd'hui Barbier-d'Aucour, n° 16.

lution suscita l'opposition de la ville et de l'autorité départementale : mais l'évêque tint bon, et l'on reconnut enfin que la combinaison imaginée par Mgr d'Orcet était la plus économique et la seule praticable pour le moment (1).

Restait la question du Petit-Séminaire. Des raisons majeures exigeaient qu'on lui fît une existence indépendante. Il fallait, ici, lutter contre l'Université et contre une portion notable de la bourgeoisie, qui craignaient, non sans raison, de voir s'éclipser, devant la concurrence redoutable du Petit-Séminaire, la réputation, d'ailleurs méritée, du collège de Langres. Tout fut mis en œuvre pour ébranler la résolution du prélat : on entreprit une campagne de brochures anonymes ; on fit appel à l'administration du département et aux hommes politiques ; on menaça l'évêque, et Mgr de Frayssinous, ministre des affaires ecclésiastiques, alla jusqu'à lui offrir un canonicat à Saint-Denis : « Excellence, répondit-il, quoi qu'il arrive, je veux mourir sur le terrain du combat ». Rien ne put vaincre la résistance de l'évêque, et la séparation du Petit-Séminaire d'avec le Collège fut consommée aux vacances de 1824. On acheta l'ancienne maison des Carmes, on la transforma, et, dès la rentrée de 1825, le Petit-Séminaire commença à s'y installer (2).

Mgr d'Orcet fut moins bien inspiré lorsqu'il songea à donner à son clergé un nouveau livre de prière (3). Sous prétexte de rétablir l'unité liturgique, rompue par la nouvelle circonscription du diocèse de Langres, — ce qu'il n'avait le droit de faire que pour l'introduction de la liturgie romaine, — il ne réussit qu'à ajouter la liturgie parisienne, à peine démarquée, aux cinq qui se partageaient précédemment les paroisses. Du reste, le Bréviaire publié par Mgr d'Orcet n'avait ni Missel, ni livres de chant qui lui fussent conformes : de sorte que la diversité la plus fâcheuse régnait dans la célébration des offices publics (4).

(1) Roussel, t. IV, p. 13-14 ; Maugère, *loc. cit.*, p. 27, 34, 90 seq. ; Crégut, p. 12-13.

(2) Roussel, t. I, p. 418 ; Maugère, *loc. cit.*, p. 213-219 ; Crégut, p. 13-16.

(3) *Breviarium Lingonense*, Langres, Laurent-Bournot, 1830, 4 vol. in-12.

(4) Roussel, t. I, p. 126 ; Fèvre, p. 67 ; Marcel, *Les livres liturgiques du diocèse de Langres*, 2e *Supplément*, Langres 1912, p. 88-90.

Après le clergé, les fidèles. Les missions dans les campagnes, défendues par Napoléon, avaient repris sous la Restauration. Le nouvel évêque de Langres les favorisa autant qu'il put, mais il rencontra, ici encore, l'opposition de la presse et de l'Administration. Après la fameuse mission donnée à Langres, du 8 novembre 1828 au 4 janvier 1829, par les PP. Guyon et Petit, une croix avait été dressée sur la place de la Cathédrale. Des manifestations hostiles ayant été suscitées, en 1830, autour de ce Calvaire, le Préfet donna ordre de l'enlever : c'était, disait-on, un trophée élevé à l'esprit de fanatisme, et dont la vue sur la voie publique était une excitation au désordre (1).

C'est aussi à cette époque que disparurent deux compagnies de prêtres dont on attendait un très-grand bien. L'une, fondée en 1820, grâce à M. Sebille (2) était celle des *Prêtres auxiliaires* et avait son siège à Saint-Geosmes, près de Langres : son but était de suppléer les curés âgés ou infirmes, et de donner des missions et des retraites. L'autre, établie en 1829 par Mme d'Houet, portait le nom de *Prêtres du Sacré-Cœur* : en même temps qu'elle se dévouait à l'œuvre des missions, elle s'occupait aussi de l'éducation des petits garçons. La Révolution de Juillet dispersa la communauté de Saint-Geosmes ; et celle du Sacré-Cœur, composée de cinq membres seulement, parmi lesquels M. Pierre Favrel, le futur vicaire général de Mgr Parisis, jugea prudent de ne pas tenir tête à l'orage (3).

La fermeté douce mais inébranlable de Mgr d'Orcet se montra aussi dans ses relations avec le gouvernement.

Quand il le fallait, l'évêque de Langres savait rendre à César ce qui appartenait à César. Témoin son refus d'adhérer au projet d'opposition que l'*Avenir* avait formé contre

(1) Daguin. *Mss.*, t. XXXII, p. 30 seq. ; Fèvre, p. 65 ; Crégut, p. 22.

(2) George-Antoine Sebille, prêtre du diocèse de Besançon, ancien supérieur du Séminaire de Bon-Secours à Paris, mourut inopinément à Langres le 17 septembre 1821, à l'âge de 42 ans, et fut inhumé à Saint-Geosmes. Le supérieur de la Société était Pierre Piot, né à Fresnoy en 1756 et vicaire de Parnot avant la Révolution. Curé de Vouécourt et de Varennes après le rétablisssement du culte, secrétaire de l'Evêché en 1820, chanoine en 1824, il mourut le 10 juillet 1840.

(3) L'*Episcopat français*, p. 280. Cf. Maugère, *Vie de M. Favrel*, Langres, 1880, p. 40, 62 seq., et *Les missionnaires du diocèse de Langres* (Semaine religieuse, 1877, p. 12 seq.)

le gouvernement : « A Dieu ne plaise, dit-il, que je m'atta-che jamais au char de M. de Lamennais : cet homme est entraîné par un orgueil effréné, je le vois courir à un abîme ». Témoin aussi la réception, respectueuse et digne tout à la fois, que le prélat fit au roi Louis-Philippe, en 1831, devant le portail de la Cathédrale.

Mais, quand cela était nécessaire, il savait aussi défen-dre les droits de Dieu et de l'Eglise contre le pouvoir lui-même. Ainsi lorsque Mgr Frayssinous, cédant aux attaques des journaux et des orateurs de la gauche contre le clergé, conçut l'idée de demander aux évêques un acte d'adhésion aux quatre articles des Libertés gallicanes, Mgr d'Orcet s'empressa d'unir sa protestation à celle de l'archevêque de Paris, son cher consécrateur. « Je voudrais moins de protection, et un peu plus de liberté », écrivit-il un jour à l'évêque d'Hermopolis.

Plus tard, lorsque les fameuses Ordonnances de 1828 eurent chassé les Jésuites de l'enseignement et limité le nombre des élèves des petits Séminaires, l'évêque de Lan-gres fut encore l'un des premiers à protester au nom des libertés de l'Eglise, et à faire entendre au roi les plaintes de la religion atteinte dans ses droits les plus sacrés.

La chute de la maison de France, à laquelle il était for-tement attaché, fut, pour Mgr d'Orcet, la cause d'une pro-fonde douleur. Publiquement convaincu de fidélité à la royauté exilée, il devint suspect aux agents du gouverne-ment de juillet. Aussi l'évêque et le clergé de Langres se trouvèrent-ils harcelés par des tracasseries incessantes, et des dénonciations sans fondement. De là, entre le véné-rable prélat, et le nouveau préfet, M. Fargues, une corres-pondance des plus pénibles, digne et ferme dans les lettres de l'évêque, mais violente dans celles du préfet jusqu'à l'oubli des convenances vulgaires et à la menace. « Si vous croyez mes prêtres coupables, écrivit le prélat une dernière fois, citez-les devant vos juges, ce sera là désormais que je prendrai leur défense ». Cependant, le préfet ayant eu l'occasion d'être reçu à Langres par Mgr d'Orcet, il fut séduit par l'accueil ouvert et convenablement empressé de l'évêque, et à partir de ce jour les rapports entre les deux autorités se nuancèrent d'une bienveillance mutuelle. Le départ du premier préfet du nouveau régime, laissa même des regrets, que n'effaça pas l'arrivée de M. Rivet en mars 1831 : car ce dernier se montra froidement hostile à la religion et au clergé (1).

Nous ne rapporterons que deux épisodes de cette guerre entre les représentants du gouvernement et l'Evêché.

Le 3 novembre 1830, jour de rentrée au Petit-Séminaire, et veille de la Saint Charles, un élève ayant fait, en jouant, partir deux pétards, l'administration vit dans cet acte une manifestation carliste : le sous-préfet institua une enquête, et demanda le licenciement de la communauté, puis de six élèves seulement. Mais l'évêque tint bon, et l'incident fut clos (2).

Le 2 mars 1831, sous prétexte qu'un grand séminariste avait envoyé au Collège une lettre contenant des déclarations hostiles au gouvernement de juillet, et provoqué par là de graves désordres (3), le sous-préfet, M. de Montrol, arrêta que le Grand-Séminaire serait provisoirement fermé, et que les élèves seraient renvoyés dans leurs familles. Les élèves quittèrent le Séminaire le lendemain à 4 heures du matin, et le supérieur, M. Barrillot (4) écrivit au maire pour le prier de veiller à la sûreté du Petit et du Grand-Séminaire. L'ordre, du reste, ne fut pas troublé, et la rentrée du Grand-Séminaire eut lieu tout après Pâques (5).

Ces tracasseries causèrent un chagrin profond à Mgr d'Orcet, et achevèrent de miner sa santé déjà affaiblie. Le 9 juin 1832, jour de la Pentecôte, il fut, au milieu de la messe pontificale, frappé d'apoplexie : ce ne fut qu'avec beaucoup de peine qu'il put achever le sacrifice commencé; et il dut s'appuyer sur les bras de ses grands vicaires pour rentrer à la chapelle des Reliques. Il mourut le 20 juin suivant, dans la maison curiale qu'il habitait depuis son arrivée à Langres, laissant la réputation d'un prélat très-

----

(1) Roussel, t. I, p. 418 ; Fèvre, p. 66-67 ; Crégut, p. 18-24.

(2) *Semaine religieuse de Langres*, 2 novembre 1912.

(3) En effet, pendant une promenade des séminaires, le Collège était allé, au son du tambour, livrer la maison au pillage.

(4) Anatole Barrillot, né à Langres le 26 février 1786, supérieur des Séminaires, et vicaire général, mourut le 3 juin 1871.

(5) Daguin, *Mss.*, t. XXXII, p. 34 ; Maugère, *Vie de l'abbé Barrillot*, p. 222-227.

humble, très-pieux, et surtout très-charitable. Son corps fut inhumé au cimetière commun, près de la grande croix ; transféré, vers 1854, dans le caveau construit sous Mgr de Montmorin, pour la sépulture des chanoines, il fut, en 1895, déposé dans le caveau des évêques. Son cœur repose, à la cathédrale de Langres, dans la chapelle de la Sainte-Vierge, près de la statue de saint Paul, son patron. (1).

Mgr Mathieu, son successeur, lui a rendu le témoignage suivant : « Vous pleurez encore la mort d'un de ces hommes de foi, qui avait paru au milieu de vous avec la simplicité des mœurs anciennes, la droiture d'un cœur pur, l'amour des malheureux, et la soif du salut des âmes ». Et ailleurs : « J'étais arrivé à Langres avec l'impression des souvenirs que Mgr d'Orcet avait laissé de ses vertus, et je savais qu'il avait eu de grandes traverses dans son épiscopat : mais, depuis que j'ai eu lieu de me rendre compte, par mon administration, de tous les chagrins dont il a été abreuvé, et de l'abnégation courageuse avec laquelle il les a supportés, je le vénère comme un saint, et je l'invoque dans les peines de mon épiscopat. » (2).

L'appréciation de Mgr Parisis est un peu différente : « homme de bonne naissance, de foi antique et de solide vertu, mais incapable de comprendre toute l'étendue de sa mission, et de fonder une organisation diocésaine » (3). Ce jugement est sévère.

Quoi qu'il en soit, on serait injuste si l'on n'ajoutait pas que, pendant les huit années de son séjour à Langres, Mgr d'Orcet se fit respecter et aimer de tous les gens de bien par ses vertus, particulièrement par sa modestie, par sa charité envers les pauvres, et par son affection pour les enfants. Sans doute il n'avait point les grands talents qui avaient distingué Mgr de La Luzerne et qui illustrèrent ses deux successeurs immédiats ; mais sa prudence, sa bonté, et sa piété, aussi bien que les œuvres entreprises par lui

(1) Daguin, *Mss.*, t. XXXII, p. 35-38 ; Roussel, t. I, p. 418 ; *Semaine religieuse de Langres*, 1893, p. 584, 788 ; 1895, p. 779.
(2) Mathieu, *Histoire des évêques de Langres*, éd. 1844, p. 253 ; Crégut, p. 25.
(3) Mgr Parisis : *Soixante ans d'expérience*, Ms.

dans des circonstances spécialement difficiles, produisirent des fruits abondants pour le salut des âmes. (1)

II

BADOINOT (Remy)

Le premier berceau des Badoinot est à Sommerécourt. Ils durent essaimer à Nijon, au début du XVIIIe siècle, car dès 1740 on trouve en cette paroisse des membres de cette famille. Le 4 septembre 1741 mourut, à Nijon, Joseph Badoinot, garde-chapelle à l'ermitage Saint-Jean, âgé d'environ 95 ans.

Remy Badoinot, le héros de cette Notice, naquit à Nijon, le 30 juin 1750, de Nicolas Badoinot, maçon, et de Marie Aubry. Il fut baptisé le même jour. Il eut pour parrain Jean Maître, fils de Joseph Maître, régent d'école à Vaudrecourt, et pour marraine Marguerite Aubry, fille de défunt Hilaire Aubry, charpentier (2).

Nous ne savons rien sur sa première éducation. Où et à quelle époque reçut-il l'onction sacerdotale ? Par quelle suite de circonstances fut-il conduit du diocèse de Toul dans celui de Nevers ? Nous n'avons pu le découvrir.

Ce qui est certain, c'est qu'après avoir été pendant quelque temps vicaire de Notre-Dame du Pré-les-Donzy (Nièvre), il obtint, par résignation, la cure de Saint-Martin-les-Donzy, le 15 septembre 1788. Il prêta tous les serments qu'on exigea de lui (3), et, après la suppression de la paroisse

(1) Le *Regestum* de Mgr d'Orcet se compose d'une cinquantaine de pièces, que l'ont peut partager en trois classes : 1° pièces administratives ; 2° pièces politiques, relatives à la mort de Louis XVIII, à l'avènement de Charles X, au sacre et à l'expédition d'Alger ; 3° mandements annuels : ceux-ci ont pour objet la pénitence, les fins dernières, le jubilé de Léon XII, la charité chrétienne, la prière, le salut, la paix, et la religion. (Fèvre, *loc. cit.*, p. 64).

(2) État civil de Nijon. — Le récit qui suit n'est guère qu'une analyse du livre de M. l'abbé Charrier, *Mémoires et correspondance d'un prêtre Nivernais déporté en 1794*, Nevers 1908. L'auteur, du reste, a puisé aux bonnes sources, qui sont les Archives de la Nièvre, de Nevers et du greffe de la Cour d'appel d'Angers.

(3) Guillon, t. II, p. 129, le dit insermenté, mais à tort.

Saint-Martin, il fut appelé à exercer les fonctions de simple vicaire dans celle de Donzy (1).

Une délibération du Conseil municipal de Donzy, en date du 29 mars 1792, jette quelque jour sur la situation de M. Badoinot à cette époque. Nous la transcrivons intégralement : « M. Badoinot, curé de Saint-Martin-du-Pré, s'est présenté et a témoigné à MM. les maire et officiers municipaux et procureur de la commune, sa juste reconnaissance de ce que le tribunal de police municipale a pris les précautions convenables, pour le mettre à l'abri des dangers dont il a été menacé par l'affiche qui a été trouvée en cette ville, au lieu destiné à recevoir les lois et actes d'autorité publique. Disant le dit curé que, quelque examen qu'il ait fait de sa conduite, il n'y a rien trouvé qui ait pu lui attirer les abominables qualités de fourbe et de traître à la patrie, dont il est apostrophé par la dite affiche. Déclarant qu'il a prêté, dans le temps, ès-mains de la municipalité de sa paroisse, le serment prescrit par la loi, qu'il n'y a point contrevenu, qu'il n'est pas dans l'intention d'y contrevenir ; qu'il jouit de la confiance de ses paroissiens ; qu'il est soumis à la loi et que, pour toutes ces raisons, il mérite la protection de la loi et de celle de ses ministres ; qu'il consigne ici la manifestation de ses sentiments, pour déjouer les intentions des ennemis du repos public, qui ont cherché à le compromettre et à troubler sa tranquillité. Sur quoi le Conseil municipal a fait acte des dire et déclaration de mon dit sieur le curé, et arrêté qu'il lui en sera délivré expédition » (2).

Ainsi, tout assermenté qu'il fût, M. Badoinot n'était à l'abri ni des tracasseries, ni des vexations. La suite, du reste, le prouva bien.

D'après la loi du 17 septembre 1793, étaient réputés suspects tous ceux qui, soit par leur conduite, soit par leurs

(1) Au moment de la Révolution, Donzy comprenait trois paroisses ; elles furent supprimées en 1791, et aucune de ces trois paroisses n'existe actuellement ; c'est l'ancienne église collégiale de Saint-Caradeu qui est paroissiale. — Le curé de Donzy était alors Charles-Mathias Chutin, né à Thonnance-les-Joinville, le 25 février 1756 ; assermenté, il se retira à Joinville en 1794. Curé de Sailly en 1803, et de Chamouilley en 1809, il mourut retiré à Joinville le 8 juillet 1836.

(2) Archives municipales de Donzy.

relations, soit par leurs propos et leurs écrits, s'étaient montrés partisans de la tyrannie ou du fédéralisme, et ennemis de la liberté. Les comités de surveillance étaient chargés de dresser la liste des gens suspects, et de décerner contre eux des mandats d'arrêt (1).

M. Badoinot fut victime de cette loi. Dénoncé par le Comité de Donzy, il fut arrêté par les commandants de la force publique, et enfermé à la prison du Couvent des Carmes de Nevers (2). C'était au mois d'octobre 1793.

Le 15 décembre suivant, sur la proposition de l'administration du district de Nevers, le département prit un arrêté aux termes duquel la plupart des prêtres reclus dans les prisons de la ville, devaient être déportés à Madagascar. Mais cet arrêté fut annulé comme illégal par le représentant du peuple, Noël Pointe, successeur de Fouché : et, en effet, les trois quarts des reclus de Nevers étaient ou sexagénaires ou infirmes, et par conséquent exempts de la déportation.

Toutefois, Pointe céda bientôt après aux instances de quelques membres de la Société populaire, et, le 25 janvier 1794, il rendit un arrêté portant que « tous les prêtres non assermentés, réfractaires et suspects, jugés et ceux à juger, susceptibles de la déportation conformément aux lois, et détenus ès maisons d'arrêt de la ville de Nevers, seraient conduits, par la voie la plus prompte, sous garde, au port de Brest, pour, de là, être trasnportés au lieu qui serait indiqué par la loi. »

Cet arrêté, arraché à la faiblesse du représentant du peuple, n'était pas moins illégal que le premier. Mais il ne resta pas lettre morte. Dans sa séance du 11 février, l'administration du district de Nevers, « considérant combien il était intéressant de se débarrasser d'une espèce d'hommes, dont la présence ne pouvait être qu'une étincelle d'erreur et de fanatisme partout où ils résidaient ; et qu'un plus long retard pourrait incendier l'opinion publique, et par là devenir très funeste à la Révolution », arrêta que les prêtres réfractaires ou suspects, détenus dans les maisons de réclu-

---

(1) Loi du 17 septembre 1793, art. 2 et 3.
(2) Ce couvent fut, dans la suite, occupé par les Carmélites, qui y sont encore aujourd'hui.

sion et d'arrêt de Nevers, « seraient embarqués le 14 février 1794, pour être de suite conduits au port de Nantes, où il serait pris de nouvelles mesures par les autorités constituées du lieu, pour les transférer à celui de Brest, lieu de leur première destination fixée par le représentant du peuple. » Ces prêtres devaient être escortés par un détachement de quinze hommes pris dans la garde nationale et aux ordres d'un officier commandant, et ils devaient recevoir 6 sous par lieue de transport, conformément à la loi.

Au jour dit, les détenus de Nevers, tirés les uns du séminaire de Saint-Sauveur, les autres des maisons d'arrêt de la ville, se trouvèrent réunis sur les bords de la Loire, au nombre de 61 (1) et montèrent sur le bateau qui avait été frété dans ce but. L'ordre de Pointe était de les conduire à Nantes où à Brest ; et les gardes, qui étaient sous les ordres de Gallois, avaient reçu pour consigne d'escorter « ces ennemis nouveaux du pays et de la liberté, de veiller à leurs gestes et mouvements, et de les submerger dans le fleuve, pour peu qu'ils paraîtraient rebelles ou simplement mécontents. »

Le citoyen Vincent, maître du bateau, étranger à tout sentiment d'humanité, et au respect que l'on doit au malheur, fit, à force de vexations, désirer vingt fois à ces victimes infortunées l'instant de leur supplice.

Les étapes de ce douloureux voyage, qui variaient entre deux et dix lieues, furent : 1º Aubigny ; 2º Pouilly-sur-Loire ; 3º Neuvy-sur-Loire ; 4º Cussy ; 5º Chessy ; 6º Beaugency, au delà d'Orléans ; 7º Blois ; 8º Amboise ; 9º Tours ; 10º Luines ; 11º Langeais ; 12º Candes et Montsoreau ; 13º Rosiers ; 14º Les Ponts-de-Cé, où ils furent grossièrement insultés par les bataillons de volontaires et partagés en deux bandes : les uns furent enfermés dans un cachot ténébreux et infect ; les autres furent logés dans une écurie ; 15º Bouche-Maine, au confluent de la Maine et de la Loire ; 16º enfin Angers, sur la Maine. Là ils furent fouillés de la façon la plus inconvenante, et spoliés pour la quatrième ou cinquième fois. On les logea à la citadelle, dans

(1) Parmi ces 61 prêtres, on comptait 50 insermentés et 11 assermentés ; il y avait 28 sexagénaires, 6 septuagénaires et 1 octogénaire ; 12 étaient malades.

8

un cachot rempli de vermine, et pour nourriture on ne leur donna que du pain et de l'eau.

Après dix jours de détention, on les fit sortir de la prison, au milieu d'une nuit très-froide, et on les reconduisit, garrottés deux à deux, jusqu'à la rivière, où ils trouvèrent quinze autres prêtres angevins. Tous prirent place dans le bateau couvert de Nantes, et on leur donna de nouveaux gardes pour les mener dans cette ville, où ils pensaient être fusillés ou noyés : ils savaient, en effet, que deux bateaux chargés de prêtres, y avaient été coulés à fond. La patience des confesseurs de la foi étonna leur escorte, et, pendant deux jours qu'ils furent sur la rivière, ils n'eurent pour nourriture que de petits morceaux de pain moisi. Enfin, ils arrivèrent à destination le 16 mars 1794 : c'était le trentième jour depuis leur départ de Nevers (1).

Les prisonniers ne furent pas débarqués à Nantes : mais on descendit jusqu'à une demi-lieue au-dessous de la ville, en face du port de la Sècherie. Là se trouvait une galiote hollandaise, qui avait précédemment servi de prison aux malheureux destinés à la noyade. On les y fit monter, après les avoir fouillés et dépouillés encore plus rigoureusement qu'à Angers, et c'est ce navire qui leur fut assigné pour lieu de détention.

Il serait difficile d'imaginer tout ce que ces malheureux eurent à souffrir dans l'intervalle de trente-trois jours qu'ils passèrent, entassés au nombre de soixante-seize, sur un navire qui pouvait en contenir quarante tout au plus. Le défaut de vêtement, de nourriture et même d'eau potable, le froid et l'humidité, la disette de linge, l'odeur infecte du navire, les plaies d'un grand nombre, les mauvais traitements de toutes sortes ne tardèrent pas à développer parmi eux les maladies putrides, les fièvres et la dysenterie ; une épidémie se déclara, qui fit bientôt de nombreuses victimes. Seize périrent dans l'espace d'un mois (2).

Mais cela ne les empêchait pas d'être non-seulement résignés, mais joyeux. Ils transformèrent leur prison en ora-

(1) Voir les *Mémoires de l'abbé Imbert*, dans Charrier, p. 17-34.
(2) Tresvaux, *Histoire de la persécution révolutionnaire, en Bretagne*, Saint-Brieux, 1892, t. I, p. 550 seq.

toire, et, le Jeudi-Saint 17 avril, fête du sacerdoce, ils purent entendre une messe dite en secret sur le bateau. Avant la communion, les sept prêtres insermentés, au nombre desquels se trouvait Badoinot, firent leur rétractation de la manière la plus humble et la plus édifiante.

Pendant ce temps, de nouvelles victimes étaient arrivées, et il devenait tout à fait impossible de trouver place pour tous les déportés. Alors les autorités révolutionnaires décidèrent que les prisonniers seraient envoyés dans différents ports de mer, d'où on les ferait partir pour la déportation. Ceux de la Nièvre devaient être transférés à Brest.

En conséquence, le Vendredi-Saint, 18 avril, après le sermon sur la Passion, on vint avertir les Nivernais de la décision qui avait été prise à leur sujet. Trente-et-un parmi les moins malades, consentirent à ce voyage. Ils s'embarquèrent sur une mauvaise gabare, le *Jean-Baptiste*, sous la conduite d'un gendarme de la marine et de seize volontaires.

Le jour de Pâques, ils arrivèrent près de Saint-Nazaire, où ils furent recueillis par le *Jean-Bart*, corvette armée de vingt-six canons. Le capitaine Perron les traita avec beaucoup d'humanité : mais par crainte de la peste, il fit descendre les plus malades dans une gabare mouillée sous le canon de son bord, et ne conserva sur le *Jean-Bart* que seize des mieux portants. Le 3 mai, on embarqua, quatre à quatre, sur des bricks marchands, les prêtres nivernais, presque tous malades, et on les expédia vers Brest.

Le trajet n'était pas bien long ; mais le voyage dura quinze jours, parce que les bricks, craignant les Anglais, étaient obligés de serrer la côte, sans pouvoir gagner le large. De plus, le mauvais temps les obligea de mouiller à Port-Navalo, jusqu'au 10 mai, puis de relâcher dans la baie de Quiberon, d'où ils ne repartirent que le 15. Enfin, après une effroyable tempête qui dura dix heures, et dont l'heureuse issue fut attribuée aux prières des passagers, on arriva à Brest, le 18 mai, à trois heures du matin.

Dès le lendemain, des gendarmes de Brest vinrent prendre les prêtres, et les conduisirent à la prison des matelots, nommée le *Pontanion*. Le 20, un chirurgien les visita, et envoya successivement les plus malades à l'hôpital Saint-

Louis, desservi par les Filles de la Sagesse d'Angers (1). Malgré les soins qui leur furent prodigués par ces incomparables religieuses, treize moururent du 19 mai au 31 décembre : de ce nombre fut M. Badoinot, décédé le 28 juin 1794 (2).

Pendant que M. Badoinot s'acheminait vers le lieu de son martyre, deux commissaires, nommés par la municipalité et le Comité de surveillance de Donzy, procédèrent, le 6 avril 1794, à l'inventaire des meubles et effets qu'il avait laissés dans la ci-devant commune de Saint-Martin, réunie à celle de Donzy (3).

Quant à ses biens, ils consistaient en 42 journées de vignes, sises commune de Donzy en différentes pièces ; en plusieurs pièces de terre situées en la même commune ; et en une maison sise à Saint-Martin-les-Donzy.

Enfin, le 26 août 1795, les citoyens et citoyennes Badoinot, tous demeurant dans les communes de Nijon et Sommerécourt, héritiers de Remy Badoinot, adressèrent à l'Administration une pétition tendant à recueillir la succession de ce dernier, présumé mort et submergé dans la Loire, par suite de la déportation à laquelle il avait été condamné le 2 mars 1793. Par acte reçu Barreau notaire de Nevers, les citoyens Charles-Samuel Blandin, Sébastien-François Descolons et Jean Imbert, tous les trois ministres du culte catholique, et compagnons de déportation de Badoinot, affirmèrent que le dit Badoinot était mort le 28 juin 1794 (4).

*
* *

Parmi les compagnons d'infortune de Badoinot se trouvait **Pierre Tisson de Saint-Surin**, né à Angoulême le

(1) Parmi eux se trouvait M. Jacques J.-B. Imbert, l'auteur de la Relation publiée par M. Charrier, et mort curé de la Cathédrale de Nevers le 24 mars 1841.

(2) Outre Tresvaux déjà cité, cf. Guillon, t. I, p. 280-281, 308 seq., et art. Bouchet et Moreau l'aîné ; D. Chamard, *Vie des saints personnages de l'Anjou*, Paris-Angers 1863, t. III, p. 601 seq. ; Bauzon, Muguet et Chaumont, *Recherches historiques sur la persécution religieuse dans le département de Saône-et-Loire* (Chalon-sur-Saône, 1889 seq., t. II, p. 401-405.

(3) On en trouve le détail aux Arch. de la Nièvre, série Q, Déportés.

(4) *Ibid.*

5 juin 1754. Son père ayant été nommé contrôleur des fermes du roi à Langres, sa famille le suivit, et le jeune Saint-Surin, entré au séminaire de Langres en 1777, y reçut la prêtrise le Samedi-Saint de l'année 1779. Il avait du talent pour la versification, et le *Journal de Verdun* publia, dès 1776, une de ses premières poésies intitulée : *Le charme de la solitude* (1).

Un nouveau changement ayant appelé son père dans le Nivernais, l'abbé Tisson y fixa, lui aussi, sa résidence, et il devint curé d'Assarts (arrondissement de Clamecy). Il éluda le serment pour complaire à ses paroissiens, et promit seulement obéissance aux nouvelles lois dans tout ce qui n'était pas contraire à la religion.

Le curé d'Assarts put donc demeurer quelque temps encore au milieu de son troupeau. Mais, un peu plus tard, en 1793, ayant été dénoncé au Comité de surveillance de son canton, il fut arrêté « par mesure de sûreté générale » et interné à Nevers. En vain rédigea-t-il un Mémoire pour sa défense : sa qualité d'aristocrate le rendait suspect. En vain ses paroissiens demandèrent-ils sa mise en liberté à Fouché, représentant du peuple dans la Nièvre : on leur répondit que leur curé avait fait preuve d'incivisme en refusant de livrer ses lettres de prêtrise.

Condamné à la déportation et réuni à ses confrères de la maison de réclusion à Nevers, il s'embarqua avec eux le 14 février 1794, et se montra plein de résignation et de courage. Conduit à Nantes, il mourut dans la galiote, après le départ pour Brest de trente-deux de ses confrères, c'est-à-dire vers Pâques de 1794. Il avait 40 ans (2).

------

(1) *Journal de Verdun*, t. 119, février 1776. Cette pièce a été reproduite par Guillon, t. IV, p. 567.

(2) Outre Guillon, *loc. cit.*, cf. Charrier, p. 87-90.

DEUXIÈME PARTIE

La Déportation sous le Directoire
(1797-1799)

CHAPITRE I

Histoire générale de la deuxième déportation

Loi du 19 fructidor an v (5 septembre 1797). — La chute de Robespierre (26 juillet 1794) n'eut point pour résultat immédiat l'abolition définitive des lois contre le clergé. Ainsi, le 11 juillet 1795, la Convention ordonna que les prêtres déportés qui auraient osé rentrer en France, seraient poursuivis et jugés sans délai, suivant toute la rigueur des lois. Par ses décrets des 3 ventôse (21 février), 11 prairial (30 mai), et 7 vendémiaire (29 septembre 1795), elle autorisa, il est vrai, l'exercice du culte : mais elle eut soin de le renfermer dans l'intérieur des édifices, et elle refusa le bénéfice de ces lois de liberté aux prêtres qui n'avaient pas fait la déclaration ou le serment dit d'universalité, ou qui ne seraient pas en règle avec les serments précédents (1). Enfin, avant de disparaître, la Convention légua au Directoire une loi qui ordonnait l'exécution immédiate des décrets de 1792 et 1793 contre les prêtres sujets à la déportation (2).

Le Directoire (3) qui succéda à la Convention, ne fut

---

(1) Ludovic Sciout, *Histoire de la Constitution civile du clergé*, Paris, 1881, 4ᵉ vol., Appendice.

(2) Loi du 3 brumaire an IV (25 octobre 1795).

(3) D'après la Constitution de l'an III, le Corps législatif était composé d'un Conseil des Anciens et d'un Conseil des Cinq-Cents. Le pouvoir exécutif était délégué à un Directoire de cinq membres.

pas, en effet, moins hostile au christianisme que cette Assemblée : seulement, au lieu de tuer les prêtres, il se contenta de les faire mourir. Dès le 13 janvier 1796, il adressa aux autorités constituées une instruction relative à l'exécution de la loi du 25 octobre 1795 ; puis, le 27 février, il ordonna le paiement de la prime de 100 livres accordée à ceux qui arrêteraient un prêtre déporté. En vain, le Corps législatif abrogea-t-il, le 4 décembre 1796, la loi odieuse du 25 octobre : le Directoire exécutif n'en continua pas moins à vexer les ministres de la religion. Enfin, les élections législatives du 17 mai 1797 ayant été nettement favorables aux amis de la liberté religieuse, les deux Conseils abolirent, le 24 août, les lois pénales contre les prêtres (1), et la France chrétienne commença à respirer.

C'est alors qu'un audacieux coup de force vint anéantir toutes les espérances qu'on avait conçues, et plonger de nouveau la France dans les dissensions intestines et la persécution religieuse. Le 18 fructidor an V (4 septembre 1797), trois Directeurs, Barras, Revellière-Lepeaux et Reubell, sous prétexte d'un complot monarchique, firent arrêter leurs deux collègues, Carnot et Barthélemy, dispersèrent les Conseils, et annulèrent les élections qui leur déplaisaient (2).

Dès le lendemain, les membres du Corps législatif qui avaient échappé à la proscription, votèrent une loi dont l'article 23 était ainsi conçu : « La loi du 7 de ce mois (c'est-à-dire du 24 août) qui rappelle les prêtres déportés, est révoquée ». Dans l'article 24, « le Directoire exécutif était investi du pouvoir de déporter, par des arrêts individuellement motivés, les prêtres qui troubleraient, dans l'intérieur, la tranquillité publique ». Enfin l'article 25 prescrivait aux ecclésiastiques autorisés à demeurer sur le territoire de la République « le serment de haine à la royauté et à l'anarchie, d'attachement et de fidélité à la République et à la Constitution de l'an III » (3).

Telle fut la loi du 19 fructidor (5 septembre 1797) : sè-

(1) Voir le texte de ces lois dans Roudonneau, t. XI.
(2) Cf. Victor Pierre, *Dix-huit fructidor*, Paris 1893.
(3) Roudonneau, *loc. cit.*

che et froide comme la guillotine, elle allait faire dans toute la France un nombre immense de victimes.

Mais, à raison même de sa concision, cette loi manquait de clarté : aussi fit-elle naître un grand nombre de doutes et de difficultés. De toutes parts, on s'adressait au ministre de la police générale pour lui demander des explications et des précisions. M. Laloy (1), commissaire du Directoire exécutif près de l'administration centrale du département de la Haute-Marne, écrivit lui-même plusieurs fois à Paris (2) pour provoquer des éclaircissements sur le sens et la portée de la loi du 19 fructidor. Deux circulaires surtout, entre plusieurs autres, nous ont paru de nature à projeter quelque lumière sur le sens de cette loi : elles nous révèlent, tout au moins, la pensée des autorités supérieures sur la procédure à suivre pour son application pratique. Elles émanent toutes deux du ministre de la police générale : la première, en date du 24 octobre 1797, est signée Sotin ; la seconde, du 4 novembre 1798, fut envoyée par Duval. Nous avons cru utile de donner, ici, un résumé de la circulaire de Sotin ; nous y ajouterons, en note, les explications fournies postérieurement par celle de Duval.

D'après la *Circulaire du 24 octobre 1797* :

« 1° Sont sujets à la déportation, en vertu de l'article 23 de la loi du 19 fructidor — ceux soumis aux lois de 1792 et 1793 remises en vigueur par cet article (3) : ils ont du avoir

---

(1) Jean-Nicolas Laloy, né à Doulevant-le-Château le 14 octobre 1745, docteur en médecine, député du Tiers-Etat à l'Assemblée nationale, maire de Chaumont en novembre 1791, conseiller de préfecture de la Haute-Marne, mourut à Chaumont le 25 novembre 1804. Il ne faut pas le confondre avec son frère, Pierre-Antoine (1749-1846), avocat, député aux Assemblées de 1791, 1792 et 1795, et membre du Comité de salut public.

(2) Par exemple, le 23 septembre et le 25 octobre 1797 (Arch. nat., F 7 7292 et 7300).

(3) La loi du 26 août 1792 ordonnait la déportation a) des ecclésiastiques qui n'avaient pas prêté le serment de 1791, b) de ceux qui, n'étant pas sujets à ce serment, auraient occasionné des troubles, ou dont l'éloignement aurait été demandé par six citoyens domiciliés dans le même département. — Par la loi des 21 et 24 avril 1793, étaient condamnés à la déportation les ecclésiastiques salariés ou pensionnés par l'Etat, qui n'avaient pas prêté le serment de 1792 ; et ceux qui seraient dénoncés pour cause d'incivisme par six citoyens du même canton. Les serments n'étaient valables qu'autant qu'ils avaient été prêtés dans les formes, les termes, les lieux et les délais prescrits par les lois, et

un délai de quinzaine pour sortir de France ; leur désobéissance à la loi est punie de la déportation dans le lieu qui sera déterminé par le pouvoir exécutif ; — ceux qui ayant été reclus, n'ont été mis en liberté que sur le fondement de l'abrogation des lois contre les ecclésiastiques, et non parce qu'ils ont été jugés ne pas être dans le cas de la déportation — les ecclésiastiques qui ont obtenu des jugements ou arrêtés par lesquels leur déportation a été jugée illégale, s'ils sont portés sur la liste des émigrés et non rayés définitivement.

« 2° Les ecclésiastiques déportés, qui sont rentrés en France avant le 7 fructidor, et ont été arrêtés comme ayant enfrein leur ban, ayant eu des motifs de croire que le retour dans leur patrie leur avait été permis, doivent, s'ils étaient détenus à l'époque du 19 fructidor et le sont encore, être mis en liberté, mais à la charge pour eux de sortir dans quinzaine du territoire de la République.

« A l'égard des ecclésiastiques sexagénaires ou infirmes qui se trouvent dans l'un des cas ci-dessus, ils doivent, leur âge et leur infirmités étant légalement constatées, rester sous la surveillance la plus sévère de leurs municipalités, qui seront responsables des troubles que ces individus pourront occasionner (1).

« 3° Ne sont pas soumis à la loi du 18 fructidor — les ecclésiastiques que des jugements non annulés ont déclarés ne pas être dans le cas de déportation — les ecclésiastiques rentrés ou restés en France, en vertu d'arrêts de *départements ou de représentants du peuple*, s'ils ont obtenu ces arrêtés sur la preuve qu'ils n'étaient pas soumis aux lois de 1792 et 1793 — Quant aux ecclésiastiques déportés en vertu de dénonciations, jugés par *les districts seuls*, il faut distinguer deux époques : ceux qui ont été

qu'ils n'avaient pas été rétractés ou modifiés (Circulaire du 4 novembre 1798).

(1) Les prêtres infirmes et les sexagénaires sont exceptés de la déportation, et doivent être mis en réclusion. C'est aux administrations centrales à distinguer, sur le rapport d'officiers de santé nommés par elles, si les infirmités sont de nature à motiver la réclusion, ou seulement à suspendre l'exécution de la déportation. Mais l'autorité supérieure a seule le droit de mettre en surveillance dans leurs communes, les prêtres sujets à la déportation (Circulaire du 4 novembre 1798).

jugés du 4 décembre 1793 au 17 avril 1795, sont soumis à la loi du 19 fructidor ; ceux qui ont été jugés avant ou après cette période, peuvent demander que les dénonciations faites contre eux soient jugées par les départements (1).

« 4° Les ecclésiastiques dans le cas de déportation qui, rentrés en France depuis la publication de la loi du 19 fructidor, y seront trouvés après le délai de quinzaine, seront traduits devant le tribunal criminel du lieu de leur arrestation, pour y être jugés conformément à ce que prescrit la la loi du 25 brumaire an III (9 novembre 1794) à l'égard des émigrés rentrés.

« 5° Sont autorisés à rester sur le territoire français tous ecclésiastiques qui, n'étant pas dans le cas des lois de 1792 et 1793, c'est-à-dire qui, fonctionnaires publics en 1790 et 1791, ont prêté les serments décrétés à ces époques, qui, non fonctionnaires publics ont prêté le serment de liberté et d'égalité, et qui les uns et les autres ne se sont pas retraités, et n'ont pas été dénoncés pour incivisme, ou dont la dénonciation n'a pas été jugée valable.

« S'ils exercent le ministère du culte auquel ils sont attachés, ils sont tenus de prêter le serment de haine à la royauté : sinon, non.

« 6° Les prêtres qui n'ont pas fait la déclaration prescrite par la loi du 7 vendémiaire an IV (29 septembre 1795), sont admissibles à prêter le serment de haine à la royauté, pourvu qu'ils ne soient ni déportés ni déportables.

« Les ministres qui ont rétracté ou modifié la déclaration qu'ils avaient faite en exécution de la loi du 7 vendémiaire, ne sont pas admissibles à prêter le nouveau serment : ils doivent être bannis, conformément à l'article 8 de la dite loi.

« Lorsque des ministres du culte ayant fait la déclaration du 7 vendémiaire, se présentent pour prêter le serment du 19 fructidor, on doit exiger d'eux une déclaration qu'ils n'ont ni rétracté ni modifié celle qu'ils ont faite en exécu-

---

(1) Voici la raison de cette différence. La loi du du 14 frimaire an II (4 décembre 1793) avait chargé exclusivement les directoires de district de l'exécution des mesures de salut public. Mais celle du 18 germinal an III (17 avril 1795) rendit toutes leurs attributions aux administrations de département (Circulaire du 4 novembre 1798).

tion de la loi, et une attestation de l'administration municipale ou de l'adjoint municipal qui a reçu cette déclaration.

« Lorsqu'un prêtre est regardé comme ayant rétracté son serment, c'est à l'administration centrale, et non aux tribunaux, à instruire et juger ce délit politique, non susceptible des formes et poursuites judiciaires (1). »

Accueil fait a la loi du 19 fructidor. — D'instinct les Jacobins devinèrent tout de suite les conséquences terribles que le coup d'Etat devait entraîner pour la religion, et ils accueillirent la loi du 19 fructidor avec un enthousiasme délirant. De toutes les parties de la Haute-Marne, les républicains envoyèrent à Paris des adresses de félicitations. Les unes avaient pour objet la victoire remportée par la liberté sur la conspiration royaliste, et nous n'avons pas à nous en occuper. Les autres visaient la loi de persécution portée contre les prêtres, et nous croyons qu'il sera intéressant d'en lire ici quelques-unes.

Le 14 septembre 1797, le commissaire de Parnot écrit aux Directeurs : « Mon cœur était affligé de ce que les renseignements que j'ai donnés sur les menées de ces hordes informes d'émigrés, de prêtres réfractaires et anarchistes, n'étaient point écoutés ; je me voyais continuellement menacé d'être assommé et incendié. Le fanatisme, le plus dangereux ennemi des Etats et des religions, sera par vos efforts à jamais banni de la République, et par la sévérité de la loi qui maintient la déportation qui avait été prononcée contre cette multitude de prêtres réfractaires rentrés, et qui depuis leur fatale rentrée n'ont cessé de pervertir l'esprit public (2).

Le 5 janvier 1798 les républicains de Langres adressent

(1) Les ecclésiastiques déportés qui étaient rentrés en France avant le 18 fructidor, ont dû sortir du territoire de la République dans le délai de 15 jours. Ceux qui sont restés ou rentrés en France depuis cette époque, ont du être conduits à l'île de Ré, pour être embarqués et déportés. — La même mesure est applicable aux prêtres déportés par le Directoire exécutif, et à tous ceux qui sont ou seront arrêtés à l'avenir dans l'étendue de la République, quelles qu'aient été la cause et l'époque de la déportation (Circulaire du 4 novembre 1798). — Cf. Sauzay, t. IX, p. 109-111 ; Victor Pierre, *La déportation ecclésiastique*, p. 437 seq.

(2) Arch. nat., A F iii, 246 ; F ic iii, 7 et 8.

au Conseil des Cinq-Cents une pétition qui n'est qu'une longue diatribe contre les prêtres. « Nous demandons au Directoire, disent-ils en terminant, de se faire rendre compte de la conduite de tous les prêtres autorisés à rester sur le territoire de la République, et de se hâter de séparer de nous, par l'intervalle des mers, tous ceux qui par leur conduite incivique se rendent complices des assassins de Rome » (1).

Enfin, le 12 février 1798, le Cercle constitutionnel de Langres écrivait au ministre de la police: « Délivrez-nous, citoyen et ministre, avant les élections de germinal, de toute la vermine sacerdotale qui ronge la grande nation : l'extrait ci-joint, contenant les noms de quinze prêtres, vous désignera les ecclésiastiques les plus dangereux qui doivent former l'avant-garde de la colonne de déportation. » (2).

Les Administrations de Chaumont et Saint-Dizier, moins zélées sans doute, ne s'ébranlèrent qu'au mois de mars 1798.

Application de la loi. — Si l'on s'en tient au texte de la loi du 19 fructidor, la déportation devait s'exercer en vertu d'arrêtés émanés soit du Directoire exécutif, soit des administrations locales. En effet, toutes les fois qu'il y avait infraction à des lois positives, c'est-à-dire aux lois de persécution qu'avait fait revivre l'article 23, les administrations départementales ou municipales prononçaient d'office, et sans en référer au pouvoir central. Le Directoire, au contraire, se réservait, en vertu de l'article 24, les cas où, sans violer aucune loi, et même en étant en règle avec toutes, les ecclésiastiques auraient pu encourir la qualification de prêtres turbulents ou perturbateurs (3).

L'article 24 de la loi du 19 fructidor attribuait donc au Directoire un pouvoir arbitraire. A la vérité il y mettait des limites, en exigeant que ses arrêtés de déportation fussent individuels et motivés : mais le Directoire passa

(1) Allusion au meurtre de M. Basseville, secrétaire d'ambassade à Naples, tué à Rome le 13 janvier 1793, ou, peut-être, à la mort du général Duphot, tué à Rome, le 28 décembre 1797, dans une émeute contre l'autorité reconnue. Cf. Picot, t. VI, p. 252, et t. VII p. 114.

(2) Arch. nat. F 7 7431. Le 23 février suivant, le ministre demanda à Laloy des renseignements sur les prêtres portés en ce tableau.

(3) Victor Pierre, *La déportation ecclésiastique*, Introduction, p. IX.

outre, et un grand nombre de ses arrêtés furent, de ce chef, manifestement illégaux.

D'un autre côté, c'était au Directoire seul qu'il appartenait de juger par quels actes, par quels délits, les prêtres troublaient la tranquillité publique, et il en imagina trois principaux : le fanatisme, le mépris des lois et des institutions républicaines et l'immoralité.

Par fanatisme le Directoire entendait tout acte de religion : dire la messe, prêcher, enseigner le catéchisme, administrer les sacrements, tout cela c'était du fanatisme. Et voilà ce qui explique pourquoi un grand nombre de prêtres constitutionnels, très-attachés d'ailleurs à leurs devoirs professionnels, furent poursuivis, eux aussi, en vertu de la loi du 19 fructidor.

Le prêtre qui exerçait le culte, publiquement ou non, sans être en règle à l'égard de tous les serments, celui qui refusait de bénir le mariage d'un divorcé ou d'absoudre les acquéreurs de biens nationaux, celui qui négligeait les décadis ou sonnait les cloches, celui qui conduisait un mort au cimetière en habits sacerdotaux, celui qui correspondait avec son évêque émigré ou réconciliait un prêtre assermenté, celui-là même qui se réconciliait avec l'Église, ou qui marquait sa préférence pour une autre forme de gouvernement, tous ces prêtres étaient en contradiction avec la loi, perturbateurs publics, et par conséquent passibles de la déportation.

Un mot résumait ces divers modes d'infraction à des lois arbitraires, l'immoralité ! et le Directoire n'eut pas honte d'attacher à la violation de lois purement civiles, le stigmate infamant que la conscience de l'humanité n'a jamais imprimé qu'à la violation de la loi morale (1).

Or, du mois de septembre 1797 au mois de juin 1799, le Directoire exécutif signa 769 arrêtés de déportation qui atteignaient 1260 prêtres français. Dans ce nombre on compte douze ecclésiastiques haut-marnais, à savoir : Louis-Nicolas Mutel, Claude Basset, Nicolas Pelletier, Nicolas Humblot, Jean Mutel et Le Clerc de Vodonne, condamnés sur la fin de 1797 ; François Servais, Nicolas Bergier,

____

(1) Victor Pierre, *loc. cit.*, p. XXI seq.

Charles Bichot, François-Nicolas Robert, déportés en 1798 ; enfin Nicolas Fort et Louis Belouet, au commencement de 1799 (1).

Les autres décrets de déportation contre les prêtres de la Haute-Marne furent pris par les administrations locales du département, et en vertu des lois de 1792 et 1793.

L'administration centrale s'empressa de communiquer aux autorités constituées, pour les faire afficher dans chaque commune, des exemplaires de la loi du 19 fructidor. Puis, le 28 du même mois (14 septembre), elle adressa aux administrations municipales des divers cantons, une circulaire dans laquelle elle leur recommandait de lui certifier et de justifier, dans les dix jours, que les dispositions de la loi avaient été remplies (2).

Mais à Paris, on trouvait sans doute trop tiède le zèle des administrateurs de la Haute-Marne. Aussi, le 29 septembre 1797, le Directoire exécutif, considérant que l'administration centrale n'avait pris aucune mesure efficace pour faire arrêter les émigrés et les prêtres déportés et réfractaires qui affluaient dans son ressort, et que son inertie y avait perverti l'opinion publique, destitua les membres de cette administration (3). Le même jour, la même mesure fut prise, et pour des motifs identiques, contre l'administration municipale du canton de Langres (4).

Alors, sous l'impulsion de Sotin, ministre de la police, Laloy fit de nouveaux efforts pour presser l'exécution de la loi. Ainsi, le 12 novembre, le commissaire du Directoire exécutif adressa aux administrations municipales de canton, un long questionnaire qui devait servir à dresser la liste des ecclésiastiques atteints par la loi du 19 fructidor, des sexagénaires et des infirmes, et de ceux qui étaient autorisés à rester en France. Les administrations municipales, soupçonnées de favoriser les prêtres réfractaires, comme celle de Nogent par exemple, furent dénoncées à l'adminis-

(1) Les dossiers de ces prêtres se trouvent aux Arch. nat., F7 4371-4374, et 7431.
(2) Arch. nat. F1b II, Haute-Marne, 1 ; Arch. de la Haute-Marne, (Administration centrale, Registre 11).
(3) Arch. de la Haute-Marne, *loc. cit.*
(4) Arch. municipales de Langres, t. III, f° 65.

tration centrale. Enfin un grand nombre d'adjoints et d'agents municipaux furent suspendus de leurs fonctions (1).

Telles sont, en résumé, les mesures par lesquelles on assura, en Haute-Marne, l'exécution de la loi du 19 fructidor.

Les prêtres autorisés à rester en France se présentèrent par devant les administrations municipales pour prêter le serment de haine à la royauté, et, par ce moyen, ils obtinrent la faculté d'exercer leur culte dans les conditions fixées par la loi.

Un grand nombre d'autres, sexagénaires ou infirmes, se rendirent à la maison commune de Chaumont. Aussi, dès le 11 octobre 1797, Laloy pouvait écrire à Sotin: « La maison de réclusion établie à Chaumont, renferme 133 prêtres, que leur âge ou leurs infirmités dûment constatées ont mis dans le cas d'y être reçus » (2). Mais bientôt, en vertu de la lettre du ministre de la police en date du 24 octobre, déjà citée, les sexagénaires et les infirmes, détenus à Chaumont, furent mis en liberté le 8 novembre et renvoyés sous la surveillance des administrations municipales, qui les soumirent à une consigne extrêmement sévère (3).

Les prêtres déjà déportés en 1792, et non exceptés, prirent des passe-ports et recommencèrent leur exode vers les frontières : mais, avant de partir, ils eurent soin de déclarer qu'ils ne quittaient leur patrie qu'à regret, et avec le désir d'y rentrer le plus tôt possible (4).

Enfin les prêtres trouvés sur le territoire de la République, à l'expiration du délai fixé par les décrets, furent arrêtés et condamnés à la déportation au delà des mers. Les premiers décrets de déportation furent portés en décembre 1797, et ils s'échelonnèrent pendant les deux années suivantes, jusqu'à l'été de 1799 (5).

(1) Arch. nat. F7 7300 ; Arch. de la Haute-Marne, *loc. cit.* ; Arch. municipales de Nogent (novembre 1797).

(2) Arch. nat., F7 7304. Cf. Baudot, *Liste des prêtres de la réclusion de 1797*, Ms.

(3) Arch. de la Haute-Marne L., 30, et Délibérations de l'administ. centrale, vol. XI, f° 103 ; Délibérations des administ. municipales de Chaumont, du 18 novembre, et de Bourmont, en date du 26.

(4) Archives de Bourmont.

(5) On trouvera la liste des déportés après le 19 fructidor aux Arch. nat., F7 7431 et 7597 ; et aux Arch. de la Haute-Marne (Administ. cen-

Mais les arrêtés de déportation ne furent pas tous exécutés, car la grande difficulté était de mettre la main sur les ecclésiastiques réfractaires à la loi. Ceux-ci se cachèrent et, protégés par leurs paroissiens, ils dépistèrent souvent les recherches de la police. Ainsi, le 2 février 1798, Pierre Testevuide (1), ancien vicaire de Culmont, célébrait l'office à Neuilly-l'Evêque, quand tout à coup les gendarmes se présentèrent pour l'arrêter : les femmes crient, les hommes se précipitent au-devant des gendarmes pour les empêcher de s'avancer jusqu'à l'autel ; et, pendant ce temps, le prêtre s'enfuit à la sacristie et s'échappe à travers la fenêtre (2). Le 26 septembre 1798, Denis Jossinet (3), curé de Corlée, fut arraché aux mains des gendarmes par ses paroissiens et ses paroissiennes (4). Jean-Baptiste Jobard, vicaire de Saint-Loup, échappa aussi aux recherches de la police (5). Enfin, plusieurs autres arrêtés de déportation, par exemple contre M. Massin, ancien curé de Vicq, Pierre Forgeot, ancien professeur de logique au Séminaire et vicaire de Rolampont, etc., n'eurent aucun résultat (6).

La Guyane ayant été choisie par le Directoire pour le lieu de déportation, c'est vers le port de Rochefort que les proscrits furent dirigés. L'itinéraire suivi par les prêtres de la Haute-Marne fut à peu près le même qu'en 1794 : ils passèrent par Troyes, Sens, Orléans, etc. Mais, cette fois, les populations se montrèrent plutôt sympathiques aux prisonniers. On les secourait de toutes manières, et il arriva même que des paysans armés tentèrent d'enlever leur proie aux représentants de la force publique.

Toutefois les occasions de souffrir ne manquèrent pas aux confesseurs de la foi. Ils avaient les fers aux mains, et

trale, t. XI, f° 132 ; et Q. 356). Cf. *Liste des prêtres et ecclésiastiques, déportés ou reclus, et inscrits sur la liste des émigrés*, déjà citée.

(1) Pierre Testevuide, né à Dampierre le 19 septembre 1763, prêtre le 7 mars 1789, vicaire de Neuilly-l'Evêque, insermenté, mourut à Maulain le 5 sept. 1822.

(2) M. Magnin, *Notes sur Neuilly-l'Evêque*, ms. ; Arch. nat., F7 7431.

(3) Denis Jossinet, né à Corlée le 23 mai 1754, prêtre à Noël 1778, curé de Corlée en 1789, émigra en 1792, et rentra en France en mai 1795 : il mourut à Corlée le 23 mars 1805.

(4) Arch. de la Haute-Marne, L., liasse non classée.

(5) Cf. *Marguerite Jobard*, Langres 1911, p. 62,

(6) Arch. de la Haute-Marne (Administ. centrale, vol. XIᵉ).

quelquefois aux pieds, et, escortés par la gendarmerie ou la garde nationale, ils étaient soumis à une consigne sévère. La nuit ils couchaient dans des prisons plus ou moins infectes, et, le jour, ils étaient exposés à toutes les intempéries de la saison. Aussi plusieurs d'entre eux, déjà malades et affaiblis, tombèrent de défaillance en chemin : un prêtre de la Haute-Marne, Nicolas Pelletier, mourut à Orléans le 10 février 1798.

Les prisons de Rochefort en 1798 (1). — Les prisons de Rochefort offraient, alors, le même spectacle qu'en 1794. Voici comment les décrit, en floréal de l'an VI, M. Richer-Sérizy, rédacteur de l'*Accusateur public* :

« Des salles humides, de cinquante pieds carrés, contiennent chacune 200 de ces infortunés, et leur nombre s'accroît à tous les instants : c'est là que sont renfermés tous les âges de la vie, depuis l'adolescence jusqu'à la caduque vieillesse. Un matelas d'étoupe de deux pieds de large, jeté à terre, sans couverture, sans draps, dont le nombre n'est pas complet encore pour le nombre des victimes, doit suffire à trois malheureux : point de tables, point de chaises, c'est sur la terre humide qu'il leur faut s'asseoir pour reposer leurs membres endoloris. Quatre énormes baquets, placés aux coins de la salle, destinés à recevoir les immondices et que chacun vide à son tour, remplissent l'atmosphère de miasmes pestilentiels... Onze heures sonnent, les portes de la prison s'ouvrent. voici les aliments qu'on leur prépare. Des calfats, à moitié ivres, portent dans des seaux de bois, du biscuit de mer délayé dans une eau tiède et grasse, une livre de pain noir et dur, de la chair de vache à moitié cuite, traînée dans la boue, divisée en autant d'onces qu'il y a de prisonniers : c'est là le repas de vingt-quatre heures ; demain on leur en donnera autant... Vous frémissez ? Eh bien ! connaissez l'inaltérable patience de ces victimes et leur auguste résignation : je les ai vues à l'arrivée de ces infects aliments, j'ai vu les prêtres tomber à genoux, les bénir et prier ! Ce spectacle se renouvelle chaque jour, à tous les instants où la religion leur prescrit ces devoirs. »

(1) Voir planche II, p. 77.

Les détenus à Saint-Maurice étaient tellement entassés, par suite de l'arrivée continuelle de nouvelles victimes, que, le 9 mars 1798, ils écrivirent aux membres de l'administration du canton de Rochefort, pour demander « un peu d'air et un espace suffisant pour respirer ». Parmi les soixante signataires de cette lettre, on trouve le vénérable Jean Mutel, « archiprêtre », et M. Nicolas Humblot (1).

Voici le tableau que M. Chalon, déporté franc-comtois, traçait, à son tour, de sa prison de Rochefort, dans une correspondance adressée à son père, négociant à Besançon. « Nous sommes quarante-cinq, disait-il le 28 mars, jour de son arrivée, dans une chambre où il y a quatres fenêtres assez grandes. Nous n'en sortons point du tout, pas même pour nos besoins. Nous ne respirons l'air que par les fenêtres. C'est un train horrible dans notre cage : il y a une odeur et une poussière insupportables. Notre nourriture consiste en une livre et demie de pain noir comme le chapeau, et où il y a beaucoup de gravier qui fait craquer les dents. » Le 21 avril il écrit : « Depuis quelque temps, nous avons le bonheur de prendre l'air deux fois par jour, de neuf heures du matin à midi, et de trois heures à sept. Mais nous avons augmenté en nombre dans notre chambre : nous y sommes jusqu'à cinquante-six. » Le 10 juin : « Nous sommes à présent quatre-vingt-deux dans notre salle ; nous avons beaucoup à souffrir de la chaleur, de l'infection et du bruit. Nous sommes trois pour un matelas, et, pour ne pas suffoquer, il faut laisser les fenêtres ouvertes pendant la nuit. Si nous étions tous prêtres, au moins ! Mais non ; ce qu'il y a de plus pénible, c'est que nous sommes mêlés à des laïques, des soldats, etc. » Enfin, le 24 juin, il écrit : « Les prisons de Rochefort se remplissent toujours, surtout notre malheureuse salle. Dix aujourd'hui y sont encore arrivés. Il n'y a pas un pouce de place de perdu. Nous ne pouvons plus nous y retourner. » (2)

Après de longues négociations entre les administrations supérieures de la marine et du port, on avait enfin donné, le 11 mars, le signal d'un premier départ. L'appel nominal

<hr>

(1) Cf. Lemonnier, p. 96, 97 et 120.
(2) Cf. Sauzay, t. IX, p. 328-331 ; Grenier, *loc. cit.*, p. 209 seq. — Voir la description du bagne de Rochefort dans l'abbé Aubert, p. 61.

fait, les prisonniers de Saint-Maurice, escortés par la troupe, furent conduits à l'ancien hôpital Charente, où leurs compagnons d'infortune les attendaient, rangés dans la cour. Au son des fifres et des tambours, le lugubre convoi s'achemina par le quai des Vivres, la rue des Fonderies et la rue de l'Arsenal, jusqu'au port, au milieu de la consternation générale des habitants (1).

M. Humblot, qui était arrivé malade à Rochefort, fut laissé à l'hôpital de la marine, et y mourut le 8 août 1798. M. Jean Mutel, exténué de fatigues, et hors d'état de voyager, resta dans la prison Saint-Maurice, où il décéda le 11 août suivant.

LE VOYAGE AU DELA DES MERS. — C'est le vaisseau la **Charente** qui avait reçu la mission de conduire les premiers déportés au delà des mers. Il mouillait dans la rade d'Aix depuis le 27 décembre 1797, et il était sous le commandement de M. Bruillac.

Les déportés, embarqués à Rochefort sur de frêles nacelles, descendirent le cours sinueux de la rivière et arrivèrent sur le vaisseau le 12 mars 1798. Ils étaient au nombre de 193, dont 38 laïques et 155 ecclésiastiques : parmi les premiers, il y avait cinq voleurs, et plusieurs insermentés se trouvaient au milieu des prêtres. On y voyait MM. Le Clerc de Vodonne, J.-B. Pierron, et le frère Vérillotte. Leur sort, sans doute, ne fut pas aussi pénible que celui des ecclésiastiques qui, en 1794 et 1795, étaient montés sur les *Deux-Associés* et le *Washington*. Toutefois, si l'on en croit le récit qu'ont fait de leurs souffrances communes les déportés politiques, Aymé et Pitou, leur situation n'avait rien d'enviable, et ils furent soumis à toutes sortes d'épreuves.

La *Charente* mit à la voile le 21 mars 1798, vers 8 heures du matin. S'étant trouvée, aussitôt après son départ, en présence de la croisière anglaise, elle fut obligée de se retirer, toute désemparée, et elle alla s'abriter dans la rivière de Bordeaux. Dans le combat, les déportés avaient perdu presque tous leurs effets, et, par surcroît d'infortune, ils

(1) Lemonnier, p. 98-99 ; Manseau, t. II, p. 58-60.

durent rester près d'un mois à l'embouchure de la Gironde, en face de Royan. Enfin, le 23 avril, ils furent transbordés sur un autre vaisseau, la **Décade**, envoyée de Rochefort à cet effet.

Le commandant Villeneau, qui était un ardent jacobin, n'eut point, pour ses prisonniers, les égards que leur avait témoignés M. Bruillac. Aussitôt qu'ils furent montés sur le vaisseau, il leur imposa un règlement sévère, qu'ils devaient observer de point en point, sous peine d'être mis aux fers. Ce qui laissait surtout à désirer, c'était la nourriture, qui souvent était pourrie et gâtée par les vers.

La *Décade* leva l'ancre le 25 avril, et après quarante-six jours d'une traversée remplie de transes et d'épreuves de toutes sortes, elle arriva le 9 juin dans la rade de Cayenne. Il n'y avait point eu de mort pendant le voyage, mais un grand nombre de déportés étaient atteints de maladies graves, qui devaient bientôt les conduire au tombeau. Ceux qui étaient malades furent déposés à l'hôpital de la ville, dirigé par les Sœurs hospitalières de Chartres ; les autres s'installèrent dans la maison Lecomte, qui avait été assez bien aménagée pour leur servir de prison.

Mais bientôt, le 15 juin, un ordre venu de Paris dispersa presque tous les passagers de la *Décade*. Le plus grand nombre d'entre eux, cent-onze exactement, furent répartis dans les divers cantons de la Guyane, à savoir : Cayenne, Kourou, Macouria et Approuague ; ils s'installèrent chez les colons, et ils trouvèrent, dans le commerce et l'agriculture, quelques ressources contre le climat et la misère ; le reste, soit quatre-vingt-deux, fut acheminé par mer vers le désert de Conanama, où ils arrivèrent le 10 août 1798, après trois jours de traversée (1).

Pendant ce temps, Rochefort était encombré de déportés. Pour dégager les prisons, on en expédia une partie à l'île de Ré, puis, en juillet 1798, on organisa un deuxième convoi pour la Guyane. La **Vaillante**, après avoir transporté au delà des mers les déportés politiques du 18 fructidor, était rentrée en rade dès le mois de janvier 1798. Le

(1) Pitou, t. I, p. 219 ; Guillon, t. I, p. 447, seq. ; Chaffoy, p. 375 ; Sauzay, t. IX, p. 309 seq. ; Manseau, t. II, p. 55 seq.

lieutenant La Porte, qui la commandait, prit à bord vingt-six prêtres, presque tous de l'île de Ré, et mit à la voile les premiers jours du mois d'août. Mais, dès le 8, la corvette fut prise par les ennemis, qui transportèrent en Angleterre les prêtres qui la montaient. Aucun ecclésiastique de la Haute-Marne, croyons-nous, ne faisait partie de ce convoi.

Enfin, une autre corvette, la **Bayonnaise**, qui était en rade de l'île d'Aix depuis le 17 juin 1798, prit à bord 119 déportés, dont 109 prêtres. Parmi ces derniers se trouvaient M. Brumauld de Beauregard, grand vicaire de Luçon, qui a écrit des Mémoires, et MM. Bauleret et Garnier, du diocèse de Langres.

Le 1er août fut le jour fixé pour l'embarquement. Des gabares les transportèrent jusqu'à la *Bayonnaise*, qui les attendait au port : mais ils n'y arrivèrent qu'au bout de trente-deux heures, pendant lesquelles ils ne purent pas même obtenir un peu d'eau pour se désaltérer.

La première partie de la traversée fut des plus douloureuse. « On nous logea, dit l'un d'eux, M. Courtot, ancien vicaire de Luisans (Doubs), dans un entre-pont qui à peine pouvait physiquement nous contenir. Il ne s'y trouvait que quatre-vingts hamacs de cinq pieds de long, qui se touchaient tous, et nous étions cent-vingt. Quarante d'entre nous couchèrent sur le plancher nu. Nous ne pouvions nous donner aucun mouvement, nous restions immobiles tout le temps, excepté celui des repas, que nous prenions dans les batteries » (1).

Il était difficile de résister à un pareil traitement, continue M. Courtot : aussi sept prêtres moururent-ils dans les vingt-quatre premiers jours. La contagion gagna les matelots eux-mêmes. Alors, dans la seconde partie de la traversée, le commandant, Edmond Richer, accorda aux prisonniers une liberté plus grande : on leur permit, pour éviter l'horreur suffocante de l'entre-pont, de coucher sur le pont et sur les batteries ; ils purent même vaquer en commun à leurs exercices spirituels. Mais ils avaient à souffrir du contact des prêtres assermentés et des galé-

(1) Cf. Chaffoy, p. 385 ; Sauzay, t. IX, p. 332.

riens, que le Directoire avait fait embarquer avec eux sur la *Bayonnaise*. De plus la nourriture, composée de soupe, de biscuit et de viande salée, n'était pas meilleure que sur la *Décade*.

La corvette échappa aux croisières anglaises, et après cinquante-quatre jours de traversée, elle arriva à Cayenne le 29 septembre : mais le débarquement ne commença que huit jours après. Les plus malades furent descendus à terre et déposés à l'hôpital : c'est là que mourut Joseph Garnier le 17 octobre. Les autres, parmi lesquels se trouva M. Bauleret, n'eurent pas la permission de descendre à terre : ils montèrent immédiatement sur la goëlette la *Dépêche*, et furent transportés à Conanama, où ils retrouvèrent leurs confrères de la *Décade*, qui les y avaient précédés dès le mois d'août 1798 (1).

La Guyane. (2) — La Guyane française est située sous le méridien. C'est un pays plat, couvert de forêts immenses, et sillonné en tous sens par de nombreuses rivières, qui forment des marais croupissants et malsains. Aussi a-t-elle le double inconvénient d'être brûlée pendant l'été et submergée pendant l'hiver. Elle était divisée en huit cantons, qui avaient chacun leur commandant (3).

Conanama, où furent expédiés les déportés de la *Décade*, puis ceux de la *Bayonnaise*, est située à trente lieues au Nord-Ouest de Cayenne, et à trois lieues de la mer. C'est le canton le plus désolé et le plus malsain de la Guyane française. Il est infecté d'eaux stagnantes qui développent une fermentation putride. Les bêtes féroces, les animaux venimeux et les moustiques y sont très nombreux.

Pour recevoir les déportés, Prévost, le gouverneur de la colonie, avait fait construire, par les Indiens et les nègres, des huttes à peu près semblables à nos baraques de charbonniers : les unes servaient de magasin, de four,

----

(1) Cf. Chaffoy, p. 385, 395 ; Sauzay, t. IX, p. 331, 337 ; Manseau, t. II, p. 79, 87, 100 ; et surtout Victor Pierre, *Revue des questions historiques*, 1er avril 1882.

(2) Voir plus loin, planche IV.

(3) Voir la description de la Guyane dans Mgr de Beauregard, t. II, p. 454, et dans Aubert, p. 89 seq.

d'hôpital, de prison : les autres abritaient les prisonniers sous leurs toits de feuillage. Un règlement sévère leur défendait de s'éloigner de leurs cases de la distance de plus d'une journée : et cela sous prétexte d'empêcher les prêtres « d'aller soulever les habitants de la colonie par leur superstition » (1). En réalité, cette défense privait les déportés des secours qu'ils eussent pu se procurer près des indigènes, ou bien par la pêche et la chasse.

Aussi les déportés furent-ils exposés aux plus atroces souffrances. Le soleil les brûlait, les insectes les assiégeaient, et les vers pénétraient jusque dans leurs chairs. La nourriture consistait en huit onces de pain, douze onces de manioque desséché, huit onces de viande, deux onces de riz, un peu de tafia et d'huile : cette nauséabonde pitance, qui d'ailleurs leur manquait souvent, suffisait à peine à entretenir leur vie.

Bientôt survinrent les fièvres putrides, la dysenterie, le scorbut et la peste : les carbets et l'hôpital se remplirent de malades, et il fallut songer à établir un cimetière. Les déportés choisirent dans ce but un terrain circulaire, bordé de palmiers, et ils le consacrèrent par les prières de l'Eglise. Treize décès se produisirent au mois de septembre 1798 : il y en eut quinze en octobre, et trente-huit en novembre. Les malades ne succombaient qu'après une lente et cruelle agonie ; mais, dès avant leur mort, une odeur repoussante s'exhalait des corps corrompus, et faisait reculer les plus intrépides. Toutefois, la charité sacerdotale sut en braver l'horreur, et les pauvres mourants ne furent privés ni de l'Extrême-Onction, ni, le plus souvent même, du saint Viatique (2).

Le tiers des déportés trouvèrent la mort à Conanama, et parmi eux M. Bauleret, décédé le 22 novembre 1798. Les nègres avaient été chargés du soin de leur sépulture. Mais ils s'en acquittaient de la façon la plus inconvenante, et souvent leur cupidité obligea les prêtres survivants à les suppléer pour cette pénible besogne. Pareils à des squelettes ambulants, on les vit donc creuser eux-mêmes les

(1) Pitou, *loc. cit.*
(2) Manseau, t. II, p. 103 et seq. ; Thomassin, p. 457.

fosses destinées à recevoir les restes de leurs confrères : ils les déposaient avec respect dans la tombe, puis ils récitaient, à la dérobée, les prières de l'Eglise et s'en retournaient tristement (1).

Dès le 22 octobre, des commissaires envoyés pour constater l'état sanitaire de la colonie, et rechercher les causes de la mortalité, déclarèrent dans leur rapport que le poste de Conanama devait être abandonné et transféré en un petit bourg d'une trentaine de maisons, appelé **Sinnamary** Il était situé à quatre ou cinq lieues au Sud-Est de Conanama, et par conséquent plus rapproché de Cayenne. C'est là qu'avaient été relégués les déportés politiques du 18 fructidor.

La translation eut lieu en novembre 1798. Après avoir rendu les derniers devoirs à leurs confrères ensevelis à Conanama, les cent-treize survivants quittèrent cette terre de désolation, les uns par terre, les autres par mer. « Nous vîmes arriver, dit Barbé-Marbois (2), les débris de cette colonie détruite en naissant : des vieillards, des malades exténués, chacun portant son paquet et se traînant à peine. Quelques-uns, trébuchant à chaque pas, s'avancèrent devant nous vers des cases préparées à la hâte pour les recevoir. Un d'eux, sortant de la pirogue faible et languissant, tomba dans l'eau près de ma cabane : j'accourus, je le retirai et le portai quelques pas... Je n'ai point vu de spectacle plus affligeant que ce débarquement. »

A leur arrivée (25 novembre 1798), les plus malades furent recueillis dans une maison particulière, les autres furent assemblés dans l'église, jusqu'à ce qu'on eût construit près du village un hôpital et des cases.

Les prisonniers furent traités avec plus d'égard qu'à Conanama; ils y furent moins abandonnés dans leurs maladies, et ils purent, du moins au commencement, y célébrer en secret, le saint sacrifice. Mais ce désert était presque aussi meurtrier que l'autre, et bientôt les mêmes causes produisirent les mêmes effets (3). Quarante-cinq déportés y

---

(1) Cf. Pitou, t. II, p. 58 seq. ; Guillon, t. I, p. 451 seq. ; Chaffoy, p. 379, 395, 400 seq. ; Mgr de Beauregard, t. II, p. 370 seq. ; Sauzay, t. IX, p. 311 ; Mansedu, t. II, p. 94 seq.
(2) *Journal d'un déporté non jugé*, Paris 1834, t. II, p. 1 seq.
(3) *Ibid.*, t. I, p. 130 ; Manseau, t. II, p. 110-112.

perdirent la vie, et parmi eux le frère Vérillotte, mort le 19 mars 1799 (1).

Enfin, le Directoire, considérant l'état sanitaire de la Guyane, et surtout les dangers que présentait le voyage à cause du voisinage des croisières anglaises, renonça au système de la déportation à la Guyane, et choisit l'île de Ré, puis celle d'Oléron, pour l'internement définitif des prêtres condamnés à la déportation.

L'ÎLE DE RÉ. — Dès le mois d'avril 1798, le ministre de la police avait choisi l'île de Ré comme dépôt supplémentaire des prêtres déportés et entassés à Rochefort. Au mois d'août suivant, cette île ayant été définitivement choisie pour recevoir les déportés, Rochefort fut complètement évacué. Sur 1.064 individus qui furent déportés à l'île de Ré, on comptait 920 prêtres, dont une vingtaine de la Haute-Marne. A leur tête se trouvait Mgr Maillé La-Tour-Landry, évêque de Saint-Papoul.

L'île de Ré est située à l'Ouest de la Rochelle ; en une demi-heure, le bateau transporte les voyageurs du port de la Pallice à celui de Sablanceaux. L'île a une longueur de vingt-huit kilomètres, et sa plus grande largeur ne dépasse pas quatre kilomètres. Les principales ressources du pays sont le vin, le poisson, le sel, l'orge et la pomme de terre ; mais il n'y a ni foin ni pâturages. Le climat y est doux et tempéré. L'île de Ré forme un canton dont Saint-Martin est le chef-lieu ; c'est une petite ville de 2.000 habitants, située sur le bord de la mer, au Nord de l'île et à onze kilomètres de Sablanceaux.

C'est dans la citadelle de Saint-Martin-de-Ré (2) que furent enfermés les déportés. Bâtie par Vauban, cette citadelle est entourée de murs et de fossés, et on n'y a accès que par une seule porte précédée d'un pont-levis et gardée par une sentinelle. Les bâtiments de la partie Sud situés au delà de la vaste cour, furent destinés aux prisonniers. Aujour-

---

(1) Guillon, t. I, p. 456 seq. ; Mgr Chaffoy, p. 396, 404 seq. : Mgr de Beauregard, t. II, p. 381 seq. ; Manseau, t. II, p. 109 seq , et surtout Victor Pierre, *loc. cit.*
(2) Voir, plus loin, planche V.

d'hui, ils sont occupés par les forçats en route pour la Nouvelle Calédonie (1).

Les déportés arrivaient à l'île de Ré soit par Rochefort, soit par la Rochelle. Déjà exténués par les fatigues du voyage, ils furent entassés au nombre de 1200, dans des locaux destinés à loger 400 hommes. Ils n'avaient pour se coucher que la terre nue où une paille infecte. La nourriture était malsaine et peu réconfortante. Le pain était noir et grossier, le vin âpre et léger, la morue rance et dégoûtante, les haricots vieux et rebelles à la cuisson, enfin la viande, prescrite cependant sept fois par semaine, faisait souvent défaut. Et, comme l'île ne fournissait pas assez de grain pour alimenter ses habitants, la disette se fit sentir plus d'une fois, et les prisonniers souffrirent de la faim.

A la vérité, les déportés qui avaient des ressources, pouvaient acheter le supplément de nourriture dont ils avaient besoin : mais leurs relations avec les marchands et les vendeurs de denrées et de comestibles, aussi bien qu'avec les habitants de l'île, étaient soumises à des règlements sévères et tracassiers. Heureusement la piété ingénieuse des insulaires vint plus d'une fois au secours des malheureux déportés.

L'hôpital de la marine, situé à deux cents mètres environ de la citadelle, et aujourd'hui détruit, servait de magasin pour le dépôt, la préparation et la distribution des vivres (2).

De nouveaux convois de déportés arrivaient presque tous les jours. Aussi fut-on obligé de loger les prisonniers dans les greniers et les combles, où ils étaient exposés à toute la chaleur de l'été, et aux rigueurs du froid pendant l'hiver. Un instant même, au mois d'août 1799, il fut question de les reléguer dans les souterrains. Mais les prêtres aimèrent mieux se gêner davantage encore, que de voir leurs confrères habiter les casemates de la citadelle.

La promiscuité avec les recrues des colonies, avec des condamnés de droit commun et même avec des femmes, le

---

(1) Cf. Manseau, t. II, p. 132-133 ; *Guide illustré de l'île de Ré*, Sainte-Marie de Ré, Boivin.
(2) Manseau, t. II, p. 134 et seq.

voisinage des prêtres assermentés ou apostats, les discussions qui éclataient quelquefois au sujet des divers serments exigés par les lois, tout cela était, pour les prêtres dignes de ce nom, une occasion de souffrances, et aussi, ajoutons-le, de mérites (1).

En effet, pendant que, de leur côté, les forçats ne cessaient de murmurer contre leur sort et d'adresser des plaintes aux agents du gouvernement, les prêtres, au contraire, se montrèrent excessivement réservés sous ce rapport : ils se trouvaient même assez bien, disaient-ils eux-mêmes, du régime auquel ils étaient soumis, et ils s'estimaient heureux de souffrir pour la cause de Dieu (2).

Cette injuste et tyrannique persécution fut même, pour un certain nombre d'entre eux, l'occasion d'un renouvellement spirituel. Aussi, la ferveur régnait-elle parmi les condamnés du Christ, à ce point que, par certains côtés, la citadelle ressemblait davantage à une communauté religieuse qu'à une prison. La prière en commun marquait les diverses heures de la journée. On faisait des leçons et des conférences sur les diverses branches des sciences ecclésiastiques. De temps en temps, des retraites religieuses, organisées dans les chambrées, retrempaient les âmes et ranimaient la ferveur.

Mais où donc les prêtres puisaient-ils le courage et la force dont ils donnaient des marques si éclatantes? Dans leur foi sans doute, mais principalement et avant tout dans la sainte Eucharistie : car ils réussirent à célébrer le saint sacrifice de la messe dans les mansardes et les greniers de la citadelle, et sur le rebord des fenêtres de leurs cellules. Ils firent des pierres d'autel avec les ardoises des toitures ; ils se servaient de verres à pied en guise de calice, ou bien ils transformaient en vases sacrés des chandeliers d'étain ; ils sculptèrent, avec de simples couteaux, des crucifix en bois, et confectionnèrent eux-mêmes des canons d'autel. Quant aux ornements, ils en firent avec toutes sortes d'étoffes vulgaires et grossières qu'ils purent se procurer (3).

<hr>

(1) Manseau, t. II, p. 157 et seq.
(2) Voir les lettres de MM. Mutel, de Semilly, et Henri, de Baissey.
(3) M. l'abbé Manseau, ancien curé de Saint-Martin-de-Ré, a recueilli, comme des reliques, les objets liturgiques ayant appartenu aux prêtres

Plusieurs fois l'administration essaya de s'opposer à la célébration des saints mystères ; mais les rigueurs et les menaces s'étant trouvées inutiles, le gouverneur du fort usa enfin de tolérance (1).

Dans le musée des objets qui ont été à l'usage des déportés, on trouve aussi des boîtes en fer ou en plomb destinées à contenir les saintes huiles pour les malades. Au début, ceux-ci étaient transférés à l'hôpital : mais l'isolement de leurs confrères leur était extrêmement pénible. Plus tard on obtint qu'ils fussent soignés, à l'hôpital même, par des confrères qui se relayaient, de sorte que les suprêmes consolations ne manquèrent à aucun de ceux qui vinrent à succomber.

Il faut avouer, du reste, que la déportation à l'île de Ré n'entraîna pas, comme celle de la Guyane, une mortalité exceptionnelle. Sur les 1064 déportés qui y furent amenés, du mois d'août 1798 à novembre 1799, il en mourut quarante-et-un, dont vingt-neuf prêtres (2).

Pour rendre plus étroite et plus sainte l'amitié qui régnait entre les malheureux déportés, ils songèrent à s'unir par des associations pieuses, dont la principale fut celle du Sacré-Cœur de Jésus (3). Nous avons sous les yeux une feuille d'aggrégation à cette confrérie. Elle contient les prières journalières que devaient réciter les associés, puis les obligations de ses membres. Deux-cent-cinquante-sept ecclésiastiques, dont cent quatre-vingt-douze français, étaient agrégés à cette association, et les prêtres fondateurs y enrôlèrent, en outre, plusieurs personnes de l'île de Ré et d'ailleurs. Leurs noms nous ont été conservés par l'abbé Barbier, l'un des déportés de la Haute-Marne. (4).

déportés, et ils sont réunis aujourd'hui à l'évêché de La Rochelle. Les larmes viennent aux yeux, en face de ces témoins muets, et cependant si éloquents, du dévouement et de la piété des confesseurs de la foi.

(1) Manseau, t. II, p. 184 et seq.

(2) M. l'abbé Lemonnier, le zélé promoteur de la cause des prêtres déportés, a bien voulu nous faire savoir que les registres de l'état civil ne mentionnent que vingt-et-un prêtres décédés à l'île de Ré.

(3) Manseau, loc. cit., p. 189 et seq.

(4) Cinq prêtres du diocèse de Langres figurent sur cette liste : MM. Normant, Dombrot, Henry, Aubertin et Barbier lui-même.

L'ILE D'OLÉRON. — Les ordres du ministre de la police, relatifs à la translation des déportés à l'île d'Oléron, ne furent régulièrement exécutés qu'au mois de février 1799. Au total 251 prisonniers y furent envoyés, parmi lesquels 190 prêtres, dont un seul de notre diocèse, M. Thevenot.

L'île d'Oléron est située en face de la rade de Rochefort et à douze kilomètres au Sud de Ré. Elle est un peu plus longue et un peu plus large que sa voisine, mais sa population ne dépasse guère 18,000 âmes. « Une grande partie des habitants, dit l'abbé Sauvé (1), professe le calvinisme : cependant ils sont en général bons et officieux. Le pays est plat et fort découvert : il n'y a ni bois ni montagnes. Le terrain n'y est pas mauvais, et produit du blé et du vin : la côte est plate et peu poissonneuse. »

Oléron comprend deux cantons, dont les chefs-lieux sont Saint-Pierre et le Château, qui dépendent tous les deux de l'arrondissement de Marennes. Or, cette île, comme celle de Ré, a une citadelle fortifiée, bâtie en 1630 et située à 400 mètres environ de la ville du Château. Voici la description qu'en fait l'auteur déjà cité. « La citadelle domine sur le port ; elle n'est pas grande, mais elle est forte, bien construite et d'une bonne défense. Elle est d'une forme triangulaire : une grande cour au milieu. On y arrive du côté de la ville du Château par trois portes défendues par des fossés, des ponts-levis, des redoutes, des palissades, etc. Les casernes, assez belles, sont placées à l'entrée des trois portes. A gauche en entrant se trouve la chapelle. Au bout de la cour, en face la porte d'entrée, se trouvent les remparts qui nous étaient accordés pour la promenade : les murs, dans les hautes marées, sont battus par les flots de la mer. » (2)

A Oléron, la vie était, à peu de chose près, la même qu'à l'île de Ré : même dénuement, même entassement dans les chambrées, même nourriture. Le commandant de l'île, qui s'appelait Fontès, était un parfait Jacobin. Il s'amusait à faire des règlements dans le but unique de gêner les déportés, et si quelqu'un d'entre eux s'en écartait, il en ren-

(1) *Déportation de cinq prêtres du diocèse de Meaux en 1799* (Semaine religieuse de Meaux, 1868 et 1869).

(2) Sauvé, *loc. cit.*

dait tous les autres responsables. Une tentative d'évasion essayée par M. Couesbouc et quatre autres laïques, lui fournit l'occasion de resserrer encore les liens de la discipline. La promenade était interdite aux prisonniers, et le concierge était chargé de les visiter tous les soirs. On leur refusait la permission de sortir en ville pour se procurer les choses nécessaires, et une surveillance active fut établie auprès des pourvoyeurs afin d'empêcher toute communication avec le dehors. Cependant les lettres arrivaient assez régulièrement; mais on les ouvrait toutes, celles qui partaient aussi bien que celles qui arrivaient.

Enfin, un convoi de déportés, venu de Rochefort en juillet 1799, apporta à Oléron une maladie épidémique : c'était une fièvre violente, accompagnée de frissons et de sueurs abondantes. Le mal se répandit rapidement, et on envoya les malades à l'hôpital : ce n'était qu'une infecte et malpropre maison, où les infirmiers et les soldats dépouillèrent les malades. Néanmoins la mortalité n'y fut pas extraordinairement grande, car, sur près de deux cents prêtres qui y étaient prisonniers, il n'en mourut pas plus de vingt (1).

La liberté. — Après le coup d'Etat du 18 brumaire (9 novembre 1799), qui balaya le Directoire, les prisonniers purent enfin entrevoir l'aurore de la délivrance. Victor Hugues, successeur de Burnel dans les fonctions de chef de la colonie, se montra plus humain à l'égard des déportés de Cayenne ; et la surveillance se relâcha dans les deux îles de Ré et d'Oléron à ce point qu'un assez grand nombre de déportés réussirent à s'évader (2).

Le 29 novembre 1799, un arrêté des Consuls ordonna la mise en liberté des prêtres déportés qui se trouveraient compris dans l'une des trois classes suivantes : 1° ceux qui auraient prêté tous les serments prescrits par les lois aux ministres du culte, et qui ne les ont pas rétractés ; 2° ceux qui se seraient mariés ; 3° ceux qui, n'ayant point exercé ou qui ayant cessé d'exercer avant la loi du 7 vendémiaire an IV, le ministère de leur culte sans en avoir repris l'exercice, n'étaient plus assujettis à aucun serment. Mais ils

(1) Sauvé, *loc. cit.*
(2) Manseau, t. II, p. 121, et 215-217.

devaient, au préalable, justifier de leurs droits par devant l'administration municipale dans l'arrondissement de laquelle ils se trouvaient, et par des certificats délivrés par les administrations municipales des cantons où ils résidaient à l'époque de leur déportation, et visés par les administrations centrales de leurs départements respectifs (1).

Mais, cet arrêté ne faisait expresse mention que des prêtres actuellement détenus soit à l'île de Ré, soit à l'île d'Oléron, et ce n'est que le 19 mars 1800 que l'agent de la Guyane fut autorisé à l'appliquer aux déportés de ce pays. Les autres, c'est-à-dire les prêtres fidèles, durent attendre encore. Enfin, au mois de décembre 1800, la *Dédaigneuse* apporta à Cayenne l'ordre de rapatriement général. De 1800 à 1802, dix convois se succédèrent et ramenèrent de Guyane en France les prêtres déportés, dont plusieurs furent obligés de payer leur passage (2).

Quant aux déportés de Ré et d'Oléron, ils se hâtèrent de de se faire envoyer les papiers qui leur étaient nécessaires pour jouir de la liberté, et ils adressèrent aux trois consuls ou à Bonaparte, des pétitions collectives qui furent favorablement accueillies. Le 10 janvier 1800, un arrêté des consuls substitua à tous les serments précédemment exigés, la promesse de fidélité à la Constitution de l'an VIII. Dès lors les prêtres insermentés purent, moyennant cette promesse, recouvrer leur liberté. Quelques-uns, cependant, ne crurent pas pouvoir en conscience prêter ce serment, et restèrent en captivité. Une circulaire du 21 août 1800 rappela encore la nécessité de la promesse de fidélité, et ordonna même l'arrestation de tous ceux qui étaient rentrés avant de l'avoir faite.

L'île d'Oléron fut la première évacuée. Obéissant à l'arrêté du 8 frimaire, l'administration municipale du Château d'Oléron avait mis en liberté la plupart des captifs. Le 2 décembre 1800, la citadelle fut complètement évacuée, et les vingt-quatre prêtres qui s'y trouvaient encore, furent transférés à l'île de Ré (3).

(1) Articles 1 et 2 de la loi du 18 frimaire an VIII.
(2) Cf. Victor Pierre, *Revue des questions historiques*, 1er avril 1882, et *La Terreur sous le Directoire*, p. 397 ; Manseau, t. II, p. 207 seq.
(3) Manseau, t. II, p. 209, 215.

Quant à la citadelle de Ré, elle ne comptait plus, en décembre 1800, qu'une centaine de détenus. En 1801, il en restait encore 70, et en mai 1802 une cinquantaine. La plupart de ces derniers signèrent enfin la promesse de fidélité le 4 août 1802, et furent mis en liberté (1).

Prêtres soumis a la deuxième déportation. — Avant de présenter au lecteur les biographies particulières de nos confesseurs de la foi, il nous reste à en dresser la liste.

Or, le nombre des prêtres haut-marnais déportés en vertu de la loi du 19 fructidor, s'élève exactement à trente, dont huit condamnés à la déportation à la Guyane, vingt et un détenus à Saint-Martin-de-Ré, et un à l'île d'Oléron.

Les prêtres déportés à la Guyane n'arrivèrent pas tous à destination. Trois d'entre eux moururent en route : Nicolas Pelletier, de Parnot, mort à Orléans le 11 février 1798 ; Nicolas Humblot, de Langres, décédé à Rochefort le 8 août 1798, et Nicolas Mutel, de Montigny, mort pareillement à Rochefort le 11 août suivant.

Trois furent déportés sur la *Décade* : Le Clerc de Vodonne, de Langres, mort à Macouria le 2 novembre 1798 ; le frère Vérillotte, de Rivière-les-Fosses, décédé à Sinnamary le 11 mars 1799 ; et Jean-Baptiste Pierron, de Bienville.

Sur la *Bayonnaise* furent embarqués deux prêtres : Joseph Garnier, de Lénizeul, mort à Cayenne le 17 octobre 1798 ; et Louis Bauleret, de Larivière, mort à Conanama le 22 novembre 1798.

Vingt ecclésiastiques de la Haute-Marne furent envoyés à l'île de Ré, à savoir : Nicolas Bailly, arrêté à Voisey et condamné par le tribunal criminel de Chaumont ; Gengoulph Courtois, de Langres ; François Greffier, curé de Villars-Montroyer ; Antoine Henry, de Baissey ; Joseph Ravier, de Poulangy ; Claude Basset, de Wassy ; Louis-Nicolas Mutel, de Bourmont ; François Servais, de Bettaincourt ; Nicolas Aubertin, d'Is ; Pierre-Nicolas Barbier, de

(1) Manseau, t. II, p. 215 ; J.-B. Fleury, *Mémoires sur la Révolution*, publiés par D. Piolin, 1873 ; Victor Pierre, *Revue des questions historiques*, 1er avril 1883.

Ravennefontaine ; Claude-Nicolas Delapaix, de Parnot ; Jean-Baptiste Girardin, également de Parnot ; Claude Bichot, de Langres ; Bénigne Normant, de Vitry-en-Montagne ; François-Nicolas Robert, de Melay ; Claude-Nicolas Billebaud, récollet à Châteauvillain ; Louis Belouet, d'Is ; Nicolas Fort, de Lénizeul ; Nicolas Bergier, vicaire à Bourbonne ; Claude-Joseph Dombrot, curé de Faverolles.

Enfin Nicolas-François Thevenot, de Fresnes-sur-Apance, fut déporté à l'île d'Oléron.

CHAPITRE II

Prêtres morts en route ou à Rochefort

I

PELLETIER (Nicolas)

Nicolas Pelletier naquit à Parnot le 19 février 1727. Son père, Claude Pelletier, dit Pelletier le jeune, est qualifié de *bourgeois* par les actes. Sa mère, Rose Delanizeulle, était la sœur de M. Delanizeulle, successivement directeur (1738), puis supérieur du Séminaire, et qui eut une si large part à la formation du clergé langrois dans la seconde moitié du dix-huitième siècle (1). Il fut baptisé le jour même de sa naissance, et eut pour parrain son oncle Nicolas Pelletier, dit Pelletier l'aîné, et pour marraine Anne Vignardet (2).

Il fit ses études au Séminaire de Saint-Louis, à Paris ; et c'est à Paris aussi que, le 13 juin 1745, il reçut la tonsure des mains de Mgr Leblanc, évêque de Joppé. Maître ès arts le 2 septembre 1747, il obtint le grade de bachelier en théologie le 4 novembre 1749. Sous-diacre dès le 21 octobre 1748, il fut promu à la prêtrise le 14 mars 1750 (3).

De retour à Langres après son ordination, il fut nommé successivement directeur au Séminaire (10 août 1750), et curé de Marcilly (23 juillet 1754). Mais il résigna cette cure et devint curé de Saint-Martin de Langres le 21 septembre 1754, puis curé de la paroisse Saint-Pierre et Saint-Paul de Langres (3 septembre 1758). Le 22 octobre 1763, il obtint l'une des chapelles de Sainte-Marie de la Tour, érigée en l'église cathédrale (4).

(1) M. Maurice Delanizeulle, né à Parnot le 31 mars 1711, mourut chanoine de Langres dans la nuit du 1er au 2 avril 1790.
(2) État civil de Parnot.
(3) Papiers de famille, conservés à Parnot, chez M. Gardiennet.
(4) *Ibid.*

En mars 1773, il permuta cette chapelle contre un canonicat, avec Jacques Huré, acolyte du diocèse de Toul, demeurant à Liffol-le-Petit, qui, nous disent les papiers du temps, logeait à Langres « à l'auberge ou pend pour enseigne le petit Saint-Pierre » sur la paroisse Saint-Amâtre. Le nouveau chanoine prit possession de sa stalle le 30 mars 1773, et fut admis au stage le 1er mai suivant (1).

. Ajoutons enfin, pour donner entièrement son *curriculum vitæ*, que le 23 mai 1783, il fut nommé archidiacre du Bassigny, et qu'il conserva cette dignité jusqu'à l'extinction du Chapitre (2).

M. Pelletier ne fut pas inquiété personnellement pendant les premières années de la Révolution. En 1789, on le voit donner 450 livres pour sa contribution patriotique. Il prêta, en temps utile, le serment de liberté et d'égalité prescrit par la loi du 14 août 1792.

Mais, le 16 mars 1793, trente-quatre citoyens langrois signèrent une pétition, demandant qu'en exécution de la loi du 26 août 1792, on infligeât la peine de la déportation à vingt-sept ecclésiastiques non assermentés qui, à leurs yeux, étaient des séditieux. Bien que la loi n'eût pas imposé à M. Pelletier le serment à la Constitution civile du clergé, son nom figurait sur la liste des proscrits (3).

Le 31 mars au matin, sur les ordres de la municipalité, eut lieu, chez lui, une perquisition, qui eut pour résultat la saisie de divers papiers. Amené aussitôt devant le Conseil général de la commune, pour fournir des éclaircissements à ce sujet, on lui présenta une liasse de papiers contenant quarante-quatre pièces et intitulée : *Correspondance avec M. Mondon, curé de Marcilly* (4). Il reconnut qu'elle lui appartenait. Il reconnut également, comme étant sa propriété, plusieurs autres liasses contenant des imprimés, des lettres, des notes et écrits relatifs aux affaires du temps.

(1) Arch. de la Haute-Marne (Délibérations du Chapitre) ; *Catalogus canonicorum*, ms

(2) Roussel, t. II, p. 147, 337, 341, 477 ; t. IV, p. 10, 118.

(3) Arch. de la Haute-Marne, L. 185, f° 70, et L. 200, f° 50.

(4) François Mondon, né à Châtillon en 1732, avait été vicaire de M. Pelletier, à Saint-Pierre de Langres. Détenu à Chaumont d'octobre 1792 à janvier 1793, il était alors retiré dans son pays natal. Il mourut à Marcilly le 13 mars 1800.

On procéda ensuite à son interrogatoire. Voici quelles furent ses déclarations : « Je n'ai point correspondu avec M. de La Luzerne. J'ai prêté sincèrement le serment de liberté et d'égalité, sur l'assurance qui m'a été donnée qu'il était purement civil et politique, et j'ai même essuyé des reproches, à cet égard, de plusieurs confrères déportés à Chaumont. J'ai entendu parler de la prolongation indéfinie des pouvoirs ecclésiastiques accordés aux prêtres insermentés par le ci-devant évêque. Quant à l'exercice secret du saint ministère, j'ai fait ce que ma conscience m'a suggéré, sans avoir l'intention de contrarier la loi. »

Cette fière réponse, avons-nous dit, fut faite le 31 mars. Le jour même, le Conseil général arrêta que le sieur Pelletier serait conduit sur-le-champ à la maison d'arrêt, et que ses papiers, empreints de la morale la plus incivique, seraient envoyés aux corps administratifs.

Deux ou trois jours après, le directoire du district de Langres, considérant qu'il avait été arrêté, tant pour avoir un oratoire clandestin, que pour avoir entretenu des correspondances très suspectes, et qu'en raison de ces faits très graves, il ne pouvait, par les dispositions de la loi du 26 août, être soustrait aux peines qu'il avait encourues, décida que Pelletier, détenu à Langres avec Le Clerc de Vodonne et Garnier, de Germainvilliers, resterait avec eux dans le même état d'arrestation, pour leur procès leur être fait (1). En conséquence, pendant que les autres prêtres dénoncés recevaient des passe-ports pour quitter le territoire français, Pelletier fut maintenu en arrestation pour être jugé. Ce digne prêtre devait languir 429 jours dans les prisons de Langres.

Voici quelques détails qui permettront de suivre les différentes phases par lesquelles passa son procès, et qui nous expliqueront les causes de sa longue durée.

Et d'abord le dossier le concernant fut égaré dans le trajet de Langres à Paris. En effet, le 10 janvier 1794, le tribunal criminel de la Haute-Marne ordonna à l'accusateur public de faire rechercher et recouvrer, dans les comités de la Convention et partout où il avisera, les lettres et liasses

(1) Arch. de la Haute-Marne, L. 200, f° 50.

envoyées à Paris, pour ensuite être statué ce qu'il appartiendrait (1).

Un peu plus tard, vers le mois de mars, le Comité de surveillance de Langres (section du nord) (2), dans le tableau qu'il fut appelé à remplir, donnait le témoignage suivant sur la conduite de Pelletier : « Avant la Révolution, son revenu était de 7.000 livres en bénéfices, et de 300 livres en patrimoine, réduit aujourd'hui aux 300 livres de patrimoine... Les papiers trouvés chez lui font présumer qu'il était attaché à l'ancien régime, et qu'il a vu avec peine tous les événements qui venaient à l'appui de la cause de la liberté » (3).

Enfin, le 20 mai 1794, on procéda à l'inventaire des meubles et effets laissés par Pelletier, au moment de son arrestation, dans la maison de la rue des Cours (4). L'estimation monta à 2.734 l. 10 s. (5).

Son procès commença le 23 mai, devant le tribunal de Chaumont. A l'audience de ce jour, l'accusateur public déclara qu'il n'avait pu jusqu'alors retrouver les pièces qui paraissaient avoir été adressées au Comité de sûreté générale à Paris. Il proposa de juger l'affaire conformément à la loi du 30 septembre, et de renvoyer le jugement au tribunal révolutionnaire, seul compétent. Le tribunal adopta cette procédure par un arrêt ainsi motivé : « Considérant que les lois des 27 germinal et 18 floréal nous interdisent de prendre connaissance des délits dont est prévenu Pelletier (complicité d'émigration et d'intelligence avec les ennemis du peuple français), et l'attribuent exclusivement au tribunal révolutionnaire, renvoie le dit Pelletier et les pièces qui le concernent au tribunal révolutionnaire de Paris, pour y être jugé conformément à la loi » (6).

(1) Arch. du greffe de Chaumont ; Arch. de la Haute-Marne, L, 202, f° 136.

(2) Le Comité de surveillance de Langres était divisé en trois sections : celle du Couchant (n⁰ˢ 1 à 456), celle du Midi (n⁰ˢ 457-927), et celle du Nord (n⁰ˢ 928-1406). Leurs délibérations diverses se trouvent aux Archives de la Haute-Marne (série L).

(3) Archives nationales, F 7 3291.

(4) Cette maison porte, actuellement, le n° 3 de la rue Claude-Gillot.

(5) Arch. de la Haute-Marne, Q, 351.

(6) Arch. du greffe de Chaumont.

Il ne restait plus qu'à faire exécuter ce jugement. Dès le
le lendemain 24 mai, Larcher, accusateur public, envoyait
à Paris les pièces concernant Pelletier, au nombre de vingt-
huit, et il donnait une réquisition à la gendarmerie pour le
faire transférer lui-même à Paris.

Mais ce transfert, on va le voir, devait subir plusieurs
retards successifs. M. Pelletier était malade. On eut pu
l'être à moins : il y avait déjà quatorze mois qu'il était détenu ! Une pétition fut adressée par lui à l'accusateur
public, dans laquelle il demandait qu'il lui fût permis de
sortir provisoirement de la maison d'arrêt, pour soigner sa
santé compromise. En faveur de sa requête il produisait
un certificat des docteurs Guérinot et Faure, de Langres,
en date du 26 mai. Mais cette demande ne fut pas accueillie (1).

Puis survint un incident de procédure. Le 27 mai, c'est-
à-dire quatre jours après le renvoi, par le tribunal criminel,
de l'affaire Pelletier au tribunal révolutionnaire de Paris, le
directoire du district de Langres arrêta que les délits dont
Pelletier était prévenu, étaient et demeuraient dénoncés au
Comité de surveillance (section Nord), et que celui-ci serait
tenu d'informer des faits contenus dans le procès-verbal du
31 mars 1793. Ce même jour, par une singulière coïnci-
dence, le lieutenant de gendarmerie, Duchoul, conformément
à la réquisition de l'accusateur public, ordonna que Pelletier serait tiré de la maison d'arrêt de Langres le lendemain et conduit, de brigade en brigade, en la maison de
justice du tribunal révolutionnaire. Mais, le 28 mai, les
membres du Comité de surveillance citèrent les témoins à
comparaître le jour suivant par devant eux ; et ils invitèrent Duchoul à suspendre l'exécution de l'ordre qu'il avait
reçu, jusqu'après l'instruction de la procédure dont le
Comité s'occupait en ce moment.

C'est donc le 29 mai qu'eut lieu l'audition des témoins,
appelés à déposer sur les faits contenus dans la dénonciation faite le 27 au Comité, par le directoire du district de

(1) Greffe de Chaumont.

Langres. Ils étaient au nombre de dix-sept. Leurs dépositions, qui remplissent vingt-trois pages, nous apprennent en détail les charges qui pesaient sur Pelletier. En voici le résumé :

« La preuve des délits à lui imputés, résulte, disaient les déposants, de différentes lettres et notes trouvées chez lui le 31 mars 1793, lesquelles établissent une *correspondance fanatique et contre-révolutionnaire* entre lui et plusieurs prêtres réfractaires, notamment Mondon, de Marcilly. Plusieurs de ces lettres décèlent les sentiments de Pelletier sur la Révolution : on y a remarqué qu'il se chargeait de faire des espèces de *quêtes pour les prêtres réfractaires* détenus à Chaumont (1), et de déléguer *les pouvoirs prétendus* desd. prêtres, d'envoyer en leurs noms, dans les différentes communes où ils exerçaient précédemment leurs fonctions, des dispenses, lettres de *Recedo*, et autres actes semblables ; que Mondon ayant, par une de ses lettres, fait des reproches à Pelletier de sa prestation de serment, celui-ci lui répondit que les doutes que Mondon avait pu concevoir au sujet de cette démarche, devaient être dissipés depuis qu'il était instruit que lui, Pelletier, n'avait prêté le serment que sous la restriction insérée dans la lettre de La Luzerne : que, dans une autre de ses lettres, il conseillait à Mondon de *tenir toujours ferme pour le maintien de la religion* catholique, apostolique et romaine ; qu'enfin, dans d'autres, il marquait à ce prêtre qu'il n'avait jamais eu autant d'espérance pour l'heureux succès des affaires, qu'il l'engageait à se consoler, qu'il avait sans doute souffert, qu'il souffrirait encore, mais qu'avant l'hiver *Bender* (2) *et consorts remédieraient à tout* et viendraient les délivrer. Il a engagé, en outre, plusieurs témoins à tenir pour le *soutien de la religion catholique*. Il donnait à Mondon des conseils pour *capter la succession* échue à la sœur de la domestique dudit Mondon. Enfin on a trouvé chez Pelletier un *autel et*

(1) Une caisse de secours avait été établie à Langres en faveur des ecclésiastiques pauvres qui, par principes de conscience, s'étaient mis dans le cas d'être privés de leurs places, et qui se trouvaient ainsi sans traitement (Arch. de la Haute-Marne, L, Comité de surveillance de Langres, section du Midi).

(2) Le baron de Bender, feld-maréchal autrichien, général-major, commandait alors la place de Luxembourg.

différents ornements et ustensiles à l'usage du culte ; on y
a trouvé également des notes qui contenaient *les noms des
enfants auxquels il avait administré le baptême* : ce qui
prouve qu'il y exerçait clandestinement différentes fonctions ecclésiastiques, au mépris de la loi » (1).

Après les témoins, le Comité de surveillance décida d'entendre Pelletier lui-même. Sa comparution eut lieu le
30 mai. Voici l'analyse de ses réponses : « ...Depuis plus
de trente ans, les vices multipliés du gouvernement m'ont
rendu républicain dans l'âme. J'ai prêté le serment de
liberté et d'égalité, et même engagé à le faire plusieurs de
ses collègues, qui paraissaient avoir de la répugnance à le
prêter. Je n'ai pas entretenu de correspondances avec M. de
La Luzerne. Avant la détention de Mondon, ex-curé de Marcilly, j'ai eu des relations avec lui, mais aucune depuis, ni
avec tous autres détenus. J'ai bien écrit, ajouta t-il, une
lettre à Mondon, le 30 décembre 1792 : mais les espérances
dont il y est question, n'étaient relatives qu'à une pacification
avec les puissances étrangères. Dans une autre lettre, écrite
au même le 22 septembre 1791, je n'ai eu d'autre intention
que de consoler mon ami, alors au comble de l'affliction.
Je n'ai-pas détourné plusieurs ecclésiastiques fonctionnaires
publics, de la prestation du serment, ni cherché à inspirer
au peuple de l'aversion pour les prêtres constitutionnels. Je
n'ai exercé aucune fonction publique depuis la suppression
des Chapitres ; et, n'ayant jamais eu la confiance de l'Evêque, je n'ai pas donné de dispenses en son nom. Je ne me
rappelle pas si, le 18 septembre 1791, j'ai écrit à Mondon
contre l'intrus de Marcilly (2), accueilli par quelques malheureux : en tout cas, je n'ai eu d'autre intention que de le
consoler. Je n'ai pas fait de quêtes pour les prêtres détenus
à Chaumont, mais leur ai envoyé quelques petites sommes
dont on m'avait chargé pour eux, ce qu'aucune loi ne défendait. Ce n'est pas la lettre de M. de La Luzerne qui m'a
déterminé à prêter le serment de liberté-égalité, car je

______

(1) Arch. nat., W, 36.
(2) C'était Pierre Fèvre, né à Flammérécourt en 1764. D'abord vicaire dans l'Yonne, puis à Saint-Pantaléon de Troyes, il administra,
comme curé, plusieurs paroisses, et, en dernier lieu, Til-Châtel où il
mourut le 23 janvier 1854.

l'avais fait avant l'annonce de cette lettre, dont j'ai entendu parler par quelques-uns des prêtres actuellement déportés. Je n'ai pas conservé chez moi de papiers contre-révolutionnaires, et j'ignore ce que la municipalité a fait saisir dans ma maison le 31 mars 1793. Quant aux exemplaires de l'imprimé ayant pour titre *Maximes de l'Eglise catholique, apostolique et romaine*, rédigé en 20 articles (1), j'ignore d'où ils pouvaient provenir : mais il n'y était question que de principes religieux. »

Le Comité de surveillance demanda ensuite à Nicolas Pelletier s'il ne conservait pas également dans sa maison, des signes appelés Sacrés-Cœurs, et d'autres signes de fanatisme et de contre-révolution. Il répondit qu'il ne s'en souvenait pas.

« Je n'ai donné aucun avis à Mondon à propos de la succession d'une fille décédée à mon service, poursuivit-il, et je ne sais si Mondon en a frustré les héritiers de la défunte... » Nicolas Pelletier avoua toutefois avoir communiqué à Mondon les pieuses intentions de cette fille.

« Dans la visite faite chez moi le 31 mars 1793, dit-il encore, on a trouvé, à la vérité, des ornements pour dire la messe, ainsi qu'un autel ; mais je n'ai point administré le baptême. »

Cet interrogatoire fini, l'inculpé reconnut celui qu'il avait précédemment subi, le 31 mars, par devant la municipalité de Langres.

Conformément à l'ordre qu'il en avait reçu, le Comité de surveillance transmit aussitôt les pièces de la procédure aux administrateurs du district (31 mai) : et ceux-ci adressèrent à l'accusateur public près le tribunal révolutionnaire de Paris, un dossier supplémentaire complétant celui qui, comme en l'a vu, lui avait été envoyé par l'accusateur public de Chaumont.

Quand à Pelletier lui-même, Duchoul, le lieutenant de gendarmerie ordonna, le 2 juin 1794, qu'il serait retiré de la maison d'arrêt de Langres le lendemain, pour

(1) Ces *Maximes*, rédigées sous forme de commandements pour l'usage des fidèles pendant le temps de schisme et de persécution, étaient très répandues dans l'ancien diocèse de Langres (Arch. de l'Yonne, L. 1152).

être conduit par deux gendarmes à Paris (1). Mais le malheureux prêtre était malade.

Ce ne fut, toutefois, que le 7 juin que le tribunal criminel voulut bien, enfin, s'occuper de l'état de santé de M. Pelletier. Il donna ordre qu'il serait visité par les médecins, pour savoir s'il pouvait être conduit à Paris pour y être jugé (2).

Quel fut l'avis des médecins, nous l'ignorons. Une chose certaine, c'est que M. Pelletier fut dirigé à Paris, dans une voiture attelée d'un « collier ». Les étapes de ce douloureux voyage furent Chaumont, où le prisonnier reçut 30 sous ; Bar-sur-Aube, 39 sous ; Troyes, où il ne reçut rien ; Nogent-sur-Seine, 51 sous ; Provins, 45 sous ; et enfin Brie-sur-Marne (3).

Nicolas Pelletier entra à la Conciergerie de Paris le 16 juin. Il en sortit le 6 juillet, pour être transféré en la maison-Egalité, dite Duplessis, où il resta cent vingt-huit jours, c'est-à-dire jusqu'au 12 décembre 1794. Pendant tout ce temps, il fut obligé de se nourrir à ses frais (4).

C'est alors que s'établit, à propos du dossier de M. Pelletier, une correspondance suivie entre l'accusateur près le tribunal révolutionnaire de Paris, d'une part ; et MM. Larcher, accusateur public près le département ; et Mulson, commissaire national près le district de Langres, d'autre part. Le 7 juillet, Mulson répondit enfin que ces pièces, transmises par Larcher dès le 24 mai (1793), ne se trouvaient ni au Comité de la section Nord, ni à la maison commune, ni au district. Il paraît, ajoutait-il, qu'elles ont été envoyées à la Convention, antérieurement au décret qui créa les Comités de salut public et de sûreté générale : c'est peut-être là qu'on pourrait les trouver (5).

Durant ces pourparlers, le bruit de la mort de Nicolas Pelletier avait couru en Haute-Marne. Sa famille, naturellement, s'en émut, et à la fin de juillet 1794, Guichenot-Pelletier, son neveu par alliance, écrivit de Nogent, à l'ac-

(1) Registre d'écrou.
(2) Greffe de Chaumont.
(3) Arch. nat W, 36.
(4) Arch. de la Préfecture de police de Paris, C, 18, 354.
(5) Arch. nat., W, 36. Cf. Arch. de la Haute-Marne, L, 202, f° 14.

cusateur public près le tribunal révolutionnaire de Paris :
« Je te prie de me tirer de l'incertitude, et de me faire
passer l'acte qui constate le décès de mon oncle. Je ne
convoite pas sa succession (un républicain n'a pas besoin
de richesses), mais je désire savoir ce qu'il est devenu. »
Nous ignorons si cette lettre eut une réponse, et quelle elle
fut.

Le 16 octobre 1794, Nicolas Pelletier fut enfin amené de
la maison de l'Egalité par devant Antoine-Marie Maire,
juge président du tribunal révolutionnaire. Il répondit,
comme il avait déjà fait, qu'il n'avait pas entretenu de correspondances avec M. de La Luzerne. Quant à ses lettres à
M. Mondon, elles n'avaient aucun caractère contre révolutionnaire, elles tendaient uniquement à consoler un ami de
quarante ans, en lui faisant espérer qu'il serait rétabli dans
sa cure, sans avoir aucun rapport au gouvernement civil et
politique. Interrogé s'il avait un conseil, il répondit : Non.
Alors on lui nomma d'office le citoyen La Feuterie.

L'acte d'accusation fut dressé le 19 octobre. Examen
fait, sinon des preuves matérielles et convaincantes (qui ne
se trouvaient point entre les mains de l'accusateur public),
du moins des propres aveux de Pelletier, il concluait à ce
que Pelletier « pour avoir entretenu des correspondances
contre-révolutionnaires, répandu le fanatisme et souhaité
l'anéantissement de la liberté, fut écroué sur les registres
de la maison d'arrêt de l'Egalité, où il était alors détenu,
pour y rester comme en maison de justice. »

Mais cette décision, évidemment arbitraire et sans bases
précises, ne devait pas être exécutée. Le 12 décembre 1794,
en effet, eut lieu un vrai coup de théâtre. Le Comité de sûreté
générale déclara que, vu les pièces en faveur du citoyen
Nicolas Pelletier, il arrêtait qu'il serait sur-le-champ mis en
liberté, et les scellés levés s'ils avaient été apposés (1).

La nouvelle de cette mise en liberté, véritablement inat-
tendue, arriva au Comité révolutionnaire de Langres par
l'entremise de l'agent national, le 17 décembre (2). Alors,

(1) Arch. de la Préfecture de police de Paris, C, 28, 255.
(2) Arch. de la Haute-Marne (Délibérations du Comité révolutionnaire
du district de Langres).

après une détention qui avait duré plus de vingt mois, M. Pelletier put enfin rentrer à Langres.

* * *

Une fois libre, Pelletier se pourvut auprès du département, pour être payé des quartiers arriérés de son traitement ; dans sa pétition, il sollicitait le paiement de la somme de 2.750 livres, pour deux ans et neuf mois de son traitement ecclésiastique fixé à 1.000 livres.

Cette réclamation donna lieu à plusieurs contestations. Le 23 septembre 1795, le directoire du district rendit l'arrêt suivant : « Il sera délivré à l'exposant un mandat de 1.280 l. 18 s. ; au surplus, la pension de Pelletier continuera de lui être payée sur le pied de 1.000 livres ; il n'y a lieu de délibérer sur sa réclamation en paiement de secours durant le temps qu'il a été détenu dans la maison de justice du tribunal criminel du département de Paris, attendu qu'il n'a pas justifié qu'il y avait vécu à ses dépens » (1).

Dans cette ordonnance il y avait, paraît-il, une erreur, qui se chiffrait à la somme de 984 livres au préjudice de Pelletier. C'est du moins ce que prétendit ce dernier, dans une nouvelle pétition. Le 7 février 1796, les administrateurs du département lui donnèrent gain de cause, et ordonnèrent de lui délivrer un mandat de 944 livres sur le receveur du ci-devant district de Langres. Mais, quand il demanda à la municipalité une ordonnance de paiement, celle-ci lui opposa toutes sortes de difficultés (2).

Trois mois après, le Commissaire du directoire exécutif près l'administration centrale du département, requit l'administration municipale de Langres, d'appliquer à Pelletier et à Le Clerc de Vodonne la loi du 3 brumaire (25 octobre 1795). En conséquence, M. Pelletier se rendit à la maison de réclusion de Chaumont, et il n'en sortit que sur la fin d'août ou au commencement de septembre (3).

A Langres, M. Pelletier s'était réinstallé dans sa maison

(1) Arch. de la Haute-Marne, V, 43.
(2) *Ibid.*
(3) *Ibid.*

de la rue des Victoires, n° 951 (1). Au mois d'octobre 1797, il déclara à la municipalité son intention d'exercer le culte dans la maison du citoyen Besancenet père, rue de l'Homme-Libre, n° 1139 (2), et dans celles des citoyens Lepicard, rue de Savoie, n° 909 (3), et Huraux, rue des Victoires, n° 958 (4).

Mais il était dit qu'il paierait de sa vie son attachement au devoir sacerdotal. Après la loi du 19 fructidor, les républicains de Langres dénoncèrent les menées contre-révolutionnaires du clergé qui, disaient-ils, avait des relations avec l'étranger et fanatisait le peuple (20 novembre 1797). Ils lui signalèrent en particulier Nicolas Humblot, Jean Mutel, Jean Cavisel (5), Le Clerc de Vodonne, et enfin Nicolas Pelletier. Ce dernier, lisait-on dans leur factum, « échappé au supplice par la chute de Robespierre, a rapporté à Langres sa haine contre la Révolution. C'est lui qui initiait aux mystères du Sacré-Cœur une confrérie contre-révolutionnaire des deux sexes, et qui écrivait à ses sectaires que Bender et consorts nous feraient bientôt justice des patriotes. » (6).

Cette dénonciation fut prise en considération. Le 12 décembre 1797, le Directoire exécutif condamna Pelletier et ses confrères à la déportation immédiate hors du territoire de la République « pour avoir entretenu une correspondance suivie avec leur évêque émigré, et pour avoir par leurs écrits et leurs actions excité le peuple à la révolte, et compromis ainsi la tranquillité. »

Laloy, muni de pleins pouvoirs pour assurer l'exécution de cet arrêté, chargea d'Anvers, chef d'escadron de gendarmerie, d'appréhender au corps Pelletier et ses confrères. Ceux-ci, arrêtés le 26 décembre, furent enlevés de leur do-

(1) Rue des Cours, puis Claude-Gillot.
(2) Rue de l'Homme-Sauvage, aujourd'hui Barbier-d'Aucour.
(3) Actuellement rue du Petit-Cloître.
(4) Archives municipales de Langres, t. III, f° 174.
(5) Jean Garnier, dit Cavisel, né à Langres en 1740, ex-prébendier, habitait rue de Mons (c'est-à-dire de la Trésorerie ou de la Crémaillère), et desservait les hospices : une attaque d'apoplexie lui épargna la déportation. Il mourut à Langres quelques années plus tard, le 20 novembre 1806.
(6) Arch. nat., F7 7431, Tableau supplémentaire des prêtres atteints par la loi du 19 fructidor.

micile de Langres, conduits en la maison d'arrêt de cette
ville, et transférés sur-le-champ dans les prisons de Chaumont ; Jean Cavisel, qui était malade, fut seul laissé à
Langres. En vain protestèrent-ils contre la fausse dénonciation dont ils étaient victimes : ils restèrent prisonniers
jusqu'au 8 février 1798 (1).

Ces arrestations étaient un triomphe pour l'administration municipale de Langres. Aussi, dès qu'elle en fut infor-
mée, elle s'empressa d'écrire au ministre de la police
générale pour l'en remercier (30 décembre).

On se tromperait toutefois, si l'on pensait que les sentiments de la municipalité jacobine étaient partagés par les
habitants de la ville. Une contre-lettre signée Simon, et
adressée au Directoire exécutif, protesta énergiquement contre la Société populaire de Langres « vrai moule à dénonciations calomnieuses. Elle surprend, disait-il, la religion
du Directoire et lui fait rendre des arrêts de déportation
contre des citoyens paisibles, sexagénaires, infirmes, qui
ont toujours fait leur soumission aux lois, et auxquels on
ne peut reprocher que le péché d'être prêtres. Sans doute,
ajoute Simon, la loi du 18 fructidor dernier est juste ;
mais les prêtres en question ne sont pas des perturbateurs.
Or, ces vils calomniateurs ne se sont pas contentés de dénoncer les prêtres en général de la commune de Langres comme
perturbateurs ou sur d'autres prétextes aussi faux ; mais
encore plus de 150 prêtres de toutes les communes voisines,
à douze et quinze lieues à la ronde. Quels abus ! Comment
le gouvernement, qui est juste, les tolère-t-il ? L'exposant
demande donc qu'on fasse vérifier les faits allégués avant
de prononcer, et de s'en rapporter aux autorités constituées du domicile du dénoncé, plutôt qu'à ces dénonciateurs
qui ne connaissent pas, à coup sûr, ceux qu'ils dénon-
cent » (2).

Mais cette lettre fut sans résultat. Le 17 nivôse an VI
(6 janvier 1798), l'administration centrale prit l'arrêté suivant : « 1° Les citoyens Pelletier, Humblot, Mutel et Le
Clerc, seront transférés des prisons de Chaumont dans

(1) Arch. nat. F7 7431 ; Registre d'écrou de Chaumont.
(2) Arch. nat. *loc. cit.*

celles de Rochefort ; 2° Pendant la route ils seront escortés jusqu'au chef-lieu du département voisin, par deux gendarmes à cheval et quatre vétérans nationaux, lesquels demeurent responsables ; 3° Pour rendre plus facile et plus assurée la garde de ces déportés, ils seront tous réunis pendant la route sur une voiture, laquelle leur sera accordée de gîte en gîte ; 4° Ils seront conduits par la route de Troyes, Sens, Orléans, en prenant pour leur direction de nouveaux ordres dans chacun des chefs-lieux des départements qu'ils auront à traverser pour arriver à Rochefort ; 5° L'escorte les accompagnera jusqu'à Troyes, et à cet effet il leur sera délivré une feuille de route au moyen de laquelle elle recevra le logement et la subsistance jusqu'à cette désignation et pour le retour » (1).

Les quatre prisonniers furent extraits de la prison de Chaumont le 8 janvier 1798, et arrivèrent à Troyes le 11 (2).

Quand le triste convoi arriva à Orléans, Nicolas Pelletier était déjà malade. Il entra à l'hôpital de cette ville le 24 janvier, et y mourut le 11 février 1798. Ce point est établi, d'une façon absolument certaine, par l'acte de décès, dont voici la copie authentique :

« Aujourd'hui vingt-trois pluviôse, l'an six de la République française une et indivisible, à quatre heures après-midi, par devant moi Oscar-Auguste Dulac, officier public de la commune d'Orléans, département du Loiret, sont comparus Jacques Miron, âgé de cinquante-deux ans, et Julien Lefranc, âgé de quarante-neuf ans, l'un commis aux entrées, l'autre portier de la maison d'hospice d'humanité de cette ville, y demeurants deuxième section, rue Parisis, n° 1er : lesquels m'ont déclaré que Nicolas Pelletier, âgé de soixante-onze ans, ex-chanoine de Langre, département de la Haute Marne, domicilié audit Langre, fils des défunts Claude Pelletier le jeune et de Roze Delanizeul (sans autres renseignements), est mort hier à neuf heures après midi dans la dite maison d'hospice d'humanité, où il était entré le cinq présent mois. »

C'est donc par erreur, et par suite de l'habitude sans

(1) Arch. nat. *loc. cit.*
(2) Prévost, t. III, p. 370.

doute, que M. Pelletier est associé à MM. Mutel, Humblot et Le Clerc, dans quelques documents postérieurs à sa mort. La confusion, du reste, s'explique par ce fait, que plusieurs prêtres déportés à Rochefort portaient ce même nom. Ainsi, l'un d'eux, qui était de Romorantin, fut embarqué sur la *Charente* le 12 mars 1798, c'est-à-dire un mois après la mort du chanoine de Langres (1).

M. Pelletier fut inhumé le lendemain de sa mort, 11 février 1798. Ce bon et fidèle serviteur jouissait enfin, après une vie extrêmement tourmentée, de la récompense promise par le divin Maître à ceux qui souffrent persécution pour la justice.

Ce n'est que trois mois après, c'est-à-dire le 5 mai 1798, que le ministre de la police générale informa le commissaire du directoire exécutif, que Pelletier, prêtre condamné à la déportation par arrêté du 22 frimaire (12 décembre), venait de mourir à l'hôpital d'Orléans (2).

II

HUMBLOT (Nicolas)

Né à Langres, paroisse Saint-Pierre, le 1er septembre 1734, de Jean Humblot, marchand hôtelier, et de Claude Chapuis, Nicolas Humblot fut baptisé le jour même de sa naissance, et eut pour parrain Nicolas Bertrand, aussi hôtelier, et pour marraine Catherine Humblot.

Il entra au séminaire en 1757, et fut fait sous-diacre le 11 mars 1758, diacre le 25 mars suivant, et prêtre aux Quatre-Temps de Noël de la même année. Son ordination au sacerdoce eut lieu à Mussy (3).

Après examen « super vocem et psalmodiam », Nicolas Humblot fut nommé prébendier de l'Eglise cathédrale le 1er mars 1759, en remplacement de Luc-Gabriel Gaucher (4) décédé le 1er février précédent.

(1) Arch. nat., F 7 7431 ; Manseau, t. II, p. 310.
(2) Arch. nat. *Ibid.*
(3) Etat civil de Langres ; Registre des ordinations.
(4) Luc-Gabriel Gaucher, né à Langres en 1693, secrétaire de l'Evêché, puis, en 1743, prébendier de la Cathédrale, était un liturgiste distingué en même temps qu'un peintre de talent. Cf. Roussel IV, p. 125.

D'abord sous-chantre à Saint-Mammès, il devint, en 1770, chapelain du cloître, par suite de la résignation de son oncle Jean-Baptiste Humblot, et chapelain de Saint-Lazare en l'église Saint-Mammès (1).

Comme il n'était pas fonctionnaire public, il ne fut pas appelé à prêter le serment à la Constitution civile du clergé. Mais, le 4 novembre 1792, il prêta le serment de liberté et d'égalité.

Cela ne l'empêcha pas d'être dénoncé, le 29 mai 1793, par la Société populaire, ni d'être déclaré suspect par le Comité de surveillance de Langres (section du couchant). Le 19 octobre 1793, ce dernier décréta qu'Humblot serait mis dans la maison de réclusion, comme prêtre à déporter.

Dès le lendemain, Nicolas Humblot fut, en effet, arrêté et transféré à Chaumont. Les papiers trouvés chez lui après son arrestation, furent déposés sur le bureau du Comité le 3 janvier 1794. Mais on n'y trouva rien de suspect, et on les remit à la citoyenne Montécot, sa sœur (2).

Le 6 mars 1794, dans le tableau qu'on l'avait chargé de remplir, le même Comité donna sur Humblot les détails suivants, qui montrent bien que le procès qu'on lui faisait était un procès de tendance. « Les motifs de son arrestation sont : son état de prêtre, et des propos et une conduite inciviques. Prébendé à la Cathédrale avant la Révolution, il est depuis lors prêtre sans fonction. Avant la Révolution, il avait pour revenu le traitement de sa prébende ; depuis, il a, outre son traitement national de 1,000 l., le revenu d'un sixième sur une maison sise à Langres. (3).

Pendant sa réclusion à Chaumont, Humblot demanda, avec ses confrères, le paiment de l'indemnité qui leur avait été assurée par la nation. Mais sa requête fut rejetée par le directoire du département (27 mars 1794).

Le 21 mai suivant, il fut porté sur la liste des émigrés avec la qualification de déporté ; et, deux mois après, le 24

(1) Délibérations du Chapitre. — M. Humblot habitait, avec M. Humblot, conseiller au grenier à sel, la maison Montécot, voisine de la cure de Saint-Pierre : cet immeuble qui portait alors les n°s 59-60, est, aujourd'hui le n° 13 de la rue Saint-Didier (Arch. du Musée, Mss. E 644 et 878).

(2) Arch. de la Haute-Marne (Comité de surveillance de Langres).
(3) *Ibid.*

juillet, le juge de paix de Chaumont procéda à la vérification du mobilier qu'il avait en sa prison. Il ne lui fut pas difficile de constater que Nicolas Humblot ne possédait rien au delà du strict nécessaire. Voici, en effet, la liste des objets qui furent trouvés en sa possession : trois paires de draps, deux douzaines et demie de serviettes, douze coiffes de toiles, six coiffes de nuit, et deux nappes. Il avait, en outre, un lit de camp, garni d'un matelas et d'une couverture de laine, qui ne lui appartenaient pas, mais qui venaient de sa sœur, la citoyenne Montécot, de Langres (1).

Son innocence était tellement visible, qu'elle frappa Besson, représentant du peuple en Haute-Marne (2). Aussi le fit-il mettre en liberté le 4 septembre 1794. (3).

Six semaines plus tard, c'est-à-dire le 29 octobre, son certificat de civisme fut approuvé par le Comité révolutionnaire du district de Langres (4).

* * *

Rendu à la liberté, Humblot reprit les fonctions de son ministère en qualité de vicaire catholique de Langres, et, dès le mois de mai 1796, peut-être même auparavant, il desservait Brevoines, avec 1000 l. de pension (5). Mais il ne tarda pas à être inquiété, et nous en avons la preuve dans la délibération suivante de la municipalité de Langres, en date du 27 juillet 1796.

« Considérant que depuis le 15 messidor dernier (9 juillet 1796), Nicolas Richard, cultivateur de Brevoines, se permet d'admettre, dans un édifice qui servait ci-devant d'oratoire et qui est devenu une propriété particulière, une quantité considérable de citoyens, lesquels assistent aux cérémonies d'un culte que ledit Richard fait exercer par un ministre du culte catholique ; que cette conduite est con-

(1) Arch. de la Haute-Marne, Q. 347.
(2) Besson (Alexandre), notaire à Armancey (Doubs), fut élu député à la Législative puis à la Convention. Envoyé en mission dans le Jura et la Haute-Marne après le 9 Thermidor, il montra une certaine modération dans l'accomplissement de sa charge. Il mourut en 1826.
(3) Arch. de la Haute-Marne, L. 194.
(4) *Ibid.* (Délibérations du Comité révolutionnaire de Langres).
(5) Roussel, t. II, p. 304, 333.

traire à l'article 16 de la loi du 7 vendémiaire sur la police
des cultes (1) ; que la déclaration, par lui faite le 15 messidor dernier à l'administration municipale, qu'il entendait
faire exercer le culte dans le dit oratoire, ne sert qu'à constater l'existence du délit sans l'atténuer, puisqu'elle est
contraire à la loi ; qu'en outre, au mépris d'un arrêté de la
municipalité du 11 messidor, il a souffert que la femme
de Mammès Vincent, manouvrier à Brevoines, fut enterrée
dans le cimetière qui entourait cet oratoire ; que Nicolas
Humblot, ci-devant prébendier, a exercé dans cet édifice les
fonctions du culte, en contravention aux articles ci-dessus
cités, et qu'il ne s'est pas opposé à l'inhumation de la femme
Vincent hors du lieu indiqué par la municipalité, est coupable sur le premier rapport et garant, sous le deuxième,
de la désobéissance qui a eu lieu. Considérant que les rassemblements nombreux, qui ont lieu à Brevoines, sont on
ne peut plus dangereux ; que la portion nombreuse de
citoyens qui s'y réunit, est connue pour son attachement
aux prêtres réfractaires, et qu'elle ne suit Nicolas Humblot
que parce que, n'ayant point été assujetti au serment de
1790, il est considéré comme partageant l'opinion desd.
prêtres, ainsi que leurs principes exclusifs. Arrête qu'elle
dénonce au tribunal de police correctionnel établi à Langres, Nicolas Richard, cultivateur à Brevoines, Nicolas
Humblot, ex-prébendier, et Mammès Vincent, manouvrier
au dit faubourg, pour être poursuivis et condamnés aux
peines portées par la loi du 7 vendémiaire ». (2).

La peine consistait en une amende de 100 à 500 livres
et dans un emprisonnement de un mois à deux ans (3).
Nous ne savons pas si elle fut appliquée aux accusés.

Quoi qu'il en soit, Nicolas Humblot se trouvait à Saint-
Broingt-les-Fosses dès le mois de septembre 1796, et il y
fit, le 26 de ce mois, la déclaration d'universalité, et de

(1) « Les cérémonies de tous cultes sont interdites hors l'enceinte de
l'édifice choisi pour leur exercice. Cette prohibition ne s'applique pas
aux cérémonies qui ont lieu dans l'enceinte des maisons particulières,
pourvu qu'outre les individus qui ont le même domicile, il n'y ait pas,
à l'occasion des mêmes cérémonies, un rassemblement excédant dix
personnes ». (Art. 16 de la dite loi).
(2) Arch. municipales de Langres, t. I, p. 104.
(3) Article 18 de la loi du 7 vendémiaire.

soumission et obéissance aux lois de la République (1).

* * *

Mais les Républicains de Langres le tenaient toujours à l'œil, et bientôt la loi du 19 fructidor leur fournit l'occasion qu'ils cherchaient pour le perdre. Le 20 novembre 1797, ils le dénoncèrent au ministre de la police comme contre-révolutionnaire, et comme ayant des relations à l'étranger. Ses mœurs dépravées, ajoutaient-ils pour le déconsidérer, et sans aucune preuve, ont été l'objet d'un grand scandale, et il dessert dans un faubourg de Langres l'oratoire qui est le rendez-vous des ennemis de la République (2).

Cette fois, le malheureux prébendier ne devait pas échapper à la haine des ennemis de la religion. Condamné à la déportation par un arrêté du Directoire exécutif en date du 22 frimaire an VI (12 décembre 1797), il fut arrêté le 26 décembre suivant par les soins du citoyen Danvers, chef du 39ᵉ escadron de gendarmerie, et enfermé le lendemain dans les prisons de Chaumont, en même temps que ses confrères, Jean Mutel, Nicolas Pelletier, et Le Clerc de Vodonne. Enfin, le 6 janvier 1798, l'administration centrale du département ordonna qu'Humblot et ses trois compagnons seraient transférés de Chaumont à Rochefort (3).

Les prisonniers passèrent à Troyes le 12 janvier 1798 (4), et de là s'acheminèrent lentement vers Rochefort, où Humblot arriva malade.

Le 28 mars, les déportés adressèrent une réclamation aux directeurs du pouvoir exécutif de la République. « Par un arrêté surpris à votre religion le 22 frimaire dernier, disaient-ils, vous les avez condamnés à être sur-le-champ déportés hors du territoire de la République, pour avoir entretenu une correspondance suivie avec leur évêque émigré, et pour avoir, par leurs écrits et leurs actions, excité

(1) Arch. de Saint-Broingt-les-Fosses.
(2) Arch. nat. F7 7431.
(3) Arch. nat., *loc. cit.* Nous avons déjà cité, p. 143, le texte de l'arrêté du 6 janvier.
(4) Prévost, t. III, p. 371.

le peuple à la révolte et compromis ainsi la tranquillité publique. Cet arrêté, continuaient-ils, leur a été signifié le 6 nivôse (26 décembre), et aussitôt, on les a enlevés de leur domicile de Langres pour les transférer à Chaumont. » Ils demandaient, en conséquence, une enquête, ou bien la commutation provisoire de la déportation en une injonction de sortir du territoire de la République (1).

Nous ne savons quel accueil fut fait à cette pétition. Cependant nous avons trouvé, dans le carton des Archives nationales déjà cité (2), un arrêté du Directoire exécutif de Paris, rendu sur la proposition du ministre de la police, et qui ordonne que les nommés Jean Mutel, Nicolas Humblot, et Nicolas Pelletier (3), tous trois sexagénaires, condamnés à la déportation le 22 frimaire an VI et transférés à Rochefort, seront provisoirement et à leurs frais, reconduits dans leur département, et mis dans la maison de réclusion du chef-lieu, et cela en vertu de la loi du 26 août 1792.

Que cet arrêté ait été publié ou non, M. Humblot n'en profita pas : car, déjà malade à son arrivée à Rochefort, il entra le 7 juillet 1798 à l'hôpital de la marine établi dans le port, et il y mourut le 8 août suivant, à l'âge de 59 ans (4).

III

MUTEL (Jean)

Dans plusieurs documents très-autorisés (5), nous avons lu que Jean Mutel vit le jour à Montigny-le-Roi, le 1ᵉʳ décembre 1722, et qu'il eut pour père Nicolas Mutel, chirurgien, et pour mère Reine Noirot. Mais, à la date indiquée, les actes de l'état civil de Montigny sont complètement muets à son sujet. Malgré d'actives recherches, nous n'avons pu, jusqu'ici, découvrir son acte de naissance.

Il reçut la tonsure des mains de Mgr de Montmorin, le

(1) Arch. nat. F7 7431.
(2) Arch. nat., *ibid*.
(3) Pelletier était mort, avons-nous dit, dès le 10 février précédent.
(4) État civil de Langres.
(5) Registre du Séminaire et des ordinations ; *Catalogus canonicorum*, Ms. ; Matricule de Rochefort.

5 octobre 1738, et prit en Sorbonne le grade de bachelier.

En 1745, il fut, en vertu de lettres dimissoriales, ordonné sous-diacre à Paris, et l'année suivante, aux Quatre-Temps de Noël, il fut, dans les mêmes conditions, promu au sacerdoce à Dijon (1).

D'abord, vicaire de Notre-Dame de Tonnerre (mars 1747-juin 1749), il devint ensuite vicaire résident de Parnot (1749-1753), puis curé de Corgirnon et doyen rural du Moge. Nommé à la cure de Notre-Dame de Tonnerre le 1er novembre 1759, il prit possession le 25 décembre suivant et résigna, l'année suivante, sa cure de Corgirnon (2).

Les événements qui marquèrent son ministère à Tonnerre, l'ont eu lui-même comme historien. En quittant cette ville, il a, en effet, laissé, dans les archives de l'église de Notre-Dame, un manuscrit intéressant, dans lequel, après une partie concernant l'histoire de France et de la paroisse, on trouve un *Journal* des événements du temps. On y relève plusieurs détails qui intéressent notre sujet (3).

En 1770, le marquis de Courtanvaux, seigneur et comte de Tonnerre, ayant fait assigner les habitants à lui payer la dixième partie de leurs revenus en blé, vin et légumes, le curé fut chargé par le Bureau municipal de chercher et de réunir des titres propres à les défendre contre cette prétention. Dans ce but, il fit le voyage de Molesme, de Langres et de Dijon.

Lorsque mourut Mgr de Montmorin, M. Mutel consigna, dans son *Journal*, le jugement que voici : « Pour ses qualités personnelles, il n'est personne dans le diocèse qui puisse les méconnaître : tous ont éprouvé les bontés d'un prélat qui agissait plutôt en père qu'en évêque ; il n'est pas un endroit de son diocèse qu'il n'ait visité plusieurs fois pendant un épiscopat de trente-six ans. Je ne puis penser à cette perte sans amertume ».

Il passa à Paris une partie de l'été 1771, à la suite d'un procès avec M. de Morancy, prieur commendataire de

<hr>

(1) Registre des ordinations.

(2) Arch. de Notre-Dame de Tonnerre ; Roussel. t. II, p. 252, 263 ; t. III, p. 340 ; t. IV, p. 146.

(3) Les extraits du *Journal* de M. Mutel nous ont été fournis par M. l'abbé Gérard, vicaire de Saint-Pierre de Tonnerre.

Saint-Agnan de Tonnerre, pour la prestation ou portion congrue que réclamait le curé, et que le prieur refusait absolument (1).

Il fut de nouveau obligé de faire le voyage de Paris en 1772, et il y passa presque tout l'hiver, pour faire juger son procès avec le prieur de Saint-Agnan. Enfin, après bien des peines, des tracasseries et des inquiétudes, il obtint un arrêté qui condamnait le prieur à exécuter la transaction de 1699, et, en conséquence, à payer trente-quatre bichets des quatre grains, un muid de vin et 75 livres en argent. Mais dans le réquisitoire de l'avocat général, il avait été dit que ce serait au curé de Notre-Dame, qui avait des revenus d'ailleurs, et particulièrement de l'Hôtel-Dieu, à payer les vicaires.

Depuis longtemps déjà un désaccord s'était élevé, à propos du droit de sépulture, entre le clergé de Tonnerre et les religieux de l'abbaye de Saint-Michel, et nous en trouvons la trace dans le *Journal* de M. Mutel. Ainsi, le 27 février 1775, les religieux de Saint-Michel firent assigner le curé de Notre-Dame, pour avoir fait un service en présence du corps de Paul Gloton, couvreur. Par ordre de Monseigneur, M. Mutel rédigea, sur la question, un *Mémoire* instructif destiné aux agents généraux du clergé.

Sur la fin de janvier 1776, quoique le thermomètre de Réaumur fût descendu jusqu'au 20° degré au-dessous de zéro, M. Mutel fit le voyage de Dijon et de Langres dans le but de faire des recherches, et à la Chambre des Comptes et aux Archives de l'Évêché, relativement au procès de la ville pour la dîme. Les pièces qu'il découvrit alors, firent décider la Cour en faveur des habitants contre le seigneur de Tonnerre.

Le 19 octobre 1777, M. Mutel fit la bénédiction du nouveau cimetière de la paroisse Saint-Pierre, et cela en vertu des procès-verbaux de visite et ordonnance rendue par

(1) Dans un *Mémoire* imprimé de M. de Morancy contre M. Mutel, doyen, vicaire perpétuel de Notre-Dame de Tonnerre, on reproche à ce dernier « beaucoup de dispositions à augmenter ses revenus, une grande estime pour ses connaissances en affaires, et une fermeté immuable dans ses opinions » (Archives de Notre-Dame de Tonnerre). Mais ce sont là paroles de plaideur et, par conséquent, sujettes à caution.

l'Evêque de Langres. Les Bénédictins de Saint-Michel signifièrent alors une protestation d'appel comme d'abus de cette ordonnance.

Le 3o novembre, à son tour, M. de Marcenay (1), curé de Saint Pierre, fit, en vertu d'une commission particulière, la bénédiction du nouveau cimetière de Notre-Dame : et, le 1er décembre, les religieux firent signifier un second appel comme d'abus, tant des ordonnances qui avaient permis d'ériger le nouveau cimetière, que de la bénédiction qui lui avait été donnée (2).

M. Mutel passa le mois de février 1778 à Paris, pour ce procès avec les Bénédictins. Enfin, le 3 juillet 1780, fut définitivement tranchée, par une transaction à l'amiable, la contestation depuis plusieurs siècles interminable, au sujet des prétentions des religieux de Saint-Michel sur le fait des sépultures (3).

Sur ces entrefaites, M. Mutel avait été nommé chanoine de la Cathédrale de Langres (1780). Il résigna alors sa cure pour 6oo livres de pension. A cette occasion, nous lisons dans son *Journal* les lignes suivantes : « Le 21 novembre 1781 [1780], j'ai pris possession d'un canonicat de la Cathédrale de Langres, qui m'a été résigné par Honoré Pralard (4), secrétaire de Mgr de Clermont. Il m'a aussi résigné l'archidiaconné du Barrois » (5). M. Mutel fut admis au stage le 1er mai 1781, et dès le 28 mai 1782, il se fit inscrire sur le registre des Confrères de Saint-Didier (6).

En 1789, M. Mutel donna 33o livres pour sa contribution patriotique ; et, en 1791, comme il était titulaire de

(1) Edme-Claude de Marcenay était né à Tonnerre même, en 1710 : curé de Saint-Pierre dès 1749, il résigna en 1789 et mourut peu de temps après.

(2) Cf. Bureau, *Notre-Dame de Tonnerre*, 1886, p. 3o-31.

(3) *Ibid.*, p. 154-155.

(4) Honoré Pralard, né en 1709 dans le diocèse de Blois, chanoine de Langres en 1732, mourut au mois de février 1784.

(5) Cf. Bureau, *loc. cit.*, p. 108.

(6) M. Mutel habitait le n° 276 du premier quartier de la ville, avec M. Mutel, chirurgien, Mlle Mutel, bourgeoise, et M. Petitjean, avocat. Cette maison, qui porte aujourd'hui le n° 2o de la rue Lambert-Payen, appartient à la famille Populus. Il est certain, d'ailleurs, que Jean Mutel possédait, au n° 998 de la rue de Mons (rue de la Trésorerie ou de la Crémaillère), une maison qui fut confisquée par la Révolution (Arch. de la Haute-Marne, Q, 265).

plusieurs chapelles, en même temps que chanoine, son traitement fut fixé à 2594 l. 19 s. 3 d.

Le 14 novembre 1792, il prêta à Langres le serment de liberté et d'égalité, le seul du reste auquel il fut tenu. Dénoncé, néanmoins, comme séditieux le 3 mai 1793, avec trente-trois de ses confrères, il fut, en conséquence, reclus à Langres puis à Chaumont. La liste des particuliers suspects, dressée à Langres le 11 juillet 1793, le range parmi les prêtres reclus et réfractaires, et par conséquent à déporter (1).

Au mois de mars 1794, il signa, avec ses confrères reclus, une pétition réclamant le paiement de l'indemnité que la nation leur avait accordée. Le Département rejeta cette demande, et déclara qu'il y avait lieu seulement de leur procurer leur entretien et leur subsistance, avec les fonds provenant des biens des émigrés déportés et des prêtres reclus, versés dans la caisse du receveur des domaines (2).

Le 14 mai 1794, le greffier de Langres, nommé Colle, se transporta à la maison qu'habitait M. Mutel, rue de Bruxelles (3), pour procéder à l'inventaire des meubles et effets qu'il pouvait y avoir laissés depuis sa détention, et sur lesquels le district avait fait apposer les scellés. Son frère, officier de santé, avait été chargé de les garder. L'estimation s'éleva à 281 livres (4).

M. Mutel fut inscrit sur la liste des émigrés le 30 prairial an II (18 juin 1794).

Au mois d'août de cette même année, le citoyen Mutel (5) s'adressa au Comité de surveillance de Langres et lui demanda les motifs de l'arrestation de Jean Mutel, ex-chanoine, reclus à Chaumont, ou, tout au moins, une attestation portant qu'il n'existait aucun motif d'arrestation contre lui au Comité, et qu'il ne lui était parvenu aucune dénonciation le concernant.

Le Comité n'ayant effectivement aucun motif de suspicion contre sa personne, et n'ayant point reçu de dénon-

(1) Arch. nat., F⁷ 3632ʃ ; F¹ᶜ ᴵᴵᴵ 4.
(2) Arch. de la Haute-Marne, L. 194.
(3) C'était le nom républicain de la rue Lambert-Payen.
(4) Arch. de la Haute-Marne, Q. 194.
(5) Probablement le frère de l'abbé Mutel.

ciation à son sujet, décida de délivrer au citoyen Mutel l'attestation qu'il demandait. Le certificat du Comité porte la date du 12 fructidor (29 août 1794) (1).

On trouve aussi, dans le dossier de Mutel, un certificat de civisme à lui délivré, le 16 octobre 1794, par les officiers municipaux de Langres. Ceux-ci attestent qu'il est un bon citoyen, et qu'il n'a jamais manifesté d'opinion contraire à la Révolution.

L'heure de la liberté avait enfin sonné pour M. Mutel. Le 29 octobre 1794, le Département déclara nulle la liste des suspects sur laquelle il avait été porté, et sans conséquence la réclusion qui en avait été la suite (2). Enfin, le 18 fructidor (4 septembre 1794), Besson, le réprésentant du peuple, le fit mettre en liberté (3).

*
* *

Une fois sorti de prison, M. Mutel revint à Langres. Le 11 mars 1795, le district ayant décidé qu'il recevrait 1.200 livres de pension, il en réclama le paiement dès le 10 juillet suivant (4).

Mais ses ennemis, ou plutôt les ennemis de la religion, ne désarmaient pas. Dès le 1er août 1797, Mutel était signalé, par le Commissaire du pouvoir exécutif de la Charente-Inférieure, comme ayant une correspondance à Rochefort, et étant du nombre des agents les plus actifs de la royauté dans le département de la Haute-Marne (5).

Le 15 septembre 1797, au lendemain du coup d'Etat, il avait prêté à Langres le serment de haine à la royauté et à l'anarchie, prescrit par la loi du 19 fructidor. Mais le 20 novembre, les républicains de cette ville, ayant dénoncé au ministre de la police les menées contre-révolutionnaires du clergé, signalèrent, en particulier, en même temps que plusieurs autres (6), Jean Mutel qui, disaient-ils, tient de

<hr>

(1) Arch. de la Haute-Marne, liasse non classée ; Registre du Comité de surveillance de Langres, Section du Couchant.

(2) Arch. de la Haute-Marne, liasse non classée.

(3) *Ibid.*, L. 194 ; Arch. nat., F7 3682⁸.

(4) Arch. de la Haute-Marne, L. 182, 195.

(5) *Ibid.*, liasse, an V.

(6) C'est-à-dire Nicolas Humblot, Jean Garnier dit Cavisel, Nicolas Pelletier et Le Clerc de Vodonne.

La Luzerne « le titre de cor-évèque *(sic)*, et des pouvoirs liberticides pour la propagation d'un schisme politique » (1).

Cette dénonciation fut écoutée. Le 12 décembre 1797, le Directoire exécutif donna ordre d'arrêter Mutel et ses co-inculpés, et de les déporter hors du territoire de la République. En conséquence, ils furent tous, à l'exception de Cavisel malade, déposés dans les prisons de Chaumont : c'était le 27 décembre 1797 (2).

M. Thomassin (3) affirme que Jean Mutel habitait Semilly, lorsqu'en 1798 il fut saisi presqu'en même temps que Louis-Nicolas Mutel, curé de la paroisse. Les pièces officielles disent, au contraire que les prêtres arrêtés demeuraient tous à Langres (4).

Le 17 nivôse (6 janvier 1798), l'administration centrale condamna Mutel et ses compagnons à être transférés à Rochefort. Partis de Chaumont le surlendemain, les prisonniers arrivèrent à Troyes le 11, et de là furent dirigés vers Rochefort.

On a, en faveur de M. Mutel, une pétition de son neveu, Leroy, datée du même mois de nivôse an VI, et dans laquelle celui-ci demande que son oncle soit simplement exclu du territoire de la République. « Il a 76 ans, dit-il ; constamment soumis aux lois, il a prêté tous les serments : c'est par suite d'une dénonciation calomnieuse qu'il a été frappé le 22 frimaire an VI. »

Mais cette démarche fut complètement inutile : car, peu de temps après, le 8 février. des renseignements défa-

----

(1) M. Mutel exerçait, en effet, comme troisième archidiacre, les pouvoirs qu'ils tenait de Mgr de La Luzerne, spécialement pour la réconciliation et la réhabilitation des prêtres assermentés. Le 1ᵉʳ archidiacre était M. Leclerc, et le 2ᵉ M. d'Anstrude. Ces détails nous sont fournis par l'abbé Huillier, secrétaire de Mgr de La Luzerne, qui nous a laissé une précieuse collection de pièces imprimées et manuscrites sur les événements de la Révolution (Affaires ecclésiastiques, t. VII). Quant à M. d'Anstrude, il était né en 1737 : ancien abbé commendataire de Saint-Pierre de Chalon-sur-Saône, et ancien chanoine de Langres, il s'était retiré à Poulangy près de sa sœur l'abbesse, puis à Chaumont où il avait été reclus de mai 1793 à septembre 1794. Il mourut au château d'Anstrude en 1824.

(2) Arch. nat., F7 7431.

(3) Thomassin, p. 325.

(4) Arch. nat., *loc. cit.*

vorables furent adressés de Langres à Chaumont. « La soumission de Mutel, y disait-on, n'est qu'apparente. Représentant de La Luzerne à Langres, il est très dangereux, et oblige les assermentés à se rétracter. En vain se fait-il, comme Leclerc Vodonne, le mérite d'avoir prêté tous les serments : ces serments, même celui de liberté-égalité, n'ont été prêtés que d'après l'autorisation de La Luzerne, et sous des restrictions qui mettaient les prêtres à même de les enfreindre en cas de besoin, sans compromettre ce qu'ils appellent conscience. La véritable place de ces Messieurs est donc au delà des mers. Fourel d'Autebois et le citoyen Leroy, qui s'intéressent à eux, sont de dangereux ennemis de la République. Les dénonciations faites contre Mutel, et autres, sont donc fondées et méritent la confiance du Directoire. » (1).

Arrivé à Rochefort, M. Mutel fut immatriculé, sous le n° 223, sur la liste des condamnés à la déportation. Voici son signalement: « Agé de 76 ans, né à Montigny, taille de 4 pieds 11 pouces, cheveux et sourcils noirs, yeux ronds, nez épaté, bouche moyenne, visage plein. » (2).

Dans sa détention, on accusa M. Jean Mutel de ne cesser de prêcher la désobéissance aux lois, aussi bien que son homonyme, Louis-Nicolas Mutel, ex-curé de Semilly, et cette conduite le fit transférer dans la prison de Saint-Maurice (3).

En réalité, M. Mutel était, en raison de son âge et de ses vertus, un homme vénérable et digne de tout respect. Mais ce que M. Manseau ajoute (4), à savoir qu'il fut nommé, dans sa prison, vicaire général de la Rochelle, s'applique à Louis-Nicolas Mutel, curé de Semilly (5).

Le 22 février 1798, M. Mutel écrivit, en son nom et au nom de ses collègues, la lettre suivante [aux administrateurs de la Haute-Marne] : « Citoyens. Nous apprenons que le citoyen ministre vous a chargé de prendre des informations sur les cinq ecclésiastiques de Langres, nommés

(1) Arch. nat., F7 7431.
(2) Extrait de la matricule de Rochefort.
(3) Arch. nat., *loc. cit.*
(4) Manseau, t. II, p. 309. Thomassin, p. 325, et Lemonnier, p. 98, ont reproduit l'assertion de Manseau.
(5) Voir l'autobiographie de M. le curé de Semilly,

dans l'arrêté du 22 frimaire dernier. Je m'empresse de vous faire parvenir copie des pièces justificatives qui sont entre mes mains. Mes collègues et compagnons d'infortune ont envoyés depuis longtemps les pièces qui les concernent. » (1).

Le 28 mars 1798, une nouvelle réclamation se produisit, et cette fois collective, signée de M. Mutel et de ses codétenus ; elle était adressée aux Directeurs du pouvoir exécutif de Paris (2).

A l'époque où nous en sommes de notre récit, les documents officiels eux-mêmes confondent le chanoine Jean Mutel, avec Louis-Nicolas Mutel, curé de Semilly, qui alors se trouvait aussi à Rochefort. Après bien des essais, nous avons renoncé à l'espoir de démêler cet écheveau.

Voici, du moins, une note qui s'applique aux deux Mutel : « Les Mutel, quoique très-âgés, n'ont pas cessé, dans leur détention, de prêcher la désobéissance aux lois : c'est même leur conduite qui m'a fait embarquer le plus jeune (c'est-à-dire Louis-Nicolas), et transférer l'autre (Jean) dans la prison Saint-Maurice. » Voilà ce qu'on écrivait de Rochefort au ministre de la police, le 24 août 1798.

Quant à Jean Mutel en particulier, il semble résulter d'une note des directeurs Reubell, Merlin et Barras, qu'ayant été soumis à la déportation, quoique septuagénaire, il devait être, provisoirement et à ses frais, reconduit dans la Haute-Marne et mis dans la maison de réclusion de Chaumont (4 floréal, VI; 23 avril 1798) (3).

Néanmoins, M. Mutel resta dans les prisons de Rochefort. Entré à l'hôpital de la marine, dans le port de cette ville, le 24 juillet 1798, il y mourut le 11 août. Cela résulte du registre mortuaire de l'hôpital de la marine. Du reste son certificat de décès, fut envoyé de Rochefort à Langres le 11 août, et y arriva le 21 septembre (4).

(1) Arch. de Chaumont, liasse non classée.
(2) Nous l'avons citée plus haut, p. 150.
(3) Arch. nat., F7 7431.
(4) Etat civil de Langres, à la date indiquée.

CALVAIRE COMMÉMORATIF
ERIGÉ PRÈS DU PORT-DES-BARQUES, EN FACE DE L'ÎLE MADAME —

(Voir page 12.)

CHAPITRE III

Ecclésiastiques déportés à la Guyane

I

LE CLERC DE VODONNE (Etienne-Charles-Mammès)

Le vénérable religieux de ce nom appartenait à l'une des familles les plus importantes et les plus considérées de la ville de Langres. Du côté paternel, elle était alliée aux Mauparty et aux Monginot, et, du côté maternel, aux Roussat, aux Mony de Percy et aux Pechin. Lui-même a laissé une réputation de très-haute vertu, dont le temps n'a pas encore effacé le souvenir.

Etienne-Charles-Mammès Le Clerc de Vodonne est né à Langres, paroisse Saint-Pierre, le 17 avril 1747. Son père était Pierre Le Clerc de Vodonne, chevalier d'honneur du bureau des finances de Paris, capitaine au régiment de Beauvilliers, cavalerie ; et sa mère Marie-Françoise-Pulchérie Andrieu. Il fut ondoyé le lendemain. Les cérémonies du baptême furent suppléées le 17 septembre suivant. Il fut tenu sur les fonts par Etienne-Amâtre Andrieu, écuyer, seigneur de Tornay et autres lieux, et par Charlotte Petit, épouse de Edme Gaudon, bourgeois de Paris (1).

Nous ne savons rien sur sa première éducation. Mais il est certain que, jeune encore, il renonça au monde, et embrassa la vie religieuse dans l'ordre de Citeaux. Il fit profession à Clairvaux le 27 mars 1769.

Après son ordination au sacerdoce, M. Le Clerc fut chargé, par ses supérieurs, de la desserte de la paroisse intérieure de Longuay, qui dépendait de l'abbaye de ce nom (1774-1786). Dès 1779, il portait en outre le titre de

(1) Etienne-Charles-Mammès était le premier-né de ce mariage. Outre une sœur, morte sans doute en bas âge, il eut un frère et trois sœurs, dont il sera question plus loin.

procureur de l'abbaye. C'est, en effet, la qualification qu'il prend dans un acte de mariage célébré à Langres le 26 octobre de la dite année. Ce jour-là, il donna la bénétion nuptiale à son frère, Etienne-Marie Le Clerc de Vodonne, qui épousait Adélaïde Jeanne Gillet, fille de François-Remy Gillet, receveur des gabelles de cette ville, et de Louise-Suzanne Jacobé d'Ablancourt (1).

Détaché de la Communauté, après 1783, pour diriger les Bernardines du couvent de Notre-Dame-des-Prés (diocèse de Troyes), il resta là, si l'on en croit M. Prévost (2), jusqu'à la suppression de cette maison (fin 1790). Quoi qu'il en soit, Le Clerc se trouvait à Auberive à l'époque de l'inventaire : il y remplissait les fonctions de dépensier ou économe, de receveur des grains, et de maître des hôtes.

Le 4 mai 1790, jour de l'inventaire fait à l'abbaye par le maire et les officiers municipaux d'Auberive, dom Le Clerc manifesta l'intention de surseoir à faire sa déclaration, jusqu'à ce que l'Assemblée nationale ait définitivement assuré son sort. Il était encore à Auberive le 7 décembre 1790, lorsque les deux commissaires nommés à cet effet, à savoir J.-B. Moine, maître de forges à Auberive, et François Georgemel, procureur de la commune de Rouelles, firent le récolement de l'inventaire, et apposèrent les scellés sur les effets mobiliers de la mense conventuelle.

Nouvelle déclaration le 20 janvier 1791. Ce jour-là, il signifia son intention de ne pas continuer la vie commune, mais il demanda toutefois à rester à Auberive jusqu'à la belle saison seulement (3). Sa pension fut fixée à 900 livres, et il se retira à Langres chez Madame sa mère (4).

N'ayant jamais été fonctionnaire public, M. Le Clerc n'eut pas à prêter le serment constitutionnel, car il n'y était pas tenu. Mais il prêta, en temps utile, le serment de liberté et d'égalité, prescrit par la loi du 14 août 1792 (5).

(1) Roussel, t. II. p. 36 ; Etat civil de Langres ; Collot, *Chronique de l'abbaye de Longuay*, 1868, p. 245.

(2) Prévost, t. II, p. 260.

(3) Arch. de la Haute-Marne, L, 198 ; Q, 20.

(4) La maison Le Clerc de Vodonne, située rue de la Vernelle, nos 24 et 25, était habitée, par M. Guyardin, lieutenant particulier, et par M. d'Huvé, officier. Aujourd'hui, cette maison porte les nos 16 bis et 18 de la dite rue et appartient à M. le Dr Michel Brocard.

(5) Lettre de Le Clerc, en date du 18 décembre 1797, citée plus loin.

Il vivait donc tranquille à Langres, lorsque le 13 mars 1793, il fut enveloppé dans une dénonciation collective de trente-quatre citoyens de Langres, qui demandaient, en exécution de la loi du 26 août 1792, la déportation d'une trentaine d'ecclésiastiques non assermentés.

En conséquence, la municipalité de Langres mit Le Clerc en arrestation. C'était, nous apprend la sœur Gabrielle Gauchat (1), le jour de Pâques, 31 mars. « De ce jour de Pâques, écrit-elle, MM. de Vodonne, Pelletier et Garnier, le premier prêtre bernardin, le deuxième archidiacre du Bassigny, et le troisième curé de Ravennefontaine (2), furent menés en prison pour les crimes ordinaires. Il y eut des ornements, des calices pillés et emportés, des visites très fâcheuses multipliées. Onze bandes de ces séditieux couraient à la fois les maisons les plus notées : la nôtre était du nombre. Nous avions à nos portes une nombreuse populace qui excitait ces visiteurs à faire la plus exacte recherche, en les assurant du succès » (3).

Sous la pression de ces événements, les membres du district se réunirent, le 3 avril suivant, pour délibérer, et ils décidèrent que Vodonne, étant accusé de faits très-graves, ne pouvait, pas plus que Pelletier, échapper par la déportation aux peines qu'il avait encourues, et qu'en conséquence, il resterait, lui aussi, dans la maison d'arrêt de Langres, pour son procès lui être fait conformément à la loi (4).

Six semaines plus tard, le 14 juin 1793, un ordre du Comité de sûreté générale prononça la mise en liberté de M. Le Clerc. Celui ci put même, le 26 juin suivant, obtenir à Langres un certificat de civisme.

(1) Gabrielle Gauchat, nièce du savant chanoine Gabriel Gauchat, née à Saint-Domingue en 1745, était Visitandine au couvent de Langres depuis 1770 : elle mourut chez les Trappistines de Yerre (Seine-et-Oise) le 25 février 1780. Outre plusieurs ouvrages de piété restés manuscrits, elle nous a laissé le *Journal d'une Visitandine pendant la Terreur*, publié par l'abbé Godard (Paris, Poussielgue, 1855).

(2) Nous ne connaissons aucun curé de Ravennefontaine ayant porté le nom de Garnier : peut-être, au lieu de Ravennefontaine, faut-il lire Germainvilliers ?

(3) *Journal*, p. 68-69.

(4) Arch. de la Haute-Marne, L, 185, f° 22 et 68 ; 200, f° 50.

*
* *

Mais M. Le Clerc ne jouit pas longtemps de la liberté. En effet, le 15 octobre 1793, le Comité de surveillance de Langres ordonna que « la veuve Leclerc dit Vodonne (1), et Leclerc lui-même, ex-moine, seraient mis dans la maison de réclusion. La mère : comme ayant un gendre émigré (2) ; pour avoir tenu chez elle des assemblées fanatiques, et y avoir fait dire des messes où il était reçu des personnes étrangères ; pour avoir expulsé de sa maison le citoyen Guyardin, son gendre (3), comme ayant défendu les intérêts du peuple, en sa qualité de son représentant à à la Constituante. Le fils : pour propos inciviques ; et pour avoir été l'aumônier et dit des messes dans la maison de sa mère.

Les ordres du Comité n'eurent vraisemblablement pas leur effet immédiat, car Le Clerc ne fut mis en réclusion qu'en janvier 1794. Les papiers trouvés chez lui le 3 de ce mois, furent saisis et inventoriés par le bureau du Comité, qui en retint une partie comme suspects. Le lendemain, il fut, par ordre du district, conduit de Langres en la maison de réclusion de Chaumont. Enfin, le 18 février, il fut porté sur liste des suspects (4).

Voici les renseignements donnés, à son sujet, le 6 mars 1794, par le Comité de surveillance de Langres : « Ex-bernardin, retiré chez sa mère à Langres. Les motifs de son arrestation sont : propos inciviques, et rassemblement de fanatisme chez lui, où il disait la messe et admettait des étrangers ; relations et liaisons avec les fanatiques. Caractère borné, fanatique, peu dangereux. Il vit d'une rente

(1) Son mari était mort dès le 3 mars 1769.

(2) Il s'agit, croyons-nous, de Mathieu-Nicolas de Huvé, marié, le 14 octobre 1786, à Jeanne-Marie Barbe Le Clerc de Vodonne. La sœur de cette dernière, Marie-Pulchérie, avait, le 18 mai 1785, épousé Georges-Alexis Fourel d'Autebois.

(3) Louis Guyardin, né à Dommarien le 20 janvier 1758, lieutenant-particulier au bailliage de Langres, épousa, le 6 octobre 1789, Marie-Henriette Le Clerc de Vodonne. Né en janvier 1762, il remplaça à la Constituante Mgr de La Luzerne, démissionnaire en 1789, vota la mort de Louis XVI en 1793, et fut ensuite envoyé en mission aux armées du Rhin et de la Moselle. Ce conventionnel régicide mourut en exil à Constance en 1816.

(4) Arch. de la Haute-Marne (Registre du Comité de Langres).

viagère de 100 livres sur sa mère, et de son traitement national de 900 livres » (1).

L'inventaire du mobilier que Le Clerc possédait dans la maison de réclusion, eut lieu le 3 août 1794. En voici le détail : « Un couchette d'emprunt, un matelas, un traversin, draps, deux couvertures de laine, un chandelier d'étain, une autre paire de draps en sa malle, une douzaine de chemises, une douzaine de serviettes, deux douzaines de mouchoirs, une douzaine de paires de bas, habits, vestes, culottes et souliers, le tout à son strict nécessaire ; ni chasubles, ni ornements d'église » (2).

Trois mois plus tard, le prisonnier adressa une nouvelle demande au Comité révolutionnaire du district de Langres, dans le but d'obtenir sa liberté. Après en avoir délibéré, le Comité statua « que sa pétition lui serait renvoyée, à l'effet de se disculper sur le principal motif de son arrestation, qui était d'avoir tenu des propos inciviques, d'avoir admis chez lui des rassemblements fanatiques, et d'y avoir dit la messe en y admettant des étrangers » (1er novembre).

Puis, le 7 novembre, le Comité se ravisant examina la pétition, et reconnut que « M. Leclerc était d'un caractère tranquille, qu'il avait toujours joui de cette réputation dans la commune, et qu'il avait toujours manifesté son attachement aux lois. Quant aux faits de fanatisme, dont le pétitionnaire ne disconvenait pas, le Comité observa que l'esprit public ne redoutait plus ce monstre terrassé, et renvoya à la sagesse du Comité de sûreté générale à statuer sur son sort, ne pouvant le faire lui-même, vu qu'il n'était pas compris dans la loi du 21 messidor » (3).

Un arrêté du Comité de sûreté générale de la Convention, en date du 20 pluviôse an III (8 février 1795), ordonna la mise en liberté du prisonnier. Le 15 février, Le Clerc obtint de la municipalité un certificat de résidence. Enfin, libéré le 19, il rentra aussitôt à Langres, où quatre jours plus tard, la municipalité lui délivra un certificat de civisme.

(1) Arch. de la Haute-Marne (Registre du Comité de Langres).
(2) *Ibid.*, Q, 325.
(3) Arch. de la Haute Marne, *loc. cit.*

*
* *

De 1795 à 1796, grâce aux lois qui autorisaient l'exercice du culte dans l'intérieur des édifices religieux (1), M. Le Clerc put remplir à Langres les fonctions du ministère catholique (2). Du reste, le 16 juin 1795, sur la pétition de plusieurs citoyens et citoyennes de la ville, l'église cathédrale fut provisoirement mise à leur disposition, pour l'exercice du culte catholique, apostolique et romain, à la charge par eux de se conformer à la loi (3). M. Le Clerc dut donc, au préalable, promettre soumission et obéissance aux lois de la République (4).

Mais, en même temps que la Convention proclamait la liberté des cultes, elle prescrivait l'application des lois contre les prêtres réfractaires (5). Aussi, le 9 avril 1796, le commissaire du Directoire exécutif près l'administration centrale du département, blâma l'administration municipale de Langres, de n'avoir pas pris des mesures plus énergiques et plus efficaces contre les prêtres dénoncés en vertu de la loi du 26 août 1792.

En conséquence, dans sa séance du 11 avril suivant, l'administration municipale du canton de Langres « considérant que Nicolas Pelletier et Leclerc dit Vodonne ont été dénoncés par trente-six citoyens de la commune, en vertu de la loi du 26 août 1792 ; que, s'il a été sursis à l'exécution de cette loi relativement à eux, ce n'était point parce que la loi ne leur était pas applicable, mais parce que les délits plus graves, dont ils étaient prévenus, ôtaient au ci-devant district la faculté d'appliquer une peine plus légère ; que la loi du 3 brumaire (25 octobre 1795) atteint non-seulement les prêtres déportés ou reclus, mais encore ceux sujets à la déportation ou à la réclusion ; considérant que, d'après l'article 19 de la loi du 21 fructidor (7 septembre 1795), les administrations municipales doivent connaître, dans leur ressort, des objets qui appartiennent à l'adminis-

---

(1) Lois des 3 ventôse et 11 prairial an III, et 7 vendémiaire an IV.
(2) Arch. de la Haute-Marne, L, *loc. cit.* Cf. Roussel, t. II, p. 332.
(3) Arch. de la Haute-Marne, L, 180 ; Arch. municipales de Langres, t. I, p. 82.
(4) Articles 5 et 6 de la loi du 7 vendémiaire an IV.
(5) Lois des 22 nivôse et 12 floréal an III, et 3 brumaire an IV.

tion générale et que la loi déléguait aux districts ; arrête 1° Pelletier et Leclerc sont sommés de se présenter sans délai devant elle, pour y déclarer le pays étranger dans lequel ils entendent se retirer, et y recevoir un passe-port ; 2° ils seront tenus de déclarer, au moment de la sommation, s'ils entendent profiter des dispositions de l'article 8 de la même loi, où s'ils veulent sortir de la République ; 3° dans tous les cas, le citoyen Forgeot, officier de santé à Langres, demeure nommé à l'effet de constater leurs infirmités, s'il y a lieu ; 4° en cas de délai ou de refus d'obéir, les particuliers seront conduits de brigade en brigade au port de mer le plus voisin, et de là transférés à la Guyane française ».

Le Clerc était absent lorsque lui fut faite, à son domicile, la notification du décret du 26 août 1792. Il se présenta, le 29 avril seulement, devant l'administration municipale, et déclara qu'en exécution de la loi, il venait prendre un passeport. Il justifia, séance tenante, d'un certificat du citoyen Forgeot, duquel il résultait qu'il avait un embarras au foie, que sa respiration était gênée et accompagnée de toux, qu'il était sujet à des douleurs de tête, enfin qu'il avait au pied gauche une faiblesse, suite d'une luxation, qui le faisait souvent boiter. En conséquence, il demanda que, conformément aux articles 8 et 9 du décret précité, il fût autorisé, comme infirme, à se retirer en la maison de réclusion du département. — Sur quoi, l'administration municipale lui permit de se rendre à Chaumont (1).

Un peu plus tard, le 21 juin 1796, l'administration centrale, sur une pétition de la « citoyenne Andrieu, veuve Leclerc, demandant une expédition de la liste sur laquelle son fils, ancien bernardin, avait été porté en 1793, ou au moins un certificat négatif, déclara que la minute de la dénonciation faite en 1793 contre Etienne-Charles-Mammès Leclerc n'était pas déposée dans ses archives » (2).

Cette démarche eut pour résultat, le 20 juillet 1796, un nouvel ordre de mise en liberté de Le Clerc de Vodonne : il était signé par le ministre de la sûreté générale.

(1) Arch. municipales de Langres, t. I, fos 62, 63, 73 ; Arch. nat., F7 7431.

(2) Arch. de la Haute-Marne (Délibérations de l'administration centrale).

*
* *

Après la loi du 19 fructidor, M. Le Clerc prêta le serment de haine à la royauté et à l'anarchie. La municipalité de Langres ayant, malgré cela, fermé son oratoire, il se soumit à cette décision (1).

D'un autre côté, les républicains de Langres ne désarmaient pas. Le 20 novembre 1797, ils dénoncèrent à nouveau, au ministre de la police, les menées contre-révolutionnaires du clergé, et signalèrent en particulier Le Clerc de Vodonne : celui-ci, disaient-ils, « a mené dans le cloître une vie scandaleuse, qu'il continue plus à l'aise dans son oratoire, comme confesseur attitré des filles à gage qu'il pervertit (2) ; sa déportation a été demandée le 16 mars 1793 par trente-quatre citoyens de Langres, mais non effectuée, et il est sorti de prison sans être corrigé ».

Cette dénonciation ne tendait rien moins qu'à faire déporter Le Clerc au delà des mers. Pour échapper à la peine qui le menaçait, il adressa au ministre de la sûreté générale, le 18 décembre 1797, une lettre que nous avons déjà citée, mais qui demande à être rapportée textuellement : « Je suis ex-bernardin et prêtre. A la suppression des ordres religieux, je me retirai chez ma mère sans m'occuper des querelles politiques et religieuses. N'ayant jamais été fonctionnaire public, je n'ai point prêté le serment prescrit par la loi du 26 décembre 1790, parce que je n'y étais pas astreint ; mais j'ai prêté celui de liberté et d'égalité, prescrit par celle du 14 août 1792. Le 16 mars 1793, on me dénonça en demandant ma déportation, aux termes de la loi du 27 août 1792. Incarcéré, j'obtins justice et liberté par un arrêté du Comité de sûreté générale de la Convention en date du 14 juin 1793. De retour à Langres, j'obtins un certificat de civisme le 26 juin. Le [24] nivôse an II (3 janvier 1794), je fus mis en arrestation par le Comité révolutionnaire de ma section. Je reçus de nouveau ma liberté par arrêté du 20 pluviôse an III (8 février 1795), et le 5 ventôse suivant (23 février), j'obtenais de nouveau à Langres un certificat

_____

(1) Lettre de M. Le Clerc, en date du 18 décembre 1797.
(2) Arch. nat., F7 7431. On sait ce que valent de pareilles accusations, alléguées sans aucune espèce de preuve à l'appui.

de civisme. Quinze mois après, la nouvelle municipalité m'ordonna, en vertu de la loi du 3 brumaire, de sortir du territoire de la République, sous prétexte que j'avais été inscrit sur la liste de déportation du 16 mars 1793. Quoique malade, je me rendis à la maison de détention de Chaumont : mais le 2 thermidor an IV (20 juillet 1796), j'obtins du ministre de la sûreté générale ma liberté. — Pourquoi donc ces nouvelles dénonciations ? J'ai prêté le serment de haine à la royauté le 28 fructidor an V (14 septembre 1797). Mon oratoire, ouvert en vertu de la loi du 7 vendémiaire, ayant été fermé après le 19 fructidor, j'obéis à la décision de la municipalité de Langres. Je ne puis deviner les motifs de ma dénonciation ; je vous prie de me les communiquer, afin que je puisse confondre les calomniateurs. Ci-joint toutes les pièces justificatives » (1).

Il était trop tard !

Dès le 22 frimaire (12 décembre 1797), le Directoire du pouvoir exécutif de la République avait porté, contre Le Clerc, un arrêté le condamnant à être déporté hors du territoire de la République, pour avoir entretenu une correspondance avec l'évêque émigré, et pour avoir excité le peuple à la révolte.

Cet arrêté fut signifié au vaillant cistercien le 27 décembre, et sur-le-champ il fut enlevé de son domicile et déposé dans les prisons de Chaumont avec Nicolas Humblot, Jean Mutel et Nicolas Pelletier.

Plusieurs tentatives furent faites pour sauver les malheureux prêtres. Ainsi, le 5 janvier 1798, Fourel d'Autebois, beau-frère de dom Le Clerc, habitant Paris, rue Grenelle-Honoré (2), écrivit en faveur de l'ex-bernardin. « Déporté, disait-il, par arrêt du 22 frimaire dernier, il a obéi aussitôt, en se mettant en route : il est muni de certificats de civisme et d'infirmités, et a prêté tous les serments à lui prescrits. » En conséquence, Fourel demandait qu'au lieu de le déporter au delà des mers, on lui enjoignît de sortir du territoire de la République (3).

Mais toutes les démarches et toutes les protestations

(1) Arch. nat., F7 4731.
(2) Entendez la rue de Grenelle-Saint-Honoré, à Paris.
(3) Arch. nat., *loc. cit.* ; Chaumont, Registre d'écrou.

furent inutiles. Le 6 janvier 1798, le Département prit un arrêté, ordonnant que Le Clerc et ses compagnons seraient transférés des prisons de Chaumont dans celles de Rochefort : il réglait, en outre, leur itinéraire par Troyes, Sens et Orléans (1).

En vain demandèrent-ils à ne pas subir leur peine. Une lettre partie de Langres le 8 février 1798, et adressée à l'administration centrale, insistait pour que la sentence de déportation fût exécutée. On y disait en substance : « Le Clerc a prêté, il est vrai, tous les serments exigés par la loi. Mais cette soumission n'était qu'apparente, car il fanatise les esprits, et enseigne que les lois de la République sont incompatibles avec la religion catholique, apostolique et romaine. Il tient dans sa maison des rasssemblements scandaleux. Sa véritable place est au delà des mers. » (2).

Le Clerc fut donc conduit à Rochefort. Il y arriva au commencement de mars 1798, et fut déposé à la prison Saint-Maurice, où il régnait une consigne extrêmement sévère (3). Le 16 mars, il écrivit [au citoyen commissaire] les lignes suivantes : « Une lettre datée de Langres le 21 pluviôse dernier, adressée au citoyen Humblot, détenu ici avec Mutel et moi, nous apprend que le citoyen Sotin, ministre de la sûreté générale, vous a écrit pour que vous preniez des informations très-détaillées sur les dénonciateurs des citoyens Mutel, de Vodonne, et de Chambrulard, en attendant qu'il vous écrive pour prendre les mêmes informations sur ceux des citoyens Humblot et Pelletier. Une seconde (lettre), datée du 6 ventôse, nous dit que le ministre a ordonné de suspendre notre départ jusqu'à nouvel ordre. Je désirerais en particulier que vous ayez la complaisance de me faire part directement ici, de ce que le ministre vous a écrit à notre sujet, et de l'effet qui a pu résulter des informations que vous avez prises en conséquence, près de l'administration municipale de Langres. Je désirerais en outre que vous vouliez bien en faire part au commissaire

---

(1) Nous avons déjà rapporté le texte de cet arrêté à l'article *Nicolas Pelletier*, p. 143.

(2) Arch. nat., F7 7431. Cf. l'article *Jean Mutel*, p. 157.

(3) Cf. Manseau, t. II, p. 43 seq. ; t. I, p. 134 seq.

de la municipalité de Rochefort, et même à celui de la marine, pour que, si l'ordre de déportation arrivait, nous en soyons exceptés ».

Enfin, le 28 mars 1798, Le Clerc et ses compagnons écrivirent à Paris une nouvelle lettre de réclamation, dont nous avons déjà reproduit le texte (1). Mais le Directoire exécutif y répondit par un arrêté qui statuait que la déportation de Le Clerc de Vodonne serait exécutée, conformément à l'arrêté du 22 frimaire (12 décembre 1797) (2).

D'abord embarqué sur la *Charente*, Le Clerc fut, le 23 avril 1798, transbordé sur la *Décade* qui partit deux jours après, et dont le capitaine traita les prisonniers avec la dernière rigueur. Après un voyage très-mouvementé, la frégate arriva enfin dans la rade de Cayenne le 9 juin, à quatre heures et demie du soir. Nous empruntons la fin de cette lamentable histoire à l'abbé Guillon (3).

« Arrivé dans le port de Cayenne au milieu de juin, il en fut relégué de suite au désert de Conanama. Pour se soustraire à la peste qui y moissonnait les déportés, il se retira, avec le curé Belouet (4) et deux autres confrères, dans le canton de Macouria, où, n'ayant qu'une hutte pour chambre à coucher, ils cherchaient à vivre, en travaillant à la terre, afin de la fertiliser. Elle n'en exhalait que plus de vapeurs pestilentielles. Une fièvre putride s'empara de Le Clerc : la misère la plus profonde l'environnait, et le privait de tout secours. Il mourut de l'un et l'autre fléau le 30 octobre 1798 » (5).

M. Manseau (6) fixe au 2 novembre 1798 la mort de M. Le Clerc, et M. Prévost (7) au premier du même mois. Seul, l'acte de décès de ce confesseur de la foi, pourrait trancher cette question de date. Mais il n'a pas été transcrit sur les registres de l'état civil de Langres.

(1) Voir l'article *Nicolas Humblot*, p. 149.
(2) Arch. nat., F7 7431.
(3) Guillon, t. III, p. 502.
(4) Jean-Baptiste Belouet, né à Thoires (Côte-d'Or) en 1751, et curé de Grancey-sur-Ource en 1784, fut déporté en décembre 1797 ; il mourut à Macouria le 20 septembre 1798 (Arch. de la Côte-d'Or, L. 628).
(5) Ces détails sont empruntés à Pitou, t. II, p. 309-310.
(6) Manseau, t. II, p. 307.
(7) Prévost, t. III, p. 371.

M. Le Clerc n'avait que 51 ans. Mais, quoique jeune encore, les longues souffrances qu'il avait endurées pour la foi avec une fermeté d'âme digne d'un fils de saint Bernard, l'avaient mûri pour le ciel.

II

VÉRILLOTTE (Antoine)

Antoine Vérillotte, en religion frère Florentin, naquit à Rivières-les-Fosses ; aucun doute n'est possible à cet égard. C'est donc par erreur que M. Bauzon (1) le fait naître à Arc-sur-Aujon, et M. Victor Pierre (2) à Langres. Seulement, il n'est guère facile de déterminer la date exacte de sa naissance.

D'après son acte de profession et l'inventaire de 1790, il serait né le 17 janvier 1756. Mais les registres de Rivières ne font aucune mention de son nom à cette date : ils relatent seulement, le 14 janvier 1756, la naissance d'Etienne Vérillotte, fils de François Vérillotte et de Nicole Perron. De 1748 à 1758, les actes religieux de la paroisse enregistrent la naissance de plus de vingt enfants du nom de Vérillotte : mais un seul porte le nom d'Antoine, et il est dit être né le 29 décembre 1754, de Renard Vérillotte, laboureur, et de Geneviève Journée. Il faut donc dire ou que le frère Florentin est né, non pas le 17, mais le 14 janvier 1756, et qu'alors il s'appelait Etienne et non pas Antoine ; ou bien qu'il s'appelait Antoine, et qu'il est né treize mois plus tôt, c'est-à-dire le 29 décembre 1754. Cette dernière hypothèse est la plus probable.

Contrairement à ce que presque tous les historiens ont affirmé, à la suite de Pitou (3) et de Guillon (4), il n'était pas prêtre, mais simple frère lai. C'est sous cette qualification qu'il est constamment désigné dans les pièces officielles (5).

(1) *Histoire de la persécution religieuse dans l'arrondissement de Chalon sur Saône*, p. 596

(2) *La Terreur sous le Directoire*, p. 433.

(3) Pitou, t. II, p. 150.

(4) Guillon, t. IV, p. 699.

(5) Le P. Apollinaire, *Etudes franciscaines* (Bulletin du diocèse de Dijon, 16e année, p. 95).

Autre erreur enfin. Vérillotte n'appartenait pas au couvent d'Avallon : nous avons cherché en vain son nom, dans les Archives de l'Yonne, parmi les Capucins de cette ville. Il appartenait à celui de Châtillon-sur-Seine. C'est ce dont témoigne l'inventaire fait chez eux le 21 mai 1790 : « Antoine Vérillotte, frère laïc, dit en religion frère Florentin, de Rivières-les-Fosses, âgé de 34 ans 4 mois (étant né le 17 janvier 1756), déclara qu'il acceptait la pension décrétée par l'Assemblée nationale pour vivre hors du cloître. » (1).

Il échappa, paraît-il, à la persécution de 1793-1794. Il se cacha, sans doute, comme tant d'autres ecclésiastiques. Peut-être aussi, son titre de frère lai le mit-il à l'abri des violences de la Terreur.

A la fin de 1794, il lui arriva une aventure assez curieuse, dont nous avons trouvé le récit aux Archives de la Côte-d'Or (2). Etant à Châtillon, il fut accusé d'avoir mis à part des effets du magasin national du district, et de les avoir placés de façon à pouvoir les enlever. Mais, n'ayant pas été convaincu, il fut acquitté par le tribunal criminel de la Côte-d'Or.

Voici les détails de cette affaire. Le 7 novembre 1794, un vol avait été commis dans le magasin national du district de Châtillon, situé dans l'ancienne église des Capucins. On y avait enlevé une croix de cuivre portative, deux chandeliers du même métal, un ciboire de cuivre doré, un calice d'étain, des burettes, des sacs de toile, et autres objets. On accusa de ce délit Vérillotte, qui alors était simple manœuvre à Châtillon.

D'après ses dénonciateurs, il se serait introduit dans le magasin national, et aurait placé plusieurs objets, qui y étaient déposés, à l'ouverture d'une baie, d'où ils pouvaient facilement être enlevés par le dehors.

Arrêté et conduit dans la maison d'arrêt du district de Châtillon, Vérillotte fut interrogé une première fois par l'officier de police du canton. Le jury ayant déclaré, le 11 décembre 1794, qu'il y avait lieu à accusation, on le transféra de Châtillon en la maison de justice du tribunal criminel de

(1) Arch. de la Côte-d'Or, Q, 717.
(2) Tribunal criminel, cote 187 ; Arrêts criminels, ans III et IV.

la Côte-d'Or. Et là, il eut à subir un deuxième interrogatoire.

Les réponses et les explications que le prévenu donna au tribunal, peuvent se résumer comme suit : « Il s'appelle Antoine Vérillotte, ex-frère capucin, actuellement manœuvre, domicilié à Châtillon, âgé de 40 ans (1). Il s'est introduit dans le magasin par curiosité. Il a touché et retourné les pièces de cuivre qui y étaient, et en a placé plusieurs dans la baie. Mais, quant aux objets trouvés dans sa chambre, comme le Christ, le dessus de la petite croix, il les a eus en sortant du couvent. C'est un commis de l'administration qui a laissé chez lui les deux flambeaux de composition. Enfin les sacs appartiennent à des rouliers à qui il les avait prêtés. Du reste, le 7 novembre, il n'était pas en pleine possession de lui-même, de sorte qu'il ignorait par où il était entré dans le magasin, et ce qu'il avait fait et dit : c'est seulement deux jours après, que, revenu à lui, il avait reconnu qu'il était dans la maison d'arrêt. »

Le tribunal criminel déclara que ce délit méritait une peine afflictive, et acte d'accusation fut, en conséquence, dressé contre Vérillotte.

Il fut jugé le 8 janvier 1795. *Trois* faits furent retenus par le tribunal criminel. Divers objets en cuivre avaient été déplacés le 7 novembre 1794, et placés dans une baie communiquant du magasin à un corridor. C'était Antoine Vérillotte qui les avait déplacés et replacés. Seulement, le vol n'avait pas été consommé.

Cette dernière circonstance valut à Vérillotte, de la part du tribunal, un verdict d'acquittement, et il fut mis en liberté.

Des documents qui précèdent, il résulte que Vérillotte avait été obligé, pour suffire à sa subsistance, de se livrer au travail des mains, et qu'en 1795, il exerçait, à Châtillon, l'humble profession de manœuvre.

Que devint-il dans la suite ? où fixa-t-il sa résidence ? et à quelles occupations se livra-t-il ? Il n'est pas facile de le dire, en face des affirmations contradictoires des historiens.

Aymé, cité par le P. Apollinaire (2), dit que son domicile était à Autun. Guillon (3) affirme qu'il exerça le saint

(1) Cette date reporterait bien la naissance de Vérillotte à 1754.
(2) *Études franciscaines*, loc. cité
(3) Guillon, t. IV, p. 699.

ministère en 1795 et 1796, dans le diocèse d'Autun. L'abbé Bauzon (1) précise encore davantage : il raconte que ce « prêtre insermenté » avait exercé, au commencement de novembre, le culte catholique à Chatenoy (près de Châlon-sur-Saône), sans autorisation préalable. Traduit, pour ce fait, à l'audience de la police correctionnelle de Châlon, il fut, dit-il, mis en liberté comme ayant exercé d'une manière privée, et en présence de moins de dix personnes : seulement il devait prendre un nouveau passe-port et rentrer dans son pays. Gally (2) enfin, répète que Vérillotte exerça son ministère dans le diocèse d'Autun, aux premiers jours de la détente qui se manifesta sur la fin de la Convention.

Toutes ces affirmations viennent tomber devant un fait absolument certain, à savoir, que Vérillotte n'était pas prêtre. Tout le crime de ce bon frère fut probablement d'avoir présidé quelques réunions de fidèles, où des lectures, des chants et des prières faites en commun leur procuraient quelques-unes des consolations inhérentes au culte catholique (3).

Mais, ce qui est prouvé, et ce que tous affirment, c'est qu'après la loi du 19 fructidor, Vérillotte tomba entre les mains des satellites de la Révolution, et qu'il fut condamné à la déportation.

Arrivé à Rochefort, il fut embarqué à la destination de Cayenne, sur la *Bayonnaise* le 1er août 1798, d'après Aymé (4), Guillon, Manseau, et le P. Edouard d'Alençon (5) ; sur la *Décade*, et dès le 26 avril, d'après Victor Pierre, qui a dû consulter les feuilles d'embarquement (6). Si la première date est exacte, ce qu'admet aussi Gally, le frère Vérillotte aurait eu pour compagnons de voyage, MM. Bauleret et Joseph Garnier, et ne serait arrivé en rade de Cayenne qu'à la fin de septembre 1798. Si c'est la seconde qui est la vraie, il y serait arrivé dès le mois de

---

(1) *Etudes franciscaines,* loc. cit.

(2) *Notices sur les prêtres et les religieux de l'archidiaconé d'Avallon,* 1898.

(3) *Etudes franciscaines,* loc. cit., p. 16.

(4) *Déportation et naufrage,* Paris, 1800.

(5) Ce dernier, dans son *Martyrologe de l'Ordre des Frères mineurs* (1892), l'appelle Victor Antoine.

(6) Manseau, t. II, p. 75-81, 87-91, 102.

juin, en compagnie de Le Clerc de Vodonne et de Pierron (1).

Quoi qu'il en soit, les déportés de la *Bayonnaise* furent, comme ceux de la *Décade*, envoyés, audelà de Cayenne, dans les cantonnements de Conanama, pays pestilentiel et si malsain, que soixante-dix prêtres y trouvèrent la mort dans l'espace de deux mois. De Conanama enfin, les malheureux prisonniers furent, en novembre 1798, transférés à Sinnamary.

Nous savons que le frère Vérillotte se consacra au service de ses confrères malades. Grâce à une forte constitution, il put résister, pendant quelque temps, aux fatigues et aux dangers du climat : mais, vers la fin de l'hiver, il sentit ses forces s'épuiser. En proie à une consomption lente, il fut transporté à l'hôpital de Sinnamary, et y mourut, après quelques jours d'agonie, à l'âge de 48 ans, le 11 mars 1799 selon les uns (2), le 1er avril seulement, d'après les autres (3). Son corps repose dans le cimetière de cette petite bourgade.

III

PIERRON (Jean-Pierre)

Né à Bienville le 8 janvier 1794, de Hilaire Pierron, recteur d'école de la paroisse, et de Marie-Anne Gaillet, Jean-Pierre Pierron fut baptisé le même jour, et eut pour parrain Pierre Gaillet, laboureur, demeurant à Chamouilley, et pour marraine, Catherine Roget, aussi de Chamouilley (4).

Minoré à Châlons le 7 juin 1770, il reçut, dans le même diocèse, tous les autres ordres jusqu'à la prêtrise, et il devint, en 1777, curé de Braux-Saint-Remy : il y signa les actes du 1er avril de cette année jusqu'au 30 août 1787 (5). De là il passa de Villers-le-Sec (Marne) (6), paroisse qui ne

(1) Manseau, t. II, p. 77 et 99.
(2) Manseau, t. II, p. 317 ; Gally, *loc. cit.*
(3) Pitou et Guillon, *loc. cit.*
(4) Etat civil de Bienville.
(5) Etat civil de Braux-Saint-Remy.
(6) Cf. Millard, *Le Clergé du diocèse de Châlons-sur-Marne pendant la Révolution*, Châlons 1904, p. 235.

comptait guère que 300 habitants, mais qui lui rapportait, net, 1470 livres. Pitou nous apprend (1) qu'il était lié avec M. Drouet, qui arrêta le roi à Varennes en juin 1791.

Le curé de Villers-le-Sec ne paraît pas avoir eu des idées bien nettes sur la licéité du serment qui lui fut demandé en janvier 1791. Ses variations à ce sujet en sont la preuve (2).

Le 30 janvier, à l'issue de la messe, après un long préambule où il disait en substance : « Je sais que je ne dois pas moins rendre à César ce qui est à César, qu'à Dieu ce qui est à Dieu ; je place le patriotisme dans l'ordre politique au même rang que la foi dans l'ordre du salut », il prêta le serment en ces termes : « Je jure de veiller avec soin au salut des âmes qui me sont confiées, d'être fidèle à la nation, à la loi et au roi ; de maintenir de tout mon pouvoir la Constitution du royaume décrétée par l'Assemblée nationale et acceptée par le roi ; et, par les mêmes principes aussi, je jure également soumission et obéissance aux saints canons acceptés par l'Eglise catholique et romaine, dans le sein de laquelle j'ai eu le bonheur d'être élevé, et dans la communion de laquelle je veux vivre et mourir. »

Quinze jours après (15 février 1791), par devant les officiers municipaux de Villers-le-Sec, assemblés au lieu ordinaire, dans la crainte, disait-il, qu'on interprétât mal le serment qu'il avait prêté le 30 janvier, et qu'on ne donnât à la manière dont il s'était expliqué un sens contraire à ses vraies intentions et aux vrais principes qu'il avait toujours professés, il déclara que, sans entendre insister sur les les réflexions dont il avait accompagné la prestation de son serment, ni vouloir donner à ses expressions un autre sens que celui qu'elles présentent naturellement, et afin de ne laisser aucun doute sur la sincérité de sa soumission au décret de l'Assemblée nationale, il réitérait le serment prescrit par la loi.

Le 6 mars 1791, Pierron, se conformant à la loi du 9 janvier précédent qui prescrivait le serment pur et simple,

(1) *Voyage à Cayenne*, t. II, p. 329.
(2) Cf. Millard, *Le Clergé du diocèse de Châlons-sur-Marne pendant la Révolution*, Châlons 1904, p. 235.

jura, après la messe paroissiale, dans les termes voulus par le décret du 26 décembre précédent.

Nouvelle déclaration le 8 juin 1791. S'étant présenté devant la municipalité, il dit que « MM. les administrateurs avaient improuvé et rejeté son serment ; qu'en vertu du jugement de ces Messieurs, il l'avait réitéré le 15 février et le 6 mars ; qu'à cette époque, il n'avait vu dans cet acte qu'une obéissance à la loi ; qu'il avait cru pouvoir d'autant moins refuser cette marque de déférence à Messieurs les administrateurs, que les sentiments alors étaient encore très-partagés sur le serment, et que l'Eglise ne s'était pas encore expliquée sur la Constitution civile du clergé ; et, d'un autre côté, l'Assemblée nationale elle-même, dans son Instruction du 21 janvier dernier, avait manifesté, de la manière la plus claire et la plus énergique, son attachement à la foi catholique ; que jusqu'alors, il n'avait donc pu fixer son opinion. Mais, aujourd'hui, il ne pouvait ni ne devait rester dans cet état d'indécision et d'incertitude, l'Eglise ayant prononcé par l'organe de son chef visible, uni à la presque totalité des évêques de France et à la sacrée Faculté de Paris. Et sans vouloir attacher à la décision du Saint-Siège plus de poids et d'autorité qu'elle n'en a réellement dans les principes de l'Eglise gallicane, il ne pouvait se dispenser de la regarder comme un jugement provisoire, auquel il devait se soumettre jusqu'à ce que l'Eglise universelle, ou dispersée ou réunie en un Conseil œcuménique, l'ait réformé, suivant le droit qu'elle en a reçu de son divin fondateur. Qu'ainsi, il était de sa probité et de sa franchise de détromper MM. les administrateurs ; qu'il déclarait donc qu'il entendait rétablir dans toutes ses forces les restrictions et explications apposées à son premier serment du 30 janvier, le tout sans préjudice de la fidélité qu'il vouait à la patrie, ainsi que de la soumission la plus entière et la plus illimitée qu'il devait, dans l'ordre temporel, et qu'il gardera toute sa vie à la nation, à la loi et au roi ». Il y avait, dans ces déclarations embarrassées, une contradiction que l'administration ne pouvait admettre. Aussi, lui fit-elle savoir qu'il eût à se prononcer plus ouvertement (1).

(1) Archives de la Marne, série L. Dossiers relatifs aux serments des ecclésiastiques d'Heiltz-le-Maurupt.

Le 12 juin, jour où les électeurs devaient se réunir dans l'église de Vitry, Pierron envoya sa rétractation à Dolizy, le procureur syndic. Celui-ci en écrivit immédiatement au directoire du district. Il espérait recevoir de ce dernier l'autorisation de remplacer le curé de Villiers-le-Sec. Elle ne vint pas (1).

Mais bientôt Pierron allait donner une nouvelle preuve de son peu de fermeté. Circonvenu par le parti schismatique, ou plutôt par l'administration elle-même, il déclara, le 27 juin 1791, que, par la restriction apposée à son serment du 30 janvier, il n'avait jamais entendu restreindre l'obéissance qu'il devait à la nation, à la loi et au roi, et qu'ainsi il ne persévérait pas dans ses restrictions. « Je les retire donc par le présent acte, en tout ce qu'elles peuvent avoir de contraire à la soumission que tout citoyen doit aux lois de sa patrie ; et, pour donner une preuve publique de mon obéissance à la Constitution, je ferai, au prône de la messe paroissiale, mercredi prochain, 29 du courant, lecture de la Lettre pastorale de M. l'évêque constitutionnel du département de la Marne » (2). Il la lut, en effet, mais la séance fut orageuse.

Le 29 juin, après l'Evangile, il monta en chaire, et, après avoir fait d'une manière très-intelligible, lecture de la lettre de l'évêque, il se disposait à lire l'*Adresse aux citoyens* venue du directoire du district, et relative à la perception des impôts, quand J.-B. Damien, laboureur et notable, se leva et dit : « Il est trop tard, Monsieur le curé ; vous auriez dû avoir fait cette lecture il y a long-temps, et, si vous n'aviez pas espéré une contre-révolution, vous l'auriez faite plus tôt. Un ministre qui a cherché à détruire la religion n'est pas fait pour la rétablir. Vous avez défendu à Claude Riché d'aller à confesse au curé qui pourrait vous remplacer : un tel citoyen ne peut plus être considéré que comme un aristocrate. » Riché, laboureur et notable se leva à son tour, et affirma que M. le curé avait défendu aux enfants de la première communion d'aller à la

(1) Millard, *loc. cit.*, p. 264, 267.
(2) C'était Nicolas Diot. Né à Reims en 1744, il était curé de Vendresse (Ardennes), quand il fut, le 15 mars 1791, élu évêque de la Marne.

messe et à confesse à celui qui le remplacerait : ainsi, conclut-il, je vous défends d'avoir aucune confiance en M. le curé.

Le Maire pria Riché et Damien de cesser, en leur exposant qu'étant dans le lieu saint et devant le Saint-Sacrement exposé, ils ne devaient point troubler M. le curé dans ses fonctions, ni causer du scandale. Le calme s'étant rétabli, Pierron continua la lecture de l'*Adresse*.

Après la messe, à la sortie sur le cimetière, tous les citoyens désapprouvèrent généralement la conduite de Riché et de Damien, et plusieurs braves citoyens joignirent leurs efforts à ceux des officiers municipaux pour adoucir la masse des habitants contre Riché et Damien, leur exposant qu'il fallait faire usage de prudence et de modération, et réunir toutes ses forces pour servir la patrie.

Le curé fut maintenu. Mais ses tergiversations lui furent plus tard reprochées, et il les expia chèrement après le 18 fructidor (1).

*
* *

Un tableau dressé à Heiltz-le-Maurupt le 19 décembre 1797, nous apprend que Pierron fit tous les autres serments que la loi exigeait de lui. Le 26 septembre 1792, il prêta, en qualité de curé et de membre du Conseil de Villers, le serment de liberté et d'égalité. Il fit, le 22 octobre 1795, la déclaration d'universalité et de soumission aux lois de la République, prescrite par la loi du 7 vendémiaire an IV. Enfin, le 16 septembre 1797, il prêta le serment de haine à la royauté et à l'anarchie, et il continua à desservir la paroisse de Villers jusqu'au 15 janvier 1798.

A cette époque, une enquête eut lieu à son sujet, et le 13 janvier, le département prononça l'arrêté qui suit : « Vu les extraits des registres de délibérations de la municipalité de Villers-le-Sec des 30 janvier, 10 février, 6 mars, 8 et 27 juin 1791 ; considérant que Pierron, après avoir prêté d'abord son serment avec explications, restrictions et modifications, l'a ensuite prêté purement et simplement, en abandonnant et révoquant ses précédentes res-

(1) Millard, *loc. cit.*, p. 271-273.

trictions ; que depuis il les a rétablies formellement et les a ensuite rétractées ; que ces variations lui rendent applicables les dispositions de la loi des 29 et 30 vendémiaire an II, dont l'exécution se trouve renouvelée par l'effet de la loi du 19 fructidor dernier, conformément à la lettre du ministre de la police générale du 3 brumaire dernier (24 octobre 1797) (1) ; après avoir entendu le commissaire du Directoire exécutif ; déclarons ledit Pierron sujet à la déportation. En conséquence, faute par lui d'avoir quitté le territoire français dans la quinzaine de la publication de la loi du 19 fructidor dernier, il sera arrêté et conduit à la maison d'arrêt à Châlons, pour être de là transféré à Rochefort, de brigade en brigade, suivant la lettre du ministre de la police générale du 26 vendémiaire (17 octobre 1797) ».

Le 11 janvier 1798, le citoyen Boulloche, lieutenant de la gendarmerie, reçut du département l'ordre de l'arrêter, et de l'amener à Châlons à la maison d'arrêt.

Quelques jours plus tard, le 23 janvier 1798, Pierron adressa, de la maison d'arrêt de Châlons, une lettre aux administrateurs du département. « Il exposait qu'étant sujet à la déportation par arrêté du département en date du 24 nivôse dernier, et ne pouvant espérer qu'ils feraient droit aux réclamations qu'il pourrait leur soumettre, il les invitait seulement à acquiescer à deux de ses demandes. La première avait pour objet d'être visité par les officiers de santé, pour faire constater son état d'infirmités et d'impossibilité d'être transporté sans danger pour ses jours. Quant à la deuxième, il se bornait à demander aux administrateurs de suspendre son départ ou sa déportation, jusqu'à ce qu'ils aient statué sur la validité de ses réclamations et des certificats de visite des officiers de santé ». En conséquence, l'administration centrale de la Marne commit deux officiers de santé, Henrionnet et Auger, pour visiter le pétitionnaire.

Ceux-ci attestèrent, dans un certificat daté du 26 janvier, que Pierron était atteint d'une maladie de poitrine : vu la délicatesse de son physique et de la mauvaise odeur de ses

(1) Le 27 novembre 1797, Pierron avait bien déclaré n'avoir rien rétracté. Mais les pièces étaient là.

gencives, ils le regardaient comme sérieusement menacé d'un état phthisique qui, sans le plonger dans un état grave et très-apparent, ne le laisserait jamais jouir d'une parfaite santé.

Malgré ce rapport, ordre fut donné, le 28 janvier, au commandant de gendarmerie, de le faire partir, le lendemain, pour Rochefort (1).

Une pétition en faveur de Pierron fut adressée au ministre de la police générale de la République, qui la transmit à Châlons, par lettre du 13 juin 1798. Cette lettre dit qu'il était déjà à Rochefort.

Mais, en réalité, il n'y était déjà plus. Il s'était, en effet, embarqué sur la *Décade* dès le mois d'avril 1798. On connaît les péripéties de ce vaisseau, qui arriva dans la rade de Cayenne le 9 juin 1798. Nous n'avons pas de renseignements particuliers sur le sort qui fut réservé à Pierron. Manseau affirme, après Pitou, que, libéré le 26 octobre 1801, il s'embarqua sur *l'Alerte* le 27 octobre et retourna en France par la Martinique : les trente-quatre déportés montés sur ce navire reçurent, dans la famille de la future impératrice, les Beauharnais, l'accueil le plus empressé (2).

Il y a lieu de croire que M. Pierron ne rentra pas dans le diocèse de Châlons : son nom du moins n'a pas été trouvé sur le tableau des ecclésiastiques qui y exercèrent le ministère au commencement du XIXe siècle. Nous ignorons, pareillement, le lieu et la date de sa mort (3).

IV

BAULERET (Louis) (4)

Louis Bauleret naquit à La Rivière, alors du diocèse de Besançon, le 27 septembre 1751, de Nicolas Bauleret,

(1) Arch. de la Marne, *loc. cit.*
(2) Pitou, t. II, p. 329 ; Manseau, t. II, p. 212, 215 et 310.
(3) Nous devons à la bienveillance du R. P. Carrez, communication de plusieurs renseignements puisés aux Archives de Châlons.
(4) Nous avons emprunté une grande partie des documents cités dans cet article, à M. l'abbé Thomassin : *Essai sur la persécution religieuse dans le district de La Marche*, Saint-Dié, 1908, p. 96-110, 426-440.

laboureur, et de Marie Antoine. Il fut baptisé le lende-main et eut pour parrain Louis Bauleret, son oncle pater-nel, et pour marraine Marie Antoine, sa tante maternelle.

Il dut faire ses études à Besançon ; c'est là, en tout cas, qu'il fut ordonné prêtre. Aussitôt après, il devint, en mars 1776, vicaire domestique à Echenoz-la-Méline, non loin de Vesoul ; il a signé les actes de cette paroisse du 26 avril 1776 au 28 août 1780.

Vicaire à Passavant en 1781, administrateur à Villeper-rot (Yonne) en 1782, il fut, le 20 juin 1783, nommé vi-caire de Mont-les-Serqueux, près de La Marche, et s'y ins-talla le 3 juillet suivant (1). En janvier 1784, il fut nommé vicaire en chef de Mont-les-La Marche, et c'est là que le trouva la Révolution. L'abbé Roussel (2) le place, il est vrai, à Arnoncourt, mais à tort ; car, bien qu'il ait rédigé quelques actes dans cette paroisse, par exemple, le 2 dé-cembre 1789, il signe : *vicaire à Mont*.

Il prêta le serment à la Constitution civile le 23 janvier 1791, mais en des termes tout à fait étranges. Après avoir lu, au prône de la messe paroissiale, le décret du 27 no-vembre 1790, il pria les assistants d'attendre à la fin de la messe. A ce moment, il prit de nouveau la parole : « Je jure devant Dieu » dit-il ; puis, s'adressant aux autorités massées en face de lui, il continua : « Et j'espère, Monsieur le Maire, que vous ne me refuserez pas le glorieux témoi-gnage, que je n'ai jamais entrepris, protégé, applaudi ou conseillé rien de contraire à la Constitution civile de la France; et moyennant l'union et la soumission que je voue à l'Eglise et à son chef, pour les objets qui dépendent de l'autorité spirituelle ou de son adhésion, suivant les saints conciles et les libertés de l'Eglise gallicane ». Après cette digression, l'abbé Bauleret reprit la formule officielle, et la reproduisit à peu près fidèlement : « Je jure de rem-plir mes fonctions avec exactitude, de veiller avec soin sur les fidèles qui me sont et me seront confiés, d'être fidèle à la nation, à loi et au roi, et de maintenir de tout mon pou-voir *toute* la Constitution *civile* décrétée par l'Assemblée nationale et acceptée par le roi ».

(1) Arch. du séminaire de Besançon.
(2) *Le diocèse de Langres*, t. II, p. 241.

Conformément à l'invitation de leur vicaire, les municipaux de Mont se transportèrent aussitôt au greffe, et, au nom de toute la commune, ils certifièrent que dans la conduite et dans les paroles de M. Bauleret, il n'avait jamais rien paru de contraire au serment ci-dessus, qu'au contraire sa conduite y avait toujours été conforme » (1).

Le Département, comme bien on pense, ne se contenta pas de ce serment. Dans un arrêté en date du 26 mars, il déclara que Bauleret était réputé avoir renoncé à son office, et il enjoignit au curé qui avait la commission de son vicariat, de pourvoir à son remplacement.

Ce décret resta quelque temps lettre morte. L'abbé Le Molt, curé de Serqueux (2), ne se hâta pas, bien que partisan lui-même de la Constitution civile, de donner un successeur à son vicaire. Peut-être se désintéressait-il d'une succursale que la Constitution civile venait de rattacher au diocèse constitutionnel de Maudru, évêque des Vosges (3). Les administrations religieuses et civiles semblèrent, elles-mêmes, oublier l'abbé Bauleret, et celui-ci demeura en fonctions pendant dix-huit mois encore. Les administrateurs du district de La Marche, avertis le 20 avril 1791, qu'il exerçait alors son ministère dans la ville, invitèrent, il est vrai, le curé Prudhomme (4) à ne plus l'employer, tant qu'il n'aurait pas satisfait à la loi du serment. Malgré cela, l'abbé Bauleret resta en place.

Comment s'y prit-il pour mettre sa conscience de prêtre catholique d'accord avec ses obligations de fonctionnaire public, il est difficile de le dire. Fit-il lecture des Mandements de l'évêque constitutionnel ? Evita-t-il toute communication *in divinis* avec Maudru, venu en mai 1792 visiter le district de La Marche ? Les documents nous font défaut

---

(1) Thomassin, *loc. cit.*, p. 97-98.

(2) Etienne-Bernard Le Molt, né à La Marche le 23 août 1754, était curé de Serqueux depuis 1787. Il prêta serment dès le 19 décembre 1790, puis, plus tard, il ajouta cette restriction : *dans le temporel seulement*. Il mourut curé de La Marche le 22 février 1814.

(3) Jean-Antoine Maudru, né à Adompt (Vosges) le 5 mai 1748, curé d'Aydolles, élu évêque des Vosges le 1er mars 1791, curé de Stenay après la Révolution, mourut à Belleville le 13 septembre 1820.

(4) François-Barthélémy Prudhomme, né à Paris en 1740, supérieur des Trinitaires de La Marche et curé de cette paroisse en 1785, prêta le serment constitutionnel. Il mourut à Ecot en 1813.

pour la solution de ces questions. Une seule chose paraît certaine, et elle est tout à l'honneur de M. Bauleret, c'est que, de fait et malgré ses promesses, il ne prêta jamais le serment pur et simple qui lui était demandé.

Vint le 10 août 1792. Le soir de ce jour, l'Assemblée législative ayant déclaré loi de l'Etat, le décret du 27 mai qui ordonnait la déportation des prêtres insermentés, lorsqu'elle serait demandée par vingt citoyens actifs du canton, le département des Vosges urgea, à l'égard de Bauleret, l'exécution de son précédent arrêté du 26 mars 1791.

Le 19 août, il ordonna donc à Bauleret de quitter ses fonctions. Mais cet arrêt ne fut notifié à l'intéressé que le 25 dans la soirée. Pour échapper au sort qui le menaçait, le malheureux vicaire employa alors tous les moyens dont il pouvait disposer.

Il courut d'abord chez les membres du Conseil général. Ceux-ci s'assemblèrent le lendemain dès 5 heures du matin, et, après avoir délibéré, conclurent que l'arrêté du département ne concernait aucunement l'abbé Bauleret : « Nous, officiers municipaux et Conseil général assemblé, disaient-ils, certifions à tous ceux qu'il appartiendra, que dans tous les temps, et notamment depuis qu'il est fonctionnaire public à Mont, il s'est toujours comporté en brave et honnête citoyen, et a cherché, dans tous les temps, à entretenir les citoyens de la paroisse en paix et union ; qu'il s'est conformé aux lois, et en outre a publié, au prône de la paroisse, tous les décrets qui nous ont été envoyés, en invitant tous les paroissiens à s'y conformer, ajoutant que rien n'était plus propre à entretenir la paix et le calme, que l'obéissance aux lois ; enfin qu'il n'a jamais été réfractaire à aucunes lois, et qu'au contraire il a toujours été le premier à les faire exécuter, et qu'il a prêté son serment civique à trois différentes fois, et notamment le 14 juillet, jour de la fédération, 1790, et le 14 juillet 1791. » (1).

Relativement au serment prêté par Bauleret le 23 janvier, et que le département avait déclaré nul, le Conseil général ajoutait les explications suivantes : « S'il y a eu

(1) Thomassin, p. 100 102.

quelques mots de portés dans le procès-verbal de ce serment, ils n'ont été posés que dans la bonne foi, pour satisfaire à la délicatesse de sa conscience, et pour se conformer au désir de la religion catholique, apostolique et romaine ; dans tous les temps il a prêché la liberté et l'égalité des citoyens, et n'a cessé en tout de les rappeler à l'ordre, de sorte que la commune de Mont a toujours vécu en paix et union jusqu'alors. C'est pourquoi nous prions MM. les administrateurs du département des Vosges, de le traiter avec douceur, attendu qu'il a été soumis à toutes les lois, et qu'il est l'exemple de la paroisse et du voisinage par la conduite de sa vie et de ses mœurs ; du reste sa conduite doit être connue à une partie des membres des administrateurs du département. Aussi nous prions Messieurs du département de nous le renvoyer aussitôt qu'il sera justifié de sa bonne conduite, attendu que la paroisse demeure dépouillée de son pasteur légitime, et que dans le moment actuel les ecclésiastiques sont d'une rareté infinie. C'est en ce faisant, que la commune de Mont ne cessera d'élever ses vœux au ciel pour la conservation de MM. les administrateurs du département des Vosges » (1).

C'était là, assurément, pour Louis Bauleret, un précieux témoignage. Le même jour, 20 août 1792, il obtint, de son propre curé, une attestation non moins élogieuse : « Le sieur Bauleret, disait M. Le Molt, s'est toujours acquitté de ses fonctions avec le zèle, la probité et les vertus qui doivent distinguer un ecclésiastique ; la paix a toujours régné dans la partie de la paroisse que j'ai confiée à ses soins spirituels ; il ne m'a jamais été fait aucune plainte relative aux fonctions qu'il exerce, et qui puisse en supposer l'abus ; loin de là, il m'a toujours paru l'ami de l'ordre, de la paix, de la liberté et de l'égalité ».

Ce ne fut pas tout encore. Le 30 août, M. Bauleret se présenta chez le curé d'Isches, vieillard respectable, quoique assermenté dès la première heure, et en obtint un certificat un peu banal, il est vrai, et ainsi conçu : « Je soussigné, Joseph Léonard, certifie que le sieur Bauleret n'a jamais rien dit en ma présence contre la Constitution, et qu'il n'a occasionné aucun trouble dans ma paroisse » (2).

(1) Thomassin, p. 102-104.
(2) *Ibid*, p. 104-105.

Mais pendant que le vicaire de Mont faisait ainsi tous ses efforts pour parer le coup qui le menaçait, une nouvelle loi fut votée, le 26 août 1792, qui décidait la déportation pure et simple de tous les insermentés, et qui expédiait à la Guyane tous ceux qui n'auraient pas quitté la France dans les délais fixés par la loi.

Cette fois, l'abbé Bauleret eut une défaillance. Le 13 septembre, il se présenta au greffe municipal pour y faire la déclaration suivante, qui lui faisait perdre, d'un seul coup, tout le mérite de sa résistance passée. « Le sieur Bauleret, prêtre et vicaire en chef à Mont, y demeurant, déclare qu'à l'occasion du serment exigé des fonctionnaires publics, il est prêt à le prêter conformément aux lois de l'empire, et notamment de maintenir la loi, la liberté et l'égalité. Ignorant d'ailleurs la formule prescrite par la loi, il est prêt à employer celle qu'elle prescrit ».

Ce même jour, le vicaire de Mont se transporta à La Marche, et, dissipant définitivement, cette fois, toute équivoque au sujet du serment constitutionnel, il déclara « être prêt et disposé à biffer et rayer des registres de la municipalité de Mont, tout préambule, commentaire ou restrictions qui pouvaient précéder, accompagner ou suivre le serment de fonctionnaire public qu'il avait prêté au mois de janvier 1791 ». Il pria ensuite Messieurs du Conseil du département de statuer sur la question de savoir s'il pouvait et devait continuer les fonctions de vicaire desservant la paroisse de Mont.

La soummission, cette fois, était complète. Le district de La Marche le comprit, et porta sur l'heure l'arrêté suivant : « Considérant qu'aux termes de l'article 1er de la loi du 26 août dernier, il n'est question que des prêtres réfractaires qui n'ont pas prêté le serment prescrit par la loi du 26 décembre 1790, ou qui, après l'avoir prêté, l'ont rétracté et y ont persisté, et que le vicaire desservant de Mont ne se trouve ni dans l'un ni dans l'autre de ces deux cas ; considérant, d'ailleurs, qu'en vertu de la déclaration ci-contre, il a rectifié l'erreur où il était tombé par pure ignorance des dispositions de la loi ; considérant enfin que les témoignages les plus avantageux du Conseil général de sa commune, des curés d'Ische et de Serqueux, peuvent faire oublier une erreur déjà effacée par la déclaration ci-contre : estime qu'il y a lieu de maintenir le sieur Bauleret dans ses fonctions de vicaire résidant à Mont aux conditions énumérées dans sa déclaration. »

Mais, au lieu de confirmer l'avis du district, le Département rendit, le 25 septembre, un décret sec et brutal, portant que « du jour de la notification de la présente délibération, M. Bauleret serait tenu de se conformer aux dispositions de l'article 1er de la loi du 26 août dernier : à l'effet de quoi, le Conseil prorogeait en sa faveur un délai de quinzaine pour y satisfaire » (1).

La faiblesse de l'abbé Bauleret vis-à-vis du pouvoir civil, ne lui avait donc servi de rien. Il ne profita pas même du répit qui lui était accordé. Il partit deux ou trois jours après, et passant à Senaide le 29 septembre, y fit un dernier baptême, dans l'acte duquel il prend encore le titre de vicaire de Mont.

En quelle contrée se réfugia-t-il alors ? Nous l'ignorons. Le 30 février 1794, il fut déclaré émigré ; puis, le 3 juin suivant. le district de Bourbonne fit procéder à l'état de consistance, arpentage, division et estimation des immeubles appartenant à M. Bauleret, prêtre déporté, et situés sur le territoire de La Rivière. Ces biens, consistant en maison, terres, prés, chenevières et vignes, furent évalués à la somme de 3925 livres (2).

*
* *

M. Bauleret, imitant l'exemple d'un grand nombre de ses confrères exilés, rentra en France en 1795. Sauzay (3), et Victor Pierre (4) affirment, après Guillon (5), qu'il revint alors à La Rivière, et desservit ce village qui n'était qu'une simple dépendance d'Aigremont : mais on ne rencontre aucune trace de son ministère dans cette paroisse. Quoi qu'il en soit, ne trouvant pas à La Rivière la sécurité qu'il cherchait pour se dévouer au salut des âmes, l'abbé

(1) Thomassin, *loc. cit.*, p. 106-108.
(2) Arch. de la Haute-Marne, Q, 172 ; Thomassin, p. 427, note.
(3) Sauzay, t. IX, p. 315.
(4) *Revue des questions historiques,* t. XXI, p. 428.
(5) Guillon, t. II, p. 246.

Bauleret vint demander un abri à Echenoz-la-Méline, où il avait débuté dans le ministère. C'est là et dans les environs qu'il exerça son apostolat, muni, à cet effet, de pouvoirs particuliers de M. Delamotte, ancien curé de la paroisse (1).

Il arriva à Echenoz sous le pseudonyme de *Werman*, à la fin de 1795, comme l'indique un cahier, petit in-8°, de quinze pages, ayant pour titre : « Registre des baptêmes et mariages de 1795 à 1797, pour l'église catholique de Besançon ». Le 27 octobre 1797, il baptise un enfant et fait observer que les dangereuses circonstances du temps l'ont empêché de prendre des parrain et marraine. Et il signe *Werman*.

Après le 19 fructidor an V, Beauleret fut poursuivi par la police, comme prêtre réfractaire. Il fut, d'abord, assez heureux pour échapper à ses recherches. Mais, le 18 février 1798, il fut arrêté à Pusey (Haute-Saône), et conduit à la maison d'arrêt de Vesoul, par ordre de l'administration centrale du département. Ecroué, le même jour, à la maison d'arrêt, il fut trouvé porteur de plusieurs manuscrits, tels que : *Extrait des Nouvelles, Extrait des principes de la foi 1791, Réflexions sur le serment de haine à la royauté, Nous devons aimer Jésus* (2).

Son cas se compliquait d'une circonstance qui aurait pu le conduire à l'échafaud. Dans le quatrième supplément à la liste des émigrés, figuraient, inscrits successivement et immédiatement, deux individus sous les nom et prénom de *Bauleret Louis, ex-vicaire*, dont le deuxième était désigné sous la qualification de déporté, et le premier comme émigré. C'était là une fâcheuse étourderie, dont les exemples ne font pas défaut dans les listes officielles (3).

Heureusement, le département de la Haute-Saône prit le parti le plus sage. Faisant droit à la pétition de l'abbé Bauleret, il rendit, le 27 février, un arrêté qui « ordonnait le renvoi et le transfèrement de Bauleret en la maison de justice du département de la Haute-Marne, dans l'étendue duquel il faisait autrefois sa résidence pour être statué,

<hr>

(1) Grenier, *Deux confesseurs de la foi*, Vesoul 1899, p. 203-204.
(2) Arch. de la Haute-Marne, L, liasse non classée.
(3) Thomassin, p. 426-427.

par l'administration de ce département, sur l'identité de son inscription sur la liste des émigrés, et sur la peine qu'il avait à encourir (1) ».

Amené à Chaumont le 6 mars 1798, Bauleret fut interrogé par l'administration centrale, qui n'eut pas de peine à démêler l'erreur, et qui, en conséquence, le déchargea du crime d'émigration. Mais le malheureux prêtre restait passible de la déportation à la Guyane.

En conséquence, le 14 mars 1798, l'administration centrale prit, à son sujet, l'arrêté suivant : « Considérant que Bauleret est prêtre déporté, qu'il est rentré sans autorisation, qu'il a exercé le culte sans avoir fait la déclaration prescrite par la loi du 7 vendémiaire, et qu'il n'est point sorti du territoire de la République dans le délai fixé par la loi du 19 fructidor, arrête : Bauleret sera transféré à Rochefort, à la diligence du commissaire du Directoire exécutif près l'administration centrale, et il demeure autorisé à prendre à cet égard toutes les mesures de sûreté indiquées dans l'arrêté du 15 du courant (5 mars) relatif à la translation des nommés Greffier, Henry, Bailly, Garnier, Courtois et Ravier (2).

Plusieurs auteurs (3) affirment que Bauleret fit partie du deuxième convoi que la Haute-Saône envoya à Besançon, pour le réunir à celui du Doubs. Mais cela ne paraît guère probable, car les dix-sept prêtres réunis à Besançon pour former ce deuxième convoi, partirent de cette ville le 2 mars (4). Or, nous venons de le voir, M. Bauleret ne fut conduit à Chaumont que le 14 mars. Tout au plus pourrait-on dire qu'il les rejoignit en route, et qu'il arriva avec eux à Rochefort le 28 mars. Aussitôt, ils furent réunis à leurs collègues des autres départements dans la maison d'arrêt de Saint-Maurice, en attendant l'embarquement.

Il eut lieu le 1er août 1798. Mais bientôt la contagion, due surtout au défaut d'air respirable, éclata parmi les déportés et y fit plusieurs victimes. « Le premier qui paya le

(1) Lettre du commissaire de Vesoul à son collègue de Chaumont. (Délibérations de l'administration centrale de Chaumont).

(2) Arch. de la Haute-Marne (Délibérations de l'administration centrale).

(3) Sauzay, t. IX, p. 326 seq. ; Thomassin, p. 427.

(4) Cf. Sauzay, t. IX, p. 329 ; Grenier, p. 208.

tribut à l'insalubrité de notre position, écrit M. Courtot, prêtre du diocèse de Besançon, fut M. Buchet, de Gy, curé de Breurey-les-Faverney (Haute-Saône)... Sur le point de mourir, il institua son exécuteur testamentaire, M. Baulerét, en le priant de remettre les quelques objets précieux qu'il possédait à son frère, déporté sur la *Vaillante*, ou bien si celui-ci mourait avant d'arriver à la Guyane, de partager son avoir, par égales parts, entre tous les prêtres du diocèse de Besançon, embarqués avec lui sur la *Bayonnaise*. Mais le commissaire du Directoire près les déportés ne permit point à M. Bauleret d'entrer en possession des habits du défunt : il se les fit apporter et les confisqua à son profit. Dès lors, il sembla que la cupidité inspirait à ce coquin l'idée d'accroître le nombre des morts afin da s'enrichir de leurs dépouilles » (1).

M. Bauleret arriva à la Guyane le 29 septembre : mais, sans mettre pied à terre, il fut sur-le-champ dirigé sur Conanama. Après sept jours d'une traversée pénible, il y rejoignit, au commencement d'octobre, les déportés de la *Décade* qui y étaient arrivés dès le mois d'août, et qui déjà avaient été si éprouvés.

Il partagea les souffrances de ses confrères, et, dévoué jusqu'au sacrifice, il s'employa pendant un mois à leur rendre les services les plus pénibles et les plus délicats. Il expia ainsi les hésitations et les faiblesses qu'il avait montrées à l'égard du serment constitutionnel. Enfin, il fut bientôt atteint lui-même du scorbut et dévoré par les chiques. Voici la description que fait de cet insecte un déporté à la Guyane : « C'est, dit-il, une espèce de ciron qui s'insinue sous l'épiderme et particulièrement sous les ongles : elle chemine et avance dans les chairs, elle s'y fait des cellules où elle dépose ses œufs ; ils y éclosent, et les petits, à mesure qu'ils croissent, élargissent leur logement, se séparent chacun pour établir une nouvelle famille, et entre-temps se nourrissent de la chair où ils se trouvent » (2).

C'est dans cet horrible supplice que M. Bauleret trouva

(1) Chaffoy, p. 386 seq. ; Sauzay, t. IX, p. 332-333 ; Grenier, p. 213-214.

(2) Sauzay, t. IX, p. 342 ; Thomassin, p. 432 ; Grenier, p. 216.

sa fin, cinq semaines environ après son arrivée à Conanama. C'était le 22 décembre 1798. On espère que, comme la
plupart de ses confrères, il a pu recevoir les derniers sacrements avant de rendre son âme à Dieu. Il n'avait que
47 ans. Sa succession monta à la modique somme de 60 livres, 4 sous (1).

<h2 style="text-align:center">V</h2>

<h2 style="text-align:center">GARNIER (Joseph)</h2>

Comme l'abbé Bauleret, son confrère en vicariat, M. Garnier fut victime de la déportation à la Guyane. Mais, insermenté ou, ce qui revient au même, assermenté avec restriction, il eut, lui, la gloire de rester ferme dans ses convic-
tions, de sorte qu'aucune ombre ne ternit sa mémoire.

Joseph Garnier naquit à Lénizeul le 24 juillet 1749, de
Jean-Baptiste Garnier, laboureur, et de Catherine Regnier ;
il eut pour parrain Joseph Durand, et pour marraine Françoise Regnier.

Il entra au séminaire de Langres en 1772, et dès le
mois de décembre de cette même année, ses parents lui
constituèrent, pour le sous-diaconat, un titre patrimonial
de 100 livres de rentes (2). Ordonné prêtre en 1775, il devint, aussitôt après, vicaire de M. Diez (3), à Breuvannes,
et il y resta jusqu'au 21 mai 1791.

Voici, d'après la déclaration de François Diez, faite le
3 décembre 1790, quelle était, à Breuvannes, la situation
du vicaire : « Les charges de mon bénéfice sont un vicaire
que le curé nourrit, chauffe, éclaire et blanchit, et qui est
nécessaire, eu égard à la nombreuse population de la paroisse, et pour acquitter, les dimanches et fêtes, une messe

____

(1) Piton, t. II, p. 117 ; Chaffoy, p. 398, 414 ; Sauzay, t. IX, p. 340,
348 ; Manseau, t. II, p. 292 ; Grenier, p. 218. — Cf. *Semaine de Saint-
Dié*, 15 juin 1906 ; Loye, *Histoire de l'église de Besançon*, 1901-1903,
t. VI, p. 79.
(2) Arch. de la Haute-Marne (Registre des insinuations).
(3) François Diez était né à Breuvannes même, vers 1725 : il succéda à
son oncle, Joseph Diez, en 1755. Il refusa le serment, et, après l'élection du curé intrus, se retira dans sa maison le 24 juin 1791. Reclus
à Chaumont, il mourut à Breuvannes en 1799. Cf. Roussel, t. II,
p. 122.

matutinale pour les bienfaiteurs de l'église, pour rétribution de laquelle messe, il touche du procureur fabricien une somme de 150 livres, avec laquelle il lui serait impossible de subsister sans le secours du curé » (1).

Le 30 janvier 1791, M. Garnier, à l'exemple de son curé, prêta serment à la Constitution civile du clergé, mais avec cette restriction expresse : « en ce qui est de l'ordre social et politique, réservant à la puissance spirituelle tous les objets qui dépendent essentiellement de son autorité ». Ce serment fut rejeté par l'administration municipale comme anti-constitutionnel, et, le 19 février, le directoire du département confirma cette appréciation (2).

Au mois de mars 1791, son traitement de 1790 fut fixé, par le département, à la somme de 700 livres. Il n'en avait touché que 150. Mais, comme il ne s'était pas conformé à la loi du 20 décembre 1790 relative au serment, on décida qu'il n'y avait pas lieu à délibérer sur son traitement de l'année 1791.

Plumerel (3), curé constitutionnel de Breuvannes, ayant pris possession le 22 mai 1791, M. Garnier se retira chez M. Leclerc, cultivateur, et continua à dire sa messe après le curé, dans l'église de la paroisse. Cet état de choses dura jusqu'au 1er avril 1792.

Ce jour-là, qui était le dimanche des Rameaux, une discussion très-vive s'éleva dans la paroisse à propos de Garnier. On l'empêcha de sonner la messe, on lui défendit même d'entrer à la sacristie, et on demanda son expulsion de Breuvannes. La raison alléguée par la municipalité, était qu'il suscitait des troubles et refusait de payer la contribution patriotique. Mais ces accusations étaient fausses, et Garnier n'eut pas de peine à en fournir la preuve (4).

Toutefois, sa situation n'en fut guère améliorée. Le 9 avril, lundi de Pâques, Plumerel lui défendit de dire désormais la messe dans l'église paroissiale. Fort de son

---

(1) Arch. de la Haute-Marne, et Arch. municipales de Breuvannes.
(2) Arch. de la Haute-Marne, L, 88 et 102.
(3) Philippe-François Plumerel était né à Liffol-le-Grand le 20 août 1749. Vicaire de Malaincourt en 1775, et de Levécourt en 1787, il prêta le serment le 23 janvier 1791, et fut élu curé de Breuvannes le 18 mai 1791. Il y mourut le 10 décembre 1807.
(4) Arch. municipales de Breuvannes.

droit (1), M. Garnier adressa, le 18, à MM. les administrateurs du département, un *Mémoire* pour se plaindre de la conduite de Plumerel à son égard, et pour revendiquer la liberté de célébrer la messe à l'église.

La réponse ne se fit pas attendre. Le 18 avril même, le directoire du département reconnut ouvertement le droit qu'avait Joseph Garnier, et généralement tous les ecclésiastiques, à dire la messe à l'église en dehors des offices, et par conséquent à y trouver tous les ornements nécessaires à ce sujet. En outre, il enjoignit à la municipalité de protéger le dit Garnier dans le libre exercice de son culte. Mais, au cas où il viendrait à troubler l'ordre public, le procureur de la commune devrait le dénoncer (2).

Les officiers municipaux, assemblés le 20 mai suivant pour délibérer au sujet du *Mémoire* de M. Garnier, décidèrent qu'il pouvait, à certaines conditions, dire la messe à l'église. Mais, en même temps, ils émirent le vœu qu'il sortît incessamment de Breuvannes. Voici le texte de cette déclaration :

« Considérant que le sieur Garnier a joui de la plus grande liberté de dire la messe dans l'église paroissiale de Breuvannes jusqu'au 9 du mois d'avril dernier, auquel temps le sieur Plumerel, curé constitutionnel du dit lieu, fut trouvé dans la dure nécessité de le priver de la liberté qu'il lui avait accordée jusqu'alors, parce qu'il en avait abusé ; et qu'il importait à la tranquillité publique de la lui retirer, 1° parce que Garnier, depuis longtemps, s'était permis de faire journellement des rassemblements en la maison du sieur Leclerc, voisine de l'église, surtout pendant la messe paroissiale des dimanches et des fêtes, à l'issue de laquelle il disait la messe à ses sectaires qui, depuis longtemps, avaient affecté de se séparer du reste des fidèles qui avaient suivi jusqu'alors le curé constitutionnel. 2° Parce que dans ces assemblées illégales, il se tenait des discours dangereux et capables de troubler l'ordre et la

(1) L'article 1er de la loi du 7 mai 1791 portait : « Le défaut de prestation de serment ne pourra être opposé à aucun prêtre se présentant dans une église paroissiale, succursale ou oratoire national, seulement pour y dire la messe ». Mais, un peu plus tard, cette liberté fut retirée aux prêtres insermentés.

(2) Arch. de la Haute-Marne, L, 11, f° 167 ; cf. L, 89.

tranquillité publiques, et qui, répandus sourdement, étaient sur le point d'occasionner une émotion populaire. 3° Parce que le 1er avril dernier, dimanche des Rameaux, la messe paroissiale s'étant trouvée plus grande qu'à l'ordinaire à cause de la solennité du jour, et les partisans de Garnier qui s'étaient rassemblés, à leur ordinaire, en la maison du dit Leclerc, s'étant ennuyés de la durée plus qu'ordinaire de l'office, un d'entre eux se permit de vomir des imprécations contre les fidèles qui y assistaient, en disant qu'il voudrait que le tonnerre tombât et qu'il écrasât tous ceux qu'elle contenait, et principalement ceux qui faisaient leurs Pâques, lesquels propos s'étant répandus, la plupart des citoyens en furent tellement indignés, que déjà plusieurs s'étaient portés à menacer leurs propriétés.

« Considérant que le sieur Plumerel ayant privé, le 9 du mois d'avril dernier, le sieur Garnier de dire sa messe à son ordinaire, depuis ce temps, les rassemblements chez le dit Leclerc, la rumeur publique et les menaces ont cessé ; que la tranquillité commence à se rétablir ; que le dit sieur Garnier est un vil calomniateur, en supposant, dans son *Mémoire* (sans doute dans l'intention de compromettre la vigilance des officiers municipaux) un attroupement dont il n'y a eu jusqu'à présent, heureusement, grâce à leur surveillance, aucune apparence, à moins que l'on ne veuille prendre pour attroupement la sortie du peuple de l'église à l'issue des messes paroissiales et des vêpres, les jours de dimanches et de fêtes ; que la division d'opinion de plusieurs familles ne provient que des menées sourdes et des suggestions que Garnier emploie par le moyen de ses émissaires pour les égarer et les désunir ; qu'il n'a cessé de chercher tous les moyens d'élever autel contre autel, et que l'union et la tranquillité des citoyens ne pourra s'affermir tant et si longtemps qu'il habitera parmi eux...

« Après avoir entendu le procureur de la commune, en approuvant la conduite de Plumerel, curé constitutionnel de Breuvannes, de laquelle ainsi que de son exactitude à remplir avec assiduité les fonctions de son ministère, et de sa prudence, nous n'avons qu'à nous louer : avons délibéré que, pour ne pas différer à l'arrêté provisoire du département, et jusqu'à un arrêté légal et définitif, le sieur

Garnier pourra dire sa messe en l'église de Breuvannes, à l'heure qui lui sera assignée par Plumerel, à charge par Garnier de se fournir de toutes les choses nécessaires, et de ne pas l'annoncer au son des cloches, ce qui ne lui donnera, dans aucun temps, le droit d'entrer à la sacristie. Et, attendu qu'il importe à l'union de tous les citoyens, et à la tranquillité des familles, que le dit Garnier sorte incessamment de Breuvannes, nous demandons qu'il soit ordonné par MM. les administrateurs, qu'il ira établir son domicile ailleurs » (1).

Le 24 mai, le département, appuyé sur l'article 2 de la *Déclaration des droits de l'homme*, reconnut de nouveau le bien-fondé de la demande de Garnier ; il déclara inconstitutionnelle la demande du Conseil général de Breuvannes du 21 de ce mois, tendante à ce que Garnier fut éloigné de ce lieu par un acte d'autorité ; et il cassa et annula sa délibération. Il ordonna, de plus, que deux officiers municipaux de Breuvannes auraient à se rendre à Chaumont, au lieu des séances du directoire, le 1er juin suivant à 11 heures, à l'effet de rendre compte de la conduite du Conseil général de la commune (2).

Quoique soutenu par le directoire du département, Garnier n'en fut pas moins obligé de quitter la France, et ce fut la loi du 26 août 1792 qui l'y contraignit. Muni d'un passeport en règle, il passa la frontière et se retira en Suisse. En conséquence, le 18 juin 1794, il fut inscrit sur la liste des émigrés.

Après plus de deux ans d'absence, Garnier rentra en France en 1795, et il y jouit d'une certaine tranquillité jusqu'à la loi du 19 fructidor an V. Celle-ci renouvelait, on le sait, toutes les peines portées contre les prêtres insermentés. Arrêté et emprisonné à Chaumont, l'ancien vicaire de Breuvannes y subit son interrogatoire le 11 février, et il fut condamné à la déportation, le 5 mars 1798, avec cinq de ses confrères. Voici le texte du jugement :

« L'administration centrale, considérant qu'il résulte des aveux faits par Garnier en son interrogatoire, qu'il a prêté son serment avec restriction ; qu'il a été déporté en Suisse

(1) Arch. de Breuvannes.
(2) Arch. de la Haute-Marne, L. 11 et 89.

où il est resté deux ans ; que, depuis trois ans environ, il est rentré ; qu'il n'a pas fait la déclaration de soumission aux lois de la République. Considérant que le dit Garnier n'a point quitté le territoire de la République, en exécution de la loi du 19 fructidor ; qu'au contraire, il a pris, le 29 du dit mois, un passe-port à Meuvy pour voyager dans l'intérieur. Arrête :

« 1° Les nommés François Greffier, Antoine Henry, Nicolas Bailly, Joseph Garnier, Gengoulphe Courtois et Joseph Ravier, prêtres, seront transférés des prisons de cette ville dans celle de Rochefort ;

« 2° Pendant la route, ils seront transférés jusqu'au chef-lieu du département voisin par deux gendarmes et quatre vétérans nationaux, y compris le caporal qui les commandera, lesquels en demeurent responsables, conformément à l'article 2 de la loi du 4 vendémiaire ;

« 3° Pour rendre plus facile et plus assurée la garde de ces déportés, ils seront tous réunis, pendant la route, sur une voiture, laquelle leur sera accordée de gîte en gîte ;

« 4° Ils seront conduits par la route de Troyes, Sens, Orléans, en prenant pour leur direction de nouveaux ordres dans chacun des chefs-lieux de département qu'ils auront à traverser pour arriver à Rochefort ;

« 5° L'escorte les accompagnera jusqu'à Troyes, et, à cet effet, il lui sera délivré une feuille de route, au moyen de laquelle elle recevra le logement et la subsistance jusqu'à cette destination, et pour le retour » (1).

Embarqué sur la *Bayonnaise* le 1er ou le 2 août 1798, Joseph Garnier partagea toutes les souffrances de l'abbé Bauleret, son compagnon d'infortune. On sait que ce bâtiment mouilla en rade de Cayenne le 29 septembre, et que le débarquement eu lieu le 6 octobre.

M. Garnier fut du nombre des trente-sept passagers qui eurent l'autorisation de descendre à Cayenne. Déjà malade et sans connaissance au moment où les commissaires s'étaient transportés à bord de la corvette mouillée dans la rade, il fut immédiatement déposé à l'hôpital. Il y mourut

(1) Arch. de la Haute-Marne, Délibérations de l'administration centrale, t. XI.

le 17 du même mois d'octobre, par suite des souffrances atroces qu'il avait endurées pendant la traversée. Il n'avait pas encore 5o ans (1).

(1) Cf. Pitou, t. II, p. 311 ; Victor Pierre, *Revue des questions historiques*, t. XXI, p. 438 ; *Revue de Champagne*, 1884, p. 94-95 ; Manseau, t. II, p. 79, seq., 302 ; Roussel, t. II, p. 122, 241, et t. IV, p. 235.

CHAPITRE IV
Prêtres déportés à l'île de Ré

I

BAILLY (Nicolas) (1)

Nicolas Bailly naquit à Arc-les-Gray (Haute-Saône), le 30 mai 1750, de Jean Bailly et de Jeanne Grosdidier, et fut baptisé le 3 juin. Il eut pour parrain Nicolas de La Marche, et pour marraine Françoise Brizelaine, d'Auxonne (2).

Vicaire d'Oyrières de 1780 à 1788, il devint ensuite curé de Vougécourt, près de Jussey.

Ayant refusé le serment, M. Bailly tombait sous la loi du 26 août 1792. Mais il semble qu'il ne quitta pas sa paroisse avant 1793 : car Daux, son successeur, se plaignit, le 19 février de cette même année, à Flavigny, évêque de la Haute-Saône (3), qu'une femme malade, endoctrinée par son prédécesseur, fût morte sans sacrements (4).

Pendant qu'il était en exil, Nicolas Bailly, « demeurant en dernier lieu à Vougécourt », fut porté sur le 2ᵉ supplément de la liste des émigrés de la Haute-Saône, sous la qualification de déporté.

Comme le plus grand nombre des prêtres de l'Est de la France, M. Bailly porta ses pas vers la Suisse hospitalière. Mais, comme il ne jouissait que peu de fortune et n'avait guère d'aptitude pour l'enseignement, il demanda son pain au négoce. La tradition raconte qu'il se fit drapier, passe-

---

(1) Bien que Nicolas Bailly ne soit pas né en Haute-Marne et n'y ait point exercé le saint ministère, il fut arrêté à Voisey et jugé par le tribunal criminel de Chaumont. C'est à ce titre que nous avons cru pouvoir lui donner une petite place dans cet ouvrage.

(2) Etat civil d'Arc-les-Gray.

(3) Jean-Baptiste Flavigny, né à Vesoul le 20 février 1732, curé de sa ville natale en 1775, puis évêque constitutionnel de la Haute-Saône, mourut curé de Vesoul le 31 mars 1813.

(4) Arch. de la Haute-Saône.

mentier, et mercier ambulant, et porta la balle dans le Valais, le Tessin et le Tyrol : il gagna ainsi de quoi vivre et faire vivre quelques confrères, infirmes ou plus âgés, exilés comme lui.

Rentré en France après la Terreur, le curé de Vougécourt reprit les fonctions du culte catholique. Mais il ne fit pas la déclaration de soumission aux lois, prescrite par la loi du 7 vendémiaire an IV ; et, de ce fait, il était passible d'une amende et de la prison (1).

Survint la loi du 19 fructidor, qui remettait en vigueur les lois de 1792 et de 1793 contre les prêtres fidèles, et qui accordait au Directoire exécutif le pouvoir de déporter les ecclésiastiques qui troubleraient la tranquillité publique.

Alors des poursuites rigoureuses furent organisées contre les prêtres réfractaires. Bailly, pour se soustraire aux recherches de la gendarmerie, errait de village en village sur la frontière des deux départements de la Haute Saône et de la Haute-Marne, et c'est sur le territoire de ce dernier, que, comme on va le voir, il fut arrêté.

Le 31 janvier 1798, une visite domiciliaire ayant été opérée, par ordre de justice, chez Jean François et Laurent Quenissey, de Voisey, Bailly fut trouvé chez ce dernier et amené devant le juge de paix. Celui-ci renvoya l'affaire au tribunal criminel de la Haute-Marne, et décerna mandat d'arrêt contre Bailly. Conduit de brigade en brigade, le malheureux prêtre fut écroué, le 3 février 1798, en la maison de justice de Chaumont.

Son crime était d'être rentré sur le territoire de la République, et d'y avoir séjourné jusqu'à cette époque, au mépris de la loi du 19 fructidor.

Interrogé, le 4 février, par le citoyen Toupot, l'un des juges du tribunal criminel de Chaumont, commis à cet effet par le président, il reconnut, comme étant de sa main, trois pièces formant des brouillons de lettres, qui paraissaient n'avoir été imaginées que pour exciter le mécontentement contre l'ordre de choses actuelles.

Le 5 février, le tribunal criminel rendit, à son sujet, un jugement ainsi libellé : « Vu les pièces de la procédure contre Nicolas Bailly ; ouï le rapport du citoyen Toupot ;

(1) Art. 5-7 de la loi du 7 vendémiaire.

l'accusateur public et le commissaire du Directoire exécutif entendus : cette affaire a soulevé la question de savoir si c'est à l'administration centrale du département, ou au tribunal criminel, à décider sur le sort du dit Bailly, savoir, s'il est ou non, sujet à la déportation. Considérant que les lois de 1792 et 1793, 19 fructidor dernier, et autres concernant les prêtres insermentés, ne prescrivent aucun mode sur la manière de procéder contre eux, et ne déterminaient point par quel tribunal les peines qu'ils ont encourues doivent être appliquées ; que, sur le silence des lois à cet égard, en ayant été référé au ministre de la justice, celui-ci a répondu que c'était à l'autorité administrative à prononcer sur le sort des prêtres déportés ou déportables. Déterminé par ces motifs, arrête : le tribunal renvoie la procédure et le prévenu devant l'administration centrale du département de la Haute-Marne, pour être, par elle, statué contre le dit Bailly ce qu'il appartiendra ; ordonne que le présent jugement sera mis à exécution à la la diligence du commissaire du Directoire exécutif » (1).

Enfin, le 5 mars 1798, l'administration centrale de la Haute-Marne « vu les pièces de la procédure instruite par le tribunal correctionnel contre Nicolas Bailly, prêtre insermenté, domicilié à Vougécourt (Haute-Saône), et arrêté à Voisey... ; considérant que, la loi du 19 fructidor remettant en pleine vigueur les lois de 1792, Bailly n'avait pu ni dû se dispenser de quitter de nouveau le territoire de la République, conformément à la loi précitée », arrêta qu'il serait, avec ses compagnons, transférés de Chaumont à Rochefort (2).

M. Bailly arriva à Saint-Martin de Ré le 7 août 1798, et y resta deux années entières, car il ne recouvra la liberté que le 27 août 1800 (3).

De retour en France, il fut, en septembre 1804, nommé desservant de Villers-les-Pots, près d'Auxonne. Il desservit Heuilley-sur-Saône de 1812 à 1822 : son dernier acte dans cette paroisse est du 7 juillet 1822. Curé de Longecourt de juillet 1822 à juillet 1823, il retourna alors à Vil-

(1) Greffe de Chaumont, liasse non classée. Cf. article Antoine Henry.
(2) Cet arrêté a déjà été cité, p. 197.
(3) Sauzay, t. X, p. 718 ; Manseau, t. II, p. 224-225.

lers-les-Pots, et y décéda le 26 septembre 1832, âgé de 82 ans, après avoir reçu tous les secours que la religion accorde aux derniers moments. Il fut inhumé au pied de la grande croix du cimetière. Aujourd'hui encore, on vénère sa tombe comme celle d'un confesseur de la foi, et d'un bienfaiteur des églises où il fut curé, aussi bien que des pauvres (1).

En effet, il fit plusieurs fondations à Heuilley-sur-Saône et à Villers-les-Pots. Mais il avait un attachement particulier à l'hospice de la ville d'Auxonne. Ainsi, le 6 juillet 1818, il donna 37 ares de champ et 84 ares de pré, et plus tard 1.000 francs à la Mère supérieure, pour les arrérages et revenus en être attribués au perruquier de l'établissement, chargé de remplir son office auprès des hommes malades. Les bonnes sœurs héritèrent, en outre, de sa bibliothèque, de quelques meubles assez remarquables, et de certains objets d'art, en particulier d'une série de tableaux représentant les mystères du Rosaire, excellente peinture sur cuivre de l'école flamande (2).

II

COURTOIS (Gengoulph)

Gengoulph Courtois appartenait à l'ordre des Carmes. Né à Langres, paroisse Saint-Martin, le 27 décembre 1738, de Louis Courtois, marchand boucher, et de Françoise Renauldot, il fut baptisé le même jour, et eut pour parrain Gengoulph Petitot, marchand épicier, et pour marraine Marguerite Diderot, femme de Jean Changey, maître coutelier (3).

On ne sait rien de son enfance ni de son éducation.

Au moment de la Révolution, il était carme déchaussé à Senlis, sous le nom de frère Laurent de Saint-Augustin. Obligé de quitter son couvent, il revint à Langres dans sa famille, avec une pension de 800 livres (4).

(1) État civil et Archives paroissiales des communes citées.
(2) Renseignements fournis par M. Perrin, curé de Villers-les-Pots.
(3) État civil de Langres.
(4) Arch. de la Haute-Marne.

Il remplit d'abord les fonctions d'aumônier de la garde nationale de Langres. Puis, le 14 juin 1791, il fut élu curé constitutionnel de Bourg, en place de Claude Jannyot (1), et il reçut l'institution canonique le surlendemain 16. Son premier acte à Bourg est du 27 juin 1791, et son dernier du 20 octobre 1792. En décembre 1791, il signait : curé de Bourg et de Longeau.

En 1793, des difficultés s'élevèrent entre lui et la commune. Au mois de novembre de cette année, il adressa une pétition au directoire du département, à propos de son presbytère, dont la municipalité voulait distraire une partie pour loger le maître d'école et tenir ses séances. Le Conseil général de la commune, n'ayant pu s'entendre à l'amiable avec le curé, pria l'administration d'envoyer des commissaires ou experts « pour voir et connaître le possible et l'impossible » (2).

Les idées révolutionnaires, pendant ce temps, faisaient des adeptes dans sa paroisse. Le 27 décembre 1793, deux citoyens de Bourg furent délégués par le Conseil général et le Comité de surveillance de la commune, pour assister à la fête de la Raison à Langres.

Courtois se retira dans cette ville en 1794. Le 19 décembre, il était logé comme pensionnaire, chez sa sœur, rue de la Boucherie.

Dans son *Journal*, l'abbé Gallissot (3) fait de lui, à cette époque, un portrait qui n'est pas précisément flatteur : il nous dit qu'il oublia ses vœux sacrés de religion, et qu'il épousa, quoique très-vieux, une jeune fille de Bourg. « Cet intrus, ajoute-t-il, va demander journellement l'aumône, quoique sa femme soit fileuse de laine ». Le curé de Mardor était-il bien renseigné ? Une chose certaine, c'est que nous n'avons trouvé aucune trace de ce mariage ni à Bourg, ni à Brennes, ni à Longeau, ni à Langres.

(1) Claude Jannyot était originaire de Coiffy-le-Bas. Curé de Bourg et de Longeau en 1789, il refusa le serment pur et simple et fut obligé de s'exiler. Il mourut à Maizières-sur-Amance, le 23 janvier 1813, à l'âge de 53 ans.

(2) Arch. municipales de Bourg.

(3) Daguin, Mss.; t. XXI, p. 187. Etienne Gallissot, né à Neuilly-l'Evêque le 6 avril 1756, curé de Mardor en 1788, fut un adversaire déclaré du schisme et des intrus. Il mourut dans sa paroisse le 1er juin 1834!

En tous cas, Courtois était à Langres en 1797 et il y prêta le serment de haine à la royauté le 15 septembre. Deux jours après, Nicolle Pelletier, veuve Legoux, domiciliée rue ci-devant des Carmes, n° 1326, infirme et incapable de se présenter en personne, pria l'administration municipale de recevoir sa déclaration, par laquelle elle était dans l'intention d'exercer le culte religieux dans sa maison avec d'autres citoyens, et choisissait, pour desservant de son oratoire, Gengoulph Courtois, qui s'était conformé à la loi (1).

Un peu plus tard, en décembre 1797, nous retrouvons Courtois à Bourg, mais animé de dispositions bien différentes de celles qu'il y avait apportées en 1791. Il était converti. Les délibérations de l'administration centrale du département nous en fournissent la preuve (2). On y lit, en effet, que « le 6 nivôse an VI (26 décembre 1797), plusieurs citoyens ont déclaré, par devant l'administration municipale de Langres, et aussi par devant celle de Longeau, que Gengoulph Courtois, ci-devant curé de Bourg, avait rétracté son serment, et déclaré publiquement à la messe célébrée en l'église de cette commune, le jour de la Saint-Hilaire, fête paroissiale d'icelle, à haute et intelligible voix, que toutes les confessions et communions qu'il avait faites aux habitants jusqu'à ce jour, étaient nulles, qu'il leur avait occasionné beaucoup de jurements et d'imprécations par le serment constitutionnel qu'il avait prêté, mais qu'il s'en repentait et renonçait à cet acte de sa part. » (3)

Cette déclaration était fondée. En effet, le 2 janvier 1798, Courtois lui-même fit, au sein de l'assemblée municipale, l'aveu public de sa rétractation, et demanda un passe-port pour quitter le territoire de la République. Ce passe-port fut rédigé et inscrit sur le registre. Mais Courtois omit de le retirer (4) et resta à Langres. En conséquence, il fut arrêté le 16 janvier et enfermé dans la maison de réclusion de Langres (5).

(1) Arch. municipales de Langres, t. III.
(2) Arch. de la Haute-Marne (Administration centrale, t. XI).
(3) Si Courtois avait eu le malheur de « rentrer dans le siècle », comme l'affirme M. Gallissot, ne semble-t-il pas qu'il eût fait, ici, amende honorable et publique pour ce scandale ?
(4) Arch. de la Haute-Marne.
(5) Arch. municipales de Langres, t. III, f° 107.

Son affaire ne vint devant l'administration centrale que le 15 ventôse (5 mars 1798). Ce jour-là, cette dernière rendit l'arrêt suivant : « Considérant que Courtois, nonobstant sa déclaration, est indûment et contrairement à la loi, resté sur le territoire de la République, arrête qu'il sera transféré des prisons de cette ville dans celle de Rochefort, etc. » (1).

Courtois arriva à l'île de Ré le 7 août 1798, avec Joseph Ravier et Nicolas Mutel, et y resta près de dix-huit mois. D'abord libéré provisoirement, il quitta la citadelle, et s'établit dans la ville de Saint-Martin de Ré, avec Antoine Henry, chez un chapelier du nom de Charbonneau. Il reçut sa liberté définitive le 15 mars 1800, et se retira à Langres (2). C'est dans cette ville qu'il mourut, le 22 mars 1805, à l'âge de 64 ans (3).

III

GREFFIER (François)

Né à Varogne (Haute-Saône) le 17 avril 1767, de Thomas Greffier et de Jeanne Gatoille, François Greffier fut baptisé le jour même, et eut pour parrain et marraine François Levain et Françoise Gatoille (4).

Il entra au noviciat des Lazaristes à Paris le 9 septembre 1784, et fit ses vœux le 19 mars 1787 (5). Il quitta la Congrégation, très probablement au commencement de la Révolution, car il desservit Villars-Montroyer après M. Forgeot (6), décédé le 27 septembre 1791. Il fut élu curé constitutionnel de cette paroisse le 6 novembre suivant, et reçut l'institution soi-disant canonique le 12 du même mois. Son premier acte est daté du 2 novembre 1791, et son dernier du 30 décembre 1792 (7).

(1) Voir le texte complet de cet arrêté, p. 197.
(2) Manseau, t. II, p. 239.
(3) Etat civil de Langres.
(4) Etat civil de Varogne.
(5) Archives de la Congrégation des prêtres de la Mission, à Paris.
(6) Jean Forgeot, né à Langres, curé de Villars depuis 1782, avait écrit, en faveur de la Constitution civile, une *Lettre à Mgr de la Luzerne*, (25 p. in-12).
(7) Etat civil de Villars et Registre de l'Evêché. Cf. Roussel, t. II, p. 237.

Il continua toutefois son ministère, même après cette dernière date. En effet, le 25 mars 1793, il s'intitule « curé de Villars et de Chaugey (Côte-d'Or), âgé de 26 ans, et résidant dans la maison curiale de Villars-Montroyer ». Il se présenta en cette qualité à Auberive, et y demanda un certificat de résidence et de civisme qui, du reste, lui fut accordé (1).

Mais l'année suivante, le culte public fut supprimé à Villars, comme dans tout le reste du département, et, le le 26 juin 1794, Greffier dut déclarer au district de Langres qu'il « allait, avec Renaut, ci-devant curé de Germaines (3), et Séguin, ci-devant curé de Colmier (3), prendre domicile chez le citoyen Morisot, aubergiste dans cette ville ». Tous les trois ajoutèrent qu'ils n'avaient d'autres moyens d'existence que leur pension (4).

Peu de temps après, Greffier quitta la Haute-Marne. Un document en date du 20 août 1794, nous le montre demeurant à Flagey, près de Port-sur-Saône : c'est à cette date qu'il abdiqua ses fonctions (5).

Après la Terreur, Greffier retourna dans son ancienne paroisse. Il s'y trouvait au mois de mars 1796, et il était alors en règle avec toutes les formalités prescrites, hormis cependant avec la loi du 7 vendémiaire an IV (29 septembre 1795). Cela lui valut, le 26 avril 1796, une condamnation à la prison.

En effet, l'administration du canton d'Auberive « considérant que Greffier et Séguin, domiciliés à Villars, avaient négligé de se conformer à l'article 17 de la loi du 7 vendémiaire an IV (6) ; qu'ils avaient donné, en diverses circonstances, des preuves d'incivisme et d'insociabilité, particu-

(1) Arch. municipales d'Auberive.

(2) Jacques Renault, né à Fays-Billot le 7 janvier 1737, était curé de Germaines depuis 1770. Il prêta le serment constitutionnel, et alla mourir à Prauthoy le 16 octobre 1802.

(3) Anselme Séguin naquit à Troischamps le 25 décembre 1735. Curé de Colmier en 1782, et assermenté en 1791, il mourut à Buxerolles (Côte-d'Or) peu de temps après le Concordat.

(4) Arch. de la Haute-Marne (Registre du Comité de surveillance de Langres, section du Midi).

(5) Arch. de la Haute-Saône, BB. 187.

(6) L'article 17 de la loi du 7 vendémiaire imposait aux ministres du culte l'obligation de déclarer, par devant l'adjoint municipal, l'enceinte de l'édifice choisi pour l'exercice du culte.

lièrement depuis qu'ils exerçaient concurremment leur culte dans les communes de Villars et de Santenoge ; qu'ils avaient divisé les citoyens, aigri les esprits, et scandalisé les gens honnêtes par leurs querelles personnelles ; que leur conduite ne pouvait qu'être un scandale à la tranquillité, aux mœurs et à l'union qui font le charme de la société : ordonna qu'il serait décerné un mandat d'arrêt contre ces deux ministres du culte catholique, et qu'ils seraient conduits à la maison correctionnelle de Langres » (1).

Cette décision resta lettre morte. En effet, un mois plus tard, l'administration du canton d'Auberive rapporta sa condamnation du 21 avril, « contenant des menaces de répression contre Greffier, et renvoya au juge de paix les dénonciations reçues à son sujet (2).

Le 22 septembre 1797, Greffier prêta à Auberive, comme ministre du culte catholique résidant à Villars, le serment de haine à la royauté et à l'anarchie.

Mais, peu de temps après, le 19 décembre, il fut à nouveau dénoncé, comme paraissant avoir rétracté le serment exigé par la loi, et par conséquent comme sujet à la loi du 19 fructidor. De plus, à une date inconnue, il avait, disait-on, adressé au citoyen Séguin, prêtre insermenté, et aussi ministre du culte résidant à Villars, une lettre par laquelle il engageait ce dernier à rétracter son serment, et lui déclarait que lui-même avait déjà fait des démarches pour se réunir au seul et vrai pasteur légitime, et aux vrais principes de l'unité sainte de la foi et de l'Eglise (3).

Tout cela était vrai. En effet, le 31 décembre 1797, Greffier fit, à Auberive, les aveux suivants : « Il avait rétracté, dans le courant de l'an V, le serment qu'il avait fait à la Constitution civile ; mais n'exerçant alors aucune fonction publique, il n'était pas tenu de prêter ce serment. Malgré sa rétractation, il avait exercé le culte public à Villars, par exemple le 18 décembre 1797. De plus, le 20 janvier (probablement 1797), il avait écrit à Séguin, prêtre constitutionnel résidant à Villars, pour lui faire ses excuses au sujet des difficultés qui les avaient divisés. Dans cette

(1) Arch. municipales d'Auberive.
(2) *Ibid.*
(3) Arch. d'Auberive ; Arch. de la Haute-Marne (Délibérations de l'administration centrale).

lettre, il lui annonçait qu'il s'était réuni au seul et vrai pasteur légitime, et l'engageait à remplir le même devoir, l'assurant que tous les assermentés, excepté cinq ou six de la Montagne, avaient fait cette démarche. » Sa lettre à Séguin se terminait ainsi : « Tant que vous serez dans votre disposition actuelle, vous ne trouverez pas mauvais que moi et le peuple de mon opinion et de ma religion, nous ne communiquions en rien avec vous pour l'objet du culte » (1).

En présence de pareils aveux, l'administration du canton ne pouvait guère hésiter. Elle estima donc que Greffier était « dans le cas des prêtres fonctionnaires publics insermentés ; que du reste il avait occasionné des troubles à Villars, même avant sa rétractation. Considérant, en conséquence, que les rassemblements des citoyens des communes voisines à Villars-Montroyer, pouvaient être un sujet de troubles et de division, elle arrêta que Greffier serait dénoncé au Directoire exécutif de l'administration centrale du département » (2).

Le 15 janvier 1798, l'administration centrale ordonna l'arrestation de François Greffier, « ministre du culte catholique exerçant à Villars-Montroyer. » Mais déjà le curé avait fui et s'était retiré à Flagey, non loin de son pays natal. C'est là qu'il fut arrêté par la gendarmerie le 3 février suivant.

Transféré dans les prisons de Chaumont, Greffier fut condamné à la déportation le 5 mars 1798 : « L'administration centrale, considérant que Greffier avait, de son aveu, rétracté le serment par lui prêté ; qu'antérieurement et depuis sa rétractation, il avait excité des troubles dans la commune de Villars-Montroyer ; que par suite de sa rétractation, il était frappé par la loi du 19 fructidor ; qu'il devait sortir du territoire français dans la quinzaine, et qu'au contraire il avait continué ses fonctions jusqu'au commencement de nivôse (fin décembre 1797), arrêta : François Greffier et les autres, seront transférés des prisons de cette ville dans celle de Rochefort » (3).

(1) Arch. d'Auberive.
(2) *Ibid.*
(3) Arch. de la Haute-Marne (Délibérations de l'administration centrale, t. IX). Voir plus haut, p. 197.

Greffier partit en compagnie de plusieurs prêtres du Doubs, et arriva à la citadelle de Saint-Martin-de-Ré le 21 décembre 1798. Il y resta jusqu'au 27 août 1800 (1).

Son nom ne figure point dans le *Décret exécutorial* sur la circonscription des paroisses et succursales du diocèse de Dijon-Langres, donné le 5 janvier 1803. Il occupa la cure décanale de Grancey-le-Château, de juin 1814 à novembre 1820 ; de Grancey il passa à Buxerolles, croyons-nous ; puis, le 22 août 1822, il fut nommé curé de Perrigny-sur-l'Ognon, d'où il desservait Talmay, puis Cléry. Il y mourut le 2 novembre 1842 (2).

IV

HENRY (Antoine)

Antoine Henry naquit à Baissey, le 28 avril 1763, d'Alexandre Henry, cultivateur, et d'Anne Séjournant ; il fut baptisé le jour même, et eut pour parrain Antoine Cordival, et pour marraine Anne Rouget.

Tonsuré à Langres le 6 mars 1784, il entra au séminaire en 1787 ; il reçut les ordres mineurs le 2 juin de cette même année, et le sous-diaconat le 8 mars 1788. Diacre à Besançon le 17 mai 1788, il fut ordonné prêtre le 7 mars 1789 « in sacello seminarii » (3).

Il fut d'abord vicaire d'Hortes : il prend ce titre dans un baptême fait à Saint-Michel le 24 juin 1789. Dès le mois de janvier 1790, il était vicaire de M. le curé de Villegusien pour la desserte de Saint-Michel. Le 4 août 1790, après l'office des Vêpres célébré à Villegusien, il reçut le serment civique de tous les citoyens actifs de la commune ; et, le soir, un feu de joie, allumé sur la place publique, réunit tous les habitants du village (4).

Il refusa le serment à la Constitution civile du clergé. Son dernier acte à Saint-Michel est un baptême en date du 17 septembre 1791. On le retrouve ensuite à Chatoillenot,

(1) Sauzay, t. IX, p. 698 ; t. X, p. 718 ; Manseau, t. II, p. 253 ; Loye, *loc. cit.*, t. VI, p. 103.
(2) Arch. de la Côte-d'Or, série V.
(3) État civil de Bourg, et Registre des ordinations.
(4) Arch. municipales de Villegusien.

où il signe les actes du 23 janvier 1792 au 26 août 1792,
en qualité de prêtre-vicaire ; le curé, M. Bonnet, (1) était
décédé dès le 24 janvier 1792. Le service fut ensuite assuré
par M. Carbillet (2), curé de Prauthoy, et M. Gorillon (3),
curé d'Esnoms (4).

Le 25 août 1792, c'est-à-dire très peu de temps après la
loi de déportation, le district de Langres donna à M. Henry
l'ordre de quitter sa commune, le jour même de la notification de son arrêté (5). Le vicaire de Chatoillenot se présenta par devant la municipalité, et demanda un passe-port
pour l'étranger. Mais, à partir de ce moment, nous perdons
la trace de ses pas, et il ne nous est pas possible de dire
exactement ce qu'il devint en 1793 et 1794.

Nous savons toutefois qu'il fut enveloppé dans la dénonciation faite le 16 mars 1793, par trente-quatre citoyens de
Langres, contre un certain nombre de « prêtres séditieux ». Le district, appelé à se prononcer sur son cas, prit
l'arrêté qui suit : « Considérant que le nommé Antoine
Henry, ex-vicaire de Chatoillenot, était en fonctions à
l'époque de la publication de la loi du 26 août dernier ;
qu'en exécution d'icelle, il a déclaré qu'il se retirait en pays
étranger ; et qu'à supposer qu'il soit rentré sur le territoire
de la République, ou qu'il n'en soit pas sorti, il ne pouvait
plus jouir des délais qui sont accordés pour se retirer, et
qu'il serait dans le cas de subir la peine prononcée par la
loi, s'il était saisi : arrête qu'il sera sursis de prononcer sur
la demande des trente-quatre pétitionnaires à l'égard du citoyen Henry (6) ».

Mais celui-ci s'était déjà, sans doute, mis hors de portée
des menaces que contenait cet arrêté. Car le 3 mai, il écri-

(1) Jean Bonnet, né à Andilly en 1729, curé de Chatoillenot en 1762,
avait refusé le serment.

(2) Jean Carbillet, né à Langres le 22 août 1739, curé de Prauthoy
depuis 1782, avait prêté le serment schismatique : il mourut le 23 mars
1803.

(3) Jacques Gorillon, né à Langres le 22 mai 1753 et curé d'Esnoms
en 1783, avait, lui aussi, prêté le serment : mais, pratiquement, il se
conduisit comme un vrai réfractaire, et puis se rétracta publiquement
en 1795. Il mourut le 17 avril 1829.

(4) État civil de Saint-Michel et de Chatoillenot.

(5) Arch. de la Haute-Marne, L. 209.

(6) Arch. de la Haute-Marne, L. 185, et 200, f° 50.

vait de Soleure au premier corps d'administration : « Depuis ma déportation, la municipalité de Baissey inquiète ma famille à mon sujet et me traite comme émigré. Leurs poursuites inquiétantes, rigoureuses et réitérées sont sur le point de sortir leurs effets, car ils ne veulent rien écouter de tout ce que l'on peut leur exposer de capable de les arrêter, et la municipalité de Chatoillenot semble nier l'acte de ma comparution, au moment que je suis allé la trouver pour avoir mon passe-port de déportation. Les lettres que j'envoie ne parviennent point. J'ai envoyé un certificat de ma résidence actuelle et habituelle à Soleure, obtenu de la chancellerie de cette ville, et tout cela est intercepté ou méprisé. C'est pourquoi j'ose me déterminer à recourir directement au premier corps d'administration pour demander justice » (1).

Quel fut le résultat de cette plainte ? nous ne le savons pas. Toutefois, le 22 décembre 1793, le juge de paix du canton d'Aprey se transporta à Baissey, et interrogea le père d'Antoine Henry. Celui-ci répondit que son fils demeurait actuellement à Soleure, et qu'il lui avait constitué son titre patrimonial sur la maison où il était, avec deux ouvrées de vignes ; il ajouta que son fils n'avait d'ailleurs aucun immeuble ni revenus (2).

L'abbé Henry rentra en France probablement vers le mois de juin 1795. Un mois après, un mandat d'arrêt fut lancé contre lui, comme prêtre déporté et rentré. La perquisition, qui fut faite alors à Chatoillenot, donna lieu à des mouvements dirigés principalement contre l'officier municipal qui accompagnait le gendarme. Mais l'abbé s'était évadé, et l'on ne put découvrir sa retraite, ni à Chatoillenot, ni dans les communes voisines.

Le 17 juillet, le lieutenant de gendarmerie reçut l'ordre de prendre toutes les mesures nécessaires pour s'assurer de sa personne, car on était persuadé qu'il n'avait pas quitté ces parages. Le voisinage de la brigade de Prauthoy était, du reste, favorable pour l'exécution de ce dessein (3). Mais ce fut encore en vain.

(1) Arch. de la Haute-Marne.
(2) *Ibid.*, Q. 347.
(3) *Ibid.* L. 213, f° 132.

Au milieu d'août, le procureur-syndic du district écrivait :
» Si l'on en croit le bruit public, plusieurs prêtres déportés sont rentrés dans ce district ; mais nous n'avons aucun fait précis sur ce point. Cependant le nommé Henry paraît être rentré : mais il n'a pas été possible jusqu'ici de découvrir sa retraite à Chatoillenot, ni dans les communes circonvoisines ». Et le 29 août : « Il ne paraît pas que le prêtre déporté Henry ait reparu à Chatoillenot » (1).

L'apaisement s'étant fait alors dans les esprits, on ne continua sans doute pas les recherches commencées contre M. Henry. Quoi qu'il en soit, il était à Grenant en mars 1796, et on l'inquiéta pour avoir exercé le ministère dans cette commune. Mais, comme il n'avait jamais été fonctionnaire public, et par conséquent n'était pas tenu au serment, on reconnut qu'il avait pu librement exercer son culte (2).

Sur la fin de la même année, il était de retour à Chatoillenot, où il rédigea les actes religieux à partir du 2 décembre 1796 : il desservait aussi Courcelles-Val-d'Esnoms (3).

*
* *

Mais, M. Henry ne put échapper à la loi du 19 fructidor. Le 27 septembre 1797, il fut conduit par devant la municipalité de Courcelles, et il recourut à un système de défense assez singulier. A propos de son certificat de résidence en Suisse, il déclara que c'était une précaution qu'il avait prise, pour se soustraire, lui et sa famille, aux recherches qu'on faisait contre lui ; qu'il ne l'avait fait venir que pour cet objet, dans la persuasion qu'étant présumé en Suisse, on le laisserait tranquille ; mais qu'en réalité, il n'avait jamais quitté le territoire de la République » (4).

Ces explications furent sans doute jugées insuffisantes, car M. Henry fut arrêté et écroué à Chaumont.

Les 1er et 30 novembre 1797, le tribunal criminel du département rendit deux jugements contre Antoine Henry,

(1) Arch. de la Haute-Marne, L. 213, f⁰ˢ 8 et 27.
(2) Arch. du greffe de Chaumont, liasse non classée.
(3) Arch. municipales de Chatoillenot.
(4) Arch. de la Haute-Marne (Délibérations de l'administration centrale).

prêtre insermenté « prévenu d'avoir été déporté en exécution des lois rendues en 1792, d'être rentré en France, et d'être de nouveau sujet à la déportation d'après l'article 23 de la loi du 19 fructidor ». Le premier portait que M. Henry serait incessamment interrogé sur les faits résultant des pièces représentées par l'accusateur public. Le second, relatif à la lettre écrite sous la date du mois de janvier 1793 (1), appliquait à M. Henry les dispositions d'amnistie contenues dans les lois des 4 brumaire an IV et 14 frimaire an V. En conséquence, le tribunal ordonnait qu'il ne serait fait aucunes poursuites ultérieures à cet égard, et qu'en ce qui concerne le fait relatif à la déportation, il serait sursis, avant faire droit, jusqu'après la réponse du ministre de la justice à la lettre de l'accusateur public.

Le ministre répondit le 30 décembre 1797, et alors se posa la question de savoir si c'était à l'administration centrale du département, ou au tribunal criminel, à prononcer si M. Henry était sujet ou non à la déportation..

Le 7 pluviôse an VI (26 janvier 1798), le tribunal criminel, appuyé sur des considérants déjà rapportés plus haut (2), renvoya la procédure et le prévenu devant l'administration centrale du département, pour être statué par elle contre le dit Henry ce qu'il appartiendrait (3).

Le 15 ventôse an VI (5 mars 1798), l'administration centrale, « considérant que, depuis qu'Henry a été ordonné prêtre, il a exercé les fonctions dans plusieurs communes jusqu'en 1792, sans avoir prêté le serment exigé par la Constitution civile ; qu'il n'a pu se dissimuler qu'il était assujetti à la prestation de ce serment, puisqu'il s'est retiré en Suisse, ainsi qu'il résulte des certificats de résidence en ce pays joints aux pièces ; que les déclarations faites par lui, à savoir, que le certificat n'a point été obtenu par lui, mais par son père, sans doute pour éviter les persécutions qu'il aurait pu essuyer comme père d'émigré, sont contradictoires avec celle par lui faite à Courcelles-Val-d'Esnoms le 6 vendémiaire dernier (27 septembre 1797); que l'on peut

(1) Allusion à une lettre écrite par Henry au curé intrus de Chatoillenot, et dont il sera question plus loin.
(2) Voir article *Bailly*, p. 201.
(3) Archives du greffe de Chaumont, liasse non classée.

encore d'autant moins douter que le dit Henry se soit retiré en Suisse, où il a obtenu le certificat ci-dessus, qu'il a reconnu un écrit à lui présenté et de lui signé sous la date du 10 décembre 1792, commençant par ces mots : « Avant de partir pour me rendre dans mon exil », et finissant par ceux-ci : « Au nom de la religion ». Considérant que par un autre écrit signé du dit Henry contenant 19 ff. et par lui reconnu et adressé au citoyen Gallimard (1), curé constitutionnel de Chatoillenot, où le sieur Henry exerçait le culte avant son départ, il s'est répandu en injures contre différents représentants du peuple qui ont pris part aux lois sur la Constitution civile du clergé, et contre les prêtres qui s'y sont conformés et ne priaient pas pour le roi ; considérant que de tous ces actes, il résulte que le dit Henry ayant été déporté et étant rentré, était frappé par la loi du 19 fructidor, et devait sortir, dans la quinzaine de sa publication, du territoire de la République, arrête : les nommés Antoine Henry, Joseph Garnier, etc., prêtres, seront conduits des prisons de cette ville en celles de Rochefort » (2).

*
* *

Henry fut tiré des prisons de Chaumont le 17 mars 1798. Il languit sans doute plusieurs mois dans les prisons de Rochefort, car il n'arriva à l'île de Ré que le 7 décembre suivant (3).

Nous avons entre les mains une série de lettres qu'il écrivit soit pendant sa déportation, soit depuis son retour en France.

Dès le 1er janvier 1799, dans une lettre de bonne année adressée à Baissey, il disait à son père : « Voyez ce que vous pouvez faire pour mon élargissement... ; mais n'entreprenez rien contre la religion et la conscience. Jusqu'alors j'ai tout sacrifié pour cette vertu et cette règle de conduite. J'ai été victime pour m'y tenir constamment attaché ; je le serai

(1) Claude Honoré Gallimard, né à Beneuvre (Côte-d'Or) le 17 mai 1758, ancien capucin d'Autun, devint curé constitutionnel de Chatoillenot en novembre 1792 : il desservait aussi Rivières-les-Fosses. Après la Révolution, il fut nommé à Courlon, dans la Côte-d'Or.

(2) Arch. de la Haute-Marne (Délibérations de l'administration centrale). Cf. art. *Joseph Garnier*, p. 197.

(3) Registre d'écrou de Chaumont ; Manseau, t. II, p. 257.

encore plus longtemps, s'il le faut. Je ne sais point acheter une vile liberté au prix de mon âme et de mes devoirs. Mais je crois cependant que, sans blesser rien de tout cela, on peut lever, auprès de mon département, expédition de toutes mes pièces sans en excepter aucune, les faire légaliser, et me les envoyer sur-le-champ. Elles peuvent me servir. »

« J'ai mille peines de reprendre mes anciennes forces, dit-il dans une autre lettre ; je suis plein de rhumatismes, et encore plus d'ennuis.... Nous traînons tous une pauvre vie, bien triste et langoureuse. Mille nouvelles, qui se détruisent en même temps qu'elle se produisent, nous bercent de quelques espérances, mais toujours vaines jusqu'alors... Quel tourment ! En vérité, il faut une patience aidée d'en haut, pour soutenir un si long pèlerinage. Chat[oillenot] ne sort pas plus de ma mémoire que Baissey... On connaît ma prédilection pour les jeunes gens : je leur recommande plus qu'à tous autres, une exacte vigilance sur eux-mêmes ».

La 3e lettre, venue de l'île de Ré, est datée du 19 mai 1799, et adressée à sa sœur Marie-Anne. Il lui parle de différentes affaires de famille, puis il ajoute : « Nous sommes ici 800, et il en arrive toujours. »

Enfin, le 23 février 1800, M. Henry écrit : « Ayant obtenu ma liberté provisoire, je ne reste plus dans la citadelle, et maintenant j'ai pour prison la ville, où je demeure depuis quelques jours avec M. Courtois, de Langres, chez le citoyen Charbonneau, chapelier, n° 487. J'ai été consulter l'administration de la ville, comme signataire d'une pétition qu'on nous a envoyée de Paris, sous la condition de ne nous mettre en liberté qu'autant que nous produirions quelques pièces. C'est pourquoi l'administration municipale d'ici m'engage à demander chez nous un certificat, dont elle me donne elle-même le modèle. En voici la teneur. — Nous, membres de l'administration municipale du canton d'Aprey, certifions que le citoyen Antoine Henry, natif de Baissey, n'a été fait prêtre qu'au commencement de la Révolution : qu'en conséquence il n'a jamais été, à ce titre, fonctionnaire public avoué par la nation, soit comme curé, soit comme vicaire constitutionnel, ni pensionnaire de l'État : ce qui doit le ranger dans la troisième classe des prêtres relevés de la déportation par l'arrêté des Consuls de la République du 8 frimaire dernier (29 novembre 1799) — Je pense qu'il n'est guère possible qu'on puisse me refuser cette pièce, puisque tout est dans l'exacte vérité : pouvant prouver, ma lettre de prêtrise en mains, que je n'ai été prêtre que sur la fin de 1789 et au commencement de 1790 (*sic*) lors des premières assemblées ; qu'ensuite, d'autre part, je ne fus jamais placé en chef comme curé ou comme vicaire, bien moins encore constitutionnellement, ni pensionné avoué par la nation, et qu'il est notoire que je n'ai occupé ainsi aucune place ». M. Henry recommande ensuite de faire viser la pièce susdite par le département, à Chaumont, et de la lui envoyer au plus tôt.

Libéré définitivement le 17 mars 1800, M. Henry, dit Manseau (1), se retira à Vercel (Doubs). Quoi qu'il en soit, il était à Chatoillenot le 1er septembre (2).

Le 23 août 1801, le Maire de Chatoillenot écrivait à M. le Préfet : « Il n'existe ici qu'un prêtre, revenu de l'île de Ré avec sa liberté définitive et sans aucune surveillance. Il y exerce, depuis lors, à la plus grande satisfaction des habitants. Il prêche la paix et la concorde, ainsi que la plus entière soumission aux lois, et contribue par là singulièrement à concilier les esprits. C'est pourquoi je n'en juge point de plus agréable et convenable au peuple de la commune » (3).

En 1803, M. Henry fut nommé curé de Percey-le-Petit : mais il permuta aussitôt avec Mammès Aubertin (4), qui avait été nommé à Chatoillenot, et quitta le diocèse.

Curé de Bleigny-le-Carreau, près d'Auxerre, jusqu'en février 1808, puis de Neuilly, près de Joigny, en 1808, il était, en 1810, curé de Méry-sur-Aube.

Les difficultés qu'il eut avec le maire de cette commune, lui firent désirer son changement. Un instant, il pensa aux deux Orbigny, mais, en 1812, il accepta à Bar-sur-Aube

(1) Tome II, p. 257.
(2) Lettre écrite ce jour-là par M. Henry à son beau-frère, Symphorien Boucher, alors laboureur à Neuilly-l'Évêque.
(3) Arch. de la Haute-Marne, V. 40.
(4) Mammès Aubertin, né à Saint-Geosmes le 18 avril 1755, curé de Percey-le-Petit en 1782, très-probablement assermenté en 1791, mourut curé-doyen d'Aubigny le 29 mars 1845.

une place importante : il y fut tout à la fois chapelain de l'Hôpital, desservant d'une petite paroisse voisine, et enfin vicaire de la ville.

Mais M. Henry n'était pas encore au terme de ses pérégrinations. Il exerça les fonctions de curé de Bannes d'octobre 1814 à mai 1816, époque à la laquelle il devint curé-doyen de Nogent. Dans ses *Notes*, M. Baudot, vicaire général, nous explique le secret de ces multiples changements : « Il réussit bien au commencement, dit-il, mais ses défauts lui ont fait du tort : il n'a pas de moyens prudents et nécessaires pour conduire un canton difficile. »

M. Henry rédigea son dernier acte religieux à Nogent le 5 mai 1826, puis alla occuper la cure de Chablis (Yonne), où il resta jusqu'en juillet 1829. A cette époque, il retourna à Bleigny-le-Carreau, où déjà il avait été curé. C'est là qu'il trouva enfin le repos suprême, le 31 août 1834, après avoir reçu avec édification les derniers sacrements. Il était âgé de 72 ans (1).

V

RAVIER (Joseph)

Outre Jean Ravier, originaire de Bassoncourt, curé de Choignes en 1763, et retiré à Chaumont en 1785, il y avait, au commencement de la Révolution, deux autres prêtres du nom de Ravier.

Le premier, François Ravier, né à Longchamp-les-Millières le 24 septembre 1760, était fils de François Ravier. Vicaire de Laville-au-Bois en 1787, il quitta ce village en 1792 pour se retirer à Poulangy. Il mourut curé de Sexfontaine en 1811.

L'autre, Joseph Ravier, qui fait l'objet de cette notice, vit le jour à Poulangy le 28 septembre 1756. Son père, Joseph Ravier, recteur d'école, était le frère de Claude Ravier et de François Ravier, eux aussi recteurs d'école, le premier à Mandres, et le deuxième à Lanques. Sa mère s'appelait Anne Thiébaut.

(1) Lettres diverses de M. Henry ; Actes civils et religieux des communes citées. — Cf. Roussel, t. II, p. 170, 420, 459, 463.

Ces deux prêtres, on le voit, appartenaient à une famille d'instituteurs, et étaient cousins-germains.

Joseph Ravier fut baptisé, le jour même de sa naissance, par Jean Petitjean (1), curé de Poulangy, et eut pour parrain Joseph Briot, cuisinier à l'abbaye du Val-des-Écoliers, et pour marraine, Anne-Marie Testevuide (2).

Le curé de Poulangy éleva le jeune Joseph avec beaucoup de soin, et lui témoigna une affection toute particulière. Un jour d'orage, dit la tradition, M. Petitjean le prit dans ses bras et l'éleva vers le ciel, pour conjurer le danger qui menaçait les récoltes et les vignes.

Joseph Ravier fut tonsuré le 1er mai 1775, et il entra au séminaire de Langres en 1780. L'année suivante, il reçut les ordres majeurs, à savoir le sous-diaconat le 31 mars 1781 « *sub titulo patrimonii* », le diaconat le 14 avril, et la prêtrise le 22 décembre (3).

Après son ordination, au dire de l'abbé Manseau, il fut pendant quelque temps et malgré sa jeunesse, directeur des chanoinesses de Poulangy. Cette assertion est confirmée par une liste supplétive des émigrés, dressée en juin 1794, et dans laquelle il est appelé « ci-devant desservant des ci-devant chanoinesses de Poulangy » (4).

Mais, si c'est vraiment à cette date qu'il desservit le monastère de son pays natal, il ne resta pas longtemps dans ce poste. Dès le début de 1782, il était, en effet, vicaire de Saint-Pierre de Tonnerre, dont il signe les actes du 12 mars 1782 au 3 février 1785. Sa signature figure aussi, en cette même qualité, dans quelques actes de Poulangy, en 1784. Il avait pour curé, M. Claude de Marcenay, dont il a déjà été question précédemment.

De mars 1785 à février 1786, Joseph Ravier fut chargé de la desserte de Foulain et de Crenay. Il devint ensuite « vicaire de Fulvy et desservant de Villiers-les-Hauts » (Yonne) (5). C'est là que le trouva la Révolution.

(1) Jean Petitjean était langrois ; curé de Poulangy en 1742, il mourut en 1786.

(2) État civil de Longchamp, Mandres et Poulangy.

(3) Registre des ordinations.

(4) Manseau, t. II, p. 278 ; Arch. de la Haute-Marne, L. 25, f° 78.

(5) Un catalogue manuscrit des prêtres du diocèse de Langres, dressé vers 1790, porte expressément que Ravier, de Poulangy, était alors vi-

Bien que maire de sa commune, le desservant de Villiers imita la conduite du curé de Fulvy, M. Dopont (1), et refusa le serment à la Constitution civile. Ce qui le prouve, c'est qu'il fut porté sur la liste des ecclésiastiques à remplacer. Sur la fin d'avril, il alla même plus loin, et enseigna publiquement que « nul souverain sur terre n'avait le droit de lui retirer les pouvoirs spirituels et temporels dont il avait été investi par son évêque. Les souverains de la terre qui bouleversent tout, ajoutait-il, enverront bientôt de faux pasteurs ; mais ceux-ci se damneront et damneront les autres » (2).

Les habitants de Fulvy et de Villiers, qui étaient aussi attachés à leur curé qu'à son vicaire, signèrent une pétition pour demander que l'un et l'autre leur fussent conservés. Mais le district de Tonnerre rejeta cette demande (3). De plus, le 12 août 1791, le tribunal de Tonnerre prononça la peine de la déchéance de ses droits de citoyen actif, contre Joseph Ravier, maire et curé de Villiers-les-Hauts. Voici en quels termes il le fit : « Il est convaincu, affirmait le tribunal, d'avoir dit en chaire, à Villiers, le premier dimanche de Carême, le dimanche des Rameaux, le jour de Pâques, etc., que les prêtres assermentés sont hérétiques et schismatiques, que les absolutions qu'ils donnent et les mariages qu'ils célèbrent sont nuls..., et que lui-même ne reconnaissait pas l'évêque de Sens (4) ; d'avoir recommandé au prône Mgr de La Luzerne, comme seul évêque légitime, et d'avoir lu au prône ses écrits contre le serment ; d'avoir dit que, s'il était obligé de quitter Villiers, il emporterait les saintes huiles et le soleil, [l'ostensoir], pour que son succes-

caire de Villiers-les-Hauts. D'ailleurs nous savons, par les registres de Tonnerre, que le vicaire de Saint-Pierre était bien Joseph Ravier. Le vicaire de Tonnerre est donc identique au desservant de Villiers-les-Hauts, et il s'appelait Joseph, et non pas Louis, comme quelques-uns l'ont dit.

(1) Nicolas Dopont, né en 1738 dans le diocèse de Liège, et curé de Fulvy depuis 1776, dut, lui aussi, prendre le chemin de l'exil en 1792. Il fut remplacé à Fulvy par un certain Paintendre.

(2) Arch. de l'Yonne, L. 927.

(3) *Ibid.*, L. 928.

(4) L'archevêque de l'Yonne était, depuis 1778, Loménie de Brienne : il avait obtenu que le siège attribué à ce département fut placé, non pas à Auxerre, mais à Sens. Cf. Pisani : *L'épiscopat constitutionnel*, Paris 1907.

seur ne pût s'en servir, et enfin qu'il ne donnerait pas de billets de confession pour aller se confesser à d'autres prêtres ». En conséquence, le tribunal ordonna que Ravier serait privé de son traitement pour toujours, le déclara déchu des droits de citoyen actif pendant trois ans, lui fit défense de récidiver sous peine de punition corporelle, enfin lui défendit de s'approcher de Villiers de plus près de dix lieues, et ce, pendant l'espace de trois ans » (1).

Accusé d'avoir tenu des propos contre-révolutionnaires et d'avoir déclamé publiquement contre la Constitution civile (2), Joseph Ravier ne pouvait plus rester à Villiers. Et, de fait, il en sortit en 1792. Réfugié d'abord à Poulangy, son pays natal, il s'y rencontra avec son cousin, François Ravier, ancien vicaire de Laville-au-Bois. Mais, après la loi du 26 août, ils durent tous deux prendre le chemin de l'exil.

En même temps que leurs passe-ports, ils réclamèrent du district de Chaumont la subsistance que la loi accordait aux ecclésiastiques déportés. Cette requête fut exaucée, et, le 9 septembre 1792, on délivra à chacun d'eux, pour subsister en route, un mandat de 17 livres, et ce, à raison de 3 livres par journée de dix lieues, jusqu'aux frontières de Bouillon et de Luxembourg, où ils avaient déclaré vouloir se retirer (3).

*
**

M. Ravier sortit de France par le duché de Bouillon, passa par la Westphalie, et exerça le saint ministère pendant deux ans à Dülmen (4). En avril 1795, il se rapprocha de sa patrie, et s'arrêta à Constance. C'est de là que, le 28 août, il écrivit à ses paroissiens une lettre fort touchante, dont on nous saura gré de reproduire ici les passages principaux (5). Elle est adressée *Aux citoyens fidèles catholiques de Villiers-les-Hauts. Salut.*

Très chers paroissiens,

« Arraché depuis deux ans du milieu de mon troupeau

(1) Arch. de l'Yonne, L. 1314.
(2) *Ibid.*, L. 1336.
(3) Arch. de la Haute-Marne, L. 112, f° 33.
(4) Petite ville située à 28 kilomètres Sud-Ouest de Münster.
(5) Cette lettre se trouve aux Archives de l'Yonne, L. 690.

chéri, privé à regret depuis un si long temps de toute correspondance avec des ouailles que j'aime et dont je me flatte d'être encore aimé, jugez quelle est ma consolation et ma joie, de pouvoir aujourd'hui vous écrire avec confiance, et vous dire combien j'ai toujours eu à cœur tout ce qui peut vous intéresser, votre bonheur en ce monde, et votre salut en l'autre.

« Je ne puis vous exprimer combien doux est pour moi l'espoir que j'ai de recevoir au plus tôt de vos nouvelles si désirées et attendues depuis si longtemps. Si, jusqu'à présent, je ne vous ai point écrit, ne me faites point l'injure de croire que ce soit oubli ou indifférence de ma part ; mon attachement pour vous m'a toujours fait craindre de vous compromettre en vous écrivant. Non, chers paroissiens, je ne vous oublie pas ! Depuis le moment douloureux où je vous fis mes tristes adieux, aucun de vous n'est échappé à mon souvenir. Quoique absent de corps, je suis toujours présent en esprit au milieu de vous. La sollicitude pastorale m'accompagne toujours dans les différentes courses étrangères et pénibles, que la persécution pour la religion de nos pères me force encore de faire.

« Quelques semaines avant mon départ de France, je voulais vous aller voir pour m'assurer de vos dispositions, vous encourager, et vous munir de mes avis et instructions salutaires. Mais des obstacles insurmontables se sont opposés à mes vues, et le décret de déportation m'a forcé de quitter ma patrie toujours chère, avant que d'avoir eu la douce consolation de vous revoir. Je sortis alors de France par le duché de Bouillon, où je trouvai M. Dopont, curé de Fulvy et le vôtre, assez bien portant, cependant boiteux d'une jambe ; et cette infirmité était d'un reste d'une maladie assez considérable qu'il avait essuyée. Je le quittai au bout de huit jours, et depuis ce moment, il ne m'a pas été possible de recevoir aucune de vos nouvelles.

« Après avoir traversé les montagnes désertes des Ardennes, le pays de Liège, de Limbourg, de Juliers, je passai le Rhin et je parvins dans la Westphalie, en une petite ville du diocèse de Münster, appelée Dülmen, où je fus très bien accueilli de tout le monde. Ce fut enfin pour moi un lieu de repos, et j'en avais grand besoin. J'y demeurai deux ans et demi, et j'aurais pu y demeurer tout le reste de mes jours. Mais tous ces avantages ne m'empêchaient pas de penser tous les jours au besoin spirituel de mes paroissiens ; et, dans l'intention de venir à votre secours, j'ai quitté ce pays de Westphalie il y a quatre mois.

« Après une marche fatigante de 150 lieues, portant mon paquet sur le dos, je suis arrivé en la ville de Constance en Suisse, qui n'est plus éloignée de Villiers que d'environ 80 lieues. Déjà je me félicitais de la douce satisfaction de vous voir dans peu de jours, lorsque de nouveaux obstacles m'ont forcé de demeurer là. J'espère que peut-être ces obstacles ne seront pas éternels, et tous les jours je soupire après le moment favorable de partir d'ici pour aller à votre secours. Oh ! que ne suis-je donc au milieu de vous, chers paroissiens, afin de vous raffermir dans la vraie doctrine de la sainte Eglise, afin de ramener les brebis égarées au bercail abandonné, ou plutôt afin de les y rapporter !

« Je ne dois pas vous le laisser ignorer : dès le commencement de mon exil pour la foi, j'ai appris avec joie qu'un grand nombre de mes paroissiens se conservaient fermement attachés à la communion des fidèles de l'Eglise, en restant attachés d'esprit et de cœur à leur légitime pasteur exilé pour cause de religion. Mais ma joie a été mêlée de la plus vive douleur, en apprenant qu'une portion du troupeau chéri avait malheureusement déserté du sein de l'Eglise catholique, en suivant les bannières usurpées d'une autre église trop nouvellement établie pour être l'Eglise de J.-C.

« O ! vous donc qui composez cette malheureuse portion égarée dont le salut m'est toujours également cher, ne rejetez pas la voix du vrai pasteur. Ignorant encore le terme que la Providence a fixé aux épreuves qu'elle nous impose, daignez prêter une attention sérieuse et soutenue aux instructions que Dieu m'inspire de vous écrire du sein d'une terre étrangère.

« Si dans le commencement vous avez été trompés, aujourd'hui vous ne l'êtes plus ; la suite des temps a bien dû vous détromper... Vous êtes trop clairvoyants pour ne pas reconnaître aujourd'hui la vérité... Les vapeurs empestées dont on vous environnait de toutes parts, sont enfin dissipées. Tous les jours, je vois des pétitions adressées par des fidèles à leurs pasteurs légitimes, pour les faire revenir ; souvent des députés viennent, au nom de leurs communes, les chercher dans les pays étrangers et les ramènent avec eux.

« Nous avons toujours cru, ainsi que nos pères, comme un article fondamental du symbole de notre foi, qu'une des principales marques de la véritable Eglise de J.-C. était d'être catholique, c'est-à-dire universelle, qui embrasse tous les temps, tous les lieux et toutes sortes de personnes. Or 1° A coup sûr, l'Eglise nouvellement établie est trop jeune pour embrasser tous les temps, c'est-à-dire pour exister depuis J.-C. jusqu'à la fin du monde ; 2° Cette Eglise déjà expirante, qui n'embrasse pas tous les temps, n'embrasse pas non plus tous les lieux, car elle ne s'est jamais étendue hors des limites de notre malheureuse patrie, qui lui a donné naissance. Les ministres de cette nouvelle secte, appelée jadis Eglise constitutionnelle, n'ont jamais été reçus en communion par les ministres des autres Eglises catholiques d'Allemagne, d'Espagne, de Portugal, de Suisse, d'Italie, de Rome, etc. ; 3° Quant aux personnes qui ont embrassé cette Eglise moderne... il faut avouer qu'un trop grand nombre de citoyens honnêtes s'y sont laissés entraîner dans le commencement. Mais vous n'ignorez pas de quel caractère, de quelle conduite se sont montrés ceux qui en ont été les plus zélés et les plus violents défenseurs ; tandis qu'au contraire, ceux même qui nous étaient les plus opposés, ont toujours été forcés de rendre justice au désintéressement et à la bonne conduite de ceux qui n'ont pas craint le dépouillement de tout, l'exil, les souffrances et le martyre, plutôt que d'abandonner l'antique Eglise de nos pères.

« Instruits comme vous êtes de ces vérités élémentaires, j'ai confiance que vous ne vous laisserez plus entraîner à l'affreux crime du schisme ; vous ne communiquerez plus avec les prêtres attachés à l'Eglise moderne. — Peut-être ces faux prophètes vous ont-ils fait entendre qu'ils étaient envoyés vers vous par l'évêque de Sens, qui était toujours de l'antique Eglise : mais cette imposture saute aux yeux...

« En vous écrivant tout ceci, je remplis envers vous un grand devoir de la sollicitude pastorale ; je vous expose des dogmes antiques, constamment révérés depuis 1800 ans dans l'Eglise. C'est à vous, maintenant, qui voulez être les enfants de cette Eglise de J.-C., à vous attacher fermement et jusqu'à la mort, à la pratique de cette sainte doctrine.

« Comme citoyens libres, usant du droit qui vous est accordé par la loi civile, vous avez devant les hommes la liberté de choisir ou le culte catholique, ou le culte schismatique, ou telle autre religion qu'il vous plaira. Mais, dans l'ordre de la conscience, devant Dieu, souvenez-vous que la loi du souverain Juge vous impose, sous peine de damnation, l'obligation sévère d'être soumis aux lois de l'Eglise, et de ne choisir pour pasteurs que ceux qui sont légitimement envoyés par votre légitime évêque. Si je suis assez heureux pour avoir conservé votre confiance, je vous envoie ci-joint mon adresse, et suis disposé à faire tous les sacrifices possibles pour vous être utile à tous sans exception. Si des obstacles insurmontables s'opposent au vœu que j'ai de retourner parmi vous, cherchez des prêtres légitimement approuvés de votre évêque... S'il ne vous est pas possible d'en trouver, gardez-vous de confier vos âmes et celles de vos enfants à des prêtres déserteurs de la véritable Eglise : il vaut bien mieux que les brebis se passent de pasteurs, que de se confier à la garde de loups dévorants ; il vaut mieux s'abstenir de nourriture spirituelle que de prendre des poisons mortels.

« Hommes, femmes, enfants, montrez-vous en tout dignes de l'Eglise de J.-C... Souvenez-vous que le salut ne s'opère que dans le sein de la véritable Eglise... Que le Dieu de paix et de charité soit avec nous. Ainsi soit-il.

« Tels sont les vœux et les sentiments les plus forts de votre zélé, affectionné et légitime pasteur vicaire.

« RAVIER. »

« A Constance, le 28 août 1795. Mon adresse est chez les imprimeurs français, rue des Ecrivains, nᵒ 47, à Constance. »

*
* *

Durant son exil, Joseph Ravier fut porté sur la liste des émigrés (18 juin 1794). L'administration du département ordonna, en outre, que ses biens seraient administrés, vendus et aliénés au profit de la République (1).

(1) Arch. de la Haute-Marne, L. 25, fᵒ 78.

Son père, Joseph Ravier mourut le 4 juin 1795. Le 21 juin suivant, les héritiers présents déclarèrent au juge de paix du canton de Poulangy, que le peu d'effets qui appartenaient au défunt, avait été vendu dernièrement, au prix de 161 livres, qui devaient servir à payer les dettes. Néanmoins, le juge de paix persista à apposer les scellés, et le 15 juillet, fit dresser l'état des propriétés de la succession du proscrit. Elle consistait en trois quartiers de terres, un demi-journal de *sombres*, sept ouvrées de vignes, et quelques autres terres. Le 26 juillet, on reconnut qu'il appartenait à la succession de Joseph Ravier, de Poulangy, plusieurs propriétés sises à Lanques, à savoir : vingt et un journaux de terres, une fauchée de prés, et un huitième de chenevière, exploités par Louis Ravier du dit lieu (1). On constata aussi, à Poulangy, que Joseph Ravier avait vendu et enlevé tout ce qui lui appartenait (2).

Celui-ci rentra en France peu de temps après avoir écrit la lettre qui nous avons citée plus haut (28 août 1795), et avant la loi du 3 brumaire (25 octobre 1795), dont l'article 10 ordonnait, pour la quatrième fois, l'application des lois qui proscrivaient le clergé. Il fixa sa demeure habituelle à Poulangy, d'où il exerçait les fonctions de son ministère dans les villages voisins. Mais un nouvel orage ne devait pas tarder à éclater au-dessus de sa tête.

Le 26 décembre 1795, il fut porté sur la liste des prêtres insermentés ou réfractaires, dressée par l'administration municipale du canton de Nogent. Son nom était suivi de la note suivante : « Ex-vicaire dans le Tonnerrois, prêtre déporté, qui est venu deux fois à Mandres exercer le culte catholique dans le courant de frimaire, et qui depuis peu a disparu. Il résidait à Louvières » (3).

Dès le 28 janvier 1796, le juge de paix de Poulangy décerna contre lui un mandat d'arrêt. Le 12 mars, sa situation s'aggrava encore. Le ministre de la police adressa, ce jour-là, aux administrations municipales de canton, une série de questions dont la première était ainsi conçue : « S'il existe dans le canton des prêtres qui aient été, ou dû être

(1) Arch. de la Haute-Marne, Q, 331.
(2) *Ibid.*, Q, 324.
(3) Arch. municipales de Nogent.

déportés, en exécution de la loi du 26 août 1792 ou de celle du 23 avril 1793, et qui soient rentrés ou restés en France ? »

Evidemment, M. Ravier était dans ce cas. Aussi, dès le 24 mars suivant, Dubreul, commissaire près l'administration du canton de Nogent, dans une lettre envoyée à Chaumont, citait, parmi les prêtres sujets à la déportation ou à la réclusion et qui circulaient dans le canton : « A Mandres, un nommé Ravier, qui se porte de cette commune dans celle de Thivet. Le mandat pour l'arrêter, ajoutait-il, a déjà été délivré à la gendarmerie, mais, comme il se déguise, ils n'ont pas encore pu y parvenir (1) ». Les traditions locales disent, en effet, que Joseph Ravier se déguisait en porte-balle, et que dans cet accoutrement, il portait les sacrements aux malades.

Il était difficile de le saisir. Le 14 avril 1796, les agents des communes du canton de Nogent déclarèrent avoir entendu dire qu'il avait, depuis peu, exercé à Mandres, Thivet et Nogent. En conséquence, mandat d'arrêt fut lancé contre Ravier « habitant alternativement à Mandres et à Louvières, et contre Caublot résidant à Vitry » (2).

L'administration municipale de Poulangy, de son côté, décida le 8 mai 1796, que Joseph Ravier serait arrêté et conduit en la maison de réclusion de Chaumont (3).

Au mois de messidor an IV, Dubreul, écrivait à l'administration centrale : « Ravier, prêtre sujet à la déportation, résidant actuellement à Poulangy, fanatise tout le canton, notamment les communes de Mandres et de Nogent. Je l'ai déjà dénoncé au juge de paix, et différents mandats d'amener ont été lancés contre lui. Les citoyens de notre commune, en ayant connaissance, l'ont arrêté et conduit à la maison de détention de Nogent : mais le concierge a refusé de le recevoir, sous prétexte qu'il n'avait pas d'ordre. Averti de cette arrestation, le juge de paix s'y est rendu, mais malheureusement trop tard ; il s'était évadé. — Le même jour, 12 messidor (30 juin 1794),

(1) Arch. municipales de Nogent.
(2) Sébastien Caublot, né à Troischamps en 1730, était curé de Vitry depuis 1781 ; déporté en 1792, et reclus en 1799, il résidait encore dans cette paroisse en 1802.
(3) Arch. de la Haute Marne, L. an IV, liasse non classée.

sur les onze heures du soir, un attroupement de citoyens des deux sexes, de Poulangy, après avoir fait sonner le tocsin dans leur commune, se sont rendus à Nogent, dans l'intention, à coup sûr, de forcer les portes de la prison et d'enlever ce prêtre. L'agent de la commune de Nogent a été assez heureux pour disperser ces attroupements par la voie de la persuasion, mais après qu'ils ont eu enlevé leur proie *(sic)*. Le 15 et le 16, Ravier s'est rendu à Mandres, y a fait sonner et dit sa messe, et, le premier jour, y a débité un sermon qui ne tend rien moins qu'à exciter la guerre civile, sous le prétexte de la persécution qu'éprouvent les bons prêtres. Si vous ne prenez des mesures promptes et rigoureuses pour faire arrêter cet individu, je crains qu'il ne fasse un grand mal et ne commence dans le canton une petite Vendée. — Les citoyens qui ont fait cette arrestation sont insultés et menacés par les gens qu'il a fanatisés, et malheureusement ils sont en très-grand nombre. Le piéton de la municipalité a été maltraité dans la commune d'Odival, sous prétexte qu'il était parent à des citoyens qui avaient opéré cette arrestation. A Mandres, un assesseur a été aussi maltraité pour le même motif. Faites tout ce qui dépendra de vous pour préserver notre canton des malheurs d'une guerre civile, et ramener le calme et la tranquillité » (1).

Quelques jours après (10 juillet 1796), les administrateurs du canton de Poulangy manifestaient leur étonnement, de ce que leurs arrêtés n'avaient point été exécutés : « Ce prêtre, depuis qu'il est dans la commune, disaient-ils, a totalement gâté l'esprit des habitants » : c'est pourquoi ils demandaient qu'on fît exécuter les mandats d'arrêt lancés contre lui.

Leur souhait fut réalisé plus tôt qu'ils ne l'espéraient, car, ce jour là même, M. Ravier tomba entre les mains de la gendarmerie.

Pendant que quatre gendarmes de Chaumont perquisitionnaient en vain à Mandres, chez Nicolas Têtefort, où ce prêtre avait l'habitude de se retirer, une autre brigade, également de Chaumont, s'était engagée dans le chemin de

(1) Arch. de la Haute-Marne, *ibid.*

Poulangy à Mandres. Après s'être embusqués à quelque distance pour n'être point aperçus, les trois gendarmes qui la composaient, virent bientôt une petite voiture couverte en toile, attelée d'un seul cheval, conduite par un homme et escortée par deux autres, qui paraissait venir de Poulangy et se diriger sur Mandres. Ils la firent arrêter et reconnurent Ravier. Laissant en liberté le conducteur et les deux hommes qui l'accompagnaient, ils sommèrent Ravier de les suivre, ce à quoi il obtempéra sans résistance, et ils le conduisirent immédiatement à Chaumont, où il fut écroué en la maison de réclusion. C'était le 22 messidor (10 juillet 1796) (1).

Ravier était enfermé à Chaumont depuis six mois déjà, quand il adressa à l'administration du département une pétition, dans laquelle il demandait que, vu le certificat qu'il présentait et l'état d'indigence où il était réduit, on voulût bien lui accorder la liberté pour se retirer dans son pays natal. Le 2 ventôse an V (20 février 1797), l'administration centrale « vu le certificat des officiers de santé Mugnot et Maigrot, duquel il résulte que Ravier est infirme et menacé d'une maladie grave ; considérant que, si l'ordre public exige l'emploi de mesures rigoureuses envers un individu, il est juste que le gouvernement lui fournisse les ressources qu'il ne peut se procurer, précisément à cause de l'exécution des mesures de sûreté employées contre lui », décida : qu'il n'y avait pas lieu de délibérer sur la demande en liberté, mais, qu'attendu l'indigence du pétitionnaire, il serait nourri, par étape, dans la maison de réclusion, et les frais d'étape pris sur les fonds affectés à l'infirmerie de la maison de justice (2).

Sur ces entrefaites, les catholiques de Poulangy eurent le courage de demander, pour les desservir, le sieur Ravier, détenu à Chaumont. Le 24 février 1797, l'administration centrale, considérant que cette demande n'était pas de son ressort, et que les habitants de Poulangy avaient violé l'article 364 de la Constitution, qui proscrivait toute pétition en nom collectif, déclara qu'il n'y avait pas lieu à délibérer, et

______

(1) Procès-verbal d'arrestation de M. Ravier (Arch. de la Haute-Marne, *loc. cit.*).

(2) Arch. de la Haute-Marne, L. 36, f° 78.

improuva la conduite des agent et adjoint de la commune (1).

Ravier revint à la charge, et muni d'un certificat attestant qu'il avait besoin, à raison de ses infirmités, d'aller respirer le grand air, il fut autorisé par l'administration centrale, le 7 prairial an V (26 mai 1797), à aller séjourner à la campagne, à compter du 10 courant (29 mai), l'espace de deux décadis ; mais, passé ce délai, il devrait se rendre à la maison de réclusion (2). Ravier revint donc à Poulangy, et y bénit, le 16 juin, le mariage de Marie Ravier, sa sœur, avec Didier Maillefert. François Ravier, desservant de Laville-au-Bois, assistait à la cérémonie.

*
* *

Au mois d'août 1797, Joseph Ravier retourna à Villiers-les-Hauts, et y établit une *Société catholique*, qui désirait exercer le culte sous la direction d'un pasteur selon l'Eglise. Depuis cinq mois, un prêtre nommé Mariglier (3) faisait les offices à Villiers. Ses partisans se plaignaient de Ravier, qu'ils trouvaient trop exigeant. Ce dernier, soutenu par une grande partie de la population, se fit remettre les clefs du temple, et Mariglier fut obligé de quitter la paroisse. Mais, le 15 août 1797, des plaintes furent portés contre ceux qu'on appelait des perturbateurs ; alors l'administration cantonale de Ravières ordonna la fermeture de l'église, et renvoya les plaintes au tribunal correctionnel de Tonnerre (20 août 1797). Voici le texte de cet arrêté :

« Vu la pétition d'une partie des habitants de Villiers, expositive que depuis environ cinq mois, ils jouissaient du droit d'exercer librement leur culte sous la direction d'un ministre de leur choix (Mariglier) ; que l'union et la concorde régnaient parmi eux ; que ce ministre leur prêchait la soumission et l'obéissance aux lois ; que tout à coup ce ministre leur a été ravi ; qu'il a été renvoyé avec défense de rentrer ; que ces troubles et voies de fait ont été exercées à l'arrivée d'un certain Ravier, prêtre déporté et ancien vicaire de la paroisse : en conséquence de quoi, ils demandent

(1) Arch. de la Haute-Marne, L. 78, f° 82-83 ; V. 60.
(2) *Ibid.*, L. 36, f° 159.
(3) François Mariglier, né à Moutiers-Saint-Jean, curé de Pasilly en 1787, assermenté.

de leur faire remettre, par le dit Ravier qui s'en est emparé, les clefs de leur temple. Vu l'injonction présentée le 29 thermidor dernier (16 août), à l'agent municipal, par la partie dissidente de Villiers se donnant le titre de *Société catholique*, par laquelle ils lui demandent de convoquer, le 3 fructidor (20 août), une assemblée pour connaître le vœu des membres de la dite société à cet égard. L'administration, considérant que le citoyen Mariglier, choisi par la majorité des citoyens, a rempli toutes les formalités exigées par la loi ; que l'arrivée et la présence de Ravier ont occasionné à Villiers les troubles séditieux qui y ont éclaté ; que sans respect pour les lois, ce prêtre séditieux a célébré les offices sans déclaration préalable, qu'il est instant de fermer le temple de la commune, afin d'ôter aux deux partis l'occasion de se rapprocher et prévenir ainsi les voies de fait ; arrête : l'église sera fermée provisoirement et jusqu'à nouvel ordre, et les clefs dont Ravier s'était emparé, remises à l'agent municipal » (1).

Cela se passait quelques jours avant la loi du 19 fructidor, c'est-à-dire à une époque où semblait se lever l'aurore de la liberté religieuse. Aussi, le tribunal de police correctionnelle de Tonnerre prononça, le 2 septembre 1797, l'acquittement de Ravier, « de retour depuis vingt-deux jours à Villiers, où il a célébré le culte sans déclaration préalable » (2).

Lorsque la loi du 19 fructidor eut été publiée, Ravier produisit des certificats d'officiers de santé, et obtint ainsi la permission de se retirer dans la maison de réclusion de Chaumont. Il profita des dispositions de la lettre du ministre de la police générale qui rendait la liberté aux prêtres infirmes ou sexagénaires, et il se retira à Poulangy. Mais, contrairement à la loi, il y exerça le culte. Arrêté une nouvelle fois, puis interrogé le 12 février 1798, il prononça ces belles paroles : « Mon âme appartient à Dieu, faites de mon corps tout ce que vous voudrez ».

Le 15 ventôse an VI (5 mars 1798), l'administration centrale condamna Ravier à la déportation ; voici le texte de son arrêté : « L'administration, vu l'interrogatoire subi par

.(1) Arch. de l'Yonne, L. 1046.
(2) *Ibid.*, L. 1320.

Joseph Ravier, prêtre insermenté, le 24 pluviôse dernier (12 février). Considérant que Ravier, prêtre déporté, étant rentré en France, sans y être autorisé, avant la loi du 3 brumaire, a déjà été arrêté et mis dans la maison de réclusion ; que depuis la loi du 19 fructidor dernier, il a justifié de certificats d'officiers de santé, à l'aide desquels il s'est retiré en la maison de réclusion, conformément à la loi du 26 août 1792 ; que le dit Ravier, profitant des dispotions de la lettre du ministre de la police générale, s'est retiré à Poulangy où il a, au mépris de la loi du 19 fructidor, et contrairement à l'arrêté du département du 18 brumaire dernier, exercé les fonctions du culte, ainsi qu'il en est convenu dans son interrogatoire, en mariant, baptisant et célébrant dans sa chambre, en présence d'un nombre de citoyens excédant celui déterminé par la loi. Considérant qu'il est à la connaissance de l'administration que Ravier professe des sentiments absolument contraires à la chose publique ; que le fanatisme exagéré dont il se glorifie, est du plus grand danger, non-seulement à Poulangy, mais dans plusieurs communes environnantes, où il a exercé et où il a fait une infinité de prosélytes en ce genre. Considérant, enfin, qu'un plus long séjour de tous les prêtres ci-dessus désignés sur le territoire de la République, ne pourrait que devenir toujours plus préjudiciable à la chose publique. Arrête : les nommés François Greffier, Joseph Ravier, etc... prêtres, seront transférés des prisons de cette ville en celle de Rochefort, etc. » (1).

Ravier arriva à l'île de Ré le 7 août 1798, et ne fut libéré que le 15 mars 1800. Il se retira à Poulangy (2), et reprit l'exercice du saint ministère. Ainsi nous savons, par une note qu'a laissée M. Jean-Baptiste Causel (3), prêtre desservant la paroisse de Mandres, que les derniers jours de floréal an VIII (mai 1800), Adélaïde, fille d'Anne Didier,

(1) V. cet arrêté à l'art. *Joseph Garnier*, p. 197.
(2) Manseau, t. II, p. 279.
(3) Jean-Baptiste Causel, né à Choiseul le 27 janvier 1762, vicaire de Chaumont, puis de Tonnerre, fut élu curé constitutionnel de Nogent en 1791. Ardent défenseur du schisme, il fut nommé curé de Mandres en 1809, et ne se rétracta qu'en 1824. Retiré à Nogent-le-Bas en 1831, dans un petit ermitage qu'il avait bâti à l'endroit où la route de Langres entre dans le bois de Marsois, il mourut le 25 février 1846 et fut fut inhumé à Choiseul.

fut baptisée, dans la maison de Nicolas-Hubert Testefort, et de Françoise Testefort, sa sœur, par M. Ravier, prêtre, « ancien vicaire de Tonnerre » (1).

Une note officielle du 9 août 1801 nous fournit cette autre indication au sujet de Ravier : « Peut aller résider dans l'Aube, avec l'agrément du Préfet. Dans le département de la Haute-Marne, il ne peut rester qu'à Chaumont, sous la surveillance du commissaire de police. Il est actuellement en jugement, et le commissaire est chargé de s'assurer s'il ne sort pas de Chaumont sans ordre du Préfet » (2).

D'abord vicaire de Ville-sur-Arce, M. Ravier devint peu de temps après desservant de Rumilly-les-Vaudes (Aube). Il mourut, dans cette paroisse, le 17 janvier 1804. L'acte de décès est signé par quatre déclarants, parmi lesquels on voit François Ravier, son frère, âgé de 44 ans, domicilié à Poulangy (3).

Bon et vaillant soldat du Christ, il aurait certainement pu répéter, en mourant, les paroles de l'Apôtre : « J'ai combattu le bon combat, j'ai gardé la foi ; il ne me reste plus qu'à recevoir la couronne de justice que me donnera le juste Juge. » (2ᵉ Epitre à Timothée, chap. IV).

VI

BASSET (Claude)

La vie de Claude Basset fut extrêmement agitée : nous en avons fait le récit à l'aide des brochures qu'il a publiées, et aussi à la lumière des documents originaux, que nous avons interprétés de notre mieux.

Né à Wassy, le 27 mai 1762, d'Antoine Basset, marchand, et de Marie Denizet, Claude Basset fut tonsuré à Châlons le 22 décembre 1781 : il reçut les ordres mineurs le 26 mars 1785, et la prêtrise le 23 septembre de l'année suivante 1786 (4).

Il fut d'abord vicaire à Fère-Champenoise (Marne) pendant trois ans (1786-1789), puis il devint curé de Noyers

(1) Registres de Mandres, 9 août 1812.
(2) Arch. de la Haute-Marne, V. 40.
(3) Etat civil de Rumilly. Cf. Roussel, t. II, p. 163, t. III, p. 297.
(4) Etat civil de Wassy ; Arch. de la Marne (Reg. des insinuations).

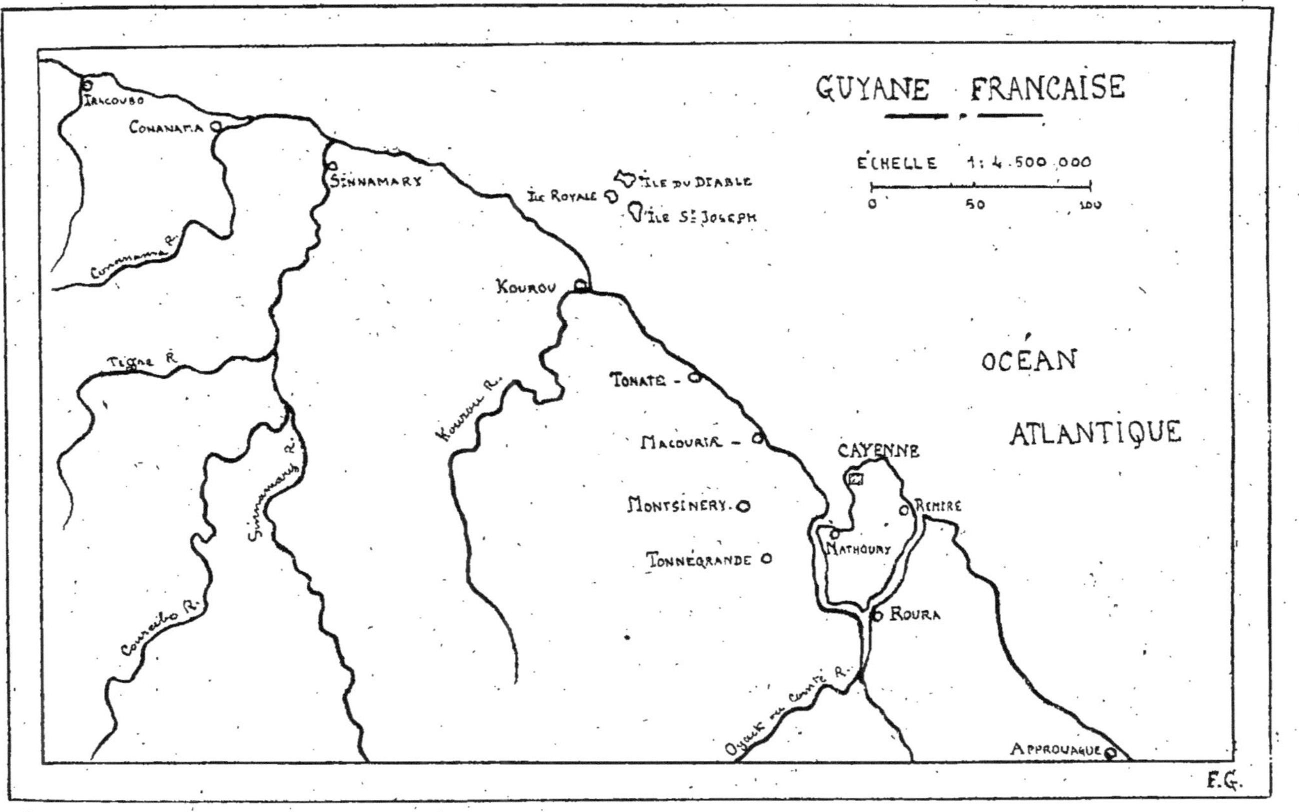

PLANCHE IV.

(Voir page 119).

(Meuse). Il s'y distingua, en 1790, par son zèle pour la religion, et ses fortes prédications contre la fausse philosophie. Ce qui ne l'empêcha pas de devenir maire de la commune.

Il prêta serment, mais avec les restrictions les plus formelles, et bientôt même il se rétracta publiquement (16 juin 1791). Dénoncé comme ennemi de la Révolution, il résista au procureur syndic de Bar-le-Duc, et tint bon à Noyers tant qu'il put.

Après la fermeture de l'église, il continua à célébrer les saints mystères chez lui. On lui en fit un crime. Un soir, à dix heures, il fut attaqué dans sa maison par une bande de forcenés : sa fière attitude dissipa les assaillants ; mais, à la fin, il prit le parti de se retirer dans son pays natal (1).

Le 10 mars 1793 il avait obtenu, du Conseil général de Noyers, un certificat de résidence. Mais, après son départ, le Conseil et la municipalité réunis le 10 avril 1794, entendirent plusieurs témoins qui l'accusèrent d'avoir rétracté son serment le 16 juin 1791, d'avoir parlé contre la loi du divorce, et enfin d'avoir dit qu'on ferait périr les patriotes. Informé de ces faits, Basset partit pour Bar et obtint la suspension des poursuites. Il revint à Wassy après l'arrêté de Mallarmé contre les prêtres de la Meuse et de la Moselle (3 avril 1794). Enfin, après un dernier voyage à Noyers, il se fixa définitivement dans sa ville natale, où, pour gagner sa vie, il établit un petit commerce de bois et de vin (2).

Mais il ne tarda pas à être mandé à la barre du Comité révolutionnaire (5 juillet 1794). On l'accusait d'avoir tenu des propos tendant à alarmer les parents des défenseurs de la patrie, en leur disant que leurs fils étaient tués ou blessés. Après audition de plusieurs témoins, le Comité statua définitivement le 10 juillet : Basset fut renvoyé des accusations portées contre lui, mais il fut condamné à demeurer en très-grande surveillance (3).

Après la chute de Robespierre, Basset s'éleva avec force contre le dictateur de Wassy, un certain Batelier, et prit publiquement la défense de la religion catholique. Appuyé sur ce principe, que la liberté consiste à faire ce qui n'est

(1) Cf. Basset, *Tableau de mes persécutions.*
(2) *Ibid.*
(3) Arch. de la Haute-Marne (Comité de surveillance de Wassy).

pas défendu par la loi, et se rendant au désir des fidèles, il célébra une messe solennelle dans l'église de Wassy, le dimanche 15 mars 1795. Voici, sur ce fait, quelques détails empruntés aux archives de la ville.

Basset avait à l'avance informé la municipalité que, désirant se conformer au vœu du peuple, qui était sa loi, il avait l'intention de célébrer, à dix heures, une grand'messe dans l'église de Wassy. Se basant sur l'article 3 de la loi du 3 ventôse, dont elle fit lire le texte à l'église et sur la place publique, la municipalité interdit la cérémonie. Mais ce fut en vain. Bientôt la cloche s'ébranla, les catholiques envahirent l'église, et la messe fut célébrée par Basset, et par Coquard, vicaire de Wassy (1). Basset prêcha : s'inspirant de l'évangile du jour, quatrième dimanche de Carême, il prit pour sujet de son discours la multiplication des cinq pains et des deux poissons, et il déclara au peuple assemblé que la disette qu'il éprouvait, ne venait que de l'abandon qu'il avait fait de la divinité, et que le seul moyen de ramener l'abondance était de suivre exactement les cérémonies du culte catholique. Les Vêpres furent chantées de même avec la plus grande solennité par Basset, Coquard et Paul Perrin (2), ex-curé de Ville-en-Blaisois. Comme c'était, ce jour-là, foire à Wassy, il s'y trouva une grande multitude de peuple.

La municipalité de Wassy dressa procès-verbal de tous ces événements, comme contraires à la loi, et l'adressa au district de Wassy ; en outre, elle en dénonça les auteurs au tribunal correctionnel du canton (3).

Les Jacobins, furieux, envoyèrent un rapport à Pépin (4) qui accourut de Chaumont, escorté de 12 à 15 gendarmes. Il refusa de recevoir Basset, et le lendemain, celui-ci se rendit de lui-même dans la maison des détenus. Un grand tumulte se produisit sur la place et dans l'église ; la foule

(1) Jacques-Urbain Coquard, né à Saint-Urbain le 17 juin 1762, avait prêté le serment ; vicaire, puis curé de Wassy, il mourut le 7 mai 1836.

(2) Paul Perrin, né à Wassy le 13 décembre 1767, ex-curé de Ville-en-Blaisois, mourut à Rozières en 1826.

(3) Arch. municipales de Wassy.

(4) S. Pépin, né à Argenton (Indre) en 1746, et membre de la Convention pour ce département, avait été envoyé en mission dans la Haute-Marne. Il mourut en 1819.

s'opposa au départ de la charrette destinée à conduire les détenus de Wassy à Chaumont ; enfin Pépin décréta, à l'église, que les pères de famille étaient libres ; que, quant aux prêtres, ils pouvaient se retirer chez eux, mais des sentinelles seraient placées à leurs portes (1).

Ces incidents n'empêchaient pas le commerce de M. Basset de prospérer. Ainsi, le 22 avril 1795, il avait vendu à la commune de Wassy, six muids de vin à 350 livres chacun, soit 2.100 livres. Quinze jours après, les prix avaient légèrement monté, et, le 9 mai, il vendit sept autres pièces de vin pour 2.660 livres (2). La ville les donna à un cultivateur, en échange de grains pour la subsistance des citoyens.

Pendant sa détention, Basset avait rédigé, pour l'ouverture des églises, un *Mémoire*, qu'il adressa au Comité de sûreté générale : et dans le *Tableau* déjà cité, il se flatte que l'affaire de Wassy et ce *Mémoire* ne contribuèrent pas peu à l'ouverture des églises.

Le 21 juin 1795, Basset obtint du Comité de sûreté générale, sa liberté complète, et le 4 août il fit à Wassy sa déclaration d'exercice de culte et de soumission aux lois de la République ; le 4 novembre il fit également la déclaration dite d'universalité (3).

Après le décret sur la restitution des églises, Basset retourna à Bar, puis à Noyers : mais n'ayant pu s'y fixer faute d'asile, il revint à Wassy, d'où il se rendait dans son ancienne paroisse pour les principales fêtes.

La circulaire de Merlin prescrivant l'incarcération des prêtres qui auraient rétracté leur serment, ou n'auraient pas rempli certaines formalités avant d'exercer leur culte, fut, pour Basset, l'occasion d'une nouvelle persécution. La gendarmerie se mit à sa poursuite : mais déjà il avait fui à Wassy, et cette fois encore il réussit à se sauver (4).

*   *
*

Enfin, l'intrépide curé de Noyers fut victime de la loi du

(1) *Tableau de mes persécutions.*
(2) Arch. municipales de Wassy.
(3) Arch. nat., F7 4565 ; Arch. de Wassy.
(4) *Tableau de mes persécutions.*

19 fructidor. Le 25 octobre 1797, un décret de déportation fut, en effet, porté contre lui. En voici le texte : « Le Directoire exécutif, vu différentes pièces, desquelles il résulte que Claude Basset, ci-devant curé de Noyers (Meuse), n'a pas cessé, du moment où il fit la rétractation publique de son serment prêté avec restriction, d'employer prédications, écrits, manœuvres de toutes espèces, pour répandre les principes du fanatisme le plus violent, pour séduire ou pour vouer à la haine des dévots, les ministres fidèles aux lois ; que le 25 ventôse III, malgré la défense des autorités constituées, il officia dans un bâtiment national, ouvert de force par ses sectateurs égarés, et que la loi n'affectait pas au culte ; que l'administration municipale ayant ordonné l'arrestation de ce perturbateur et de quelques autres aussi coupables, il sut provoquer une émeute au moyen de laquelle ils furent soustraits à la justice ; que, dans un ouvrage incendiaire, par lui vainement livré à l'impression, il ose applaudir à cette révolte et dire à son prétendu peuple : « Vous pouvez, pour nous enlever, opposer la force à la force ». Considérant que, d'après ces faits, personne n'est, plus que le dit Basset, dans le cas de l'article 24 de la loi du 19 fructidor, dirigé contre les prêtres qui troubleraient dans l'intérieur la tranquillité publique. Arrête : Basset sera déporté... » (1).

Arrêté à Wassy le 4 novembre au milieu de ses concitoyens alarmés, Basset fut traîné à Chaumont, où il arriva pendant la nuit du 6. Dès le lendemain le Département arrêta qu'il serait, en conséquence de l'arrêt du Directoire exécutif, transféré des prisons de cette commune à Rochefort, avec Mutel de Semilly. Le 8 novembre, Laloy en écrivit au ministre de la police : « Basset, dit-il, part demain pour Rochefort, avec Nicolas Mutel : les six autres déportés ont été retenus ici, à ma réquisition, lors de leur passage dans cette commune de Chaumont pour se rendre en Suisse. » (2).

Basset fut conduit à Rochefort, les fers aux pieds et aux mains. Arrivé à destination, il réussit à s'échapper de la

(1) Arch. nat., F7 4371. Cf. Victor Pierre, *La déportation ecclésiastique*, p. 22.
(2) Arch. nat., F7 7431.

maison de détention de cette ville, la nuit du 7 au 8 février 1798. Dans la lettre que le commissaire de Rochefort écrivit à son collègue de Chaumont, pour l'informer de ce fait, il donnait, comme il suit, le signalement de Basset : « 36 ans, 5 pieds 5 pouces, visage rond, nez moyen, front large, bouche moyenne, menton rond, yeux bleus, sourcils châtains clairs, cheveux châtains, barbe *idem* mêlée de poils roux » (1).

Six mois après, le 3 août 1798, le fugitif fut de nouveau arrêté à Wassy, dans sa maison, où il s'était tenu caché, en suite des visites domiciliaires ordonnées par la loi du 22 messidor (11 juillet). On trouva chez lui un « imprimé incendiaire de sa composition », probablement le *Tableau de mes persécutions* (2).

Le 25 septembre 1798, Laloy écrivit au ministre de la police générale, pour l'informer que Delapaix, Barbier et Girardin, condamnés à la déportation par l'Administration centrale le 31 juillet précédent, étaient enfin partis, le matin même de ce jour, vers leur destination, puis il ajoutait : « Ils devaient partir au nombre de cinq, mais hier nous avons été informés de l'évasion de Pierre Forgeot et de Claude Basset : celui-ci a été repris à 10 heures du soir et réintégré dans la prison ; il ne sera transféré à Ré qu'après que l'information sera terminée » (3).

Avec eux s'était aussi échappé un prêtre étranger, du nom de Mackert. C'était le 24 septembre, vers six heures du soir. Pour s'évader, les prisonniers s'étaient introduits dans une salle-basse de la maison d'arrêt située sous le moulin, dans laquelle se trouvait une fosse d'aisance ; un barreau de la fenêtre était détaché de la tablette ; ils s'échappèrent par l'ouverture et parvinrent sur le glacis de la commune. En passant par cette ouverture, Basset laissa tomber sa montre et deux pièces de six francs. Ils avaient dû scier le barreau de fer, qui était d'une grosseur énorme, avec un couteau dit de Saint-Claude, en forme de scie. On instruisit contre le gardien, fripon ou imbécile, qui s'appelait François Daigremont. Il fut interrogé le 28 septembre,

(1) Arch. nat., F7 7431.
(2) *Ibid.*, F7 7494.
(3) *Ibid*, F7 7431, et F7 7494.

et, le lendemain, le jury d'accusation déclara qu'il n'y avait pas lieu à accusation contre lui (1).

Basset arriva dans la citadelle de l'île de Ré le 17 octobre 1798, et fut libéré le 26 décembre 1799. (2).

Pendant sa détention, une dizaine de pétitions furent faites en sa faveur, dont plusieurs par un de ses parents, nommé Fabre, capitaine invalide, demeurant rue du Bac, à Paris (3). On y disait que Basset avait prêté tous les serments voulus par la loi ; que, maire de sa commune, il avait fait preuve de patriotisme en refusant de livrer des farines à l'ennemi ; qu'il n'était point fanatique, puisqu'il avait écrit deux petits ouvrages, l'un contre le fanatisme, l'autre contre les ennemis de la Révolution ; enfin qu'il n'avait point affirmé que le peuple put opposer la force à la force.

Malheureusement, les faits étaient là. Basset avait rétracté publiquement le serment qu'il n'avait d'ailleurs prêté qu'avec restriction ; agent de l'évêque de Châlons (4), il avait même engagé plusieurs confrères à se rétracter. Il avait ameuté le peuple de Wassy et chanté une messe solennelle dans l'église, malgré l'administration municipale. Il avait influencé les élections de l'an V, fanatisé le peuple, prêché la guerre civile et la haine de la Révolution, par les écrits incendiaires qu'il avait publiés. En conséquence, on répondit aux pétitionnaires : « Le ministre ne peut, sans un ordre des Consuls, leur présenter une affaire dans laquelle le Directoire exécutif a prononcé ; il n'y a pas lieu de proposer au Directoire le rapport de son arrêté qui a prononcé la déportation de Basset » (5).

* *

Après son retour, Basset fixa son domicile à Wassy : son nom figure, en effet, dans le recensement de 1801. De là il desservait Pont-Varin, comme il avait déjà fait avant sa déportation.

(1) Greffe de Chaumont ; Arch. nat., F7 7431.
(2) Manseau, t. II, p. 226.
(3) On en trouve le texte aux Arch. nat. F7 7431.
(4) L'ancien évêque de Châlons était Mgr Antoine-Jules de Clermont-Tonnerre.
(5) Arch. nat., *loc. cit.*

En l'an X, les habitants de Pont-Varin le demandèrent à Mgr l'Evêque pour desservant. « Il a, disaient-ils, toute notre confiance ; depuis trois ans qu'il est de retour de sa déportation, il nous a prodigué ses soins paternels et désintéressés, et s'est spécialement consacré à l'instruction de la jeunesse, qui fait l'espoir de la patrie et de la religion. » Basset lui-même écrivit à M. le Préfet pour le prier d'accéder au désir des habitants de Pont-Varin.

Mais, de son côté, le Conseil municipal de Wassy, ayant été instruit que Basset faisait des démarches pour obtenir de Portalis l'autorisation de remplir le saint ministère à Wassy, le dénonça au préfet et à l'évêque, par une lettre violente qui retraçait toute sa carrière, et dans laquelle ces MM. ne craignaient pas d'incriminer sa conduite et ses mœurs.

Ils lui reprochaient son esprit d'insubordination à l'égard de son premier curé, ses mauvais procédés envers son père, et surtout son équipée du 15 mars 1795. « Au milieu de toutes ces scènes, ajoutaient-ils, le zèle de la religion consume ce nouvel apôtre : il parcourt les provinces voisines, et offre partout l'exercice de son ministère. Il fait un mariage dans sa chambre, il déblatère partout contre les prêtres assermentés, il jette le trouble dans les consciences et dans les paroisses ; il fait faire la première communion à sept ou huit jeunes gens, qu'il a ramassés à Wassy, dans l'église même de cette ville, et à l'insu du curé. » (1).

L'état nominatif dressé en 1802, résumait les renseignements et les accusations ci-dessus. « Ex-curé de Noyers (Meuse), Basset n'est pas aimé de ses anciens paroissiens : d'un caractère violent et emporté, d'un esprit mercantile, on redoute qu'il ne soit curé à Wassy, où il n'est point aimé, et sa nomination serait regardée comme un malheur public. » Les membres du Conseil municipal et le sous-préfet de Wassy concluaient en demandant son éloignement (2).

Vers le milieu de 1804, les habitants d'Allichamp demandèrent que leur commune fut réunie, non pas à Attancourt, mais à Louvemont. « M. Deschamps (3), curé d'At-

(1) Arch. de la Haute-Marne, V. 45.
(2) Arch. de la Haute-Marne. Le *Pouillé de Verdun*, t. II, p. 772, le dit curé au diocèse de Troyes en 1803
(3) Jean-François Deschamps, né à Blécourt, le 28 mai 1763, curé constitutionnel de Rouvroy, était à Attancourt depuis 1803 : il y mourut le 27 septembre 1829.

iancourt, ne convient point, disaient-ils, pour Allichamp :
mais M. Basset, qui y a une maison, conviendrait très-
bien. Il nous dessert depuis neuf mois ; il a rétabli la concorde parmi les citoyens. La calomnie s'exerce contre lui en
tout sens : pour nous, nous avons toujours vu sa conduite
morale au niveau de ses bienfaisantes instructions. » (1).

L'*Annuaire de la Haute-Marne* pour 1806 indique
M. Basset comme curé de Bailly-aux-Forges : mais il n'y était
plus en 1808. En 1813, il fut envoyé à Sommeilles
(Meuse), puis en 1816 il quitta le diocèse de Verdun (2).
Installé curé de Somsois (Marne) le 1er février 1821, il y eut
de graves difficultés (3) et revint, en 1829, à Allichamp, où
il possédait des terres qu'il cultivait lui-même. Il eut le
malheur d'y élever autel contre autel, à ce point que, sur les
plaintes de l'autorité ecclésiastique, il fut obligé de renoncer
à l'exercice du culte. Il logeait au *Couvent*, maison qui
était au-dessus de l'Eglise, et maintenant détruite, entouré
d'une meute de chiens. Avant sa mort, qui arriva le 22
avril 1831, il fit appeler M. Jacquinot (4), le curé légitime.
déclara publiquement qu'il mourait dans les sentiments
d'un bon prêtre, et le pria d'en informer Mgr l'Evêque. Ses
obsèques, auxquelles assista la population presque toute
entière, furent présidées par M. Coquard, curé de Wassy.
Aujourd'hui encore, on voit sa tombe dans le cimetière
d'Allichamp, devant le portail de l'église (5).

Le moment de défaillance qu'eut cet ecclésiastique et qu'il
répara, du reste, avant de paraître devant Dieu, par un
sincère désaveu, ne doit point nous faire oublier que, toute
sa vie, il fut dévoué à Dieu, à l'Eglise et aux âmes, et qu'il
a vaillamment prêché et défendu la religion.

Nous n'ajouterons plus qu'un mot, et ce sera pour donner la liste des brochures publiées par Basset, et que nous
avons sous les yeux :

Tableau de mes persécutions, aux Supérieurs ecclésiastiques et à l'opinion publique, 1797, petit in-8° de 61 p.

(1) Arch. d'Allichamp.
(2) *Pouillé de Verdun*, t. II, p. 772, 791.
(3) Millard, *Histoire de Somsois*, p. 256.
(4) François Jacquinot, né à Rolampont en 1795, était curé de Louvemont depuis 1820. Il mourut à Doulevant-le-Château le 25 mars 1872.
(5) Archives et traditions locales d'Allichamp.

Discours pour la fête de la paix, prononcé le 15 août, jour de l'Assomption de la sainte Vierge et de saint Napoléon, Wassy, 1807, 11 p. in-4°.

Discours *Sur le retour miraculeux de la famille des Bourbons* (analyse du), prononcé en juin 1814, Bar-sur-Ornain, 8 p. in-8°.

Etrennes de l'abbé Basset, curé de Somsois et autres lieux, aux demoiselles de Somsois et Margerie, en reconnaissance de l'hommage qu'elles ont fait d'un arbre de vie, aux fêtes de Noël 1822, Vitry, 1823, 12 p. in-8°.

VII

MUTEL (Louis-Nicolas)

Comme son homonyme, le chanoine Jean Mutel, avec lequel il faut bien se garder de le confondre, M. Louis-Nicolas Mutel, curé de Semilly, se distingua par son talent et l'énergie de son caractère. Il joua, de plus, un rôle important dans l'administration du diocèse de Saint-Dié, auquel Semilly appartenait à l'époque de la Révolution.

Né à Bourmont, le 8 mars 1738, de Louis Mutel, avocat à la cour, exerçant au bailliage de cette ville, et de Marie Modeste Belin, il fut baptisé le même jour : il eut pour parrain Claude-Nicolas Blanchelaine, et pour marraine Cécile Mutel (1).

Son frère, Jean-François-Mutel, s'établit à Bourmont, et Cécile, l'aînée de ses deux sœurs, épousa César-Guillaume Vorse de Reuilly, écuyer, commissaire-examinateur et enquêteur au bailliage et présidial de Chaumont. Il était, croyons-nous, parent de M. Jean Mutel, mais nous ne savons à quel degré (2).

Ordonné prêtre à Toul le 18 septembre 1762, il fut presque aussitôt nommé à Semilly. M. Dorigny, son prédécesseur (3), cessa ses fonctions après le 30 octobre 1762 et alla, suivant une tradition locale, occuper le poste qui était

(1) Etat civil de Bourmont.
(2) Thomassin, *loc. cit.,* p. 324-325.
(3) Sébastien Dorigny, curé de Semilly depuis 1730, était né à Donnemarie.

destiné au jeune prêtre, de sorte qu'il y eut, entre eux, permutation de bénéfices. M. Mutel, administrateur de Semilly dès le mois d'octobre 1762, signe « curé de Semilly » à partir du 31 janvier 1764 ; en 1765, il se dit échevin, et, en 1778, il signe « échevin du doyenné de Reynel ». Son dernier acte religieux avant la Révolution est daté du 15 mai 1791 (1).

Depuis 1775, il était chanoine de Reynel (2). Avait-il obtenu dispense d'y résider ? Oui, sans doute, car les documents nous le montrent habituellement occupé à remplir ses fonctions curiales. L'évêque de Toul, du reste, l'employait tantôt à distribuer annuellement les saintes huiles dans le doyenné de Reynel, tantôt à prononcer des sermons dans les retraites du séminaire diocésain, tantôt enfin à régler les affaires contentieuses qui s'élevaient dans les paroisses voisines de Semilly (3).

M. Mutel était très-estimé des abbés de Morimond et de Clairvaux. Tous les ans, il allait passer quelques jours dans l'une ou l'autre de ces deux abbayes.

Il parut, en qualité de seigneur du fief de Semilly, à l'assemblée des trois-Etats du bailliage de Chaumont, qui s'ouvrit le 12 mars 1789 (4).

M. Mutel était très-charitable. Il avait l'habitude de prélever, sur la pension que ses parents lui faisaient, une somme destinée à subvenir aux besoins des pauvres. Le 29 novembre 1789, il mit à la disposition exclusive de la municipalité, une somme de 135 livres, destinée au soulagement de la paroisse, et qui ne devait se distribuer qu'à la pluralité des voix, et après examen fait des motifs et des mœurs des pétitionnaires.

Le 20 décembre, il fit la déclaration des biens de son bénéfice. D'après ce document : 1° il appartenait à la cure de Semilly, une maison avec ses dépendances et jardin, grevés de fondations de plusieurs messes ; 2° Le bénéficier-curé possédait un tiers dans les grosses dîmes du lieu, avec un supplément de portion congrue de 94 livres, payables par

(1) Arch. municipales et paroissiales de Semilly.
(2) Roussel, t. II, p. 191 ; t. IV, p. 138.
(3) *Notice autobiographique* fournie par M. Mutel à Mgr Reymond, évêque de Dijon et de Langres (Arch. de la Haute-Marne, V, 47).
(4) Procès-verbal de l'assemblée.

les codécimateurs ecclésiastiques, et aussi un préciput de 3o paires de bichets de blé et avoine, également payables par les codécimateurs. — Le curé jouissait en outre, au nom de la Fabrique : 1º de deux prés au Meuchecourt, estimés jusqu'alors d'un revenu de 7 livres ; 2º de deux petites chenevières d'un revenu annuel d'environ 15 livres : les prés et chenevières chargés de fondations ; 3º d'un canon de 5o l. 10 s., par bail fait à la Vve Françoise Guillaume, d'un gagnage situé au même lieu, également chargé de fondations (1).

Vint l'époque fixée pour la prestation du serment. Le 23 janvier 1791, Mutel jura comme il suit : « Je jure de veiller avec soin sur les fidèles de ma paroisse, je jure fidélité à ma patrie, à la loi et à mon roi ; je jure de maintenir de tout mon pouvoir la Constitution décrétée par la nation, sanctionnée par le roi, *en tout ce qui n'est pas contraire à la religion catholique, apostolique et romaine*, dans laquelle je veux vivre et mourir. » Le texte de ce serment fut communiqué aux officiers municipaux, déposé sur le bureau et approuvé le jour susdit (2).

La formule, certes, était irréprochable. Néanmoins, sur la liste dressée à Bourmont le 26 mars 1791, M. Mutel fut inscrit comme ayant prêté le serment sans restriction. De même sur la liste des Archives nationales (3).

Le 16 avril 1791, le Département fixa son traitement à 1200 livres, et arrêta qu'on lui paierait 20 livres pour compléter celui de 1790.

Un mois plus tard, les habitants de Semilly demandèrent son maintien comme curé (4). Le 22 mai 1791, il écrivit lui-même au directoire du district de Bourmont : « Mon serment a été fait avec restriction, et ma municipalité ne l'a approuvé que parce qu'il était fait avec restriction ; elle n'a point laissé ignorer ses vœux à l'Assemblée nationale, et moi, si j'avais fait un serment pur et simple, je le rétracterais bien sincèrement » (5).

(1) Arch. de Semilly. — En même temps que curé et chanoine, M. Mutel était titulaire de la chapelle de Saint-Quentin, au cimetière de Fricourt, dans le marquisat et le canton d'Albert (Somme).

(2) Arch. municipales de Semilly.

(3) Arch. de Bourmont ; Arch. nat., D, XIX. 22, dossier 344. Cf. H. Mettrier : *État du clergé constitutionnel de la Haute-Marne*, Saint-Dizier 1905.

(4) Arch. nat., D, XIX, 85.

(5) Arch. de Semilly.

Après une pareille déclaration, qui, par ailleurs, fait honneur en même temps à sa foi et à son caractère, Mutel ne pouvait plus guère rester à Semilly. Il partit. En effet, dans un registre des Archives du département, sous la date du 31 mars 1792, on lit ce qui suit à son sujet : « A quitté ses fonctions de curé sans avoir obtenu l'assentiment de son évêque et du directoire du district (ce qu'il était obligé de faire en conformité de l'article 3 du titre IV de la loi du 24 août 1790) ; et la cure de Semilly, depuis le 22 mai 1791 jusqu'au 10 septembre, a été sans pasteur. Il est notoirement connu que Mutel, depuis le 22 mai jusqu'à la fin de l'année, époque de la cessation de ses fonctions, était émigré » (1). La municipalité de Semilly, de son côté, affirmait vers la même époque (4 avril 1792), que Mutel avait subitement abandonné sa cure et était parti en pays étranger (2).

En vérité, M. Mutel s'était absenté de Semilly sur la fin de mai 1791 ; mais il n'avait pas quitté la France. Quelques mois plus tard, comme on le verra, il rentra dans sa paroisse.

Pendant son absence, c'est-à-dire après le 22 mai, et avant l'arrivée de l'intrus, plusieurs actes furent rédigés par M. Senault, curé de Chalvraines (3). Pierre Renaud (4), vicaire de Gonaincourt, ayant été élu curé constitutionnel de Semilly, reçut l'institution canonique le 13 septembre 1791, et commença à signer les actes à partir 3 octobre de cette même année (5). Enfin, en dehors de l'intrus, il y avait encore, à Semilly, un autre prêtre originaire du village, Charles Thenon (6).

Quant à M. Mutel, l'administration lui avait assuré, à partir du 11 septembre 1791, le secours de 500 livres, ac-

(1) Arch. de la Haute-Marne, L, 88, n. 675.
(2) *Ibid.*, L, 94 et 95.
(3) Antoine-Hyacinthe Senault, né à Aillianville en 1753, curé de Chalvraines en 1780, était le frère puiné d'Antoine-Henry Senault, curé d'Aillianville en 1776. Tous deux refusèrent le serment pur et simple.
(4) Pierre Renaud était né à Goncourt en 1740. Il se retira dans son pays natal en 1794, et devint, après le Concordat, curé de Fraignot (Côte-d'Or).
(5) Registre de l'évêché ; Etat civil de Semilly.
(6) Charles Thenon, né à Semilly en 1721, curé de Mont-les-Neufchâteau, refusa le serment et se retira dans son pays natal. Il y mourut le 1er août 1798.

cordé par la loi du 18 février, aux curés remplacés (1). Mais il n'accepta pas cette décision.

Au mois de mars 1792, il fit présenter à l'administration, par un certain Mulet, homme de loi et son fondé de pouvoirs, un *Mémoire* tendant à obtenir qu'il fut payé de son traitement, comme curé de Semilly, du 1er janvier 1791 au 22 mai de la dite année. Le 31 mars, le directoire du département prit l'arrêté suivant : « Considérant que Mutel, ci-devant curé de Semilly, insermenté, quitta sa paroisse sans permission et émigra le 22 mai 1791 ; qu'il est faux qu'il ait commis un prêtre pour la desservir en son absence, car Semilly est resté sans prêtre du 22 mai au 10 septembre 1791, les habitants n'ont été servis que d'une messe basse, et lorsqu'il y avait des sacrements à administrer, ils étaient obligés de courir de côté et d'autre pour trouver un prêtre. En conséquence : il n'y a lieu à délibérer sur le *Mémoire* susdit » (2).

Le 4 avril 1792, dans le document auquel nous faisions allusion tout-à-l'heure, la municipalité de Semilly se plaignit de M. Mutel au directoire du district de Bourmont : « Lors de l'éxécution de la loi sur la Constitution civile, disait-elle, il a abandonné subitement sa cure et s'évada en pays étranger. Son retour a ramené le désordre : il n'est revenu que pour ramener le fanatisme et provoquer la désobéissance aux lois. Il suscite des cabales et des intrigues, et empêche les ouailles de s'adresser au curé constitutionnel ».

En réponse à cette plainte, le district loua le zèle de la municipalité de Semilly, enjoignit à M. Mutel de se conformer aux lois du 24 août 1790, et aux arrêtés du département, en date des 1er décembre 1790 et 11 mars 1792; enfin on lui défendit de s'immiscer, à l'église de Semilly, dans les fonctions publiques, dont l'exercice n'appartenait qu'au curé constitutionnel (3).

Pendant les divers séjours qu'il fit à Semilly à l'époque de la Révolution, M. Mutel prit son domicile dans la maison de M. Monsel Thibourot, avec M. Thenon, qui fut toléré

(1) Arch. de la Haute-Marne, L, 89.
(2) Arch. de la Haute-Marne.
(3) *Ibid.*, L, 94 et 95.

comme septuagénaire. Mais le curé était obligé de se tenir caché, soit dans la paroisse, soit dans les environs. Quant aux paroissiens de Semilly, ils avaient recours à l'intrus pour les baptêmes et les sépultures : mais ils ne s'adressaient que rarement à lui pour les mariages (1).

* * *

Après la loi du 26 août 1792, M. Mutel, fut obligé, cette fois, de prendre le chemin de l'exil. Il se présenta donc, le 17 septembre 1792, devant la municipalité de Vesaignes-sous-Lafauche, et déclara que « pour satisfaire à la loi du 26 août, concernant la déportation des prêtres insermentés, il se proposait de se rendre en Suisse, en passant par la Lorraine et la Franche-Comté, dans les délais prescrits par la loi » (2).

Le 9 décembre 1793, Hyacinthe Causin, entrepreneur et cultivateur à Semilly, procéda à l'inventaire des meubles et immeubles appartenant à l'ancien curé : ils furent estimés environ 5.000 livres. Après la clôture de l'inventaire, il découvrit « 6 petits caillets (*sic*) dans un coin de la bibliothèque incendiaire, à savoir : *Le cri de la vérité sur les prêtres de la nouvelle loi, Le Catéchisme pour le peuple sur l'Eglise, Epître aux vrais catholiques, Mémoire sur la vente des biens ecclésiastiques* » ; et il les saisit, pour les remettre aux administrateurs et être brûlés (3).

Un peu plus tard, le 14 février 1794, le district de La Marche nomma des commissaires qui devaient s'entendre avec Jean-François Mutel, frère de l'abbé Mutel, pour diviser en quatre lots, les terres que leur mère possédait à Isches et à Ainvelle (Vosges). Il s'agissait de saisir et de vendre au profit de la République la part qui revenait, dans ces biens, au curé de Semilly, insermenté et déporté (4). Enfin, le 18 juin, Mutel fut porté sur la liste des émigrés.

Que devenait-il dans son exil ? Approuvé par l'évêque de Fribourg pour la confession des Français, et invité à donner quelques leçons aux élèves des Cordeliers, il

(1) Registre paroissial de Semilly.
(2) Arch. municipales de Vesaignes-sous-Lafauche.
(3) Arch. de la Haute-Marne, Q, 317.
(4) Thomassin, *loc. cit.*, p. 325.

fut choisi en 1794, par les évêques français, pour recueillir les collectes destinées aux ecclésiastiques indigents. Les prêtres chargés de ce nouvel apostolat se réunirent à Soleure, centre général des opérations de la Collecte, au printemps de 1794. Destiné à parcourir le cercle de la Souabe et de la Franconie, Mutel, muni de lettres de recommandation signées d'une trentaine d'évêques au moins, partit le 1er mai 1794. Il était accompagné de l'abbé Pierre-François Feuvrier, ancien vicaire de Blamont dans le diocèse de Besançon. Les deux quêteurs passèrent par Constance, où ils se procurèrent, avec des lettres de recommandation, des renseignements sur les pays qu'ils devaient parcourir. Mais des circonstances absolument défavorables, qu'il ne dépendit pas d'eux de prévoir ni de changer, rendirent leurs courses peu fructueuses.

Lindau, par où ils commencèrent leur quête, avait déjà envoyé des secours à Constance : toutefois, MMmes de Bressac et de Razler les aidèrent à y recueillir quelques aumônes. A Kempten, ville luthérienne, ils furent très-bien accueillis par l'abbé, qui relevait immédiatement du Saint-Siège. Ils passèrent de là à Mindelheim, et arrivèrent à Augsbourg vers la mi-juin. Malheureusement une colonie d'émigrés les y avait précédés, et y faisait une collecte. Ils reçurent toutefois des dons particuliers du seigneur-évêque, coadjuteur d'Augsbourg, du prélat de saint Ulrich, maison de l'ordre de saint Benoît, et de l'abbé Beck, ancien chanoine d'Augsbourg. Alors nos deux voyageurs purent envoyer à Soleure 600 livres qu'ils avaient recueillies.

A peine sortis d'Augsbourg, ils furent de nouveau contrariés, soit par le mauvais temps, soit par d'autres fâcheuses circonstances : plusieurs villes refusèrent de les recevoir, et les riches abbayes de Souabe ne leur fournirent presque rien au delà d'une gracieuse hospitalité. Aussi, après six semaines d'un voyage pénible et rebutant, ils ne trouvèrent dans leurs bourses qu'une somme de 600 l. environ. On leur faisait espérer, çà et là, que quelques ecclésiastiques français, munis de bons certificats, pourraient être employés dans l'exercice du saint ministère en qualité de vicaires : mais, parmi les prêtres déportés, il n'y en avait qu'un très-petit nombre qui connussent assez la langue allemande pour pouvoir prêcher facilement et exercer les autres fonctions du ministère.

Le 17 août, à Ueberlingen, ils furent arrêtés par la garde : heureusement le R. P. gardien des Récollets voulut bien répondre d'eux personnellement, et ils profitèrent de sa bonne volonté, pour envoyer, sans frais, une somme de 600 francs à Soleure.

A Heiligen-Kreuzthal, abbaye de filles de l'ordre de Saint Bernard, M. Mutel, qui n'avait pas assez consulté ses forces, tomba malade de fatigue et d'épuisement : on craignit même pour ses jours, et il reçut les derniers sacrements, dans les sentiments de la plus parfaite résignation à la volonté de Dieu. Alors le médecin qui l'avait soigné, jugeant dangereux pour M. Mutel la continuation d'un ministère aussi pénible, le condamna à y renoncer. A son grand regret, il retourna donc à Soleure, où il arriva au commencement de septembre 1794. Il assista au bureau du 15 de ce mois, rendit compte aux évêques de sa mission, et remit une somme de 216 l. (1).

M. Mutel rentra en France à quelque temps de là, c'est-à-dire, apparemment, dans les premiers mois de l'année 1795. Après avoir fixé d'abord sa résidence à Neufchâteau, il retourna dans sa paroisse de Semilly. C'est, sans doute, de lui qu'il s'agit, dans une dénonciation adressée le 25 novembre 1795, aux membres du Directoire exécutif par un certain Lefebvre, et dans laquelle il est dit : « Il y a à Semilly un réfractaire qui fanatise, après son retour de la maison de réclusion ».

En 1796 et 1797 il fut choisi par l'évêque de Toul pour l'un des six prêtres administrateurs ou vicaires généraux, chargés de servir de *guides* dans le diocèse, et de présider à sa restauration religieuse (2). M. Mutel avait les pouvoirs les plus étendus pour la réconciliation des prêtres schismatiques, et un grand nombre d'entre eux allèrent le trouver

(1) Cf. Jérôme, *Collectes à travers l'Europe*, Paris 1895, p. XXV, 85-95.

(2) Jérôme, *loc. cit.* Les autres pro-vicaires étaient MM. de Manessy, chanoine de Toul, Dubois, curé de Liffol-le-Grand, Rollet, curé de S.-Etienne de Bar-le-Duc, Hugot, curé d'Effincourt, et Leufant, curé de Favières. Cf. Eug. Martin, *Histoire des diocèses de Toul, Nancy et Saint-Dié*, Nancy 1901-1903, t. III, p. 179.

à Semilly. Dans l'opinion publique, le voyage de Semilly équivalait à une rétractation de serment. M. Mutel imposait aux prêtres repentants l'obligation de se rétracter dans les paroisses mêmes où ils avaient prêté le serment, plus une pénitence publique, mais très réduite, à cause du malheur des temps. Puis, moyennant cette épreuve, il leur rendait la communion catholique. Il reçut ainsi à Semilly des rétractations nombreuses, qui portèrent la joie dans l'Eglise catholique et le trouble chez les constitutionnels (1).

Après les élections de 1797, qui, on le sait, furent favorables aux partisans de la liberté religieuse, M. Mutel sollicita sa radiation de la liste des émigrés (4 juillet). Aucune réponse n'avait encore été faite à sa demande, quand le coup d'Etat du 18 fructidor vint rouvrir la persécution religieuse.

*
* *

Dès le 18 septembre 1797, M. Mutel fut dénoncé au ministre de l'intérieur par l'agent municipal de Romain, un nommé Henryot. Après s'être plaint de la mollesse des autorités locales, qui cachaient les prêtres réfractaires, il ajoutait : « Un seul homme, Mutel, ex-curé de Semilly, déporté et rentré, se disant chargé de pouvoirs du ci-devant évêque de Toul (2), a reçu publiquement la rétractation de trois cents ecclésiastiques tant des Vosges que de la Meuse et de la Haute-Marne. Ce scandale a continué pendant un an sous les yeux de trois commissaires du Directoire, dont l'un résidant à Semilly, et deux à Saint-Blin. Au milieu des gardiens même de la loi, ce Mutel s'est cru plus qu'ailleurs en sûreté, pour travailler à la contre-Révolution : non qu'il comptât sur l'incivisme de ces commissaires, mais sur leur inertie — ils sont probes mais incapables. — Ces commissaires sont Darsonval père, pour le canton de Saint-Blin, Darsonval fils pour celui de Prez, et Antoine Legrand pour celui d'Huilliécourt. Cette triple nomination a été surprise au Directoire. » (3).

(1) Malheureusement le registre sur lequel M. Mutel inscrivait les rétractations faites entre ses mains, n'a pu être retrouvé. Cf. Thomassin, *loc. cit.* p. 36, 326, 390, 403 seq.

(2) Le dernier évêque de Toul fut Etienne-François-Xavier des Michels de Champorcin (1773-1802).

(3) Arch. nat., F 1 c III 7.

La réponse ne se fit pas longtemps attendre. Le 27 septembre, le Directoire informé que « le nommé Mutel, prêtre, résidant à Semilly, agite les brandons du fanatisme dans les lieux qu'il habite, et provoque l'insubordination aux lois de la République ; considérant qu'on ne peut, sans danger pour la tranquillité intérieure, souffrir qu'il continue à en habiter le sol ; arrête : en vertu de l'article 24 de la loi du 19 fructidor, le dit Mutel sera, sans délai, saisi, arrêté, pour être déporté dans le lieu qui sera désigné par le Directoire exécutif. » (1)

Mutel, qui résidait alors à Semilly, fut, en conséquence, écroué à Chaumont le 2 octobre ; puis, le surlendemain, il fut retiré de la maison d'arrêt, et transféré en celle de réclusion (2). Une perquisition opérée à son domicile, amena la découverte du registre où Mutel avait inscrit les rétractations faites entre ses mains. Et cette trouvaille donna lieu à des enquêtes et à des interrogatoires, relatives aux prêtres qui étaient allés à Semilly pour se réconcilier (3).

Sur ces entrefaites, les administrateurs du canton de Soulaucourt, dénoncèrent Mutel, et Pellegrin (4) de Bourmont, à l'administration centrale du département et au ministre de la police générale : ils demandaient que ces deux prêtres fussent arrêtés et conduits à Rochefort (5).

Enfin, le 7 novembre 1797, l'administration du département porta l'arrêté suivant : « Les nommés Mutel, résidant à Semilly, et Claude Basset, de Noyers (Meuse), seront, en conséquence des arrêtés du Directoire du 6 vendémiaire (pour Mutel) et du 4 brumaire (pour Basset), transférés des prisons de la commune de Chaumont à Rochefort. »

(1) Arch. nat., F7 4371 ; Victor Pierre : *La déportation ecclésiastique,* p. 5 ; Thomassin, p. 326-327.

(2) Registre d'écrou de Chaumont. — Dans une lettre écrite vers cette époque à Paris, Laloy disait : « Mutel avait été reclus au lieu d'être déporté, parce qu'il était presque sexagénaire, atteint d'accès d'asthme et affligé d'une hernie volumineuse ». (Arch. nat., *loc. cit.*).

(3) Thomassin, p. 327. et *passim.*

(4) Louis François-Claude Pellegrin était né à Bourmont, le 16 novembre 1732. Il était curé de Sommerécourt depuis 1765 quand il fut nommé député suppléant à l'Assemblée nationale par le clergé du bailliage de Bar-le-Duc. Il siégea en effet à partir du 23 novembre 1789, et prêta serment avec restriction. Il mourut curé-doyen de Bourmont le 18 octobre 1811.

(5) Arch. nat., F7 3682 8, et F7 7431.

Dès le lendemain, 18 brumaire, Laloy en écrivit au ministre de la police et les deux prêtres partirent, le 9 novembre, à destination de Rochefort (1).

Voici un extrait de la matricule des déportés de Rochefort, relatif à M. Mutel : « N° 50, Mutel Louis-Nicolas, 60 ans, natif de Bourmont, taille de 5 pieds 4 pouces, cheveux grisâtres, front rond, nez aquilin, yeux gris, bouche moyenne, menton rond, visage long. »

Nous lisons dans une lettre adressée de Rochefort au ministre de la police : « Les Mutel, quoique très-âgés, n'ont pas cessé dans leur détention de prêcher la désobéissance aux lois : c'est même leur conduite qui m'avait fait embarquer le plus jeune (Louis-Nicolas) et à faire transférer l'autre (Jean) dans la prison Saint-Maurice ». (2).

Ainsi, sous prétexte de désobéissance aux lois, Louis-Nicolas Mutel avait été embarqué sur la *Charente* en partance pour la Guyane, le 12 mars 1798 : mais il tomba malade, et on dut le faire descendre à terre le 20 mai 1798. « La frégate la *Charente* sur laquelle Mutel avait été embarqué le 12 mars, ayant relâché dans la rivière de Bordeaux, on fit partir la *Décade* de la rade de Rochefort, pour aller prendre les condamnés et remplacer la *Charente*. Cette frégate ne mit à la voile que le matin du 26 avril, jour où l'ordre du ministre de la police générale de mettre à terre le prêtre Mutel parvenait à Bordeaux. L'ordre ne put donc être exécuté. » (3).

Dès le 23 avril 1798, les deux neveux de M. Mutel avaient adressé au ministre de la police, une pétition en faveur de leur oncle. Ils informaient le ministre que l'âge et les infirmités de l'ancien curé de Semilly avaient obligé le capitaine de la *Charente*, sur laquelle il était déjà embarqué, de le renvoyer à terre ; ils le priaient de tirer ce vieillard sans ressources, des prisons de Rochefort, et de le rap-

(1) Arch. nat., F7 7431.
(2) *Ibid.* Cette lettre est du 24 août 1798.
(3) *Ibid.* On lit dans les *Mémoires* de M. de Beauregard : « On écrivit au Directoire, qui avait excepté les sexagénaires de la déportation, mais qui n'envoya son arrêté à Rochefort qu'après que les déportés furent embarqués. Ces retards, toutefois, sauvèrent cinq sexagénaires, dont un fut M. Mutel, que le capitaine prit sur lui de renvoyer, et qui furent remplacés par d'autres ». (T. II, p. 251).

procher de sa famille, sous les conditions qu'il plairait au gouvernement de mettre à son changement de réclusion (1).

M. Mutel fut, néanmoins, envoyé à l'île de Ré le 4 août 1798, et interné, le 7, dans la citadelle de Saint-Martin. Cette circonstance lui sauva la vie, car sa santé n'eut pu subir impunément le climat meurtrier de la Guyane (2).

*
* *

Nous avons déjà dit les souffrances et la résignation des prêtres déportés à l'île de Ré. On peut juger, par une lettre écrite, à la date du 22 octobre 1798, par M. Mutel, combien était grande la mortification et la confiance en Dieu de ces hommes de foi, et combien étaient faussées les accusations de désobéissance et de révolte portées contre eux : « Vous avez déjà fait bien des démarches et des choses en ma faveur, dit-il à Mme Dubois, sa correspondante à Ars-en-Ré, je ne sais comment je pourrai vous en remercier, et peut-être ne le pourrai-je jamais. Remerciez pour moi, je vous en prie, les père et mère de Joseph (3), qui ont bien voulu me faire le cadeau d'une poule. Mais je les prie de ne pas se dépouiller en ma faveur. Dans notre position, nous sommes suffisamment bien, et quand nous y serions mal, nous avons le bonheur d'y être pour la cause de Dieu : dès lors, nous sommes toujours heureux » (4).

M. Mutel était vénéré de tous ses confrères. « En arrivant dans la prison Saint-Maurice, dit Mgr Brumauld de Beauregard, nous fûmes reçus par M. Mutel, curé du diocèse de Toul, homme vénérable : les déportés l'avaient nommé leur président, et il était chargé de maintenir un règlement de discipline » (5).

Pendant sa déportation à l'île de Ré, il fut le compagnon et quelquefois le commensal de Mgr l'évêque de Saint-Papoul (6), et il lui succéda dans la présidence du Comité

(1) Arch. nat., F⁷ 3682⁸.
(2) *Ibid.* Cf. Thomassin, p. 327, et Manseau, t. II, 273.
(3) Joseph Bertin, jeune boulanger de Rochefort, avait mis tout son dévouement au service des prêtres persécutés.
(4) Lettre citée dans Manseau, t. II, p. 154-155.
(5) *Vie et Mémoires*, t. II, p. 213.
(6) J.-B.-Marie de Maillé la Tour Landry, évêque de Saint-Papoul, près de Castelnaudary, en 1784, revint à Paris après la suppression de son évêché et y administra en secret les saints ordres. En 1796-1797, il

pour la police intérieure et le temporel des détenus. Mgr de Coucy, évêque de La Rochelle, lui donna, en outre, le titre de vicaire général, avec commission spéciale d'exercer les pouvoirs accordés par le Pape aux évêques de France (1).

Libéré le 24 février 1800 (2), M. Mutel revint dans sa paroisse. C'est alors que son neveu, M. Reuilly, adressa à l'administration, une note en faveur de son oncle. Il y disait : « M. Mutel a été dépouillé non-seulement de son mobilier pendant ses deux absences forcées de déportation et d'incarcération à l'île de Ré, mais encore de son patrimoine, vendu par le département des Vosges, 27.000 livres environ. Il lui reste, pour toute fortune, une maison à Semilly, qui faisait autrefois ses granges et écuries, et un petit gagnage de douze paires, situé à Bourg-Sainte-Marie, qui, n'étant pas dans le ressort du département des Vosges, a échappé au zèle révolutionnaire des administrateurs de ce département. Son neveu, le citoyen Reuilly, est à Chaumont : dépouillé lui-même de la presque totalité de sa fortune, qui consistait en rentes sur le roi, et dans la charge de lieutenant-général de bailliage, il n'est pas en état de secourir son oncle. M. Mutel demande donc à rester dans son ancienne paroisse où il est désiré : il prendra cependant telle autre destination que la misère le force à solliciter » (3).

M. Mutel écrivit lui-même à Mgr Reymond, évêque de Dijon et de Langres.

Le 12 juin 1802, enfin, une pétition des habitants de

donna la prêtrise à MM. Dubreuil de Mazière, curé de Langres en 1828, Pierre-Simon Mony, curé de Saint-Dizier en 1819, et Jean Bricard, curé de Soyers en 1803. Détenu à l'île de Ré en 1799, il mourut évêque de Rennes en 1804. (Arch. de l'archevêché de Paris ; *Revue des Questions historiques*, 1er oct. 1912).

(1) Autobiographie de M. Mutel. — Mgr. de Beauregard ajoute les détails suivants : « Mgr l'évêque de La Rochelle ordonna de composer un conseil pour la réhabilitation des prêtres coupables. On fit un règlement basé sur les ordonnances de Mgr l'évêque et les décisions de M. Drapron, son vicaire général, pour classer les coupables, et mettre des différences dans les grâces qu'on leur appliquerait. Ce règlement fut soumis aux observations de MM. Drapron, Mutel et autres. Il a été très exactement suivi, même à l'île de Ré, où M. Mutel a longtemps résidé. Ce règlement, peu favorable aux prêtres attachés aux derniers serments, surtout celui de la haine, excita des menaces et des plaintes contre moi » (t. II, p. 256)

(2) Manseau, t. II, p. 273.

(3) Arch. de la Haute-Marne, V, 47.

Semilly demanda au préfet et à l'évêque de le conserver à la commune : « Depuis quarante ans, y disait-on, il n'a cessé d'être un modèle d'édification dans l'exercice de son ministère, comme dans sa conduite privée, particulièrement envers les pauvres de cette commune : il a aussi exercé le plus grand zèle pour l'instruction de la jeunesse ». Le maire enfin, de son côté, lui donnait cette note : « Prêtre rentré, agréable au peuple, et qui paraît paisible ».

Tant de démarches ne pouvaient rester inutiles. M. Mutel fut nommé curé de Semilly au commencement de janvier 1803, et l'un de ses premiers soins fut de régulariser les actes religieux de la paroisse. On conserve, à la cure, un registre plus ou moins « informe » qui contient la liste des actes faits par MM. Mutel, Thenon, et autres prêtres catholiques résidant à Semilly pendant la tourmente révolutionnaire.

Par les actes religieux de Saint-Blin, nous apprenons que M. Mutel desservit aussi cette paroisse. En 1820, M. Baudot parle de lui en ces termes : « infiniment respectable sous tous les rapports, porte ses soins à Prez-sous-la-Fauche malgré son grand âge ».

Enfin, M. Mutel acheta une maison à Semilly et la donna à la commune pour servir de cure. Il y mourut le 21 octobre 1824, à l'âge de 86 ans 8 mois, « desservant Semilly et Chalvraines. » A son convoi assista Joseph-Hyacinthe-Benoît Mutel, son neveu, principal du collège de Bourmont. Son corps repose en face de la porte principale de l'église, à deux mètres de distance environ ; mais sa tombe est dressée contre le portail de l'église, à gauche en entrant, et on y lit l'inscription suivante :

D. O. M.

PRÈS DE CE MONUMENT
REPOSE LE CORPS DE M. L.-N. MUTEL
VICAIRE GÉNÉRAL DE MGR L'ÉVÊQUE
DE SAINT-PAPOUL (1), CURÉ DESSERVANT
DE CETTE PAROISSE, QU'IL A
GOUVERNÉE PENDANT PLUS DE
60 ANS, DÉCÉDÉ LE 21 OCTOBRE 1824,
AGÉ DE 87 ANS

Vita ejus in conspectu Domini.

(1) M. Thomassin dit, p. 327, que, par inadvertance, l'abbé Roussel,

VIII

SERVAIS (François)

Fils de Jean Servais, laboureur, et de Jeanne Royer, François Servais naquit à Bettaincourt le 20 juillet 1758, et fut baptisé, le même jour, par M. Jacques Bellot (1), prêtre-curé de Roches et de Bettaincourt. Il eut pour parrain François Royer et pour marraine Marie Royer, ses oncle et tante paternels, fils et fille de Pierre Royer, sellier demeurant à Villiers-sur-Marne, et d'Anne Leneveux (2). La famille Servais, à laquelle il appartenait, est aujourd'hui éteinte à Bettaincourt.

Il fut tonsuré à Langres le 21 décembre 1782, et le 16 août 1784, il obtint, sur sa demande, d'être incorporé au diocèse d'Auxerre (3).

Nous ne connaissons ni le lieu ni la date de son ordination à la prêtrise ; mais nous savons qu'il devint vicaire de Cravant (Yonne), et y signa, en cette qualité, les actes du 12 juin 1787 au 11 octobre 1790 (4).

Le 14 novembre de cette dernière année, la réunion tenue dans cette commune pour le renouvellement de la municipalité fut fort agitée. Le procès-verbal constate que Billout, procureur de la commune, y fut accusé de prévarication, et que M. Servais, vicaire, étant survenu, il dut essuyer les insultes d'un tonnelier du nom de Lecestre, qui lui demanda s'il était citoyen actif de la commune, puis ajouta plusieurs grossièretés qui l'obligèrent à se retirer (5).

Claude-Nicolas Ecureux, religieux de Pontigny et prieur de Villeneuve-Saint-Salve (Yonne), ayant donné sa démission en 1790, Servais fut appelé à le remplacer. Dans les actes de cette paroisse, il paraît, comme curé, du 15 dé-

t. II, p. 191, a fait de M. Mutel, un vicaire général de Saint-Papoul pendant la Révolution, et qu'il faut lire Toul. Ce ne serait donc pas seulement Roussel, mais l'inscription elle-même qui nous induiraient en erreur. Quoi qu'il en soit, M. Mutel fut certainement vicaire général de La Rochelle.

(1) Jacques Bellot était né à Audelot en 1710 : il mourut en 1770.
(2) Etat civil de Bettaincourt.
(3) Registre des ordinations.
(4) Etat civil de Cravant.
(5) Arch. de l'Yonne, L. 757.

cembre 1790 au 14 décembre 1792. Il figure ensuite comme officier public jusqu'en janvier 1794, et plus tard, comme adjoint (1).

Le 8 février 1791, son traitement fut fixé à 1200 livres : mais, le 28 janvier 1795, il fut réduit à 800 livres (2).

On est autorisé à penser que M. Servais prêta le serment à la Constitution civile, car autrement, il n'aurait pu continuer l'exercice de ses fonctions à Villeneuve. Mais il le rétracta sans aucun doute, car, pendant la Terreur, il fut arrêté et jeté en prison. Ce qui le prouve, c'est la lettre qu'il écrivit, le 29 janvier 1794, aux administrateurs du district d'Auxerre. Il y expose que, pendant les huit jours qui lui ont été accordés pour aller à Villeneuve régler ses affaires, qui étaient en souffrance *à cause de sa longue détention*, il n'a pu en terminer qu'une partie, par rapport à la rigueur du temps. Il demande donc un délai de quelques jours, pour se procurer des subsistances et du bois dont il est dépourvu, et pour finir ses affaires.

Dès le lendemain, 30 janvier 1794, le district lui accorda un délai de huit jours (3).

Un mois plus tard, 3 mars 1794, Servais fit son don patriotique : il consistait en deux chemises qu'il remit à l'agent national, et dont il fit présent à la République pour les défenseurs de la patrie (4).

Cette preuve de civisme ne désarma pas ses ennemis. Car, le 21 mars 1794, des rassemblements suspects ayant été signalés à Villeneuve et autres endroits où il y avait des prêtres en fonction, ordre fut donné aux officiers municipaux et aux membres du Comité de surveillance de Villeneuve, de se présenter devant l'administration du district, pour rendre compte des motifs de ces rassemblements.

Ils comparurent, en effet, le 24 mars, et ils dirent que, s'il s'était fait des rassemblements dans leur commune, ce n'était que les jours de dimanche ; que ceux qui s'y rendaient, ne venaient que pour assister aux cérémonies du

(1) État civil de Villeneuve. Malheureusement les délibérations du Conseil municipal ne remontent qu'à l'an VIII.
(2) Arch. de l'Yonne, L. 801.
(3) *Ibid.*, L. 704.
(4) *Ibid.*, L. 754.

culte catholique, que leur curé continuait ; que, jusqu'à ce jour, il n'était arrivé aucun trouble ; que, du reste, ces cérémonies n'avaient pas eu lieu le jour précédent, et que, si elles avaient eu lieu les autres jours, ce n'était que du mouvement propre du curé. Ils ajoutèrent, enfin, qu'ils avaient amené avec eux leur curé, pour qu'il rendît compte de ses actions.

M. Servais avoua qu'il avait réellement continué les cérémonies du culte jusqu'y compris le dimanche 15, mais qu'il les avait cessées le jour précédent ; qu'en agissant ainsi, il ne croyait pas avoir enfreint les lois ; que, s'il y avait eu quelque rassemblement en la commune de Villeneuve, il n'avait du moins occasionné aucun tumulte ; et enfin qu'il en référait, à ce sujet, au jugement de l'administration.

Sur quoi, celle-ci, considérant que le curé était l'auteur et le moteur de rassemblements contraires à la loi, arrêta qu'il serait conduit au comité révolutionnaire d'Auxerre, pour y rendre compte de ses actions, et de là à la maison de réclusion. Ce qui fut fait à l'instant (1).

Pendant qu'il était enfermé dans les prisons d'Auxerre, M. Servais signa, avec ses confrères, une pétition sollicitant le paiement des 40 sous que le district leur avait accordés, le 26 octobre 1794, pour leur nourriture et leur entretien de chaque jour. On fit droit à cette demande, et on vota, pour chacun d'eux, une somme de 60 livres, pour ce qui leur était dû à l'échéance du mois de brumaire (2).

Un peu plus tard, les paroissiens de M. Servais lui donnèrent une preuve non équivoque de leur attachement. Le 11 janvier 1795, la municipalité de Villeneuve lui délivra un certificat, dans lequel elle attestait « qu'il avait toujours maintenu le bon ordre dans la commune, qu'il n'avait cessé d'y prêcher la soumission aux lois, l'obéissance aux autorités constituées ; qu'il s'était toujours montré le partisan et le zélé défenseur de la Révolution ; qu'il avait donné dans tous les temps les preuves du patriotisme le plus épuré ; enfin que sa conduite était irrépréhensible ».

Muni de ce certificat, Servais adressa le même jour à l'administration du district, une pétition sollicitant une per-

---

(1) Arch. de l'Yonne, L. 754, f° 115.
(2) *Ibid.*, L. 762.

mission de huit jours, pour aller d'Auxerre à Villeneuve, régler ses affaires ainsi que celles de la Fabrique. L'autorisation lui fut accordée, à la condition qu'il resterait, pendant ce temps, sous la surveillance de la municipalité (1). Cette permission expirée, Servais revint à Auxerre.

Mais bientôt, il en demanda une nouvelle. Le 13 février 1795, il écrivait aux administrateurs du district : « La mort lui ayant enlevé, disait-il, une mère tendre et chérie, des affaires importantes l'appellent depuis longtemps dans le sein de sa famille. Il ne souffre pas seul de la cruelle et injuste captivité où il gémit depuis un an, mais encore ses frères et sœurs, qui ne peuvent jouir ni disposer de ce qui leur appartient, à cause de son absence. Il les prie donc de lui accorder un temps suffisant pour aller régler ses affaires à Bettaincourt. Après quoi, il s'oblige de venir fixer provisoirement son domicile à Auxerre, conformément à l'arrêté du représentant Guillemardet (2). »

Sur quoi, l'administration du district, « considérant que Servais avait exécuté l'arrêté de Guillemardet du 24 décembre, qui ordonnait que tout citoyen prêtre serait tenu de résider provisoirement dans les chefs-lieux de district, ou dans les communes dont la population s'élevait à 5.000 habitants, en fixant son domicile à Auxerre : arrêta qu'il était permis à Servais de se rendre à Bettaincourt pour six décades, après quoi, il reviendrait à Auxerre » (3).

*
* *

M. Servais fut sans doute mis en liberté en exécution de la lettre du Comité de sûreté générale en date du 24 mars 1795 (4). En tout cas, il était à Villeneuve en 1796, et le 3 avril de cette même année, il fit à Héry la déclaration d'universalité et de soumission aux lois de la République, imposée aux prêtres qui voulaient reprendre l'exercice de leur culte (5).

(1) Arch. de l'Yonne, L. 704.
(2) Guillemardet (Ferdinand-Pierre-Marie), né en 1765, était médecin et maire d'Autun, quand il fut élu membre de la Convention : réélu au Conseil des Cinq-Cents, il devint plus tard préfet de l'Empire. Mort en 1808. Cf. Arch. municipales d'Auxerre, Registre n° 42.
(3) Arch. de l'Yonne, L. 704.
(4) *Bulletin de la Société des sciences de l'Yonne*, 1893, 47° vol., p. 112.
(5) Arch. de l'Yonne, L. 1007.

Quinze jours plus tard, le dimanche 17 avril, Servais se présenta à la municipalité de la commune, et dit « qu'ayant appris qu'on avait, contrairement à la loi, sonné deux fois, à 9 heures et à 9 h. 1|2, la cloche de la commune, il venait déclarer qu'il n'avait contribué en rien à ces sonneries, et que, dans la crainte que quelques individus ne les fissent regarder comme une convocation, il déclarait qu'au lieu de célébrer sur-le-champ le service divin, il attendrait encore une heure avant de commencer la messe (1). »

Une note, laissée dans les archives d'Héry par Cocquerelle, ancien capucin et desservant de cette paroisse de 1800 à 1818, nous apprend que du 25 septembre 1796 jusqu'au mois de mars 1798, les baptêmes ont été faits par Servais, prêtre desservant. Puis, dans une autre note datée 20 mars 1800, il ajoute : « tous les baptêmes ci-dessus ont été faits en divers endroits, Bleigny, Montigny, etc., parce que depuis deux ans passés, il n'y avait plus de desservant à Héry. » (2). Nous pouvons donc assurer que M. Servais résida pendant dix-huit mois dans cette paroisse, et y remplit les fonctions du ministère, du moins autant que la loi le permettait. Et c'est à Héry même, le 16 septembre 1797, qu'il prêta, avec plusieurs de ses confrères, le serment de haine à la royauté (3).

Mais cette démarche ne le sauva pas.

Au mois de décembre 1797, des renseignements ayant été demandés, par le Département, relativement au ministre du culte d'Héry, le commissaire du Directoire exécutif près l'administration du canton, répondit, le 21, en ces termes : « Quant au premier article, relatif à la conduite politique de Servais depuis la Révolution, je vous dirai qu'étant alors ministre du culte à Villeneuve, il ne résidait pas dans notre canton. Depuis qu'il est à Héry, je vous ai plusieurs fois rendu compte de sa conduite politique, qui n'a jamais été conforme aux lois. Quant au deuxième article, relatif à sa conduite dans les assemblées primaires, il n'a pas moins cabalé dans le canton d'Héry que dans celui de Seignelay. Voyant le parti qu'il soutenait prêt à avoir le dessous, il est

(1) Arch. de l'Yonne, *loc. cit.*
(2) Arch. paroissiales d'Héry.
(3) Arch. d'Héry.

allé lui-même au domicile de plusieurs citoyens pour les engager à venir, les Jacobins étant prêts, suivant lui, d'avoir le dessous » (1).

Il était facile, dès lors, de prévoir le sort qui attendait M. Servais. Il fut, le 14 mars 1798, condamné à la déportation par le Directoire exécutif, en même temps que deux autres prêtres, Audin, curé de Saint-Bris, et Bourdoz, de Malay-le-Grand. « Considérant, disait l'arrêté, que le nommé François Servais, ministre du culte catholique dans la commune d'Héry, n'a cessé, depuis le commencement de la Révolution, de prêcher la désobéissance aux lois et de fanatiser les campagnes ; que, notamment depuis le 18 fructidor, il parcourt les cantons pour y prêcher sa doctrine contre-révolutionnaire » arrête, etc... (2).

Ecroué aux Cordeliers (de Troyes) le 18 mai, Servais en sortit le lendemain, et fut conduit, d'abord à Auxerre, puis à l'île de Ré, où il n'y arriva que le 6 août 1798 (3).

M. Servais fut libéré le 5 janvier 1800. M. Bonneau dit qu'à son retour, il résida quelque temps à Seignelay (4). M. Manseau, au contraire, affirme qu'il se retira à Héry (5), commune, du reste, toute voisine de la première. Quoi qu'il en soit, il était à Chichée en 1803 (6). Enfin le *Tableau des pensionnaires* à la charge de l'Etat nous apprend qu'en 1816, il était domicilié à Paris : mais nous n'avons pu découvrir ni le lieu ni la date de son décès.

IX

AUBERTIN (Nicolas)

Nicolas Aubertin naquit à Is-en-Bassigny, le 6 septembre 1764, de Pierre Aubertin, laboureur, et de Nicolle Belouet. Il fut baptisé par un récollet du couvent de Damblain, frère Jérôme Jacquinot, qui, en l'absence du doyen (7), était

(1) Arch. paroissiales d'Héry.
(2) Arch. nat., F7 4732 ; Victor Pierre, *La déportation*, p. 188. C'est par erreur que M. Bonneau, p. 52, fixe au 24 nivôse, l'arrêté du Directoire exécutif.
(3) Prévost, t. II, p. 378 ; Victor Pierre, *loc. cit.*, p. 455.
(4) Bonneau, *loc. cit.*
(5) Manseau, t. II, p. 283.
(6) Arch. d'Héry.
(7) C'était Nicolas de Mangin, originaire de Champlitte et curé

chargé de desservir la paroisse. Il eut pour parrain Nicolas Belouet, et pour marraine Marie Monginot (1).

Il était, pourrait-on dire, de souche doublement sacerdotale. Un de ses oncles paternels, Jean-Baptiste-Epiphane, né en 1726, prêtre en 1749, devait mourir en 1789, après avoir rempli successivement les fonctions de vicaire de Buxières (1749-1752), et de Bertignolles (Aube) de 1752 à 1786. Son frère aîné, qui portait les mêmes nom et prénom que lui, fut d'abord vicaire de Guyonvelle (1783), puis curé de Bertignolles (1786), où il eut la faiblesse de prêter le serment constitutionnel : il mourut, dans cette dernière paroisse, en 1832, à l'âge de 88 ans (2).

Deux tout au moins de ses cousins maternels entrèrent aussi dans le sanctuaire : l'un, Louis Belouet, qui a son article dans cet ouvrage ; et l'autre Jean Belouet, qui mourut à Langres le 12 août 1820, en laissant la réputation d'un humaniste très distingué (3).

Nicolas Aubertin fit sans doute ses études à Langres, car il y reçut la tonsure le 18 décembre 1784, et les ordres mineurs le 8 mars 1788. Le sous-diaconat lui fut conféré à Besançon, à la Trinité de 1788, en vertu de lettres dimissoires. Mais c'est par les mains de Mgr de La Luzerne, et dans la chapelle du séminaire de Langres, qu'il fut ordonné diacre le 20 décembre 1788, et prêtre le 7 mars 1789 (4).

L'abbé Roussel prétend que Nicolas Aubertin fut nommé vicaire de Celles (Aube) après son ordination. C'est une erreur. La paroisse, où il eut à remplir les fonctions vicariales, n'est pas Celles, mais Bragelogne (juillet 1789). Peu de temps après (août 1790), on lui confia la desserte de

d'Is depuis 1751. Outre une *Histoire ecclésiastique, civile, politique,* etc., du diocèse de Langres et de Dijon, malheureusement inachevée (Paris, 1765, 3 vol. in-12), il a laissé plusieurs autres ouvrages de théologie pastorale. Il mourut le 31 mars 1792.

(1) Actes de l'état civil d'Is.

(2) Roussel, t. II, p. 284, et t. III, p. 244 ; Prévost, *passim.*

(3) Avant la Révolution, M. Jean Belouet était professeur au Petit Séminaire. A son retour de l'exil, il exerça, au Collège, les fonctions de professeur de rhétorique et d'aumônier ; il occupa aussi, pendant quelque temps, la chaire de théologie au collège royal de Lyon, où l'avait attiré M. l'abbé D'Régel, *le Recteur.* Il est l'auteur, plus ou moins responsable de *La Pitoyade* (Langres 1811, Chaumont 1863 ; Roussel, t. IV, *in fine).*

(4) Registre des ordinations.

Chacenay, paroisse voisine de Bertignolles où était son frère : elle comptait alors 250 habitants et rapportait 955 livres (1).

Comme son frère, le curé de Chacenay prêta le serment à la Constitution civile du clergé, et, en juin 1791, fut chargé de la desserte de Viviers (2).

Le 29 avril 1792, il fut élu curé curé constitutionnel de Virey-sous-Bar, où il remplaça un prêtre fidèle, Charles-Victor Gayat. Il prêta serment en cette qualité le 13 mai. En même temps que Virey, il desservait Courtenot, dont le curé, Pierre-Nicolas Barbier (3), n'avait pas été remplacé (4).

Une certaine agitation s'étant produite au sein de la population de Virey, M. Aubertin quitta cette paroisse, en novembre 1797, pour celle de Merrey (Aube). Arrivé en ce village, il déclara à ses ouailles qu'il ne reconnaissait plus la Constitution civile du clergé, parce qu'elle n'était plus loi du pays (ce qui était vrai), et que sa conscience et l'amour de la paix lui dictaient cette déclaration. S'il avait quitté Virey, disait-il, c'est parce que cette commune n'était pas paisible, et qu'il craignait que les querelles ne rejaillissent sur lui, et encore parce qu'elle ne le *nourrissait* pas (5).

Aubertin avait cru trouver la paix à Merrey : il s'était trompé. Le 7 avril 1798, il fut dénoncé au département par le commissaire du canton de Bar-sur-Seine : « Hier, écrit cet agent, j'ai acquis la certitude que Nicolas Aubertin, qui a rétracté son serment en floréal dernier, suivant la déclaration faite le 25 frimaire dernier (15 déc. 1797), exerçait publiquement le culte à Merrey ; je l'ai fait arrêter aujourd'hui. Je dois vous faire observer que la commune de Merrey est celle qui est la plus fanatisée du canton (6), et est le rendez-vous des fanatiques de celle de Bar-sur-Seine. On peut attribuer, sans crainte de se tromper, à ce fanatisme et aux instructions clandestines, l'insouciance coupable de cette commune à s'acquitter de ses obligations, et à jouir du plus

(1) Roussel, t. III, p. 255 ; Prévost, t. I, p. 402.
(2) Prévost, t. I, p. 501 ; t. II, p. 83.
(3) Voir l'article consacré à *Pierre-Nicolas Barbier*.
(4) Prévost, t. I, p. 402, note 2 ; t. II, p. 83.
(5) Prévost, t. III, p. 375.
(6) L'ancien curé, Edme Naucey, né à Chaumont, mort en 1796, avait refusé le serment pur et simple.

beau de tous les avantages que la Constitution accorde aux citoyens : leur présence et leur assiduité aux assemblées primaires et communales » (1).

Cette dénonciation eut pour résùltat l'arrestation, le jour même de Pâques, du curé de Merrey. Malgré ses explications, il fut condamné à la déportation le 28 avril 1798.

M. Prévost raconte que tout d'abord on avait attribué à son frére aîné, le curé de Bertignolles, les faits pour lesquels le curé de Merrey fut condamné : c'était d'avoir, au commencement du Carême, ordonné un jeûne de trois jours par semaine, au nom de Mgr de La Luzerne. Un volontaire avait élevé la voix contre cette prescription, et le curé l'avait traité de mauvais sujet. Un vieillard avait repris la parole, pour accuser le curé d'être un perturbateur et de provoquer à la révolte contre la loi. L'erreur ayant été reconnue, on leva la surveillance qui avait été prononcée contre Aubertin l'aîné (2).

Quoi qu'il en soit, Aubertin le jeune était encore à la prison de Troyes au mois de septembre 1798. Lorsque le gardien vint l'avertir que son départ était proche, il demanda une prolongation de quinze jours.

On vieillissait vite à cette époque. Quoique jeune encore, le curé de Merrey était infirme, et son état de santé aurait dû lui valoir la pitié du tribunal. Il n'en fut rien. Le 1er octobre, l'infortuné ecclésiastique fut dirigé sur l'île de Ré, où il arriva le 14 novembre 1798. C'est seulement le 17 mars 1800 qu'il fut mis en liberté (3).

Que devint-il après son élargissement ? L'abbé Manseau affirme qu'il se retira dans son pays natal (4). D'après M. Prévost au contraire (5), il serait revenu s'établir à Celles, d'où il aurait été chassé le 26 décembre 1800.

Mais sa carrière pastorale était loin d'être terminée. En 1803, il fut nommé curé de Bragelogne, en 1812 curé de Longpré, et en 1820, enfin, curé de Couvignon. C'est dans ce dernier poste qu'il mourut, le 28 août 1834, à l'âge de

(1) Prévost, t. III, p. 374-375.
(2) Prévost, *Semaine religieuse de Troyes*, 1913, p. 180.
(3) Prévost, t. III, *loc. cit.* C'est donc à tort que M. Victor Pierre prétend qu'Aubertin n'a pas fait sa peine.
(4) Manseau, t. II, p. 225.
(5) *Semaine religieuse de Troyes*, loc. cit.

70 ans (1). Il y a laissé la réputation d'une prêtre d'une vertu exemplaire.

X

BARBIER (Pierre-Nicolas)

Nous n'avons que très-peu de renseignements sur les premières années et la jeunesse de Pierre-Nicolas Barbier. Il naquit à Ravennefontaine, le 22 juillet 1758, de Pierre Barbier, et d'Anne Noirot. Il avait sept frères et deux sœurs, et il était le grand-oncle des trois abbés Thivet : Jacques, mort curé de Dancevoir en 1876 ; Pierre, décédé curé d'Aprey en 1891 ; et Augustin, missionnaire à Macao, mort en 1849.

Pierre-Nicolas Barbier reçut la tonsure le 3 avril 1779, et entra au séminaire en 1783. Sous-diacre le 20 décembre de cette même année, diacre le 6 mars suivant, il fut ordonné prêtre le 18 décembre 1784 (2).

Que devint-il immédiatement après son ordination ? Nous ne le savons pas. Quelques-uns ont prétendu qu'il avait été sacristain à la Cathédrale en 1786 : mais ils ont du le confondre avec Bénigne Barbier (3).

Une chose certaine c'est que M. Barbier fut desservant de Courtenot, près de Bar-sur-Seine, de 1787 à 1791. Cette paroisse comptait 231 habitants, et lui rapportait 350 livres.

Il prêta serment avec restriction, et disparut le 8 juin 1791, sans être remplacé. La desserte de Courtenot fut alors confiée à Nicolas Aubertin le jeune, curé de Virey-sous-Bar (4).

Après la loi du 26 août 1792, Barbier prit un passe-port pour la Suisse. Le séquestre fut mis sur ses biens situés à Ravennefontaine, en septembre 1793, et on en dressa l'état au commencement de 1794 (5). Enfin, le 28 février 1794, il fut inscrit sur la liste des émigrés. comme déporté : Langres y est désignée comme son dernier domicile.

(1) Etat civil de la commune.
(2) Etat civil de Ravennefontaine, et Registre des ordinations.
(3) Arch. de la Haute-Marne (Délibérations du Chapitre).
(4) Prévost, t. I, p. 402, 500 ; t. II, p. 83.
(5) Arch. de la Haute-Marne, L. 22.

On pense qu'il rentra en France en 1795, comme la plupart de ses confrères : mais nous n'avons trouvé nulle part la trace de ses pas. Nous savons seulement qu'il était desservant dé Donnemarie quand fut publiée la loi du 19 fructidor : en effet, il se présenta, en cette qualité, à Nogent le 17 septembre 1797, pour prêter le serment de haine à la royauté. Mais l'administration, considérant que ce serment ne pouvait être prêté que par les ecclésiastiques autorisés à rester sur le territoire de la République, se contenta de lui donner acte de sa présence, et suspendit la réception de son serment jusqu'à ce qu'elle eût reçu de nouvelles instructions (1).

Arrêté, le 2 juillet 1798, par la gendarmerie de Bourbonne, Barbier fut conduit à Chaumont et, le 31 juillet, condamné par le Département, à être déporté à l'île de Ré, en même temps que Delapaix et Girardin. Voici le texte du décret rendu au sujet de ces trois ecclésiastiques : « L'administration centrale du département, vu les procès-verbaux d'arrestation des nommés Claude-Nicolas Delapaix, Pierre-Nicolas Barbier, et J.-B. Girardin, tous trois sujets à la déportation, dressés par les gendarmes de Montigny, Bourbonne et Chaumont les 13 et 14 messidor dernier et 12 thermidor présent mois ; l'interrogatoire de Delapaix, duquel il résulte qu'il n'a pas prêté le serment ordonné par les lois de 1790, celui de Barbier, qu'il a prêté le serment avec restriction, celui de Girardin, qu'il n'a point prêté le serment. Considérant que ces trois individus devaient quitter le territoire de la République aux termes des lois de 1792 et du 19 fructidor dernier ; que ceux qui n'ont pas obéi aux lois relatives à la déportation, soit en 1792 soit à l'époque du 19 fructidor, et qui ne peuvent exciper d'infirmités ou de l'âge de 60 ans, doivent être déportés à la Guyane ; arrête : les trois susnommés, détenus en la maison d'arrêt de Chaumont, seront transférés en l'île de Ré, lieu destiné par le gouvernement, où doivent être conduits tous les individus condamnés à la déportation ». (2).

Les trois prêtres arrivèrent à l'île de Ré le 25 octobre

(1) Arch. municipales de Nogent.
(2) Arch. nat.; F⁷ 7494.

1798 (1), c'est-à-dire environ deux mois après que le Directoire exécutif eut pris la résolution de ne plus former d'embarquement pour la Guyane française. L'île de Ré devint donc le lieu définitif de leur déportation.

On sait à quel dur régime furent soumis les prêtres détenus à la citadelle Saint-Martin. On sait également comment l'étude, la prière, et aussi la charité fraternelle, adoucirent l'amertume de leurs épreuves. En effet, le 2 février 1800, c'est-à-dire au moment même où ils commençaient à espérer leur délivrance, les déportés de l'île de Ré formèrent entre eux une association destinée à honorer le Sacré-Cœur de Jésus. Dans un manuscrit que nous avons entre les mains, M. Barbier en donne le Règlement, précédé d'un préambule, et suivi de la liste des ecclésiastiques associés. La prière journalière de l'Association et les obligations des membres ont été imprimées à part, et M. Manseau en a reproduit le texte. (2) Mais nulle part nous n'avons lu le préambule de cette pièce, et nous ne croyons pas que les noms des ecclésiastiques membres de cette association aient été jamais publiés.

Le préambule du Règlement, exprime les sentiments admirables de résignation et de charité chrétienne, qui animaient les confesseurs de la foi : il fait écho à la parole de S. Paul : *Superabundo gaudio in omnibus tribulationibus meis*, et il fournit un touchant témoignage de l'amitié surnaturelle qui unissait entre eux les prêtres déportés. Aussi n'hésitons-nous pas à en mettre quelques lignes sous les yeux du lecteur :

« Les fidèles dont le soin fut confié à notre sollicitude, y disait-on, plaignirent notre sort, lorsque nous leur fûmes enlevés : ils nous accompagnèrent de leurs regrets et de leurs soupirs, ils versèrent des larmes sur notre destinée. S'ils eussent pu prévoir tout ce que la divine Providence, dont l'œil protecteur veillait sur nous, nous réservait de bienfaits pour récompenser nos faibles sacrifices, loin de gémir en nous voyant chargés de fer, ils se seraient réjouis avec nous, et n'auraient vu dans notre humiliation que la volonté juste et toujours bienfaisante de Dieu, qui depuis

(1) Manseau, t. II, p. 225 ; Prevost, t. III, p. 379.
(2) *Loc. cit.* p. 191-193.

tant d'années nous soutient comme par miracle, et qui dans notre détresse nous a ménagé des biens infiniments supérieurs à toutes les prospérités que nous avions perdues. »

Et plus loin : « C'est pour la même foi, c'est pour les mêmes autels que nous avons combattu ; c'est pour rendre témoignage de fidélité à nos premiers serments, de notre zèle pour l'antique discipline de l'Eglise, de notre soumission à son chef et à tout le corps des premiers pasteurs, que nous avons affronté tous les périls. Unis par d'aussi sublimes motifs, pourrions-nous ne pas nous communiquer les doux fruits de la charité dont notre divin Maître nous a donné de si précieuses leçons et de si grands exemples. ? »

Quant à la liste des ecclésiastiques associés, elle comprend, nous l'avons déjà dit, les noms, prénons, qualités et âges de 192 prêtres français, parmi lesquels cinq du département de la Haute-Marne. (1)

Il y a lieu de croire que M. Barbier quitta l'île de Ré en même temps que ses deux confrères, Delapaix et Girardin, c'est-à-dire vers le milieu de mars 1800.

A son retour, M. Barbier exerça d'abord le saint ministère à Paucourt, près de Montargis (Loiret) : dans un acte de baptême fait par lui à Ravennefontaine il prend, en effet, le titre de desservant de Paucourt. Le dernier acte signé de sa main dans cette paroisse remonte au 3 juillet 1803.

Alors M. Barbier revint en Haute-Marne, où il fut successivement curé de Rivières-les-Fosses (juillet 1803-octobre 1805) ; d'Hortes (octobre 1805-octobre 1817), de Poinson-les-Fayl (1817-1820) ; de Dammartin (1820-1831) ; et enfin de Ninville (1831-1837).

Il se retira à Esnouveaux, et y mourut le 4 juillet 1840, à l'âge de 80 ans, comme en font foi les actes civils et religieux de cette commune (2).

XI

DELAPAIX (Claude-Nicolas)

Claude-Nicolas Delapaix naquit à Parnot, le 20 juin 1753, de Claude Delapaix, ancien garde du roi, et d'Anne Pillot,

(1) Voir plus haut, p. 125.
(2) Cf. Roussel, t. II, *passim* ; t. III, p. 228.

de Villotte, sa cousine. Il fut baptisé le lendemain, et eut pour parrain Nicolas Rouelle, bourgeois, et pour marraine, Rose Diez.

Entré au séminaire de Langres en 1776, il vendit, à la veille de son sous-diaconat, douze paires provenant du patrimoine de son père, pour constituer son titre d'ordination. Il reçut l'onction sacerdotale aux Quatre-Temps de Noël de l'année 1777.

D'abord vicaire de Corlée de janvier à août 1778, il fut, au mois de septembre de la même année, envoyé en la même qualité à Saint-Martin et Saint-Ciergues (1). Nous avons quelques détails sur le rôle qu'il joua dans la paroisse.

En 1780, il fit restaurer en peinture et dorure le maître autel de Saint-Ciergues, avec les ouvrages en boiserie qui l'accompagnent. Pendant la maladie contagieuse qui sévit dans la paroisse en 1782, M. Delapaix usa de ses connaissances en médecine pour soulager les malades, et il employa tout son crédit pour procurer aux convalescents le secours de la *Marmite* de Langres (2).

La chronique ajoute qu'il était d'un caractère vif et impétueux, et grand amateur de la chasse et de la pêche : il prêchait et catéchisait trop rarement, au gré de ses paroissiens, et souvent il appelait des religieux pour le seconder dans les travaux du ministère (3).

Mais, malgré cette vie un peu répandue au dehors, M. Delapaix était un prêtre excellent, et très-attaché à la religion : la suite de cette histoire le montrera bien.

Et tout d'abord, il refusa le serment schismatique : c'est lui-même qui nous l'apprend. « La Constitution civile m'ayant laissé, écrit-il, la liberté de prêter le serment ou de renoncer à mes fonctions, j'ai pris ce dernier parti, et j'ai vécu dès lors comme un simple particulier, uniquement voué à l'étude de la médecine et au soulagement des malades » (4).

(1) Etat civil de Parnot, Corlée et Saint-Ciergues.
(2) La Marmite était un établissement de bienfaisance destiné à soulager à domicile les pauvres et les malades qu'on ne pouvait transférer à l'hôpital. Outre la grande Marmite commune aux trois paroisses, il y en avait une petite dans chacune d'elles. Cf. Aubert, *Les Hôpitaux de Langres*, 1913, p. 175.
(3) Registre paroissial de Saint-Ciergues.
(4) Lettre écrite de l'île de Ré, le 28 décembre 1798, à M. Vandeul

Frappé par la loi du 26 août 1792, M. Delapaix prit, au mois de septembre suivant, un passe-port pour la Suisse. Il était à Soleure quand y arriva, en novembre 1792, J.-B. Jobard, ancien vicaire de Noyers en Bourgogne (1). Pour faire place au nouveau venu, il n'hésita pas à se retirer à Constance, près de Mgr de La Luzerne, et à y fixer sa demeure.

Pendant son exil, qui dura près de trois ans, le curé de Saint-Martin entretint d'assez fréquentes relations avec ses paroissiens qui, à plusieurs reprises, lui firent passer des secours pécuniaires (2).

Il fut porté sur la liste des émigrés du 18 février 1794.

Le 23 mai et les jours suivants de cette même année, le juge de paix de Parnot procéda à l'inventaire des biens, meubles et immeubles, titres et papiers dépendant de la succession de Marguerite Delapaix, décédée le 3 avril, femme de Claude-Louis Pelletier, cultivateur et homme de loi, à Parnot, et de ceux de la communauté. La nation y avait un douzième, comme représentant Claude-Nicolas Delapaix. L'estimation monta à 8920 l. 5 s. 6 d. (3).

Que devinrent les paroisses de Saint-Martin et de Saint-Ciergues, après le départ de M. Delapaix? Elles furent d'abord livrées à deux prêtres constitutionnels, ordonnés par Hubert Wandelaincourt, Pierre Legros (4) et Valère Prat (5), qui les gouvernèrent le premier de mars à septembre 1792, le deuxième de septembre à novembre de la

propriétaire à Paris, rue Faubourg-Poissonnière, n° 33. — Abel-François-Nicolas Caroillon de Vandeul, trésorier de France, était fils de Nicolas Caroillon et de Simone La Salette. Il épousa Denise Diderot, la fille du philosophe, en 1771 et, à l'époque de la Révolution, acheta l'abbaye d'Auberive, où il établit une manufacture de coton. L'un de ses frères, Pierre-Abel-Théophile, était propriétaire de la papeterie de Melville, près de Saint-Martin-les-Langres. Ce dernier détail nous donne la clef des relations de M. Delapaix avec M. de Vandeul. Cf. Marcel, *Le frère de Diderot*, Langres, 1913, p. 203.

(1) Sur Jean-Baptiste Jobard, voir *Marguerite Jobard*. Langres, 1911, p. 49, seq. ; et Arch. de l'Yonne, L. 1130, 1336.

(2) Registre paroissial de Saint-Ciergues.

(3) Arch. de la Haute-Marne, Q. 314.

(4) Pierre Legros, né à Langres en 1752, était huissier avant de se présenter à l'évêque intrus pour recevoir les ordres. En quittant Saint-Martin et Saint-Ciergues, il fit une courte apparition à Frettes, et rentra à Langres, rue du Petit-Cloître, n° 774.

(5) Valère Prat était né à Esnoms en 1771. La tradition rapporte qu'il revint à Saint-Ciergues en 1796, et y fit une rétractation publique.

même année. Mais, après leur départ, aucun intrus ne reparut dans ces deux villages, et leurs églises ne s'ouvrirent point au culte de la Raison, ni aux parodies sacrilèges qui souillèrent les temples en beaucoup d'autres endroits. Pendant cette triste époque, les secours religieux même ne manquèrent point aux catholiques. MM. Gallissot, curé de Mardor ; Desgrez, d'Humes, (1) et Meusy (2) y administrèrent les sacrements, parfois au péril de leur vie (3).

M. Delapaix rentra en France en 1795, comme la plupart de ses confrères. Le 20 septembre de cette année, il se présenta à Colombey-les-Choiseul, et déclara que désirant exercer le culte catholique, apostolique et romain, il voulait vivre conformément aux lois de la République. Cette démarche était prescrite par la loi du 11 prairial an III. Voici le signalement qui est donné de lui : « Agé de 40 ans, taille de 5 p. 4 p., front découvert, yeux bleus, nez gros, bouche grande, menton rond, visage ovale » (4).

Mais il ne resta pas longtemps à Colombey. Revenu à Saint-Martin, il put en 1796, grâce à la protection des agents municipaux alors en exercice, faire la première communion dans l'église de Saint-Ciergues à une soixantaine de jeunes gens appartenant aux villages de Saint-Ciergues, de Saint-Martin et de Perrancey (5).

Bien que domicilié à Saint-Ciergues, il fit à Auberive, le 21 juillet 1797, la déclaration de soumission aux lois de la République, prescrite par la loi du 7 vendémiaire an IV (6).

La lettre déjà citée, de M. Delapaix à M. de Vandeul, nous renseigne d'une façon très précise, sur le sort que la loi du 19 fructidor fit à l'ancien curé de Saint-Martin et Saint-Ciergues. « J'ai prêté, écrivait-il, le serment de haine

(1) Louis Desgrey, né à Nogent le 6 mars 1732, ancien vicaire de Saint-Ciergues et de Saint-Martin, devient curé de Humes en 1767. Insermenté et reclus à Chaumont en 1792, il mourut à Humes en 1828.

(2) Jean-Baptiste Meusy né à Créancey le 13 mai 1760, vicaire de Fayl-Billot en 1789, insermenté et déporté, était à Langres en 1798. Curé d'Ecot, de Changey, de Soyers et de Charmes-les-Langres, il mourut retiré à Langres le 29 mars 1844.

(3) Registre paroissial de Saint-Ciergues.

(4) Arch. communales de Colombey-les-Choiseul.

(5) Registre de Saint-Ciergues.

(6) Arch. municipales d'Auberive.

à la royauté, et j'ai été classé parmi les infirmes, sur certificat du médecin. J'allais donc me rendre à la maison commune de Chaumont, lorsque je fus attaqué de la dyssenterie. J'informai le commissaire près le département, de l'impossibilité où je me trouvais alors de partir. Ma maladie s'étant prolongée jusqu'à l'élargissement des reclus, c'est-à-dire six semaines à peu près, j'obtins du commissaire d'être mis en surveillance dans ma municipalité, tout comme si j'avais été réellement reclus. J'étais donc tout à fait tranquille, quand une bande de brigands sortis de la ville voisine vint pour m'arrêter, sous prétexte que je n'avais pas prêté le premier serment. J'étais heureusement à l'écart. Je me retirai alors dans ma famille, et j'y restai jusqu'en messidor an VI, où je fus arrêté et conduit de suite à Chaumont » (1).

C'était, paraît-il, le 1ᵉʳ juillet 1798. Enfermé au chef-lieu du département, M. Delapaix fut condamné à la déportation à l'île de Ré, en même temps que ses deux confrères, Barbier et Girardin. Nous avons déjà cité le texte du décret de l'administration centrale relatif à ces prêtres, et qui est daté du 31 juillet 1798 (2).

* * *

M. Delapaix, arrivé à la citadelle Saint-Martin de Ré le 21 octobre, s'adressa d'abord au Directoire exécutif pour lui représenter que, s'il ne s'était pas rendu en réclusion, c'est parce qu'il était malade, et que d'ailleurs il avait absolument cessé ses fonctions : il demandait donc sa mise en liberté, ou du moins son renvoi en surveillance dans une municipalité à son choix, car, disait-il, « les délations faites contre moi sont dictées par la malveillance, et le ministre est trop juste pour y ajouter foi » (3).

Le 4 mars 1799, il écrit à M. de Vandeul pour le remercier des démarches qu'il a faites en sa faveur, puis il ajoutait : « Je jouis d'une assez bonne santé : mais elle serait beaucoup meilleure si j'avais l'île entière pour prison. Je ne serais pas dévoré d'un si cruel ennui, et je pourrais me

(1) Lettre à M. de Vandeul.
(2) Voir article *Barbier*, p. 267.
(3) Lettre citée.

livrer plus utilement à l'étude de la médecine : peut-être même qu'en la pratiquant, je parviendrais à me mettre à l'abri de la misère. Mais, que faire, toujours renfermé dans l'enceinte étroite d'une citadelle, ou dans une chambre avec quatorze individus ? Souffrir, et perdre son temps. » Il indique ensuite à son correspondant un excellent remède contre les douleurs de la goutte : « Ce serait, dit-il, quelques quinzaines du régime de l'île de Ré : mais j'aurais beau vous le prêcher, je suis sûr que vous ne m'écouteriez point. »

Dans les lettres suivantes, adressées au même M. de Vandeul dans le courant de l'année 1799, le prisonnier de l'île de Ré lui suggère très-discrètement l'idée de s'adresser à M. Drevon (1), afin de détruire par son moyen, si possible, les soupçons que la malveillance avait jetés sur sa conduite civique pendant son séjour dans les environs de Langres ; il remercie M. de Vandeul des démarches qu'il a faites dès le début, mais en vain jusqu'alors, pour obtenir sa délivrance, ainsi que des secours généreux qu'il lui a offerts. « Jusqu'à ce jour, ajoute-t-il, mes faibles ressources ont éloigné de moi ce que le besoin peut avoir d'affreux ; je pourrais cependant y être réduit, et alors je profiterais de vos offres. Veuillez me donner l'adresse de votre ami de Rochefort, et l'engager à me recommander au citoyen Bonjus, commissaire du pouvoir exécutif à Saint-Martin de l'île de Ré (2). »

Désespéré de ne recevoir aucune réponse des personnes à qui il avait écrit depuis plus d'un mois, afin d'obtenir les pièces nécessaires pour recouvrer sa liberté, Delapaix prit enfin le parti d'adresser à M. de Vandeul une pétition destinée au Premier Consul. « Si elle est remise à lui-même, disait-il, elle ne manquera sûrement pas d'avoir un heureux succès. Il a déjà fait droit à celle que lui ont présentée les prêtres du Doubs, de la Haute-Saône et du Jura : l'administration de l'île a reçu ordre de les mettre en liberté » (3).

(1) Joseph-Claude Drevon, né à Lyon en 1747, avocat à Langres, élu député du bailliage de Langres le 3 novembre 1789, en remplacement de M. Henryot, démissionnaire, venait alors d'entrer au Conseil des Cinq-Cents.

(2) Lettre du 3 juillet 1799.

(3) Lettre du 17 janvier 1800.

Delapaix fut, en effet, rendu à la liberté le 14 mars 1800 (1). Il avait donc passé près de dix-sept mois à l'île de Ré.

Retiré à Saint-Martin-les-Langres, il reprit ses fonctions, et prêta le serment de fidélité à la Constitution de l'an VIII.

Le 1er novembre 1800, nous le trouvons à Auberive. Ce jour-là, après avoir justifié de sa mise en liberté par le ministre de la police générale, et de sa déclaration de fidélité à la Constitution faite à Saint Martin-les-Langres, il renouvela cette dernière dans les termes prescrits (2).

Quelque temps après, il desservait Vivey. On lit, en effet, dans le registre des délibérations de cette commune, sous la date du 19 novembre 1800, « qu'il serait payé au citoyen Delapaix, pour la desserte de la commune, qui a commencé le 7 décembre 1800, par chaque habitant et veuve ayant feu, 3 l. 8 s. par an, soit 17 s. par quartier : la collecte en devait être faite par deux habitants, qui seraient tirés au sort tous les trois mois ; et cela, en outre de la somme qui lui serait payée par les citoyens Léaulté, et copropriétaires au dit Vivey ».

Le 5 juin 1801, M. Delapaix, « ministre du culte », se présenta par devant le Conseil de Vivey, et, après avoir fait le serment de fidélité à la Constitution prescrit par la loi, déclara être dans l'intention d' « exercer dans cette commune les fonctions de son ministère, en se conformant aux lois relatives au culte » (3).

En 1802, un bon témoignage lui fut rendu par le maire d'Auberive : « Il est paisible, disait ce magistrat, et jouit de de l'estime des habitants ». Celui de Vivey le disait « aimé et estimé de tout le monde ». Quant à celui de Praslay, il se plaignait de ce que « ce prêtre réfractaire mettait le trouble dans les communes, en détournant les citoyens des prêtres soumis aux lois », c'est-à-dire assermentés (4).

A la première circonscription des paroisses, M. Delapaix accepta la cure d'Auberive, où il se rendit immédiatement, au grand mécontentement de ses anciens paroissiens

(1) Manseau, t. II, p. 241.
(2) Arch. municipales d'Auberive.
(3) Arch. de Vivey.
(4) Arch. de la Haute-Marne. Cf. Roussel, t. II, p. 216, 369.

qui trouvèrent en cela leur pasteur peu reconnaissant des *services de tous genres* qu'ils lui avaient rendus.

A Auberive, il n'y avait point de presbytère, et le nouveau curé fut obligé d'habiter un réduit exigu et tout à fait incommode. Un instant même, en 1805, il songea à se fixer dans une des communes de son canton. Mais l'attachement qu'il avait pour M. et Mme de Vandeul le retint à Auberive, où il finit enfin par trouver un logement convenable, tout près du château (1).

Démissionnaire en 1833, il eut pour successeur Claude Desgrey, né à Cohons, alors curé de Pressigny. Lui-même mourut dans sa maison, à Auberive, l'année suivante, 1er novembre 1834, à l'âge de 81 ans. Son corps repose devant l'église, du côté de l'évangile (2).

XII

GIRARDIN (Jean-Baptiste)

Jean-Baptiste Girardin était le compatriote de Nicolas Pelletier et de Claude-Nicolas Delapaix: la paroisse de Parnot eut ainsi la gloire de donner le jour à trois confesseurs de la foi. Né le 14 juin 1750, de Nicolas Girardin et d'Edme Delanizeulle, il eut pour parrain Jean Desalle, et pour marraine Anne Desalle. Il était, sans doute, parent de M. Delanizeulle, supérieur du Grand Séminaire, et des deux frères Desalle, dont l'un, Antoine, était curé de Pisseloup, et l'autre, J.-B.-Claude, curé de Poinson-les-Grancey et Santenoge (3).

Il fit ses études à Langres. Tonsuré le 16 décembre 1768, il entra au séminaire en 1773, et reçut la prêtrise le 1er avril 1775 (4).

Où fut-il employé tout d'abord, nous ne le savons pas. Ce qui est certain, c'est qu'au mois de février 1782, il devint vicaire de M. Petitjean, curé de Poulangy, pour la desserte de Louvières. Trois ans après, ce dernier lui résigna son bénéfice, moyennant 200 livres de pension, et

(1) Lettres à M. et à Mme de Vandeul, 1er février 1803.
(2) Archives d'Auberive.
(3) État civil de Parnot.
(4) Registres du Séminaire et des ordinations.

Girardin gouverna la paroisse de Poulangy de janvier 1785 au mois d'avril 1788 (1).

C'est en cette même année, et par conséquent à la veille de la Révolution, qu'il fut nommé curé de Crenay (2).

A l'assemblée des Trois-Etats du bailliage de Chaumont, qui se tint au mois de mars 1789, Girardin fut fondé des procurations de François Legendre, curé d'Osne-le-Val, et de Nicolas Comte, curé d'Ormoy (3).

Mis en demeure de jurer fidélité à la Constitution civile du clergé, il refusa le serment, ou du moins le prêta avec des restrictions qui sauvegardaient la foi (23 janvier 1791). Nous n'en avons pas le texte, l'acte n'en ayant point été porté sur le registre des délibérations de Crenay (4).

Pour l'année 1790, M. Girardin avait déclaré un revenu net de 1406 livres. Le 17 mai 1791, le district estima qu'il aurait dû toucher 1346 livres, et le département, 1368. Son traitement ayant été, par arrêté du 28 avril, fixé à 1284 l., il se trouvait redevable de la somme de 62 livres à imputer sur le paiement du premier quartier. « Et attendu, disait le décret, qu'il vient de faire parvenir au district, un acte de sa prestation de serment qui contient des restrictions, il y a lieu de ne lui payer le deuxième quartier de 1791, qu'au *pro rata* du temps qu'il aura exercé les fonctions curiales à Crenay » (5).

Girardin ayant sollicité le secours annuel de 500 livres accordé par la loi, le district de Chaumont prit l'arrêté suivant : « Vu le registre des délibérations de Crenay, sur lequel le serment de Girardin annoncé avoir été prêté le 30 janvier, ne se trouve pas inscrit, pas plus que la déclaration du curé, qu'il était dans l'intention de le prêter ; le certificat du 25 décembre 1791, signé des officiers municipaux, duquel il résulte que le serment de Girardin a été prêté avec restriction ; considérant donc qu'il n'a point rétracté son serment fait avec restriction, qu'il ne possède aucun bénéfice ni pension sur bénéfice : le directoire du district est d'avis de lui accorder le secours de 500 livres »

(1) Etat civil de Poulangy.
(2) Roussel, t. II, p. 97, 166, 177.
(3) Procès-verbal de l'Assemblée, Chaumont, 1789.
(4) Arch. de la Haute-Marne.
(5) Arch. de la Haute-Marne.

(30 décembre 1791). Cet avis fut confirmé par le département (10 janvier 1792) (1).

Réduit à cette maigre pension alimentaire, Girardin sollicita et obtint du district, le 4 mai 1792, décharge de 75 l. sur le troisième terme de sa contribution patriotique. Le département approuva cette décision le 26 mai suivant (2).

La loi du 26 août 1792 atteignait M. Girardin : il prit donc un passe-port et partit en exil. Mais aucun document ne nous a révélé le lieu où il se retira.

Pendant son absence, le département arrêta, le 18 janvier 1794, qu'il serait compris dans la liste supplétive des émigrés et que ses biens seraient sequestrés, pour être administrés, vendus et aliénés au profit de la République. Cette double décision reçut son exécution : comme il n'avait point de biens à Crenay, on transporta tous ses effets à Chaumont, et, le 18 février 1794, son nom fut inscrit sur la liste des émigrés (3).

À son retour de l'exil, Girardin se fixa d'abord à Rizaucourt : en effet, le 15 août 1795, il comparut par devant le maire de cette commune, et déclara qu'il se proposait d'y exercer le culte catholique, apostolique et romain (4).

Mais bientôt, c'est-à-dire au mois de novembre 1795, il se rapprocha de son pays natal. Il y avait cinq mois qu'il exerçait à La Rivière, et cela en contravention avec la loi, quand, le 14 avril 1796, un mandat d'arrêt fut décerné contre lui (5).

Nous ignorons quelle suite fut donnée à cette affaire. Quoi qu'il en soit, Girardin était à Chaumont en 1798, et, le 27 avril de cette même année, il y bénit le mariage de Toussaint Lamontre avec Marie Chaudron.

Ainsi donc, quoique sous le coup de la loi du 19 fructidor, il n'avait pas quitté le territoire de la République. Arrêté par les gendarmes de Chaumont le 30 juillet 1798, il subit, devant l'administration centrale, un interrogatoire. d'où il résulta qu'il n'avait point prêté le serment. Dès le

(1) Arch. de la Haute-Marne. Registre des ecclésiastiques restrictionnaires ou insermentés.
(2) Arch. de la Haute-Marne, L, 111.
(3) *Ibid.*, L, 22 ; Q. 324.
(4) Arch. de Rizaucourt.
(5) Arch. de la Haute-Marne, District de Bourbonne.

lendemain, il fut, avec Delapaix ét Barbier, condamné à être transféré à l'île de Ré (1).

Girardin arriva dans la citadelle Saint-Martin le 25 octobre 1798, et fut rendu à la liberté le 15 mai 1800 (2).

Dès le 1er juillet 1800, il se présenta à Crenay, son ancienne paroisse, déclara au maire qu'il était dans l'intention d'exercer désormais le culte dans cette commune, et promit fidélité à la Constitution de l'an VIII.

L'année suivante, on le trouve à Dammartin, chez son beau-frère, M. Marivet, maire. Dans une lettre au préfet, en date du 27 août 1801, le maire dit de lui : « C'est un homme tranquille et prudent ». Il ajoute qu'il venait quelquefois dire la messe à Meuse, et que les habitants le désiraient pour curé (3).

Il exerçait, depuis un an déjà, le culte dans la commune de Meuse, quand, le 18 juillet 1802, les conseillers municipaux adressèrent à Mgr Reymond, évêque de Dijon-Langres, une lettre le demandant comme curé. En voici le texte : « Les officiers municipaux de Meuse, considérant que le lieu destiné au culte ne peut contenir que les habitants de la commune ; que de tout temps, ils ont été desservis par un vicaire résidant dans la commune, ou chez le citoyen curé de Dammartin, de qui nous dépendons ; que le presbytère que nous avons construit pour y loger le desservant, a été vendu, quoiqu'il n'ait point été occupé par aucun prêtre, notre vicaire logeant auparavant dans une maison à location : supplient en conséquence Mgr l'évêque de leur accorder un desservant dans la commune, où il y a une maison pour le loger, et de leur conserver J.-B. Girardin qui, depuis un an, exerce le culte dans notre commune à la satisfaction de tous les habitants » (4).

Girardin, avons-nous dit, avait son domicile à Dammartin. Le maire de ce village le qualifie ainsi : « Prêtre insermenté, n'exerçait pas ici ; très-paisible et aimé dans la commune ». Celui de Meuse lui rend aussi un bon témoignage, et dit qu'il était désiré dans la commune pour pasteur (5).

<hr>

(1) Arch. nat., F7 7494. Cf. art. *Barbier*, p. 267.
(2) Manseau, t. II, p. 253.
(3) Arch. de la Haute-Marne, V. 47.
(4) Arch. municipales de Meuse.
(5) Arch. de la Haute-Marne. Etat nominatif, août 1802.

Curé de Meuse en 1803, M. Girardin passa à la cure de Braux en 1804 et y demeura treize ans : en 1814, il desservait Vaudrémont. Il mourut le 6 janvier 1817, sur les 5 heures du soir, entre le finage de Braux et celui d'Autreville (1).

XIII

BICHOT (Charles)

Charles Bichot était originaire de Langres. Né sur la paroisse Saint-Amâtre, le 28 janvier 1744, de Thomas Bichot, couvreur, et de Marguerite Paris, il fut baptisé le lendemain, et eut pour parrain et marraine Charles Simon, son grand'oncle, et Marguerite Simon (2).

Il fit toutes ses études à Langres.

Tonsuré le 10 avril 1762, et minoré le 20 décembre 1767, il entra au séminaire cette dernière année, et reçut le sous-diaconat le 17 mars 1768, et le diaconat le 2 avril suivant. Le 16 mars 1773, il fut pourvu de la chapelle de Saint-Nicolas et Sainte-Barbe de Frettes, et il en prit possession le 5 avril 1773, après avoir souscrit le *Formulaire* contre le Jansénisme. Son ordination au sacerdoce fut différée, on ne sait pourquoi : elle n'eut lieu que le 1er avril 1775 (3).

D'abord desservant de Lentilles (Aube), de 1777 à 1779, puis chanoine de Saint-Pierre de Tonnerre (1779-1785), il y remplit les fonctions de vicaire du 17 avril 1780 au 19 février 1782. Il fut alors remplacé par Joseph Ravier, et devint en 1785, curé de Chaserey (Aube). Cette petite paroisse, qui ne comptait que 180 habitants, lui rapportait environ 700 livres (4).

En 1790, son traitement fut fixé à 1200 livres.

Il prêta le serment purement et simplement. Cela lui valut les sympathies du directoire du district de Tonnerre, ainsi qu'on le voit par la pièce suivante, datée du 2 février 1792 : « L'administration, remplie de vénération pour la

(1) Actes de l'état civil. Cf. Roussel, t. II, p. 62, 409.
(2) Actes de la paroisse Saint-Amâtre.
(3) Registre des ordinations ; Registre des insinuations (Arch. de la Haute-Marne).
(4) Prévost, t. I, p. 400 ; Roussel, t. III, p. 236 ; t. IV, p. 133.

religion qui est la base de la société publique et le ferme
appui de la Constitution, verrait avec la plus grande peine
la religion s'affaiblir : mais elle doit maintenir de tout son
pouvoir les lois de l'Etat... La preuve de l'attachement du
directoire à la vraie religion et à la Constitution, et du désir
qu'il a de procurer aux citoyens toutes les facilités possibles pour que les consciences ne soient point gênées, c'est
qu'il a engagé, sous le bon plaisir du curé (1), M. Bouvier, ancien professeur au collège de Tonnerre, actuellement curé de Tronchoy (2), et M. Bichot, ancien vicaire de
Saint-Pierre et curé de Chaserey, qui, dans tous les temps,
ont donné des preuves de zèle et de patriotisme, à venir
confesser en cette ville, pour aider MM. les curés, vicaires
et autres fonctionnaires publics » (3).

Bichot alla même, paraît-il, jusqu'à abdiquer ses fonctions. Mais il ne tarda pas à les reprendre. Le 10 mai 1796,
il était, en effet, ministre du culte à Villiers-les-Hauts, et
assistait, en cette qualité, à l'inhumation de M. Arendt,
curé assermenté d'Ancy-le-Franc (4).

On le trouve plus tard à Irancy, paroisse qui faisait alors
partie du canton de Cravant (Yonne). Peut-être avait-il rétracté son serment ? Ce qui est certain, c'est qu'il fut accusé
d'avoir provoqué des rassemblements fanatiques dans cette
commune, et qu'il fut condamné à la déportation (5). Voici
en quelles circonstances.

Les habitants d'Irancy étaient très-attachés à la religion.
N'ayant plus de curé (6), ils se réunissaient dans leur église
et chantaient ensemble les offices. Plus tard, soutenus par
les officiers municipaux, ils réclamèrent contre la suppression de la cure d'Irancy. Cédant à la force, ils subirent
d'abord les réunions des décadis ; mais bientôt ils manifes-

---

(1) Le curé de N.-D. de Tonnerre était François Horiot, qui avait
succédé à Jean Mutel en 1781. Né à Vicq en 1742, il avait prêté le serment pur et simple. Il mourut à Tonnerre le 29 octobre 1812.

(2) Tronchoy, dans l'Yonne. Peut-être est-il question ici de Jean
Bouvier, né à Damrémont en mai 1752, et curé de Cussangy depuis
1789.

(3) Arch. de l'Yonne, L, 931 ; Prévost, t. I, p. 534.

(4) Prévost, t. III, p. 379 ; Bonneau, p. 117, 126.

(5) Arch. de l'Yonne, L. 992.

(6) Louis-Mathieu Bureau, ancien curé d'Irancy, bien qu'assermenté,
avait été mis en réclusion en l'an II.

tèrent leur volonté de reprendre leurs traditions, et en l'an VI il fallut employer la force pour les empêcher de célébrer la fête de Saint-Germain (1).

Le 7 juin 1798, l'administration prononça la suspension de l'adjoint d'Irancy. Voici les motifs de ce jugement : « Il a fait une quête publique d'argent, il est beaucoup plus attaché aux préjugés religieux qu'au système républicain, il affecte de célébrer avec éclat les jours consacrés par le calendrier catholique, et au contraire ne montre que du mépris pour les fêtes nationales et décadaires. » Quelques mois plus tard, ce même agent fut destitué (2).

Ces menus faits nous font connaître quel était l'état d'esprit des populations sous le Directoire, et après la loi du 19 fructidor.

M. Bichot lui-même ne tarda pas à être inquiété. On le signala comme l'auteur des « rassemblements fanatiques » qui, dans les jours de fêtes religieuses, se réunissaient de plusieurs communes dans celle d'Irancy, et qui menaçaient de troubler la tranquillité publique (3).

Le 28 juin 1798, l'administration du canton de Cravant invita donc l'administration centrale à sévir contre Bichot. L'arrêté était ainsi conçu : « Sur le rapport du commissaire du Directoire exécutif dénonçant les rassemblements fanatiques qui se font depuis quelque temps à Irancy, sous les auspices de Bichot, prêtre de cette commune, et où on se livre à des actes de fanatisme (quêtes publiques, baptêmes d'enfants, processions), l'administration, considérant que, sous le spécieux prétexte du culte catholique, il se forme des rassemblements fanatiques aux jours ci-devant fériés sous les auspices de Bichot, dans la commune d'Irancy où les communes voisines portent même leurs enfants baptiser ; que ces fanatiques ont provoqué les républicains en promenant dans les rues, sur un brancard, le pain bénit au temple le jour de la Saint-Jean ; et qu'il est urgent de faire cesser ces rassemblements et processions fanatiques pour éviter des cènes (*sic*) funestes qui pourraient arriver, etc. arrête, qu'elle invite l'administration centrale à provoquer des me-

(1) Bonneau, p. 41.
(2) Arch. de l'Yonne, L. 992.
(3) Arch. nat., F7 4373.

sures sévères contre Bichot, qui affecte de ne pas se conformer aux lois, et se rend hauteur *(sic)* des dits rassemblements » (1).

En transmettant cette délibération au ministre de la police générale, le 11 août 1798, l'administration centrale ajoutait : « Bichot a tellement fasciné les yeux des habitants d'Irancy, qu'ils n'ont de confiance qu'en lui seul pour l'éducation de leurs enfants. Il les réunit tantôt chez lui, tantôt dans l'église : là il les plonge de plus en plus dans l'obéissance stupide, dont il sait tirer parti pour la double cause qu'il soutient... Malheur à qui ne va pas à la messe : les pierres, les injures volent sur sa tête... Un instituteur, qui s'était avoué républicain, a été obligé de se retirer après quelques jours : la solitude l'environnait. Nous réclamons donc l'application de la loi du 19 fructidor contre Bichot ».

Par ordre du Directoire exécutif en date du 4 fructidor an VI (21 août 1798), le curé d'Irancy fut arrêté, et condamné à la déportation.

« Considérant, dit l'arrêté, que le nommé Bichot, ministre du culte catholique dans la commune d'Irancy (canton de Cravant), est signalé comme l'auteur des rassemblements fanatiques qui, dans les jours de fêtes religieuses, se réunissent de plusieurs communes dans celle d'Irancy, ont promené publiquement et en armes les signes extérieurs de leur culte, ont provoqué les républicains éclairés et soumis aux lois ; et qui menacent de troubler la tranquillité publique dans le susdit canton de Cravant : arrête, que le dit Bichot sera sans délai saisi et arrêté pour être déporté dans le lieu qui sera désigné par le Directoire exécutif » (2).

Un mois plus tard, le 21 septembre, le président de l'administration municipale du canton déposa, sur le bureau, l'arrêté de l'administration centrale en date du 14 septembre précédent, relatif à l'arrêté du Directoire exécutif du 21 août, qui prononçait la déportation de Bichot, et portait que ses biens seraient provisoirement séquestrés. En conséquence, le président invita l'administration à nommer

(1) Arch. nat. F7 7478 ; Arch. de l'Yonne, L. 992.
(2) Victor Pierre, *La déportation*, p. 269 ; Arch. nat., F7 4373 et 7478.

des commissaires à l'effet de mettre le séquestre sur les biens de Bichot, en prendre la description, apposer les scellés et donner l'estimation de chaque objet (1).

En conséquence, le 13 octobre 1798, deux agents municipaux se présentèrent à Irancy, grande rue, au domicile de M. Bichot : ils y trouvèrent Marie-Madeleine Lenoble, domestique à gages de M. Bichot, laquelle représenta aux commissaires que les meubles et les effets qui se trouvaient dans la maison lui appartenaient, en vertu d'une vente qui lui en avait été faite le 3 juillet 1797, et qu'elle exhiba. Mais les agents procédèrent, néanmoins, à l'apposition des scellés (2).

Quant à la maison habitée par M. Bichot, elle appartenait à Geneviève Soufflot, et elle avait été louée, pour lui servir de logement, par plusieurs individus qui s'étaient réunis à cet effet. L'arrestation du curé laissa cette maison vacante, et les scellés y furent également apposés. La citoyenne Soufflot réclama contre ces procédés par devant l'administration municipale du canton de Cravant, et elle demanda à reprendre sa maison, se basant sur ce motif particulier qu'elle avait déjà consenti un autre bail au citoyen Jacques (décembre 1798). Le directeur de la régie et des domaines, à qui l'affaire fut renvoyée, estima que le moyen le plus expédient de faire droit à la pétition de la citoyenne Soufflot, était de faire dresser l'inventaire estimatif des meubles renfermés dans la maison en question et appartenant à Bichot, et de les faire vendre : autrement ils ne pourraient être déplacés (3 janvier 1799).

Mais la citoyenne Lenoble avait, elle aussi, dès le mois de décembre, réclamé la levée des scellés apposés sur les meubles et les effets qui garnissaient le domicile du ministre du culte d'Irancy, et qui étaient sa propriété. Le 25 janvier 1799, le directeur des domaines estima, en effet, que d'après les titres joints à la pétition de la citoyenne Lenoble, aucun doute ne pouvait s'élever sur la légitimité de sa demande : en conséquence, il était d'avis qu'elle fût mise en possession des meubles et effets qu'elle réclamait, pour en jouir comme étant sa propriété (3).

(1) Arch. de l'Yonne, L. 992.
(2) *Ibid.*, Q. 568.
(3) *Ibid.*

Les actes de violences exercés contre M. Bichot, ne purent ralentir le zèle des fidèles d'Irancy ; et, après le départ de leur curé, ils continuèrent à exercer leur culte, quoique sans ministre, les jours des anciennes fêtes : ainsi, le jour de la Toussaint 1798, ils se réunirent devant le portail de l'église et y chantèrent l'office (1).

Quant à M. Bichot, il arriva à l'île de Ré le 19 octobre 1798. Libéré le 16 mars 1800, il se fixa à Irancy, son ancienne paroisse (2). Curé de Chemilly-sur-Serein (Yonne) en 1803, il était à Poinchy en 1806. Il y mourut le 24 juin 1821, à l'âge de 78 ans. Dans l'acte de décès, il est dit curé de Poinchy et desservant de Milly (3).

<h2 style="text-align:center">XIV</h2>

<h3 style="text-align:center">NORMANT (Bénigne)</h3>

L'histoire de M. Normant nous a semblé offrir un intérêt tout particulier, et c'est pour ce motif que nous l'avons racontée avec quelques détails.

Né à Vitry-en-Montagne, le 26 septembre 1738, de Bénigne Normant, laboureur, et de Marguerite Roussel, Bénigne Normant fut baptisé ce même jour. Il eut pour parrain Bénigne Normant, son frère, et pour marraine Marie Girardot.

Il fit ses études à Langres, et y reçut tous les ordres, à savoir : la tonsure le 20 septembre 1760, les ordres mineurs le 10 avril 1762, le sous-diaconat le 19 mars 1763, le diaconat le 2 avril suivant, et enfin la prêtrise le 19 décembre de la même année « *in sacello seminarii* ». Il n'était encore que tonsuré quand il fut parrain, à Créancey, d'un enfant de sa sœur Nicolle, mariée en cette paroisse le 7 janvier 1761 à Antoine Febvre (4).

Vicaire de Puits (Côte-d'Or) en 1769, il avait avec lui sa sœur Marguerite. Vicaire de Coupray à partir de 1773, il prend à Créancey, à l'occasion de l'enterrement d'une

(1) Bonneau, p. 42 ; Prévost, t. III, p. 379.
(2) Manseau, t. II, p. 229.
(3) Etat civil de Poinchy.
(4) Etat civil de Vitry ; Registre des ordinations.

de ses nièces, le 26 mai 1780, le titre de vicaire de Coupray et de Montribourg.

Il succéda à M. Haroz (1) dans la paroisse de Brennes en 1780 : sa première signature est du 24 septembre 1780, la dernière du 30 juillet 1790. Il y resta donc une dizaine d'années, mais il y fut en butte à bien des difficultés.

A la requête du promoteur de l'officialité de Langres, une procédure extraordinaire fut commencée contre lui au mois de novembre 1787. On l'accusait : de se laisser aller en chaire aux invectives les plus violentes contre ses paroissiens ; de s'être même livré contre quelques-uns d'entre eux, à des voies de fait ; d'avoir injurié à l'église les officiers de justice du lieu ; enfin d'avoir déclaré à ses paroissiens qu'ils n'auraient part aux prières et au sacrifice qu'en proportion de leurs offrandes.

Le procès dura longtemps (1787-1789). Le 26 décembre 1789, M. Barrois, officiel (2), enjoignit à Normant de s'abstenir de la célébration des saints mystères, et de ses fonctions de curé, jusqu'à ce qu'il en ait été autrement ordonné (3). De fait, du 8 novembre 1789 jusqu'au mois d'avril 1790, les actes de Brennes sont signés par Jannyot, prieur de Bourg, *desservant de Brennes*.

En 1790, M. Normant devait, par suite de permutation de bénéfice avec M. de Sermand (4), curé de la paroisse de Colombé-le-Sec, près de Bar-sur-Aube. Mais il dut, avant d'en prendre possession, souscrire au Formulaire d'Alexandre VII, comme c'était l'habitude, et faire huit jours de retraite au séminaire. Colombé comptait alors 342 habitants et rapportait annuellement 729 livres.

Il ne prêta le serment qu'avec restriction : il déclara jurer, sauf les droits de l'Eglise qu'il se réservait de mainte-

(1) Charles-Louis Haroz, né à Senaide (Vosges) le 20 août 1739, devint ensuite curé d'Arthonnay (Yonne), de Montigny-le-Roi en 1791, et de Sarrey en 1803.

(2) Claude-Bernard Barrois de Lodigny, était né à Langres le 14 juillet 1716. Curé de Bar-sur-Seine en 1747, grand-chantre en 1758, chanoine en 1765, il mourut en 1790 ou 1791.

(3) Arch. de la Haute-Marne, G, Officialité.

(4) Louis-Joseph de Sermand, né à Andelot en 1759, principal du collège de Langres en 1784, puis curé de Colombé-le-Sec et de Brennes (1790), refusa le serment et se réfugia à Londres en 1794. En 1813, il était proviseur du Lycée impérial de Paris.

nir, et, en conséquence, il fut regardé comme démissionnaire. Au commencement de mai 1790, Henri Cornibert, de Chaumont, chapelain des Ursulines de Bar-sur-Aube, et chanoine de Saint-Macloud depuis 1781, fut nommé à la cure de Colombé par les électeurs du district (1).

La brouille ne tarda pas à éclater, entre l'ancien curé, qui s'était retiré dans la paroisse, et le curé intrus qui voulait empêcher Normant de dire la messe. Celui-ci alla, au mois de juin 1791, demander asile au curé de Rizaucourt (2), qui, lui-même, s'était retiré dans une baraque de Buchey, son annexe ; il y resta près de deux mois.

Le 1er décembre 1791, Normant écrivit, de Bar-sur-Aube, que son intention était de se fixer à Langres. Il y était, en réalité depuis quelque temps, et il y resta jusqu'au mois de mars 1792, époque à laquelle il retourna à Colombé. Il revint de nouveau à Langres au mois de mai, et après un voyage dans sa paroisse, séjourna dans cette ville jusqu'au 7 août 1792.

La loi du 26 août vint l'atteindre à la ferme du Cellier, où il résidait, non loin de son ancienne paroisse. Pourchassé par les patriotes, il fut arrêté le 8 septembre, et de là traîné à Colombé, puis au corps de garde de Bar-sur-Aube.

Voici en quels termes il protesta contre les violences qui lui avaient été faites. Dans une lettre écrite aux administrateurs du district de Bar, en date du 19 septembre, il se plaignait donc que, « demeurant à la ferme du Cellier, paroisse de Colombé-le-Sec, depuis le 8 juin, et y menant une vie tranquille, il en avait été arraché, le 3 septembre, par des hommes et des garçons de Colombé, qui lui avaient demandé de l'argent et du vin, et cela uniquement parce qu'il n'était pas assermenté. Ils l'avaient emmené comme un criminel à Colombé, l'avaient forcé à baiser deux fois l'arbre de la liberté, lui avaient fait prêter le serment d'être fidèle à la nation, à la loi et au roi, et l'avaient conduit au greffe de la municipalité, puis à Bar-sur-Aube, au milieu des cris,

(1) Prévost, t. I, p. 294, 401, 485, 616 ; t. II, p. 43.
(2) Louis Cousin, né à Orges le 28 février 1738, curé de Rizaucourt en 1781, refusa le serment. Il mourut dans son pays natal où il s'était retiré pendant la Révolution, le 21 mars 1818. Il a laissé une *Histoire du schisme à Rizaucourt et à Orges*, ms. Voir la *Semaine religieuse de Langres*, 24 et 31 mai 1913.

des huées et des insultes. » Il priait donc qu'on le fît élargir et qu'on lui donnât un passe-port (1).

Après trois semaines, le 25 septembre 1792, Normant obtint, de la municipalité, le passe-port demandé pour se retirer à Bâle, en Suisse (2). Mais, au lieu de prendre le chemin de la terre étrangère, Normant resta en France : il demeura à la ferme du Cellier jusqu'au 15 octobre, puis erra dans les environs. Il était à Créancey à l'époque de Noël : mais les tracasseries de la municipalité l'ayant obligé de fuir, il en sortit en janvier 1793 ; enfin, après de longs détours, il arriva à Bannes, paroisse réputée pour son attachement à la religion et aux prêtres (3).

Le 4 mai 1793, Lallemant, commissaire nommé par le district de Langres, à l'effet de procéder aux visites domiciliaires au village de Bannes, s'y transporta accompagné de la force armée.

Il se présenta d'abord chez le maître d'école, Etienne Picaudot. Outre divers écrits relatifs aux événements du temps, il y trouva des prières manuscrites, les vingt *Maximes de l'Eglise catholique*, un cantique nouveau ou *Entretien d'un fidèle avec l'Eglise* sur son inquiétude par rapport au schisme, un petit carnet sur lequel le bon instituteur notait ses jours de confession et de communion, et enfin une boîte d'hosties.

Au presbytère, encore occupé par la sœur de l'ancien curé, M. Pierre Henry (4), le commissaire ne découvrit rien de contraire à la loi, mais il donna ordre à Mlle Henry d'évacuer sur-le-champ le presbytère.

Etant entré chez François Girault, il somma sa femme de représenter le particulier qui avait tenté de s'évader, mais que la sentinelle placée à l'extérieur du village avait forcé de rentrer. Cette femme répondit qu'il n'y avait point d'étranger à la maison. Mais, après perquisition, on trouva d'abord des sabots et une *blaude*, puis Normant lui-même,

(1) Greffe de Chaumont.
(2) Prévost, t. II, p. 43 ; Arch. de la Haute-Marne, L. 193.
(3) Prévost, t. II, p. 361 ; Interrogatoires de Normant (10 mai et 14 octobre 1793).
(4) Pierre Henry, né à Pressigny en 1730, fut nommé curé de Bannes en 1763. Parti en exil au mois de septembre 1792, il rentra dans sa paroisse en 1796, et y mourut le 22 octobre 1799.

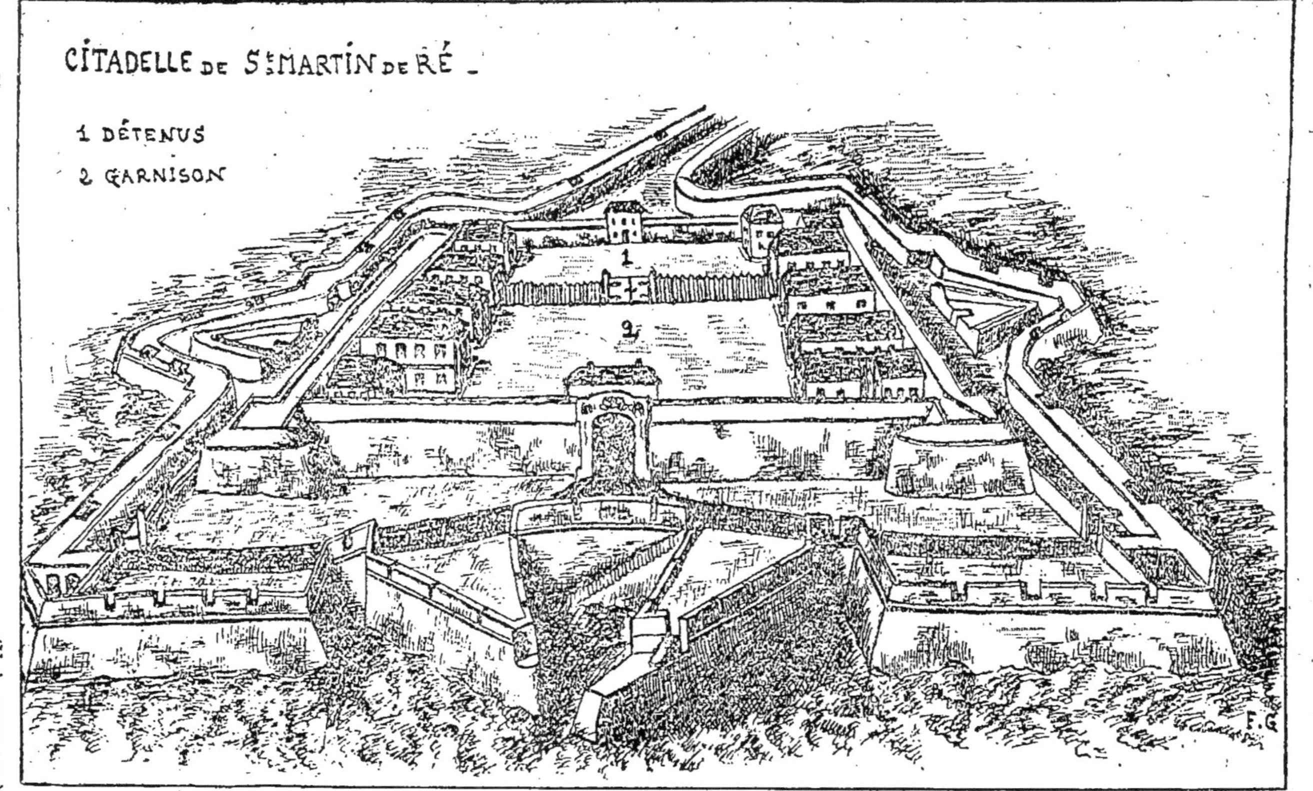

PLANCHE V.

(Voir page 122.)

20

qui s'était caché dans un réduit pratiqué au-dessus de la cave. Normant déclara qu'il logeait dans cette maison depuis quinze jours (1). On trouva sur lui, outre des objets menus et d'un usage journalier, quelques livres, des assignats, quelques manuscrits, une satire en vers contre un évêque, un acte de mariage daté du 19 mars 1793 et célébré au moulin du Val-de-Gris, paroisse de Changey, une montre en argent, une boîte contenant des hosties et des Sacrés-Cœurs.

A l'église, Lallemant fit l'inventaire de l'argenterie.

S'étant ensuite transporté à la ferme des Hautes-Oreilles, il trouva, chez François Dangien, un fusil, de la poudre, et des images du Sacré-Cœur.

Normant fut mis en arrestation, avec François Girault et sa femme ; et tous trois furent conduits à Langres, non sans quelques brutalités de la part du chef d'escadron (2).

*
* *

Mais l'administration ne savait que faire de ses prisonniers. Les sieurs Lambry (3) et Carteret, républicains de Langres, s'adressèrent donc au Département pour demander des explications sur le cas de Normant. L'administration répondit le 6 mai 1793 : « Les prêtres sujets à la déportation sont ceux qui, étant obligés de sortir de la République dans la quinzaine pour n'avoir pas prêté le serment prescrit par les lois des 26 décembre 1790 et 17 avril 1791, ou pour l'avoir rétracté, ne se sont pas conformés à la loi qui les obligeait de se procurer un passe-port ; l'article 3 prononce contre eux la déportation à la Guyane. Quant aux ecclésiastiques qui seraient rentrés dans la République après avoir fait leur déclaration de sortir et obtenu

(1) Plus tard, Normant rétracta cette déclaration, et dit que s'il l'avait faite, c'est contraint par les soldats qui lui avaient passé une chaîne au cou et l'avaient menacé d'un coup de sabre à travers le corps.

(2) Greffe de Chaumont ; Arch. de la Haute-Marne, L. 179 ; Prévost, t. II, p. 3. — Pendant ce temps, le 5 mai, la municipalité de Créancey faisait une perquisition au domicile du beau-frère de l'abbé Normant (Archives de Créancey).

(3) Pierre Lambry, originaire de Verdun, suivit M. Wandelaincourt à Langres : vicaire-directeur du séminaire, puis vicaire épiscopal, il devint président de la Société populaire de Langres. Il se signala par ses dénonciations continuelles et ses motions incendiaires, et finit par rentrer dans le siècle.

leur passe-port, ou qui y rentreraient après être sortis, ils sont frappés, par l'article 5, de la peine de détention pendant dix ans : et c'est le cas de Normant. Mais, en faisant informer contre lui par la nouvelle municipalité de Bannes, on pourrait peut-être (!) relever contre lui des preuves de faits antirévolutionnaires, qui le conduiraient à la peine qu'il mérite » (1).

L'interrogatoire des prévenus eut lieu le 10 mai et les jours suivants, sous la présidence de Claude Forgeot et de Joseph Darentière, administrateurs du district de Langres.

Après de longs détails sur ses diverses pérégrinations à partir du mois de septembre 1792, Normant répondit en substance : « Je suis arrivé à Bannes, déguisé en roulier, huit jours avant mon arrestation, et ce, dans l'intention de me déporter. Il y a plus de deux mois que je n'ai dit la messe. Je n'ai administré aucun sacrement à Bannes ni dans les environs : je n'ai pas fait de mariage au moulin du Val-de-Gris, et je n'ai pas confessé Picaudot. J'ai reçu de plusieurs personnes de l'argent pour dire des messes. Les vers qu'on a trouvés sur moi sont une satire contre l'évêque de Sens (2). En arrivant à Bannes, j'ai logé huit jours dans une auberge située sur la gauche, en allant de Langres à Montigny, cherchant une occasion favorable pour m'exporter. Je n'ai jamais logé chez Girault ; je ne le connais pas, ni personne des environs : je m'y suis réfugié et caché lorsque les volontaires m'ont forcé de rentrer au village. Les habits que je portais alors m'appartiennent, les sabots exceptés. Si j'ai choisi Bannes de préférence à un autre village, c'est à cause des rouliers, et parce que je savais que ses habitants pensaient bien, et par conséquent que j'y serais plus en sûreté. A mon premier voyage à Langres (septembre 1791), j'ai logé chez Mlle Becker, place du Marché-au-Blé ; à mon deuxième voyage (mai 1792), et à mon troisième (juillet 1792), j'ai logé chez M. Regnier, chapelain de Saint-Pierre (3). Pendant mes divers séjours à

(1) Arch. de la Haute-Marne, L. 19, f⁰ˢ 107 et 112.

(2) Charles de Loménie de Brienne, déchu du cardinalat en 1791, et mort le 11 février 1794.

(3) François Regnier, originaire de Leccy, était chapelain de Saint-Pierre depuis 1766 : il demeurait dans le premier quartier de la ville, n° 84. Il émigra en Suisse en mars 1793.

Langres, j'ai dit la messe dans les maisons religieuses et dans les hôpitaux, mais je n'ai pas administré les sacrements. Je n'ai jamais vu Picaudot, sinon lors de mon arrestation. Je ne suis allé ni à Neuilly, ni à Changey. »

Girault et sa femme, interrogés ensuite, répondirent qu'ils ne connaissaient pas Normant, mais que celui-ci, poursuivi par les volontaires, s'était réfugié de lui-même dans leur maison, dont il avait trouvé les portes ouvertes ; il n'a jamais dit la messe ni confessé chez eux. Il ne faut pas faire cas des déclarations de Picaudot, qui, par suite de maladie, a eu l'esprit aliéné pendant plus de deux mois.

Picaudot reconnut, comme écrites de sa main, plusieurs des prières trouvées chez lui, et aussi la copie du mariage Mareschal-Horiot. Il ajouta que ce mariage n'avait pas été célébré par Normant, puis il émit plusieurs affirmations contradictoires.

Enfin les administrateurs du district interrogèrent Catherine Picaudot, sœur de l'instituteur ; Magdeleine Henry, sœur de M. le curé de Bannes ; Denis Durné, charron à Bannes, et Thomas Roger, le meunier. Ces témoins répondirent qu'ils ne connaissaient pas Normant ; que le mariage en question avait été célébré en la maison commune de Langres (1), et que, si la bénédiction nuptiale leur avait été donnée par Normant, ce qu'ils ignoraient, cette cérémonie ne s'était pas faite au Val-de-Gris. (2).

Embarrassés eux aussi dans l'espèce, les administrateurs s'adressèrent au ministre de la police, par l'intermédiaire de Guyardin, député. Le ministre, répondant à leur consultation, décida que Normant devait être jugé, non d'après l'article 2 de la loi du 18 mars 1793, mais d'après l'article 5 de celle du 26 août 1792 (3). Et heureusement pour lui : car, dans le premier cas, c'était la mort ; dans le deuxième, c'était seulement la détention pendant dix ans.

En conséquence, les diverses administrations se mirent en branle pour faire son procès à Normant. Sur l'avis du

<hr>

(1) En effet, le mariage de Pierre Mareschal avec Denize Horiot avait eu lieu le 8 avril 1793 (État civil de Langres).
(2) Greffe de Chaumont.
(3) *Ibid.* ; Arch. de la Haute-Marne, L. 193, et 200 f° 78.

district de Langres, donné le 8 août 1793, le directoire du département, considérant que les délits dont Normant est prévenu compromettaient la sûreté de l'Etat, arrêta que Normant et ses complices seraient dénoncés à l'accusateur public près le tribunal criminel (29 août). Le procureur général syndic les ayant en effet dénoncés à Larcher (15 septembre), celui-ci requit les juges du tribunal de traduire les prévenus dans la maison de justice, et de leur faire leur procès dans la forme prescrite par la loi (17 sept. 1793). Mais, le lendemain, le tribunal renvoya la procédure commencée contre les accusés, devant le directeur du jury d'accusation près le tribunal du district de Langres, pour y être continuée et suivie dans les formes prescrites par la loi du 29 septembre 1791 (1).

C'est les 25 et 26 septembre, que Bouvenot, directeur du jury du tribunal de Langres, procéda à l'interrogatoire des prévenus.

Normant déclara que s'il ne s'était pas rendu en Suisse, c'est parce que la maladie l'en avait empêché. Il n'a, dit-il, administré aucun sacrement ni à Bannes ni au Val-de-Gris. Il n'a point logé chez François Girault, et s'il a déclaré le contraire aux volontaires, c'est sous le coup des menaces qu'ils lui ont faites. « J'ai dit la messe à Langres, ajouta-t-il, mais pas ailleurs, et je n'y ai administré aucun sacrement. »

L'acte d'accusation fut dressé le 1er octobre, et Bouvenot appela les membres du jury à prononcer s'il y avait lieu, ou non, à accusation contre les sieurs Normant, Picaudot, Girault et sa femme, et Royer, à raison des délits mentionnés au dit acte. Le 5 octobre, le jury déclara : « Non, il n'y a pas lieu à accusation contre Royer ». En conséquence, ce dernier fut immédiatement élargi de la maison d'arrêt du district.

Dès le lendemain, 6 octobre 1793, le tribunal du district de Langres ordonna que les quatre autres accusés seraient transférés en la maison de justice du tribunal criminel de Chaumont ; et ils y furent en effet écroués le 13 octobre (2).

(1) Greffe de Chaumont ; Arch. de la Haute-Marne, L., 193.
(2) Greffe de Chaumont ; Registre d'écrou (Archives de l'hôtel de ville de Chaumont).

C'est François Rabiet, juge du tribunal criminel de Chaumont, qui fut commis par le président, pour procéder à l'interrogatoire. Celui-ci eut lieu le 14 octobre, et ne révéla aucun fait nouveau. Normant répéta que, s'il était resté huit jours à Bannes, c'est parce qu'il n'avait trouvé, pendant ce temps, aucune occasion favorable pour quitter la France. C'est la frayeur qui lui a fait dire aux volontaires, qu'il avait logé chez les Girault pendant son séjour à Bannes.

Quelques jours après (le 20 octobre), le prisonnier adressa, aux membres du tribunal, une lettre dans laquelle il rappelait les indignes traitements qu'il avait soufferts à Colombé le 4 mai 1793, et demandait qu'en attendant son jugement, on voulût bien le transférer dans la maison de réclusion, où il pourrait, du moins, jouir d'un air plus salutaire et rétablir sa santé délabrée.

Le jugement fut rendu le 17 novembre 1793. Le jury de jugement ayant déclaré : « 1° Que Normant était soumis à la déportation prononcée par la loi du 26 août 1792, et convaincu d'avoir été trouvé sur le territoire français postérieurement au délai fixé par la dite loi pour sortir de la République ; 2° que Girault et sa femme n'étaient pas convaincus d'avoir recélé, en connaissance de cause, dans leur maison un prêtre assermenté sujet à la déportation ; 3° que Picaudot n'était pas convaincu d'avoir fait usage des signes, des imprimés et des écrits inciviques et fanatiques trouvés chez lui, dans l'intention de désobéir à la loi et de troubler l'ordre public. — En conséquence, le président du tribunal déclara que le dit Girault et sa femme étaient acquittés de l'accusation, et ordonna qu'ils fussent mis sur-le-champ en liberté. Normant serait transféré à la côte de l'Afrique, depuis le 23e degré Sud jusqu'au 28e, et ses biens acquis et confisqués au profit de la République, conformément à la loi des 29 et 30 Vendémiaire an II. Enfin Picaudot serait conduit comme suspect et détenu dans la maison de détention de Langres, pour y rester jusqu'à la paix, conformément à l'article 10 de la loi du 17 septembre dernier. » (1).

Dès le mois d'octobre, Normant avait réclamé à plusieurs

____

(1) Greffe de Chaumont.

reprises les objets saisis sur lui le jour de son arrestation : ce n'est que le 7 mars 1794 qu'ils lui furent rendus, du moins en grande partie.

Normant resta en prison pendant onze mois, dont six à Chaumont. En effet, le 22 mars 1794, on écrivait de Langres à l'accusateur public de Chaumont : « Il n'existe plus ici qu'un seul prêtre détenu à Langres, Nicolas Pelletier : les autres sont à Chaumont, à savoir Normant, Brûlé, Mulson (1), Cressonnier (2) et Garnier (3). D'après le registre d'écrou, c'est le 17 mars 1794 que Normant fut tiré de la prison de Chaumont « pour être transféré à Lorient, étant déporté hors du territoire de la République ». Transféré à Paris, et incarcéré à la Force le 1er avril, il y passa dix mois, après lesquels on lui appliqua le bénéfice de la loi du 11 pluviôse (30 janvier). Guillon (4) et l'auteur du *Clergé français martyrisé* (5) se trompent donc grossièrement quand ils affirment que Normant fut décapité à Chaumont le 18 décembre 1793 ! Le Comité de sûreté générale le fit élargir le 17 février 1795 (6).

* *
*

Nous ne savons pas si Normant revint alors à Colombé. Ce qui est certain, c'est qu'il ne tarda pas à se fixer à Arançon, près de Vendeuvre, et que de là il allait quelquefois dire la messe à Magny-Fouchard, au grand mécontentement de l'intrus, François Blavoyer (7). Mais, ayant omis de remplir la formalité qui exigeait l'affichage, dans l'église, de l'acte de déclaration de culte (8), il fut condamné, par le tribunal de Bar-sur-Aube, à trois mois de prison et à 500 l. d'amende.

(1) Gaspard Mulson, né à Pierrefaite en 1738, était curé de La Chapelle-Vaupelteigne (Yonne) depuis 1776. Il mourut curé de Torcenay en octobre 1817.

(2) Nicolas Cressonnier, né à Vitrey (Hte-Saône) en 1749, vicaire de M. Chopitel à Pierrefaite dès 1783, devint lui-même curé de cette paroisse après la Révolution, et la desservit jusqu'en 1811.

(3) Arch. de la Haute-Marne, L. 202.

(4) Guillon, t. IV p. 152.

(5) Page 306.

(6) Prévost, t. II, p. 361. Dans les pages qui suivent, nous n'avons fait que résumer le récit de cet auteur.

(7) François Blavoyer, vicaire de Saint Just (canton de Montbard), était devenu, en mai 1791, curé constitutionnel de Magny-Fouchard.

(8) Article 5 de la loi du 7 vendémiaire an IV.

Cette condamnation causa, sans doute, la plus vive joie au curé intrus de Magny-Fouchard et à ses partisans. Mais ils voulaient quelque chose de plus. Voici, en effet, la lettre que l'agent de la commune écrivit à M. Normant : « Citoyen, votre zèle à venir dans notre commune dire la messe à une poignée de royalistes, ne plaît pas à la majorité républicaine. Je sais même que les habitants d'Argançon, loin de vous approuver, vous blâment hautement, et que si vous continuez encore ce manège indigne de tout honnête homme, ils ne tarderont pas à vous renvoyer à Colombé-le-Sec, où vous vous êtes acquis une brillante réputation. Citoyen, rendez-nous donc justice, et convenez qu'on n'a pas grande confiance aux *Normands* : restez au milieu de votre troupeau, si celui d'Argançon est encore le vôtre, et ne venez pas diviser le nôtre... Comme agent de la commune, trouvez bon que je vous donne cet avis. Si vous ne le suivez pas, je n'hésiterai point à faire connaître votre conduite, et je pense qu'on arrêtera bientôt et votre audace et votre injustice. Salut. » (1).

Mais ces menaces n'intimidèrent point le vaillant curé d'Argançon : il continua la desserte de Magny-Fouchard, et, à défaut des cloches dont l'usage était interdit, il fit annoncer ses offices à son de tambour. Obligé de subir de temps en temps sa présence, l'intrus essaya du moins d'entraver l'exercice de son ministère par tous les moyens possibles. Un jour, à l'occasion des funérailles d'une femme auxquelles, sur la demande de la famille, M. Normant avait chanté la messe, Blavoyer l'interpella grossièrement avant l'absoute, refusa d'inhumer le corps présent et sortit de l'église en protestant.

Mais bientôt Normant fut arrêté, puis, le 12 avril 1796, sans doute à cause de sa mauvaise santé, il fut admis à l'hospice de Troyes. Le 1er août, il signa la pétition que ses confrères adressèrent au Département pour demander leur mise en liberté. On y lisait ces lignes : « La Constitution dit que nul citoyen ne peut être puni pour fait antérieur à la loi qui le condamne ; les *Droits de l'homme* disent que ce serait un crime de donner un effet rétroactif aux lois.

(1) Lettre citée dans Prévost, t. III, p. 253.

Or, en nous infligeant la plus rigoureuse des peines, celle de la perte de notre liberté, pour le fait de la non-prestation de serment à la Constitution civile du clergé de 1790, on nous punit pour fait non-seulement antérieur à la Constitution de 1795, mais absolument étranger à cette Constitution, qui ne parle d'aucun clergé, qui ne reconnait aucun clergé, et qui déclare que tous les cultes sont libres ; on nous punit non-seulement en donnant un effet rétroactif aux lois, mais sans qu'aucune loi prononce contre nous aucune punition. La Constitution et les *Droits de l'homme* ne sont donc point observés à notre égard, et se trouvent violés par notre détention, puisqu'on ne peut nous reprocher aucune sorte de délit depuis la Constitution de 1795. »

A cette argumentation lumineuse et tout à fait sans réplique, le Département opposa une fin de non recevoir, et Normant ne fut rendu à la liberté que le 17 janvier 1797. Il rentra à Argançon, et y reprit les fonctions du culte catholique. Mais, continuellement harcelé par Noël, le zélé commissaire du directoire de Vendeuvre, il n'y trouva point le repos.

Dans plusieurs communes du canton, paraît-il, on violait les lois sur la sonnerie des cloches et sur les signes extérieurs du culte ; on faisait des processions en costume ecclésiastique dans les cimetières ; on faisait des publications de mariage, et, à Argançon même, on avait relevé la croix du cimetière ! Ces crimes tenaient en éveil le diligent commissaire : « J'ai eu l'occasion, écrivait Noël, de me convaincre que le nommé Normant, prêtre réfractaire, ci-devant curé de Colombé-le-Sec, et simplement caché depuis la loi qui le condamne à la déportation, demeure maintenant à Argançon chez le citoyen Éloi, agent sortant de charge » (1).

Le 10 septembre 1797, nouvelle lettre de Noël à l'administration. « A commencer de ce jour, dit-il, le son des cloches ne s'est plus fait entendre pour la convocation aux exercices du culte à Vendeuvre. Il existe encore, dans certains endroits, quelques signes extérieurs du culte ; mais ils disparaîtront dès que l'administration sera entièrement organisée. Un seul prêtre, longtemps reclus, est à Argançon, et y fait les offices : il se nomme Normant » (1).

(1) Prévost, t. III, p. 254, 293.

A son tour, l'agent de Magny-Fouchard dénonça directement Normant, et, avec lui, Bouchel, de Chaumont (2), ancien chanoine de Bar-sur-Aube, qui venait lui aussi exercer le culte catholique dans l'église. Au dire de l'agent, le crime de ces deux prêtres était d'avoir purifié l'église en répandant de la chaux sur le pavé !

Enfin, au commencement de 1798, le Département porta Normant sur la liste des prêtres sujets à la déportation. L'ancien curé de Colombé demanda un passe-port pour Bâle ; mais, au lieu de prendre le chemin de l'exil, il se cacha et s'exposa ainsi à être envoyé à Cayenne. (3).

En effet, le 28 septembre 1798, un mandat d'amener fut lancé contre Normant, pour restriction au serment qu'il avait prêté à Colombé-le-Sec, et il fut condamné à la déportation. Arrivé à l'île de Ré le 31 octobre 1798, il fut libéré le 17 mars 1800 (4).

D'abord retiré à Langres, Normant fut nommé curé de Bayel en 1803, puis, en 1807, il revint à Colombé, son ancienne paroisse. Il put donc enfin y exercer en paix les fonctions du saint ministère. Mais ce ne fut pas pour bien longtemps : il mourut le 9 avril 1814, à l'âge de 75 ans (5).

XV

ROBERT (François-Nicolas)

François-Nicolas Robert était, comme Leclerc de Vodonne, de la grande famille cistercienne. Il naquit à Melay, le 15 juin 1757, de Claude Robert et d'Anne Duclerget, fut baptisé le même jour; et eut pour parrain Nicolas Dessigny, de Blondefontaine et pour marraine, Marguerite Robert (6).

(1) Prévost, *loc. cit.* p. 278, 283, 304.
(2) Joseph-Marie Bouchel, né le 26 novembre 1762, était devenu chanoine de Saint-Maclou de Bar en 1781.
(3) Prévost, *loc. cit.* p. 325, 333, 367.
(4) Victor Pierre prétend, nous ne savons sur quel fondement, que Normant ne subit pas sa peine.
(5) Manseau, t. II, p. 272 ; Ecalle, *Le schisme constitutionnel à Troyes*, 1907, p. 378 ; Prévost, t. III, p. 378-379.
(6) État civil de Melay.

Entré comme novice à l'abbaye de Pontigny (Yonne), il fit profession le 12 juillet 1778, et reçut la prêtrise à Châlons-sur-Marne le 21 septembre 1782.

Le 20 octobre 1790, il fit à Pontigny sa déclaration pour la vie privée. En voici les termes : « Religieux profès et conventuel, pour satisfaire au décret de l'assemblée du 9 septembre, a déclaré que, ne lui étant plus permis de pratiquer la règle qu'il a professée, et les statuts de l'ordre de Cîteaux dont il est membre, il se propose de sortir du cloître, pour remplir en son particulier ses anciens devoirs, et qu'il ne veut contracter aucune autre obligation (1).

A l'époque de la suppression des ordres monastiques, il y avait dix-sept religieux à l'abbaye de Pontigny. Le dernier abbé fut Jean Depaquy : il se retira d'abord à Saint-Florentin, puis à Troyes où il mourut le 15 octobre 1800 (2). Les autres religieux, obligés eux aussi de se disperser, trouvèrent pour la plupart un asile dans les communes voisines. Il leur en coûtait, sans doute, de s'éloigner de cette illustre abbaye, l'une des quatre *filles de Cîteaux*, qui avait l'honneur de posséder, dans sa magnifique église, le corps entier de saint Edme, de Cantorbéry. Le peuple lui-même avait une grande dévotion pour ce saint. Aussi, quand au commencement de décembre 1790, les officiers municipaux de Ligny-le-Châtel demandèrent la translation des reliques de saint Edme dans leur église, la municipalité de Pontigny exprima sa surprise de la demande faite par les habitants de Ligny, qui voulaient lui enlever le *précieux dépôt dont elle avait la garde et qui faisait l'un des plus intéressants objets de sa dévotion*, et elle refusa net d'accéder à cette demande; d'autant plus, ajoutait-elle, que la commune de Pontigny avait demandé l'érection d'une paroisse dans l'abbaye (3).

Quant à M. Robert, il remplit, pendant quelque temps, les fonctions de vicaire de Chablis, en 1791 et 1792 (4). C'est

(1) Arch. de l'Yonne, L. 699.

(2) *Ibid.*, Q. 353; Arch. de Pontigny ; *Bulletin des Sciences de l'Yonne*, 1910, 63ᵉ vol., p. 256.

(3) Arch. municipales de Pontigny. Aujourd'hui encore on vénère, dans l'église de l'ancienne abbaye, le corps de saint Edme, placé dans une châsse derrière le maître-autel.

(4) Un acte signé Robert, *prêtre*, porte la date du 12 septembre 1791 ; le dernier est du 4 avril 1792.

ce qui a fait supposer qu'il avait prêté le serment à la Constitution civile du clergé. En réalité, il ne fut point jureur, cela ressort jusqu'à l'évidence des pièces qui seront citées plus bas.

En 1792, il était à Venouse, tout près de Pontigny ; il y signe *prêtre* le 28 avril 1792, puis *vicaire* jusqu'au 3 décembre. Les registres de délibérations de cette commune nous apprennent qu'il y prêta le serment de liberté-égalité le 23 septembre 1792, à l'issue de la messe paroissiale. Il y remplit même les fonctions d'officier public du 2 janvier au 7 décembre 1793 (1).

Que devint-il pendant la Terreur, aucun document ne nous l'a révélé. Mais, en 1795, si l'on en croit M. Bonneau, il résidait à Maligny et desservait Villy (2). Ce qui est certain, c'est que, le 31 octobre 1795, Nicolas Robert, « ci-devant ministre du culte à Villy, se conformant à la loi du 7 vendémiaire an IV, fit sa déclaration de soumission aux lois de la République, moyennant quoi il put reprendre l'exercice de son culte (3).

Ayant refusé, en messidor an IV, d'évacuer le presbytère de Villy, le commissaire du pouvoir exécutif près le tribunal correctionnel de l'arrondissement d'Auxerre, dénonça au juge de paix, le 11 juillet 1796, les propos soi-disant inconstitutionnels tenus par Robert en cette circonstance. Arrêté par la gendarmerie de Maligny, il y subit, le lendemain 6 août, un interrogatoire par devant le juge de paix et les officiers judiciaires du canton de Ligny.

Voici quelles furent ses réponses : « J'étais au presbytère de Villy le 18 messidor (6 juillet). Pendant que les deux commissaires procédaient à l'estimation du presbytère en présence du soumissionnaire, ce dernier ne fit que me vexer par ses propos. Un commissaire cueillant quelques cerises dans le jardin, je lui dis : « Vous pouvez en manger, car elles me coûtent bien cher ; on m'a fait payer l'amodiation de ce jardin 67 livres, et cela par vengeance. » Là-dessus, le commissaire me dit : « Ce n'est pas encore assez ; si le département avait bien fait, il vous aurait f...

(1) Arch. de l'Yonne, *loc. cit.* ; Etat civil de Venouse.
(2) Bonneau, p. 137.
(3) Arch. de l'Yonne, L. 699.

dehors du presbytère il y a plus de six mois, car la nation ne vous doit pas de logement. » Vexé par ces paroles, je lui dit : « Vous savez bien que mon père m'avait fait une dot pour être religieux à Pontigny ; la nation ayant disposé des biens de l'abbaye et m'ayant fait une pension qui, du reste, ne m'est pas payée, comment avez-vous pu me faire porter à vingt mille livres d'emprunt forcé, dans la détresse où je suis ? » Le commissaire, insultant à mon malheur, répondit que j'avais bien mangé dix fois la dot que j'avais apportée. La patience m'échappa, et dans la certitude qu'il m'avait fait porter à l'emprunt forcé malgré l'avis de l'administration municipale, je lâchai le mot de « s... mâtin », mot peu décent, j'en conviens, mais qui exprimait bien mon indignation. »

M. Robert nia avoir tenu les autres propos qu'on lui prêtait, en particulier, que la nation volait. « Je n'ai point tenté, ajouta-t-il, de pervertir l'esprit public, en essayant d'indisposer les citoyens contre le régime républicain ; au contraire, j'ai toujours recommandé l'obéissance aux lois et aux autorités constituées. » (1).

Le juge de paix du canton informa contre M. Robert, et entendit cinq témoins sur les faits mentionnés dans le procès-verbal de dénonciation, et sur les propos échangés entre lui et le commissaire du pouvoir exécutif.

Nous ne savons pas quel fut le résultat de ce premier procès engagé contre M. Robert.

* *

En 1797, il habitait Maligny, et le 18 septembre il prêta, par devant l'administration du canton de Ligny, le serment de haine à la royauté et à l'anarchie, prescrit par la loi du 19 fructidor. Mais, comme il n'avait prêté ce serment que comme habitant du canton, il fut obligé de le renouveler comme ministre du culte : ce qui eut lieu le 10 novembre suivant. Ainsi avait décidé l'administration centrale (2).

Mais bientôt M. Robert fut dénoncé de nouveau, car le 14 brumaire an VII (4 novembre 1798) il fut condamné à la déportation par arrêté du Directoire exécutif, avec vingt-six

(1) Arch. de l'Yonne, L. 1281.
(2) *Ibid.*, L, 699 et 1018.

autres prêtres, tous ministres du culte dans le département de l'Yonne. Ils étaient « prévenus d'être les provocateurs des troubles qui se sont manifestés dans différents cantons de ce département ; d'employer des manœuvres tendantes à éloigner le peuple de l'amour du gouvernement républicain et des institutions républicaines, et à le porter sans cesse à la désobéissance aux lois et au mépris des autorités constituées » (1).

M. Robert fut donc dirigé sur Rochefort, et, le 26 décembre 1798, il fut enfermé à la citadelle Saint-Martin de Ré (2).

Le 1er mars 1799, une certaine Marie Mothré, qui était chargée de sa procuration, demanda la reconnaissance et la levée des scellés apposés sur ses meubles et effets. Cette levée fut accordée le 9 mars ; dans cet acte, Robert est dit « ministre du culte à Maligny et déporté » (3).

En décembre 1799 ou janvier 1800, un de ses autres fondés de pouvoir, N.-F. Geligny, marchand, demeurant à Maligny, exposa aux administrateurs du département que « Robert n'était pas tenu au serment prescrit par la loi du 26 décembre 1790, étant religieux bernardin à Pontigny ; qu'il avait prêté, le 23 septembre 1792, le serment de liberté et d'égalité ; qu'il n'avait rétracté ni sa déclaration du 20 octobre 1790 comme religieux, ni le serment dont il vient d'être parlé ; qu'il avait fait, le 19 brumaire an IV, la déclaration de soumission aux lois, et avait rempli toutes les formalités prescrites par la loi du 7 vendémiaire an IV ; qu'il avait prêté le serment de haine à la royauté le deuxième jour complémentaire de l'an V (18 septembre 1797) ; qu'il n'avait rétracté aucun de ces serments, et qu'ainsi il avait droit au bienfait de l'arrêté des Consuls du 8 frimaire » (4).

De son côté, l'administration du canton de Ligny attesta, le 5 janvier 1800, que M. Robert avait prêté le serment de liberté, fait la déclaration prescrite par la loi du 7 vendémiaire an IV, et prêté le serment de haine à la

(1) Arch. nat., F7 7473 ; Victor Pierre, *La déportation*, p. 305.
(2) Sauzay, t. X, p. 719 ; Bonneau, p. 137.
(3) Arch. de l'Yonne, L. 699 et 1020.
(4) *Ibid.* L. 699. L'arrêté des consuls du 29 novembre 1799, rendait la liberté à certaines catégories de prêtres. (Voir p. 201).

royauté ; qu'il était porté au tableau des pensionnaires ecclésiastiques du canton, après avoir fourni toutes les pièces nécessaires ; enfin qu'il n'était pas à sa connaissance qu'il eût rétracté aucun de ces serments. Le 15 janvier suivant, l'administration du canton d'Héry donna un certificat du même genre.

La situation de Robert était bonne, on le voit ; aussi n'était-il pas difficile de prévoir ce qui allait arriver.

Le 26 janvier 1800, l'administration du canton de Ligny-le-Châtel rendit son jugement. En voici le texte : « Vu la pétition de N.-F. Geligny, tendant à ce qu'il soit déclaré que l'arrêté des Consuls du 8 frimaire dernier, est applicable à Robert ; considérant que Robert a fait la déclaration de soumission aux lois prescrite le 7 vendémiaire an IV, qu'il a prêté le serment de haine à la royauté, et qu'il n'a pas rétracté ces serments ; considérant qu'il a fait la déclaration prescrite par la loi du 9 septembre 1790 aux ci-devant religieux, et qu'il a prêté le serment de liberté et d'égalité : l'administration municipale est d'avis que l'arrêté des Consuls soit déclaré applicable à celui du ci-devant Directoire qui condamne Robert à la déportation, qu'en conséquence, il jouira de sa liberté (1).

Libéré le 5 février 1800 (2), Robert fut envoyé en résidence à Jaulges (Yonne).

On le trouve à Venouse en 1803, et de là il desservait Pontigny, qui dépendait de cette paroisse avant la Révolution (3). Le 17 juillet de cette même année, le conseil municipal de Pontigny, sollicité de concourir aux frais du culte, offrit de faire le traitement du prêtre et de lui fournir le logement ; mais il ajoutait que, tant que la commune serait desservie par le curé de Venouse, elle ne paierait, à cet effet, que la somme de 300 fr. (4).

Aussi M. Robert vint-il, peu de temps après, fixer sa résidence à Pontigny. Il y était déjà en 1805. Il eut ainsi la joie d'exercer les fonctions du saint ministère dans l'église qui avait été témoin de sa ferveur monastique.

(1) Arch. de l'Yonne, L. 699.
(2) Manseau (t. II, p. 281) dit le 9 février.
(3) Arch. de l'Yonne, V, 1 et 4 ; Bonneau, p. 137.
(4) Archives de Pontigny.

« Intrépide défenseur des biens de son église, dit l'abbé Henry (1), il refusa constamment les stalles au Chapitre de Troyes, qui les demandait pour remplacer celles de Clairvaux qu'il possédait déjà, mais dont le travail ne pouvait entrer en parallèle avec celui de Pontigny. Il accorda des reliques de saint Edme (2) à la duchesse d'Angoulême. Ce fut après bien des refus que M. de Boulogne, évêque de Troyes, en obtint pour la chapelle de son séminaire. De grandes églises demandèrent les orgues, les grilles, les autels, et éprouvèrent des refus humiliants. »

M. Robert mourut à Pontigny, en sa maison, le 16 septembre 1821, à 10 heures du matin; âgé de 65 ans (3).

XVI

BILLEBAUD (Claude-Nicolas)

Claude-Nicolas Billebaud était né à Vesoul, le 8 août 1740, d'Antoine Billebaud, maître cordonnier, et de Jeanne Bavrey. Il fut baptisé le lendemain, et eut pour parrain Claude Billebaud, son grand-père, et pour marraine Anne Parisot, sa grand-mère (4).

Profès chez les Récollets le 27 juin 1759 sous le nom de P. Blaise, il appartenait à la province de Paris, et résidait à Châteauvillain au moment de la suppression des ordres religieux (5).

Le 10 janvier 1791, mis en demeure de faire connaître ses intentions, il déclara que, si la maison de son ordre à Châteauvillain était supprimée, il se retirerait dans sa famille à Vesoul, se soumettant, d'ailleurs, aux décrets de

(1) *Histoire de l'abbaye de Pontigny,* Auxerre-Avallon, 1839, p. 235.
(2) En 1793, lors du pillage de l'abbaye de Pontigny, personne n'avait osé porter ses mains sacrilèges sur les reliques du saint. Et, aujourd'hui encore, les pèlerins vénèrent, dans l'église de l'ancienne abbaye, le corps de saint Edme, qui se trouve placé dans une châsse derrière le maître-autel.
(3) Etat civil de Pontigny.
(4) Etat civil de Vesoul.
(5) Le couvent des Cordeliers de Châteauvillain, fondé en 1286 par Jean de Châteauvillain, fut détruit en 1562 par les Allemands, et remplacé en 1635 par une maison de Récollets. En 1790, ces religieux étaient au nombre de six.

l'Assemblée nationale. Le 8 février suivant, le Directoire fixa sa pension à 800 l. (1).

Billebaud se retira, en effet, dans sa ville natale ; mais, de 1791 à 1794, nous le perdons complètement de vue. Il remit ses lettres de prêtrise au Comité révolutionnaire de Vesoul le 15 juin 1794, et renonça à ses fonctions sacerdotales le 25 du même mois.

Heureusement, Billebaud ne tarda pas à revenir à résipiscence. Le 10 novembre 1795, il rétracta le serment qu'il avait tout d'abord prêté, et retira ses lettres de prêtrise (2).

Poursuivi pour cet honorable délit, il fut saisi par la gendarmerie de Vesoul le 25 novembre 1798 ; et trois jours après, il fut condamné à la déportation (3).

Quirot, que nous connaissons déjà, le joignit à plusieurs autres prêtres de la Haute-Saône et du Doubs, et le convoi, composé de quatorze prêtres (c'était le troisième), partit de Besançon pour l'île de Ré, le 7 décembre 1798 (4).

Mais, en route, Billebaud tomba malade, et fut déposé à l'hôpital de Semur. C'est ce que nous apprend la lettre suivante, que le capitaine Vivoleney, chargé de la surveillance du convoi, écrivait d'Auxerre à Quirot, à la date du 17 décembre : « J'ai laissé à Semur, dit-il, le nommé Claude-Nicolas Billebaud. J'ai, de l'administration de cette commune, tous les certificats que vous exigez. Il fut déjà cause que je séjournai deux jours à Dijon. C'est sur mon refus de souscrire à l'invitation d'un officier de santé de cette commune, que j'ai mené Billebaud jusqu'à Semur : car je croyais que sa maladie n'était qu'une feinte. »

En même temps que cette lettre, le capitaine envoyait à Quirot un certificat du médecin Prost, de Semur, constatant que Billebaud était en proie à une oppression considérable, avec toux et fièvre, et qu'il ne pouvait être transporté plus loin sans un péril imminent (5).

Sa santé rétablie, Billebaud continua son chemin, et arriva à Saint-Martin de Ré le 3 mai 1799. Il fut libéré le 10 janvier 1800.

(1) Arch. de la Haute-Marne (Tableau des religieux, 7ᵉ Registre).
(2) Arch. de la Haute Saône, L. 30 ; Bibliothèque de Vesoul, 187.
(3) Arch. de la Haute Saône, L. 1, Reg. 83ᵉ, p. 45.
(4) Loye, t. VI, p. 101.
(5) Sauzay, t. IX, p. 693, 694.

Retiré à Vesoul (1); il fit, au commencement d'août 1801, la promesse de fidélité à la Constitution de l'an VIII. Il mourut le 9 janvier 1815, à 8 heures du matin, à l'âge de 73 ans (2).

XVII

BELOUET (Louis)

La famille Belouet était très-honorablement connue à Is-en-Bassigny sur la fin du xviiie siècle, et elle donna plusieurs prêtres à l'Eglise. Louis, qui fait l'objet de cet article, était né à Is le 24 août 1758, de Nicolas Belouet le jeune, laboureur, et de Jeanne Silvestre. Il était le frère cadet de Remy Belouet, qui devint curé de Montreuil (Aube) en 1784. Celui-ci refusa le serment, et se retira dans son pays natal ; reclus à Chaumont à raison de ses infirmités, il y passa les deux hivers de 1793 et de 1794 et mourut à Montreuil le 21 septembre 1807 (3). Sans doute, Louis Belouet était aussi très-prochainement apparenté à l'abbé Jean Belouet, professeur au collège de Langres après la Révolution.

Nous ne savons pas où Louis Belouet fit ses premières études : en tout cas, son nom ne figure pas sur le *Catalogue* des ecclésiastiques du séminaire de Langres.

Entré dans l'ordre de Saint-Benoît, il fit profession au couvent de Mouzon (Ardennes) en 1781. Il était à Saint-Vannes de Verdun au moment de la suppression de cette abbaye (17 mai 1790), et il déclara aux commissaires, qu'il se réservait de s'expliquer plus tard sur le parti qu'il avait à prendre.

Dom Belouet fit partie de la nouvelle communauté qui se forma à Saint-Vannes sous la protection de la loi du 13 mars 1791 (4). Mais le nouvel établissement fut obligé de se disperser, d'abord au mois d'août 1792, puis définitive-

(1) Manseau, t. II, p. 229.
(2) Etat civil de Vesoul.
(3) Etat civil d'Is-en-Bassigny ; Prévost, t. I, p. 466 ; t. II, p. 531 ; t. III, p. 282.
(4) Cette loi autorisait provisoirement les religieux à vivre en commun dans des maisons choisies et désignées par les départements.

ment deux mois après, le 14 octobre 1792, lors de la rentrée des troupes françaises à Verdun (1).

Sa pension avait été fixée à 900 livres.

Quelques mois plus tard, le 9 mars 1793, Wandelaincourt qui, comme on le sait, était Verdunois d'origine, accorda à Louis Belouet les pouvoirs de desservant pour la paroisse d'Is (2). En conséquence, celui-ci déclara à Chaumont, le 17 avril, qu'il quittait la ville de Verdun, pour se retirer dans son pays natal. Avant de prendre possession de sa cure, il dut prêter, dans la forme accoutumée, le serment à la Constitution civile du clergé (3).

Quoique curé, il demanda la continuation de sa pension de religieux. Le 15 juillet 1794, le directoire du département, délibérant sur sa demande : « Considérant qu'il n'avait cessé de toucher cette pension, que parce qu'il recevait un traitement qui pouvait suffire à ses besoins, arrêta, ce traitement n'ayant plus lieu, que la pension de Belouet reprendrait son cours, à compter de l'époque où ses émoluments de desservant avait cessé de lui être payés ; d'autant plus que le zèle de Belouet à se rendre utile dans tous les temps, et à se conformer au vœu qui l'appelait à un service, ne pouvait lui être préjudiciable » (4).

Le 4 août 1794, les scellés, qui avaient été apposés sur ses effets pendant son absence, furent levés (5).

En octobre 1794, étant domicilié à Is, son trimestre fut porté de 157 l. 9 s. 10 d., à 200 l. Mais il ne devait pas en jouir, car envie lui était venue de quitter ses fonctions.

En effet, le 27 octobre 1794, il fit déclarer au district de Bourmont, auquel Is appartenait, que son intention était de se retirer à Neustadt, pour être employé dans l'ambulance de ce lieu. Belouet fut en effet attaché à l'hôpital de cette ville, en qualité de garde-magasin, à partir du 2 septembre 1794 (6).

Combien de temps resta-t-il dans ce poste ? on ne le sait. A son retour à Is, il rétracta publiquement son serment, et

(1) *Pouillé de Verdun*, t. I, p. 206, 215.
(2) Registre de l'Evêché. Cf. Roussel, t. II, p. 165.
(3) Archives de la Haute-Marne.
(4) *Ibid.*, L. 24 et 90.
(5) Arch. de la Haute-Marne, Fonds Laloy.
(6) Arch. de la Haute-Marne, L. 55.

alla exercer les fonctions du culte au Puits-des-Mèzes. Ici,
nous laissons la parole aux documents.

Le 12 août 1798, l'administration de la Haute-Marne
porta l'arrêté suivant : « L'administration centrale, infor-
mée que le citoyen Belouet, ministre du culte catholique au
Puits-des-Mèzes, a rétracté les serments exigés des ecclésiastiques ; que dans la commune d'Is il a déclaré en pleine
chaire, que s'il a obéi aux lois, ce n'a été que par force ;
que la rétractation dont il s'agit a été écrite ; qu'à Donnemarie il a fait pénitence publiquement, à genoux, devant
l'autel sur lequel le prêtre Ravier, déporté, célébrait
alors la messe ; que le citoyen Louis Cudotte, demeurant à
Is, a été témoin de la transcription de la rétractation ; que
les citoyens Etienne François, J.-B. Foissey et autres ont
été témoins de la pénitence ; considérant qu'avant de statuer, il est juste de faire constater d'une manière légale la
vérité des faits ci-dessus exposés, arrête : 1º L'administration du canton de Meuvy est chargée de faire appeler dans
son sein, à sa première séance, Louis Cudotte, et les citoyens qu'il indiquera, pour recevoir d'eux tous les renseignements et éclaircissements qu'ils pourront donner sur la
rétractation du citoyen Belouet.., 2º L'administration du
canton de Nogent fera appeler les citoyens Etienne François, J.-B. Foissey et autres qu'ils indiqueront, pour recevoir
d'eux des renseignements sur la pénitence de Belouet à
Donnemarie » (1).

En conséquence, le 17 août 1798, l'administration du
canton de Meuvy convoqua à la séance du prochain décadi,
Louis Cudotte, d'Is, et tous citoyens pouvant donner des
renseignements sur la rétractation faite, par Louis Belouet,
des serments qu'il avait précédemment prêtés.

« Le 10 fructidor (27 août) comparurent, en effet : 1º
Louis Cudotte demeurant à Is. Il dit qu'il avait été appelé
par Belouet, ministre du ministre catholique, pour être
présent à la rétractation, qu'il était dans l'intention de faire,
des serments par lui prêtés ; mais que les prêtres Barbier
et Ravier (2) qui présidaient à la rétractation, ayant refusé

(1) Arch. de la Haute-Marne. Délibérations de l'administration centrale, t. XII, fº 72.
(2) Pierre-Nicolas Barbier, et Joseph Ravier.

de l'admettre comme témoin, il n'y avait point été présent ; que, cependant, après la cérémonie, Belouet lui avait fait voir un écrit contenant sa rétractation ; qu'il ne sait pas qui a fait cet écrit, et qu'il ne se souvient pas par qui il était signé ; que cette rétractation a été faite dans l'église de Donnemarie, en présence de Nicolas Bourg et Huot, de Donnemarie, où on dit que Belouet avait baisé la terre ; qu'il est de sa connaissance que Belouet avait été interdit de ses fonctions de prêtre pendant l'octave de la Fête-Dieu an V, par les ordres d'un nommé Leclerc, grand vicaire de La Luzerne ; que pendant son interdiction, un prêtre nommé Alexandre avait été envoyé par Leclerc pour faire les fonctions ecclésiastiques dans l'église d'Is. 2° François Duvoisin, charron, demeurant à Is : lequel déclara que Belouet étant à l'église d'Is quelques jours avant sa rétractation, avait dit en public et pendant les vêpres, qu'il se repentait d'avoir obéi à l'évêque Wandelaincourt, et qu'il en demandait pardon à Dieu et aux hommes. »

L'administration de Meuvy s'abstint de prendre des renseignements ultérieurs sur le fait énoncé par Cudotte, se basant sur ce motif, que les témoins indiqués, Bourg et Huot, résidaient dans le ressort de la municipalité de Nogent, qui les avait elle-même interrogés ; ni non plus que sur celui déposé par François Duvoisin, prétextant qu'il avait été public et connu de la majorité de la commune (1).

Le 2 germinal VII (22 mars 1799) (2), le Directoire exécutif, considérant : « 1° Que Louis Bélouet avait exercé en 1791, les fonctions de ministre de culte catholique sans, au préalable, avoir prêté le serment prescrit les 24 juillet 1790 et 17 avril 1791, conformément à la loi des 29 et 30 vendémiaire an II ; 2° qu'il avait publiquement déclaré qu'il faisait pénitence du prétendu scandale que sa conduite avait occasionné, et rétracté ses serments ; 3° que, depuis, cet individu n'avait cessé de troubler la tranquillité publique de plusieurs cantons du département de la Haute-Marne, où il répand le fanatisme, arrêta que Belouet, bénédictin de la Haute-Marne, serait sur le champ arrêté et déporté » (3).

(1) Arch. de la Haute-Marne (Registre du canton de Meuvy).
(2) Victor Pierre (*La déportation*, p. 374) dit à tort le 2 prairial.
(3) Arch. nat., F⁷ 4374 ; Victor Pierre, *loc. cit.*

En conséquence de cette sentence, Belouet prit le chemin de Rochefort. Il fut écroué à la maison d'arrêt de Troyes le 9 avril 1799. Puis il continua son douloureux itinéraire, et il arriva dans la citadelle de Ré le 13 mai 1799.

Une fois libre (20 janvier 1800), Belouet se retira au Puits-des-Mèzes, et y reprit les fonctions du saint ministère. En 1802, il était à Is (1).

Un instant curé de Charentenay, il fut, dès septembre 1803, nommé à Saint-Léger-Vauban (Yonne) (2). Neuf ans après, M. Belouet fut transféré à Berulles (Aube). (3) Il exerça aussi à Fournandin et à Cerilly (Yonne). Enfin, en 1823 ou 1824, il dèvint curé d'Arces (Yonne) : c'est là qu'il mourut, le 4 décembre 1831, à l'âge de 73 ans (4).

XVIII

FORT (Nicolas)

Léniseul, qui avait vu naître Joseph Garnier, fut aussi le berceau de Nicolas Fort. Celui-ci vint au monde le 8 mai 1750 : il était fils de Jacques Fort et d'Anne Royer, et frère puiné de Pierre Fort, curé de Cusey (5).

Il entra au séminaire de Langres en 1772, et fut ordonné prêtre le 1er. avril 1775. Vicaire de Cirey-les-Mareilles en 1776, puis de Rolampont, où il signe les actes du 28 décembre 1780 au 29 janvier 1781, de Lavernoy jusqu'en 1789, et enfin de Choilley, il fut nommé à la cure de Rolampont, le 13 juin 1791, par le corps électoral du district de Langres (6).

Muni de l'institution soi-disant canonique de M. Wandelaincourt, Nicolas Fort prêta serment à Rolampont le 3 juillet 1791, conformément aux décrets. Le 8 octobre 1792, il

(1) Manseau, t. II p. 227 ; Note du maire d'Is.
(2) Arch. de l'Yonne, V, 1.
(3) Henry : *Mémoires historiques sur le canton de Quarré-les-Combes* (Auxonne 1876, t. II, p. 167).
(4) Etat civil d'Arces.
(5) Pierre Fort était né le 23 avril avril 1739. Nommé curé de Cusey en mai 1789, il prêta le serment, et mourut à Noyers le 10 décembre 1813.
(6) Etat civil de Léniseul et autres communes ; Registres du séminaire et des ordinations.

prêta également le serment de liberté et d'égalité, et devint même officier public de la commune (1).

On le voit, M. Fort était dans le mouvement. Plus tard même, il fut accusé d'avoir favorisé les menées révolutionnaires. En effet, dans une lettre écrite le 24 juillet 1796 au commissaire du Directoire exécutif près l'Administration centrale de la Haute-Marne, le président de l'administration du canton d'Hûmes racontait que, dans la nuit du 20 au 21 mars 1792, M. Fort avait ouvert sa porte à une bande de gardes nationaux qui venaient de dévaster la maison de M. Guillaume, l'ancien curé de Rolampont, et celle du moulin Rot, à l'entrée du village de Lannes (2). Mais il est très-probable que ces pillards ne lui avaient pas demandé la permission de pénétrer chez lui à cette heure.

Le 14 octobre 1794, il y eut, à Rolampont, un rassemblement « fanatique et séditieux » à propos de la fermeture de la porte du clocher et du temple. C'est vers cette époque, sans doute, que M. Fort se retira à Langres. Car le 18 décembre 1794, le Comité révolutionnaire du district visa le certificat de civisme qui lui avait été délivré par la municipalité de Rolampont (3).

En 1795, les prêtres émigrés à l'étranger rentrèrent pour la plupart dans leurs paroisses, et, s'autorisant des lois du 11 prairial an III (30 mai 1795) et du 7 vendémiaire an IV (29 septembre 1795), commencèrent à y dire librement la messe, en dehors de l'enceinte des églises. Les intrus, de leur côté, remuèrent ciel et terre pour se faire accepter dans les communes qu'ils avaient desservies jusqu'à la suppression du culte (4).

Fort se présenta en effet, le 6 juin 1795, à Rolampont, prêta le serment de soumission aux lois de la République prescrit par la loi du 11 prairial, et, dans le but d'être élu, mendia les suffrages des fidèles. Les femmes s'assemblèrent. Fort, qui était en concurrence avec M. Varinot, l'ancien

(1) Archives municipales de Rolampont.
(2) Archives paroissiales de Rolampont.
(3) Arch. de la Haute-Marne, L., Délibérations du Comité révolutionnaire du district de Langres,
(4) Dans la Haute-Marne, les églises furent fermées en mars 1794.

curé (1), n'eut que cinq voix : « Tout le reste, dit l'abbé Gallissot (2) fut pour le vrai pasteur, et l'intrus fut congédié ignominieusement. »

Six mois plus tard, nous retrouvons Fort à Voisey, paroisse importante où plusieurs fois déjà, notamment en septembre 1791, des troubles très-graves avaient éclaté (3). Il y arriva le 5 janvier 1796. Il prêta le serment de haine à la royauté le 12 septembre 1797, déclara le 23 juillet 1798 n'avoir rétracté aucun des serments que la loi avait exigés de lui, et resta dans la paroisse jusqu'en 1799.

Mais sa présence à Voisey, et surtout son installation au presbytère, d'où le maître d'école avait dû sortir, réveillèrent les passions religieuses, et occasionnèrent de nouveaux troubles. Nous en emprunterons le récit, suivant notre habitude, aux pièces officielles.

Le 6 décembre 1797, Nicolas Morlot, agent municipal de Voisey, dénonça M. Fort au commissaire du pouvoir exécutif, et voici ce qu'il raconte : « Fort est arrivé à Voisey le 15 nivôse an IV, pour y faire les fonctions de ministre du culte catholique. Grâce à la complicité de l'administration municipale, et particulièrement du président et du juge de paix, et de plusieurs séditieux armés, il s'installa à la cure, d'où le maître d'école dut sortir pour se retirer dans la maison commune. Le 28 pluviôse an IV (15 février 1796), un arrêté du Département ordonna à l'administration municipale de faire évacuer le presbytère par le ministre du culte, et d'y installer l'instituteur (4). Morlot, chargé de cette mission, invita Fort à sortir tranquillement et sans bruit : il répondit qu'il ferait sauter la cervelle au premier qui entrerait chez lui pour mettre ses meubles à la porte. Une nouvelle circulaire du Département n'eut pas plus de résultat que la première : Fort fit même citer Morlot par devant le juge de paix, en réparation d'honneur du propos qu'il avait

(1) Nicolas Varinot, né à Breuvannes en 1738, était curé de Rolampont depuis le 9 février 1789. Dans le serment qu'il prêta le 30 janvier 1791, il réserva le spirituel. De nouveau curé de Rolampont après le Concordat, il mourut à Voisines en 1824.

(2) *Journal* (dans Daguin *Mss.* t. XXI, p. 188).

(3) Arch. de la Haute-Marne, L. 52 et 59 ; Arch. nat., F⁷ 3682⁸, et D. XIX.8.

(4) Arch. de la Haute-Marne (Administration centrale, Registre 10°).

prêté à Fort, et Morlot fut condamné à 45 l. de dommages-intérêts. — Dans le courant de floréal, l'administration engagea de nouveau Demoussent, l'instituteur, à prendre sa résidence à la cure. Le maître d'école répondit qu'il ne voulait pas rester avec le curé, et que s'il était obligé d'aller occuper le presbytère, il voulait y être seul. Cette réponse irrita les partisans de Fort : aussi, comme c'était un dimanche, ils se placèrent au lutrin à côté de Demoussent, et l'empêchèrent de chanter. — Les choses en sont là, continue Morlot : Fort ne cesse d'allumer le flambeau de la discorde dans la commune ; un rassemblement de vingt personnes, après avoir soupé ensemble la nuit du 25 au 26 fructidor, sont venus rugir comme des lions devant la maison de l'instituteur, du notaire et autres, de qui ils ont cassé les fenêtres et les portes. Je ne crains pas même d'assurer que c'est un miracle, de ce qu'ils n'ont pas été tués. On informe contre plusieurs de ces brigands. »

Tel fut le rapport de Morlot contre Fort.

Celui-ci n'en resta pas moins au presbytère, et après plus d'un an, la question n'était pas encore résolue. Nous en avons la preuve, dans la délibération suivante de l'administration centrale du département, datée du 26 février 1799.

« Vu plusieurs pièces, desquelles il résulte qu'après avoir relégué l'instituteur dans une masure, qui ne peut contenir que le dixième de ses élèves, les séditieux, pour maintenir le prêtre au presbytère, ont cherché à se rendre redoutables à tous ceux qui voulaient que ce presbytère servît à l'instruction, en venant en grand nombre aux séances de l'administration, y vociférant, y proférant des menaces atroces contre quiconque oserait désapprouver leur conduite : que la vie du commissaire du directoire a été menacée, que les séditieux ont été soutenus par des particuliers connus pour être amis intimes du prêtre, que le prêtre est encore au presbytère au grand scandale public, que l'agent actuel de Voisey est l'appui et le complice des séditieux, que cet agent s'est permis d'injurier l'instituteur et lui a dit de s'en aller de la commune ; qu'à la séance de l'administration du 9 de ce mois, un citoyen faisait sentir l'importance de l'instruction publique et la nécessité de ne la confier qu'à des hommes d'une probité et d'un républicanisme éprouvés, mais le dit agent l'interrompant se permit de l'injurier et de lui dire qu'il voudrait bien avoir sa tête, qu'elle lui vaudrait mieux que celle d'un loup, et qu'il y gagnerait du pain ; que le prêtre Fort, au lieu de s'imposer lui-même l'obligation de quitter le presbytère et de le céder à l'instituteur, y demeure au contraire installé, et par là continue à être une source de discorde dans la commune. Considérant que le prêtre Fort est l'âme et l'instigateur de tous ces désordres, et l'agent Carthaud, le principal exécuteur des coupables volontés de ce prêtre perturbateur ; arrête : Fort est dénoncé au ministre de la police générale comme prêtre dangereux et perturbateur ; François Carthaud est suspendu de ses fonctions ; il est prescrit à la municipalité de mettre incessamment le presbytère à la disposition de l'instituteur, selon la loi du 27 brumaire an III » (1).

Le 12 ventôse an VII (2 mars 1799), le Directoire exécutif rendit, de son côté, l'arrêté suivant : « Considérant que le nommé Fort, exerçant le culte catholique à Voisey, a été l'un des principaux auteurs et instigateurs des troubles qui ont eu lieu dans cette commune ; qu'il a constamment abusé de son ministère pour corrompre l'esprit public, égarer les citoyens et les exciter à la désobéissance aux lois ; arrête : en vertu de l'article 24 de la loi du 14 fructidor an V, le prêtre Fort sera déporté » (2).

En route pour Rochefort, le condamné fut écroué à Troyes, avec Louis Belouet, le 9 avril 1799. Il n'arriva à la citadelle de Ré que le 13 mai suivant (3).

* *

Mais l'éloignement du desservant de Voisey n'eut pas le résultat qu'on en attendait : la paix ne fut point rétablie dans la commune, et les ennemis de M. Fort ne cessèrent point de s'acharner contre lui.

Ainsi, le 21 mars 1799, l'adjoint de Voisey, Michel, avait

(1) Arch. nat., F7 7537 ; Arch. de la Haute-Marne (Administration centrale, Registre 12°).

(2) Arch. nat., F7 4374 ; F7 7537 ; Cf. Victor Pierre, *La déportation*, p. 359.

(3) Prévost, t. III, p. 379 ; Manseau, t. II, p. 249.

encore dénoncé M. Fort aux autorités supérieures comme une cause de troubles. Le 3o mars, Nicolas Galizot, propriétaire à Voisey (1), écrivait, de son côté, au commissaire du pouvoir exécutif près l'administration du canton, pour lui dénoncer les faits survenus à Voisey. Il disait, entre autres choses : « Les brigands suppôts du prêtre Fort, ont mis le comble à leurs crimes. Si vous ne sollicitez, de suite, des mesures sévères pour comprimer les assassins, il ne reste aux républicains d'autre parti à prendre que d'abandonner leurs propriétés et leurs familles, et d'aller habiter les bois parmi les animaux sauvages, moins dangereux sans doute que les brigands bénits, qui, pour venger leur prêtre de la juste punition qu'il a reçue, les assassinent et détruisent journellement leurs propriétés ». (2)

Le 3o avril suivant, Galizot revint à la charge. Il disait au ministre de la justice : « La rage des nobles et des prêtres qui, en 1791, ont égorgé cinq malheureux citoyens en plein jour, vient de se ranimer à l'occasion de la déportation prononcée récemment par le Directoire exécutif contre le prêtre Fort. Dans la nuit du 8 au 9 floréal, les brigands ont réduit en cendres un arpent de vignes m'appartenant. L'impunité est assurée aux anarchistes depuis six ans par la conduite de Béguinot, juge de paix, qui est favorable aux prêtres, et que, dès le 2 germinal dernier, j'ai dénoncé à l'accusateur public. »

Enfin nous trouvons un dernier écho des troubles de Voisey dans la lettre écrite. le 5 septembre 1799, par le commissaire du Directoire exécutif près le tribunal criminel de Chaumont, au citoyen ministre de la justice. Il y raconte de nouveau les incidents de Voisey, et il en rejette la responsabilité sur Fort et ses partisans. (3)

(1) Nicolas Galizot, et son frère cadet, tous les deux de Voisey, se distinguèrent, à Langres, par leur exaltation révolutionnaire. Ils en eurent de graves démêlés avec le Conseil général de la commune, et, pour se disculper, publièrent un Mémoire intitulé : *Les frères Galissot à tous les hommes libres de l'Univers*. Cette pièce fut suivie de la *Réponse du Conseil général de la commune de Langres* qui portait pour épitaphe : *La haine des méchants honore les magistrats du peuple* (Chaumont, Bouchard 1793, 30 p. in-4°). Cf. Lamartine, *Histoire des Girondins*, t. III, p. 106-109 ; Migneret, *Histoire de Langres*, 1835, p. 238-240.

(2) Arch. nat., F7 7537.

(3) Arch. nat., *loc. cit.* ; Arch. de la Haute-Marne, L, liasse non classée.

Fort passa huit mois à l'île de Ré. Libéré le 20 janvier 1800, il se retira à Léniseul, son pays natal (1).

Dès le 19 février 1800, M. Fort « ci-devant illégalement et sans jugement détenu à la citadelle de Ré » se présenta devant l'administration du canton de Meuvy, muni : 1° d'un arrêté de l'administration municipale constatant qu'il avait été relevé de la déportation, conformément à l'arrêté des Consuls en date du 8 frimaire, et ordonnant sa mise en liberté ; 2° d'un passe-port à lui délivré le 3o nivôse ; et il déclara que son intention était d'établir provisoirement son domicile à Léniseul, en promettant fidélité à la Constitution prescrite par la loi du 21 nivôse précédent (2).

Peu de temps après, Fort alla exercer le ministère à Sarrey. En juin 1802, la municipalité et les habitants de cette commune écrivirent à l'évêque en ces termes : « La Providence nous avait donné un pasteur dont elle nous priva il y a deux ans (3) : elle nous a dédommagés en nous donnant Nicolas Fort. Il est, suivant le cœur de Dieu, paisible, charitable, attaché à ses devoirs religieux, aimé de sa paroisse. En conséquence, ils demandent que Monseigneur veuille bien leur conserver un pasteur, qui en a rempli les fonctions depuis deux ans, pour l'honneur de la religion et à la satisfaction de toute la commune » (4).

Le maire donnait à Nicolas Fort la note suivante : « Domicilié à Sarrey, a réuni tous les esprits, très tranquille, mérite la confiance des citoyens ».

Malgré tous ces bons témoignages, Nicolas Fort fut nommé à Marcilles par Mgr Reymond en janvier 1803 (5).

Sur la nouvelle que leur vœu n'avait pas été exaucé, les habitants de Sarrey écrivirent de nouveau au préfet, le 6 mai 1803, pour réclamer M. Fort : « Il mérite nos regrets, ses malheurs nous le rendent cher, il a ramené l'union et la paix parmi nous, il la soutient par sa charité et sa

(1) Manseau, t. II, p. 249.
(2) Arch. de la Haute-Marne. (Registre du canton de Meuvy.)
(3) Il s'agit de Jean-François Sommier, né à Langres le 31 janvier 1752. Il était vicaire de Saint Pierre de Langres, quand Waudelaincourt le choisit pour vicaire épiscopal le 5 mai 1791. Curé de Sarrey en septembre 1793, il y mourut en 1800.
(4) Arch. de la Haute-Marne, Série V, liasse 40.
(5) *Décret exécutorial* du 15 nivôse an XI.

douceur, il a rempli les fonctions de pasteur avec édification, depuis près de trois ans qu'il est parmi nous » (1). Le curé-doyen de Montigny, Charles-Louis Haroz, qui d'abord avait été nommé curé de Sarrey, appuya cete pétition. Finalement, les vœux de la population reçurent satisfaction.

M. Fort jouissait alors d'une pension de 267 francs.

Le 19 avril 1824, malade depuis deux mois, Nicolas Fort écrivit à Mgr l'Evêque, une lettre qui nous donne des renseignements précieux sur sa situation vis-à-vis du serment. En voici le texte : « Je prends encore la liberté de vous consulter sur la rétractation de mes serments, faite pendant ma détention à l'île de Ré : un de mes confrères, prétend qu'elle n'est point en règle. Voici ma conduite. A mon retour de l'île, j'ai eu l'honneur de faire part à M. Leclerc (2) de cette rétractation, en lui en envoyant copie. M. D'hivert (3), étant à Léniseul comme moi, a été chargé de me diriger. Les habitants de Sarrey, alors sans pasteur, ont écrit à M. Leclerc pour qu'il m'envoyât dans leur paroisse : il leur a accordé leur demande et je m'y suis rendu. J'ai suivi de point en point ses instructions. Deux ans et demi après, M. Baudot m'y a maintenu. Je vous prie de m'honorer de votre réponse, pour savoir si je puis être tranquille » (4).

Nous n'avons point la réponse du prélat. Du moins, cette lettre nous fournit la preuve que, depuis longtemps déjà, le curé de Sarrey était réconcilié avec l'Eglise catholique. Il mourut à Sarrey le 4 décembre 1828 (5).

XIX

BERGIER (Nicolas)

Une grande obscurité que, malgré d'actives recherches, nous n'avons pu dissiper, plane sur plusieurs parties de la vie de Nicolas Bergier.

(1) Arch. de la Haute-Marne, V, 47.
(2) Voir plus haut, p. 34, note 1.
(3) Simon D'hyvert, né à Léniseul en 1736, chapelain des Dames de Belmont, curé de Fresnoy en 1785, se retira dans son pays natal en ocbre 1791, et y mourut en 1805.
(4) Arch. de l'Evêché.
(5) Cf. Roussel, t. II, p. 417, 440, 475.

On croit qu'il vit le jour à Besançon vers 1763. Au commencement d'octobre 1789, il devint vicaire de Bourbonne-les-Bains, où il eut pour collègue J.-Ph. Magnin, de Châtillon-sur-Lison (Doubs).

Les vicaires de Bourbonne suivirent l'exemple de M. Accarier, leur curé (1), et refusèrent le serment.

Le 2 avril 1791, leur traitement fut fixé à 800 livres. Mais ils n'avaient rien touché en 1790 et le curé, dans son compte, n'avait rien porté en dépense pour cet objet : le 28 mai 1791 on leur délivra, en conséquence, un mandat de 700 livres pour leur traitement de 1790 (2).

M. Legoy, vicaire de Chaumont (3), ayant été élu curé constitutionnel de Bourbonne, prit possession de son poste le 21 mai 1791. Mais, sans doute, il n'y trouva plus M. Bergier : la dernière signature que ce dernier ait donnée, date en effet, du 19 mai précédent (4).

Que devint alors M. Bergier ? Nous ne le savons pas. Probablement il alla, au péril de sa liberté et de sa vie, exercer le saint ministère dans les montagnes du Doubs.

Une chose certaine, c'est qu'il était à Deluz, canton de Roulans (Doubs), en 1796. En effet, le 28 mars de cette année, Jobard, commissaire de ce canton, écrivait à l'administrateur Quirot : « Il existe à Deluz deux prêtres déportés, Nicolas Bergier, et Rollier, ci-devant vicaire à Roche. Ces brigands font des progrès considérables par le fanatisme. J'ai fait diverses démarches pour les faire saisir, mais elles ont été infructueuses. Ils n'ont point d'asile stable : ils ont dit la messe dimanche à la Tuilerie, d'autres jours au moulin. Vous feriez bien de donner des ordres pour envoyer la gendarmerie de Besançon déguisée, et de m'indiquer les mesures que j'ai à prendre pour purger ce canton de ces deux brigands de prêtres ».

Jobard revint à la charge et, le 4 mai, il écrivait « que les

(1) Bernard-Martin Accarier, né à Besançon le 8 avril 1742, curé de Bourbonne en 1783, exilé en Suisse en 1792, reclus à Chaumont en 1797, mourut à Bourbonne le 15 mars 1813.

(2) Arch. de la Haute-Marne, L. 60.

(3) Nicolas-Henry Legoy était né à Nogent en 1760 : il se retira à La Crète, puis à Vraincourt, et mourut curé de Bourdons le 6 juillet 1830.

(4) État civil de Bourbonne.

deux prêtres proscrits, cachés à Deluz, s'étaient fait une multitude considérable de prosélytes ; qu'ils parcouraient, la nuit, les communes de Laissey, l'Ecouvotte et Villers-Grélot ; que, pour les mieux protéger, les habitants de Deluz, appelés à réorganiser leur garde nationale, n'avaient pas voulu se réunir au chef-lieu, et s'efforçaient de nommer des chefs favorables à ces brigands ; et enfin qu'il était urgent d'envoyer une force considérable pour s'emparer des deux prêtres ».

Le 2 juillet enfin, il annonçait que Bergier officiait toujours à la Tuilerie, et qu'il venait même de recevoir un nouveau renfort, c'est-à-dire Joseph Barbe, jeune prêtre ordonné à Fribourg, et fils d'un habitant de Deluz, et un autre émigré nommé Thomas Vannier.

Le commissaire terminait toutes ses lettres en demandant qu'on lui donnât des forces pour faire respecter la loi. Il les reçut enfin, et, le 1er janvier 1797, il put annoncer que Bergier avait été arrêté à Deluz, et qu'il allait l'envoyer à Besançon, sous l'escorte de sept gardes mobiles et de sept hussards, détachés de ceux qui étaient en station à Roulans. Cette translation, qui eut lieu le lendemain, ne s'accomplit pas sans difficulté. Un procès-verbal, dressé par le lieutenant de la colonne mobile de Pouligney et par le brigadier de hussards, qui conduisaient l'escorte, constate qu'il y eut, de la part des habitants de Deluz et autres, des attroupements, des injures et des voies de fait contre la force armée qui conduisait Bergier à Besançon (1).

Mais Bergier ne resta pas longtemps en prison. Au bout de quelques mois, il fut mis en liberté et renvoyé en surveillance à Deluz, où il recommença à faire les offices. Seulement, il ne voulut faire aucune déclaration de soumission aux lois de la République. Le commissaire du directoire à Roulans s'en plaignit le 22 juin 1797. A l'entendre, Bergier serait même venu à Roulans administrer une femme malade, et on l'avait vu se promener au ci-devant château, avec le citoyen Jouffroy, président du canton. — Quirot répondit qu'il fallait prévenir l'agent municipal de Deluz, et qu'il serait responsable de tous ces désordres, s'il ne les réprimait pas (2).

(1) Sauzay, t. VIII, p. 492-493.
(2) *Ibid.*, p. 738.

Après la loi du 19 fructidor, Bergier, qu'elle atteignait, laissa passer le délai fixé pour quitter la France, et demeura à son poste (1).

Alors, le 16 janvier 1798, Jobard écrivit, de rechef, à Quirot : « A Deluz, Adrien Martin Diez, juge de paix, a donné asile aux filles et femmes d'émigrés, aux Mauclerc, aux Trévilliers, qui y ont introduit Nicolas Bergier, prêtre rebelle, de manière que cette commune est presque entièrement fanatisée » (2).

Cette nouvelle dénonciation eut l'effet qu'en attendait son auteur. Bergier fut condamné à la déportation par arrêté du Directoire exécutif, le 28 messidor an VI (16 juillet 1798), avec trente-quatre autres prêtres, tous résidant dans la Haute-Saône. « Ils n'ont cessé, disait l'arrêté, de donner des preuves d'incivisme et de haine à la Révolution : ils ont employé les manœuvres les plus criminelles pour corrompre l'esprit public, égarer les citoyens, et les exciter à la désobéissance aux lois de l'Etat » (3).

Mais cet arrêté ne fut pas mis à exécution. De fait, six mois après, Jobard écrivait à Quirot : « Je viens d'être informé que le nommé Bergier, prêtre rebelle et déporté, que j'avais déjà fait arrêter et conduire à Besançon le 23 nivôse an V (12 janvier 1797), existait encore dans la commune de Deluz, et y exerçait son culte dans plusieurs maisons particulières, notamment chez Martin Taverdet, capitaine de la garde nationale, et chez les meuniers de Deluz, tandis que plusieurs fanatiques se réunissaient dans la ci-devant église, y chantaient la messe et les vêpres. J'ai fortement réprimandé l'agent et l'adjoint de cette commune pour cette infraction. Ils m'ont assuré n'avoir aucune connaissance de la présence de Bergier ; qu'il était vrai que les portes de l'église étaient ouvertes les anciens jours fériés, et que le peuple s'y réunissait pour faire ses prières ».

Quirot répondit : « Je vais écrire à la gendarmerie, de faire incessamment des poursuites pour arrêter ce dangereux réfractaire ». En même temps, Quirot manda au capitaine Arbey : « Je vous charge de faire transporter à

<hr>

(1) Sauzay, t. IX, p. 716.
(2) *Ibid.*, t. IX, 266.
(3) Arch. nat., F7 4373 ; Victor Pierre, *La déportation*, p. 250.

Deluz une force armée de gendarmerie suffisante pour procurer l'arrestation du prêtre Bergier, perturbateur dangereux, en vous concertant d'avance avec le commissaire du canton ».

Le 20 janvier, les gendarmes revinrent de Deluz avec un procès-verbal constatant qu'ils étaient arrivés dans ce village au nombre de trois, vers six heures du matin ; qu'ils avaient cerné et fouillé la maison du meunier Taverdet, puis celle de Martin-Taverdet, dit Gamet, capitaine de la garde nationale, et enfin celle de Nicolas Taverdet ; qu'ils n'y avaient point trouvé le prêtre Bergier, mais un réquisitionnaire qu'ils avaient amené dans la maison d'arrêt militaire de Besançon (1).

Bergier ne devait pas rester longtemps introuvable.

Le 4 avril 1799, il fut arrêté à Baume par la gendarmerie, et conduit en prison à Besançon, où il fut interrogé par le juge de paix. Le 14 mai, il fut condamné par le Département à être déporté à l'île de Ré, comme étant en rupture de ban (2).

Cette fois la sentence eut son effet.

Le 22 mai 1799, le commissaire du Directoire informa le ministre de la police, que l'administration du Doubs venait de condamner à la déportation au delà des mers « les nommés Boillon, Tournier, Augustin Bergier, Nicolas Bergier, Antoine Fleury et Vernerey, tous prêtres insoumis ; que ces trois derniers allaient partir incessamment pour l'île de Ré, et que les trois autres resteraient provisoirement à Besançon, à raison des maladies ou des infirmités qui ne permettaient pas de les faire voyager en ce moment ».

Le surlendemain, le même commissaire requit la municipalité de Besançon, de fournir une voiture « à deux colliers », pour transporter les trois proscrits vers leur destination. Ce triste départ s'effectua le 27 mai (3).

M. Bergier arriva dans la citadelle Saint-Martin de Ré le 23 juillet 1799, et fut libéré le 10 janvier 1800. Il se retira à Deluz (4).

<hr>

(1) Sauzay, t. IX, p. 597-598.
(2) *Ibid.*, t. X, p. 87.
(3) *Ibid.*, t. X, p. 90. — Cf. Arch. de Vesoul, L. Reg. 83, p. 44 ; Loye, t. VI, p. 105.
(4) Mauseau, t. II, p. 227.

Après le Concordat, il devint curé d'Etaules et Darois (Côte-d'Or); mais il n'y fit que quelques actes religieux et disparut bientôt après. Devenu ensuite curé d'Essarois, canton de Recey-sur-Ource, il y mourut le 24 juin 1825 (1).

XX

DOMBROT (Claude-Joseph) (2)

Claude-Joseph Dombrot, qu'on a confondu quelquefois avec Claude Dombrot, né à Rozelieures (Meurthe-et-Moselle) le 9 juin 1748, vit le jour à Vennezey, même département, le 22 mai 1751. Son père était François Dombrot, et sa mère Jeanne Cosserat. Il fut baptisé le même jour, et eut pour parrain Dominique Cosserat, et pour marraine Anne Xoual.

Il avait un frère puîné, Augustin, qui comme lui se sentit attiré vers le sanctuaire. Ils se préparèrent ensemble au sacerdoce. Déjà tonsurés en 1777, les deux frères suivirent les cours de la faculté de théologie de l'université de Nancy. A l'ouverture du séminaire de cette ville, qui eut lieu le 13 novembre 1780, ils y furent admis. Leur ordination à la prêtrise eut lieu le 23 décembre suivant.

Le 20 janvier 1781, Claude fut nommé vicaire commensal à Lascou (Meurthe-et-Moselle). C'est de là qu'en mai 1787 il passa à la cure de Faverolles, près de Langres. Il avait été nommé par un chevalier de Malte, sur la recommandation de l'abbé J.-P. Voinier, diacre de Dommartin-sous-Amance, à qui elle avait été offerte.

Claude Dombrot prit possession de son bénéfice au mois de juillet, et rédigea les actes de Faverolles du 29 août 1787 au 31 mai 1791. En 1789, il représenta, à l'assemblée des trois ordres du bailliage de Chaumont, M. Rollin, curé de Goussaincourt, et M. Colignon, curé de Burey-en-Vaux (Meuse).

Claude Dombrot refusa le serment. Une fois dépossédé de sa cure, où il fut, en juin 1791, remplacé par Edme Bri-

(1) Arch. de la Côte-d'Or, série V.
(2) Cette biographie a été tirée, presque en entier, de l'ouvrage de M. Mangenot, p. 486 seq.

gandet (1), il revint dans sa famille. Il y fut bientôt rejoint par son frère Augustin, alors desservant de Laître-sous-Amance. Celui-ci avait prêté, le 23 janvier 1791, un serment restrictif, mais il avait nettement refusé de lire au prône la lettre pastorale de Lalande (2), évêque constitutionnel de la Meurthe.

Les frères Dombrot émigrèrent de bonne heure, et, dès le 8 mai 1792, partirent de Vennezey pour gagner l'Allemagne : leurs noms furent inscrits sur la liste des émigrés qui fut affichée le 19 juillet 1792. Ils arrivèrent à Trèves le 12 septembre, et prirent domicile dans la rue Neuve, n° 282 (3). Le 5 mars 1793, ils quittèrent Trèves et se rendirent à Cologne, parce que cette ville offrait plus de ressources aux prêtres émigrés.

Pendant leur séjour à Cologne, perquisition fut faite dans leur maison natale, le 20 avril 1793, par les gardes-nationaux de Vennezey : on trouva dans une malle des vêtements ecclésiastiques, un missel, et 98 brochures appartenant au vicaire d'Amance. Vérification faite de toutes ces pièces par le Comité de surveillance de Lunéville, on ne trouva rien qui pût donner lieu à une dénonciation.

Le 17 juin 1794, on fit aussi, à Faverolles, l'inventaire et la description des meubles, effets, et ustensiles de ménage appartenant à Claude, et trouvés dans la maison de la veuve François Petitot : la vente eut lieu le 25 juin suivant, et produisit 660 l. 6 s. (4).

Le 25 octobre 1794, les deux émigrés arrivèrent de Cologne à Munich ; mais, dès le 12 novembre suivant, le gouvernement bavarois les envoya à treize lieues de là, dans la petite ville d'Aicha. Le 31 décembre 1796, ils y reçurent une lettre de leur mère, qui les invitait à revenir chez elle, leur disant qu'ils y seraient en sûreté, à la condition de se tenir cachés. Ils quittèrent donc Aicha, et le 5 avril 1797,

(1) Né à Châtillon-sur-Seine au mois d'août 1753, Edme Brigandet était vicaire de Palaiseul au commencement de la Révolution ; en 1793, il devint curé de Buncey. Il mourut à Maisey (Côte-d'Or) le 14 août 1820, Cf. Roussel, t. II, p. 312.

(2) Luc-François Lalande, né à Saint-Lô en 1732, savant oratorien, élu évêque de la Meurthe le 8 mai 1791, député à la Convention et au Conseil des Cinq-Cents, mourut le 27 février 1805.

(3) Cf. *Französische Emigranten in Trier, 1792-1793*, Metz, 1911.

(4) Arch. de la Haute-Marne, série Q, 344.

partirent de Munich pour retourner en Lorraine. Ils vécurent cachés chez leur mère, tranquilles et contents. Le coup d'état de fructidor ne leur fit même pas reprendre le chemin de l'exil.

Cependant les deux frères commencèrent à se répandre dans les villages voisins de Vennezey ; ils dépassèrent même les frontières du département de la Meurthe, et pénétrèrent dans les Vosges. L'abbé Cosserat, leur cousin, vicaire de Moriville, en ce dernier département, s'était joint à eux. Leur présence à Vennezey fut dénoncée, et, dans une perquisition opérée au mois de juin 1799, Cosserat et le curé de Faverolles furent arrêtés et amenés à Nancy : Augustin, lui, échappa à toute recherche et continua sa vie de missionnaire. La cause des deux autres fut déférée à une commission militaire, qui nomma deux capitaines pour se rendre dans les communes respectives des deux prévenus, afin de prendre tous les renseignements nécessaires sur leur âge et leurs prénoms. L'instruction du procès prit du temps, et le jugement définitif ne fut prononcé que le 21 septembre 1799: Cosserat et Claude Dombrot furent condamnés à la déportation et à la confiscation de leurs biens ».

Le ministre de la police générale trouva la sentence irrégulière en deux points : 1° en ce que la commission, ayant reconnu que les prêtres n'avaient pas encouru la peine déterminée par la loi du 19 fructidor, n'avait plus aucune juridiction à exercer sur eux, et c'était à l'administration centrale à ordonner leur déportation ; 2° en ce que la confiscation des biens, ordonnée par la commission, était contraire aux lois alors existantes. En conséquence, il écrivit au commissaire gouvernemental, le 16 octobre et le 24 novembre 1799 : « Je vous recommande de provoquer, auprès de l'administration centrale de la Meurthe, un arrêté qui déclare illégal le jugement de la commission militaire, et revendique la connaissance de l'affaire : un autre arrêté ordonnera la déportation des prêtres, et la remise de leurs biens à leurs familles.

Mais déjà la sentence avait reçu son exécution, et les deux déportés avaient été expédiés vers les côtes maritimes. Ils arrivèrent à Ré le 15 novembre 1799, et furent écroués à la citadelle. A cette époque, le sort des détenus s'était un peu amélioré, et MM. Cosserat et Dombrot purent même librement célébrer la sainte messe.

Du reste, au bout de quelques mois, l'abbé Dombrot réussit à s'évader, et dès le mois de juin 1800 vint rejoindre son frère à Vennezey. Plus tard, l'abbé Cosserat fut libéré légalement. Le 31 mai 1802, Claude Dombrot fit, à la préfecture de la Meurthe, les déclarations nécessaires pour être autorisé officiellement à résider à Vennezey.

A la restauration du culte, plusieurs paroisses le demandèrent pour curé : il fut nommé à Einvaux (Meurthe), mais il n'y resta que fort peu de temps, soit à cause du mauvais état de l'église, soit par suite des tracasseries que lui suscita le P. Poirson, l'ancien curé, qui s'était marié et était devenu maire du village. Après une retraite momentanée chez son frère, alors vicaire de Châtel-sur-Moselle (1), il devint, le 20 janvier 1803, curé de Clayeures : il y mourut le 7 janvier 1826, à l'âge de 75 ans (2).

---

(1) Augustin Dombrot, désigné ensuite comme curé d'Einvaux, fut transféré à Palleguey (Vosges) en 1806 ; après 25 ans de ministère, il se retira à Châtel, avec Nicolas Cosserat son cousin, ancien curé de Moriville, et mourut le 8 mai 1842, à 87 ans.

(2) Outre M. Mangenot, dont l'abbé Olivier a reproduit le travail (*Châtel pendant la Révolution*, p. 328, 298 seq.), cf. Eugène Martin, *loc. cit.*, t. III, p. 114, 202, et Manseau, t. II, p. 244.

CHAPITRE V

Prêtre déporté à l'île d'Oléron

THÉVENOT (Nicolas-François) (1)

Nicolas-François Thévenot est le seul déporté de la Haute-Marne qui ait été envoyé à l'île d'Oléron. Né à Fresnes-sur-Apance, le 29 janvier 1762, de Jean-Baptiste Thévenot, cultivateur puis bourgeois, et d'Anne Maugras, de Thons (Vosges), il fut tenu sur les fonts du baptême par Nicolas Robert et Marguerite Maugras, tous les deux de Fresnes. Il était le troisième enfant de cette famille, qui en compta neuf.

A quatorze ans, il eut le malheur de perdre sa mère : mais, pour guider ses premiers pas dans la vie, Dieu lui envoya le R. P. Joseph-Nicolas, son oncle, ancien principal du collège de Pont-à-Mousson, rentré dans sa famille après la dispersion des Jésuites.

Nicolas-François fit ses premières études à Fresnes, près de M. Usunier (2), et ses humanités à Paris. Au sortir du collège, il s'engagea dans le régiment de Beaujolais, puis, refusant le mariage qui lui était proposé, il entra au séminaire du Saint-Esprit à Paris, et finit ses études théologiques à Besançon.

Prêtre au mois de septembre 1790, il fut aussitôt nommé vicaire domestique à Darney, alors du diocèse de Besançon, et il fut initié au saint ministère par son vénérable cousin,

---

(1) La vie de M. Thévenot a été écrite par M. l'abbé Pierfitte, curé de Portieux (Vosges) : *l'abbé Thévenot*, Epinal 1908, 18 p. in-8°. Notre tâche s'est bornée à résumer ce travail, et à le compléter sur quelques points particuliers.

(2) François Usunier, né à Pisseloup, autrefois novice chez les PP. Jésuites, avait ouvert à Fresnes une école de latinité. Plus tard il devint notaire, puis membre de l'administration et procureur général syndic du département. Revenu à Fresnes après 1800, il y retrouva la foi de sa jeunesse, et mourut le 26 janvier 1819, à 76 ans.

l'abbé Eloi Barret qui, de curé d'Enfonvelle, était devenu curé de Darney en 1776.

Le serment fut demandé aux deux prêtres le 6 février 1791. Le curé refusa de le prêter purement et simplement, parce qu'il y avait dans la Constitution des choses incompatibles avec sa conscience, et il signala les divers articles qu'un prêtre ne pouvait jurer sans renier sa foi. Le vicaire imita cet exemple, et, à la formule du serment, il ajouta cette restriction : « Comme me le permet la sainte Église catholique, apostolique et romaine, dans laquelle je suis né, ai été élevé, et dans laquelle je veux vivre et mourir. »

Cette formule fut regardée comme insuffisante par l'administration des Vosges, et, le 26 mars, celle-ci déclara que M. Thévenot était réputé avoir renoncé à son office, et qu'il y avait lieu de pourvoir à son remplacement. Quelques jours après, le P. Bar, ex-religieux de Chaumousey s'installa, en effet, au presbytère, d'où le vicaire avait été expulsé avec le curé.

M. Thévenot se réfugia d'abord à Darney, chez un de ses parents, puis au château d'Attigny, et enfin à Fresnes (1). Plus tard on le trouve à Corre, à Vauvillers, à Vesoul, à Betaucourt, exerçant plus ou moins clandestinement le saint ministère, jusqu'à ce qu'enfin la loi du 26 août 1792 l'obligea à quitter le département et le royaume.

Le 14 septembre, il vint embrasser son père une dernière fois, et prit un passe-port à Bourbévelle, où il avait un ami dévoué dans la municipalité. Cinq jours plus tard il était à Soleure, près de l'abbé Barret, étonné que l'orage révolutionnaire durât si longtemps. Grâce à la haute protection de Mgr de Durfort, archevêque de Besançon, retiré lui aussi à Soleure, le jeune vicaire devint bientôt aumônier en titre des religieuses de la Visitation, puis précepteur dans une grande famille du pays (2).

Pendant ce temps, on avait pris en France des mesures contre l'exilé. Dès le 30 août 1792, son nom avait été inscrit sur la liste des émigrés. Il y fut de nouveau porté le 19 mars 1794, et ses biens furent confisqués (3).

(1) Roussel, t. II, p. 249.
(2) Pierfitte, p. 3-10.
(3) Arch. de la Haute-Marne, L. 56, f° 107.

On suppose communément que M. Thévenot rentra en France, aussitôt que les portes lui en furent ouvertes, c'est-à-dire en 1795. Outre son ardent désir de travailler au salut des âmes, il était encore pressé par un sentiment de piété filiale. Son père était mort le 27 janvier de cette année, et il voulait sans doute s'agenouiller et prier sur sa tombe. Toutefois on ne sait pas où il porta ses pas, ni dans quelles paroisses il exerça d'abord les fonctions de son ministère.

En janvier 1797, ses deux beaux-frères adressèrent au directoire du département une pétition, demandant que M. Thévenot fut considéré, non comme émigré, mais comme simple déporté. Ils appuyaient leur requête sur deux pièces : la première était un certificat de la municipalité de Betaucourt, attestant que Thévenot avait résidé sans interruption à Darney, du 20 mars au 8 décembre 1792 ; la deuxième, le passe-port qui lui avait été délivré le 14 septembre 1792, avec un itinéraire précis pour gagner la Suisse et Soleure. Les pétitionnaires n'obtinrent pas la radiation demandée : on leur accorda seulement qu'il serait sursis à toute vente des meubles et immeubles appartenant à l'abbé Thévenot, jusqu'à ce qu'il en eût été autrement ordonné (13 janvier 1797) (1).

Enfin, le 28 juillet 1797, M. Thévenot obtint à Jussey un certificat attestant sa résidence à Betaucourt depuis le 9 mai 1792 jusqu'à la loi de déportation, et même jusqu'au 14 septembre de cette même année, jour auquel il avait quitté cette commune (2).

*
* *

Mais Thévenot ne pouvait guère échapper à la loi du 19 fructidor.

Dès la fin de septembre 1797, l'administration centrale de la Haute-Marne invita l'administration municipale de Fresnes à fournir au juge de paix les noms des individus du canton inscrits sur la liste des émigrés, et à apposer les scellés sur leurs meubles, dans le cas où ils auraient échappé aux ventes précédentes.

(1) Arch. nat. F7 5309².
(2) Arch. de la Haute-Marne, Délibération de l'Administration centrale en date du 10 mai 1799.

C'était, précisément, le cas de M. Thévenot. On avait jusqu'à ce jour sursis à la vente de ses biens, conformément à l'arrêté du département en date du 13 janvier 1797. Mais, alors, on en fit l'inventaire, les scellés y furent apposés, et, le 23 décembre 1798, tout fut vendu aux enchères, y compris sa barrette (1).

Quant à M. Thévenot lui-même, il réussit, pour le moment, à éviter la persécution qui sévissait contre les prêtres réfractaires. Peut-être repassa-t-il la frontière ? Peut-être se tenait-il caché aux environs de Darney ? Quoi qu'il en soit, sa présence fut signalée, en février 1799, au château d'Attigny, puis à celui de Lichecourt. Bientôt même, il poussa l'audace jusqu'à prendre domicile à Darney, chez Marie Le Paige, la sœur du président du tribunal révolutionnaire.

Cette imprudence lui coûta cher. Arrêté le 9 avril 1799, il fut écroué à la prison du district. Mais, comme son dernier domicile officiel était à Fresnes-sur-Apance, l'administration centrale des Vosges le renvoya, le 15 avril, par devant celle de la Haute-Marne « pour statuer sur le fait de son émigration ».

Il fut interrogé le 28 avril. De cet interrogatoire, il résulta que « Thévenot était insermenté ; que dans le cours de mai à juin 1791, il était sorti de Darney pour aller à Corre, Vauvillers, etc. ; qu'il était sorti de France quatre à cinq jours après le 14 septembre 1792, date de son passe-port de déportation ; que c'était pendant le séjour qu'il avait fait dans les communes de la Haute-Saône, qu'il avait été inscrit sur la liste des émigrés, quoique n'étant réellement point émigré, ainsi qu'il résultait du certificat de résidence saisi sur lui lors de son arrestation » (2).

Le 7 mai 1799, l'administration centrale des Vosges écrivit au ministre de la police : « Thévenot est inscrit sur la liste d'émigration, mais il n'est peut-être que déporté ou sujet à la déportation ». La question préalable se posait donc avec une anxiété poignante : car la loi des 18 et 28 mars 1793 portait la peine de mort contre tout émigré qui mettait le pied sur le sol de la République.

La famille tenta une démarche pour sauver la tête de

(1) Pierfitte, p. 10, 14.
(2) Arch. de la Haute-Marne, *loc. cit.*

l'abbé Thévenot ; mais Usunier, qui alors était très-influent près de l'administration départementale, fut intraitable pour son ancien élève. Heureusement M. Thévenot avait, à Darney, des amis puissants : l'un d'eux écrivit au ministre, à Paris ; les autres agirent à Chaumont.

Grâce à ces influences, on peut le supposer, l'administration centrale rendit, le 10 mai 1799, l'arrêté suivant qui, on ne saurait le nier, est empreint d'une certaine bienveillance : « Considérant que la résidence de Thévenot en France depuis le 9 mai jusqu'au 14 septembre 1792, sans interruption, est légalement prouvée par le certificat de Jussey ; que son inscription sur la liste des émigrés à la date du 30 août 1792 ne peut avoir eu lieu que par l'une de ces deux causes, à savoir, la sortie de Thévenot du département des Vosges en mai ou juin 1791 pour aller habiter la Haute-Saône, ou bien la négligence de Thévenot à produire des certificats de résidence aux communes de ce département où il pouvait avoir des propriétés foncières ; que le dit Thévenot ayant été forcé de quitter le sol de la République dès le 14 septembre précédent, il n'a pu connaître les lois, ni savoir si son nom était inscrit sur la liste des émigrés (1), ni par conséquent réclamer, quand il l'aurait su, à cause de son état de déportation, contre la dite inscription ; que dès lors l'article 3 de la loi du 26 prairial an III ne peut lui être opposé ; qu'en conséquence, il n'y a lieu que de lui faire subir la peine prononcée contre les prêtres réfractaires ; arrête: Thévenot, ci-devant vicaire à Darney, prêtre réfractaire, sera incessamment, sous bonne et sûre garde, conduit à Rochefort, pour, de là, être déporté au lieu indiqué par le Directoire exécutif » (2).

L'abbé Thévenot fut chargé de fers et conduit, par étapes, jusqu'à Rochefort ; pendant ce long trajet, il eut à subir les manifestations hostiles des populations ameutées par les passions révolutionnaires. Il passa sans doute quelque temps dans les prisons de la ville, puis il reçut sa destina-

(1) Cette liste ne fut, en effet, imprimée à Paris que le 24 pluviôse an II (12 février 1794), et elle ne fut rendue publique dans les départements que dans le mois de germinal (avril 1794).

(2) Arch. de la Haute-Marne (administration centrale, Reg. 12°).

tion pour l'île d'Oléron. Au jour fixé, il s'embarqua au port du Martrou, et le petit bâtiment qui le portait, après avoir suivi le cours sinueux de la Charente, entra dans l'Océan, passa devant l'île Madame et le Port-des-Barques, puis s'achemina vers l'île et le château d'Oléron. Il fut écroué à la citadelle le 15 septembre 1799 (1).

* * *

Nous n'avons rien à ajouter à ce qui a été dit plus haut (2) au sujet du régime auquel furent soumis les prisonniers de l'île d'Oléron.

Au commencement de 1800, M. Thévenot, extrêmement fatigué, fut saisi lui-même d'une fièvre violente. Mais s'oubliant lui-même, il ne songeait qu'à ses parents et au triste état de sa patrie. « Oh, si j'étais seul, écrivait-il à sa sœur, je ne serais pas à plaindre : partout je trouverai Dieu infiniment miséricordieux, et cela me suffit... Ma sollicitude principale, c'est votre sanctification : ne négligez rien, je vous prie, pour opérer votre salut, connaître vos différentes obligations et les remplir avec la plus grande exactitude, voilà où doivent tendre toutes vos pensées, vos paroles et vos actions... Les moments sont bien pénibles, il est vrai, mais espérons que le Dieu de toute miséricorde se lassera de frapper... Dieu m'a placé ici pour mon plus grand bien, et ce m'est un plaisir de conformer ma volonté à la sienne... J'embrasse les pauvres petits orphelins, et je vous les recommande tout particulièrement : faites tout votre possible pour les disposer à recevoir une éducation vraiment chrétienne... ; éloignez-les soigneusement de toute personne capable de leur donner de mauvais conseils, et de toute lecture dangereuse » (3).

Enfin, le 8 octobre 1800, le médecin de la citadelle du Château obtint, pour son prisonnier convalescent, l'autorisation d'aller prendre les eaux à Bourbonne-les-Bains : c'était le rendre à son pays natal. M. Thevenot quitta donc Oléron et reprit le chemin de Fresnes, toujours sous l'œil de la gendarmerie, mais non plus enchaîné

(1) Manseau, t. II, p. 331.
(2) Voir, plus haut, p. 126.
(3) Lettres de M. l'abbé Thevenot, dans Pierfitte, p. 13.

comme au départ. A son arrivée, la saison thermale était close, et il dut attendre au printemps suivant pour prendre les eaux : ce qu'il fit, à Fresnes même, chez sa sœur, où il resta en surveillance.

Pendant ce temps-là, sa famille reprit les démarches commencées jadis, pour le faire rayer de la liste des émigrés. Le 31 mai 1802, le préfet l'appela dans son cabinet. Après un rapport favorable de ce magistrat, le ministre de la justice prononça enfin la radiation de l'abbé Thévenot pour le fait d'émigration, lui rendit ses droits de citoyen, et lui accorda la jouissance de ceux de ses biens qui n'étaient pas aliénés ; quant aux autres, il ne pouvait réclamer aucune indemnité (1). Ce décret lui parvint à Darney, où il avait déjà repris son ministère, mais avec tant de discrétion que le juge de paix en faisait l'éloge dans son rapport du 28 juin 1802.

Après le rétablissement du culte, M. Thévenot ne voulut plus exercer le ministère dans le diocèse de Besançon. Il se fit incorporer à celui de Saint-Dié, avec plusieurs autres prêtres, parmi lesquels l'abbé Ayotte (2). Il fut nommé à Senonges (canton de Darney), et prit pension chez le maire, Auguste Bresson, frère du conventionnel de ce nom. Un an après, on l'envoya à Harol, paroisse de 2.000 habitants, dans le canton de Xertigny, qu'il ne voulut plus quitter, pas même pour occuper une stalle de chanoine à Saint-Dié.

En une année, M. Thévenot avait transformé la paroisse de Senonges : quel bien ne fit-il pas à Harol, pendant un ministère de trente ans ! Pour honorer une vie entièrement consacrée à la pratique de la vertu, Louis XVIII donna au curé d'Harol la décoration du lys. Il mourut le 9 mai 1832. D'après un signalement que nous avons trouvé aux Archives nationales (3), il avait « 5 p. 2 p., cheveux et sourcils châ-

---

(1) D'après les Arch. nat. F7 5795, c'est le 15 pluviôse (4 février 1802) que Thévenot aurait été définitivement rayé.

(2) Pierre Ayotte était né à Fontaine-les-Luxeuil le 13 juin 1769 ; ordonné prêtre à Soleure en 1791, il revint en France en 1795, et mena dès lors la vie de missionnaire à Fresnes et dans les villages voisins. Curé de Senaide en 1803, il établit dans sa paroisse une école de latinité qui devint le Petit-Séminaire des Vosges. Il mourut le 22 septembre 1841.

(3) Arch. nat., F7 5811.

tains, yeux gris-bleu, front élevé, bouche moyenne, menton rond, nez moyen, visage ovale. »

L'inscription suivante a été gravée sur la tour de l'église : « *Ici repose le corps de l'un de ces anciens du sacerdoce qui, dans les jours de la persécution, portèrent sur la terre étrangère l'exemple de leurs vertus, l'éclat de leurs lumières, et la gloire de l'Eglise de France, N. F. Thévenot. Dieu soit sa récompense.*

Ses petits-neveux de Fresnes conservent avec respect plusieurs objets ayant appartenu au confesseur de la foi, à savoir, un de ses vêtements, un chapelet, un reliquaire, et la boussole qui lui servait à guider ses pas dans ses courses apostoliques.

La biographie de M. l'abbé Thévenot couronne dignement l'histoire des *Prêtres de la Haute-Marne déportés sous la Révolution.* S'il n'eut pas le bonheur de donner sa vie pour la foi, comme plusieurs de ses confrères déportés sur les pontons de Rochefort ou dans les déserts de la Guyane, il lui resta, du moins, généreusement et constamment fidèle ; il se distingua, de plus, par sa piété et son zèle pastoral. Aussi sa mémoire est-elle, aujourd'hui encore, en grande vénération dans son pays natal et dans les paroisses qu'il a évangélisées : *In memoria erit justus.* (Psaume CXI).

TABLE DES MATIÈRES

PREMIÈRE PARTIE

La Déportation sous la Convention

DEUXIÈME PARTIE

La Déportation sous le Directoire

PLANCHES

CORRECTIONS ET ADDITIONS

Page 10, ligne 2 : la note 4 se trouve à la page précédente.

P. 11, avant-dernière ligne, lisez : *Lemonnier*, au lieu de Lemercier.

P. 13, ligne 23, lisez : **27**, au lieu de 21.

P. 18, notes : il y a eu interversion entre les notes 3 et 4.

P. 24, ligne 30, lisez : qu'il *leur* était.

P. 38, ligne 13, lisez : prieur *au séminaire de* Dommartin.

P. 42, ligne 3, lisez : mars *ou* au commencement.

P. 53, ligne 31, lisez : *Claude*, au lieu de Jean.

P. 60, ligne 27, lisez : *Ragecourt-sur-Marne*, au lieu de Rangecourt-sur-Meuse.

P. 83, ligne 23, lisez : *facilement*, au lieu de finalement.

P. 89, ligne 27, lisez : *par*, au lieu de pour.

P. 107, ligne 17, lisez : *rétractés*, au lieu de retraités.

P. 113. Aux noms de MM. Massin et Forgeot, on a oublié d'ajouter, en note, les renseignements biographiques qui suivent :

Edme-Antoine Massin, né à Pressigny le 15 avril 1742, curé constitutionnel de la Loge-Pomblin (Aube), puis de Vicq, rétracta solennellement son serment dans l'église de son pays natal le 1er août 1797, et mourut à l'hospice de Chaumont le 18 mars 1799.

Pierre Forgeot, né à Langres le 31 mars 1764, professeur de Logique au séminaire (1787-1791), puis vicaire à Rolampont, s'exila en Suisse. Caché chez M. Bolopion, à Pierrecourt (Haute-Saône), après la loi du 19 fructidor, il fut arrêté avec ses hôtes, condamné à la déportation le 10 mai 1798, et s'évada de la prison de Chaumont. Il mourut, curé de Voisey, en 1815.

P. 137, ligne 12, lisez : *mes*, au lieu de ses.

P. 161, ligne 9, lisez : de *Percey*, au lieu de Perey.

P. 170, ligne 26. René-Girard de Chambrûlard, dont il est question ici, était né à Langres en 1733 : officier, puis prêtre en 1779, chanoine en 1783, il fut dénoncé et reclus pour n'avoir pas remis ses titres de noblesse et sa décoration. Il mourut à Langres le 25 octobre 1809.

P. 176, dernière ligne, lisez : il passa *à* Villers-le-Sec.

P. 191, ligne 14, lisez : afin *de* s'enrichir.

P. 197, ligne 12, lisez : *escortés*, au lieu de transférés.

P. 199, ligne 23, lisez : que *de* peu de fortune.

P. 208, ligne 17, lisez : au *commissaire du* Directoire exécutif *près* l'administration.

P. 243, ligne 17, lisez : *Toul*, au lieu de Saint-Dié.

P. 247, ligne 4, au lieu de Mulet, il faut, sans doute, lire : *Mutel*.

P. 261, ligne 14, lisez : datée *du* 20 mars.

LANGRES. — IMPRIMERIE CHAMPENOISE

9 782019 9530